U0918151

岚室寻踪

张盾◎著

吉林大学哲学基础理论研究中心研究员自选集

中国社会科学出版社

图书在版编目(CIP)数据

岚室寻踪/张盾著．—北京：中国社会科学出版社，2018.7
(吉林大学哲学基础理论研究中心研究员自选集)
ISBN 978-7-5203-3066-4

Ⅰ.①岚… Ⅱ.①张… Ⅲ.①哲学—文集 Ⅳ.①B-53

中国版本图书馆CIP数据核字(2018)第196333号

出 版 人 赵剑英
责任编辑 朱华彬
责任校对 张爱华
责任印制 张雪娇

出　　版 中国社会科学出版社
社　　址 北京鼓楼西大街甲158号
邮　　编 100720
网　　址 http://www.csspw.cn
发 行 部 010-84083685
门 市 部 010-84029450
经　　销 新华书店及其他书店

印刷装订 北京君升印刷有限公司
版　　次 2018年7月第1版
印　　次 2018年7月第1次印刷

开　　本 710×1000 1/16
印　　张 24.5
插　　页 2
字　　数 400千字
定　　价 98.00元

凡购买中国社会科学出版社图书，如有质量问题请与本社营销中心联系调换
电话:010-84083683

序　言

这本自选集从我毕生所撰5书《分析的限度——分析哲学的批判》（1999）、《道法自然——存在论的构成原理》（2001）、《马克思的六个经典问题》（2009）、《黑格尔与马克思政治哲学六论》（2014）、《超越审美现代性——从文艺美学到政治美学》（2017）中，撷其最精华内容之24篇论文而编成。这24篇论文可以见证我一生追寻哲学事业的精神踪迹：年轻时研读分析哲学而初识功夫；中年之际苦修存在论而得道，此后将所习功夫用于研究马克思学说，颇有心得；晚年又在美学研究中将所得之道再次印证之。由这些篇章所见证的我的学问人生是坚实的和充盈的，然而与存在之不朽、真理之伟大相比，它又是多么渺小和微不足道。

感谢吉林大学哲学基础理论研究中心资助本自选集出版，也感谢中国社会科学出版社的朱华彬先生为本书编辑出版付出的辛勤劳作。

张　盾

2018年1月12日记于长春

目　　录

第一篇　分析哲学研究

第二篇　存在论研究

第三篇　马克思政治哲学研究

第四篇　美学研究

第一篇　分析哲学研究

无须存在公理的指称理论

1. 可以说，指称概念已成为当代语言哲学中实在论的新基础。这在很大程度上是因为，指称概念就其表示语词与事物之间的关系而言蕴涵了一个普遍接受的思想：凡被指称者必存在。塞尔十分恰当地把这个命题称为“存在公理”①。本文将要论证的观点是：存在公理是不能证明的和不必要的，我们应该满足于一种没有存在公理的指称理论。

有理由认为，古代哲学家在他们形态简单的指称学说中已经预设了存在公理。作为例证，可以回顾一下亚里士多德关于“每一个不是组合的用语指称实体”的说法，斯多葛学派就“表示物”（即语言要素）与“对象”所作的区分，以及中世纪逻辑学家富于唯名论色彩的指代理论。②弗雷格之后，哲学家们在一种更为自觉和严格的水准上重新表述了这个论题。一种说法是：必须存在一个而且仅仅一个适于说话人所使用的语词的事物，这是实现理想的所指活动的一个必要条件（塞尔）。似乎更为精确的另一说法是：一个单称词项所指对象的存在，是使含该表达式的陈述有意义的必要条件，该陈述在逻辑上蕴涵着有关该对象的唯一性存在论断（罗素）。此外，要求一个语词指称的因果链必须从一个真实对象开始，这一观点可以看作是对存在公理的一种形象的表述（克里普克）。

接受存在公理的直接动机是一个逻辑学上的动机，即克服自然语言中的单称词项缺乏指称物的缺陷。毫无疑问，这种缺陷是非常普遍的，由于受人类早期的神话体系以及那些最伟大的艺术创造活动的影响，我们语言

---

① ［美］塞尔：《作为言语行为的所指》，载《哲学译丛》1987 年第 4 期。

② 参见［英］威廉·涅尔、玛莎·涅尔：《逻辑学的发展》，张家龙、洪汉鼎译，商务印书馆 1985 年版，第二章第四节、第三章第四节、第四章第四节。

中的大量名词都没有指称；但这是一个平淡无奇的事实，它并不给人们的寻常信念造成麻烦。然而哲学家们发现，如果他们容忍这类缺陷，他们就将面临一些最困难的哲学问题，例如，他们为此而重新受到古老的柏拉图非存在之谜的困扰，甚至不得不怀疑同一律和排中律是否是普遍有效的真理。摆脱这些困难的一个方案是规定："一种完美的逻辑语言应满足这个条件，作为一个专有名词的每个表达式在语句上由已引入的符号正确地构成，在事实上它指称某个对象，而且，如果一个新符号不能保证具有指称物，它就不该当作一个专名而引进。"① 很显然，这意味着必须接受存在公理。

接受存在公理的一个更强烈的动因是它符合下述明白无误的直观：如果一个事物不存在，就无法在语言中指称该事物。寻求语言在外部世界中的支撑点，大概属于人类在精神方面最古老的努力之一；关于语言最初的发生情况我们所知甚少，但有理由假定其中必定包括一个个类似命名式的过程。正像索绪尔指出的，人们早已习惯于把语言当作"一份跟同样多的事物相当的名词术语表"②。哲学上的指称概念，不过是这种语言与实在相对应的古老直觉的一个产物而已。

后面这种考虑还促使哲学家们相信存在公理是不证自明的，并且有助于形成这样的信念，认为这种自明性决定性地支持了语言哲学中的实在论纲领。

但是，把存在公理表面上的不可置疑性假定为类似于形式系统中的那种自明性，是没有什么理由的。因为依照公认的标准，存在公理归根结底是一个哲学论点；在我看来，它的不幸正在于它具有一切哲学论题都或多或少具有的那个特征，即永远有可能引起诘难和给以反驳论证。我所期待的目标，就是给出一个这样的论证。

2. 现在我们用更严格的观点考察一下支持存在公理的主要论据。不过首先需要指出，"存在"一词的一个易受攻击的毛病是含糊不清。"存在"最基本的意思应该是"并非虚构"，但就非虚构物来说，一个时空对象的存在与"27 的立方根"的存在，其意义完全不同。尽管存在公理的

① 这是弗雷格的观点，转引自朱新民：《现代西方哲学逻辑》，复旦大学出版社 1987 年版，第 272 页。

② ［瑞士］索绪尔：《普通语言学教程》，高名凯译，商务印书馆 1982 年版，第 100 页。

拥护者们喜欢举时空对象方面的实例，但当他们把存在当作名词指称的一般原则时，我相信他们是在“非虚构”这一最自然的意义上使用“存在”这个词的。

如果这个理解正确，那么要求承认存在公理的决定性理由就是：要是不能保证语词的指称物存在，人类将无法区别实在与虚构。这里，实在是指一个语词所指物存在时的情况，如果一个语词没有所指物，它就制造了一个虚构。（必须清楚，这里的实在与虚构是形而上学概念，它们与作为逻辑概念的真与假属于不同的范畴。存在着关于虚构的真理以及关于实在的谬误这一点，也许表明实在与虚构是比真与伪更为根本的范畴。）请看下面的四个陈述：

（1） 拿破仑指挥了奥斯特里支战役。

（2） 拿破仑当选了法兰西共和国第22任总统。

（3） 福尔摩斯曾住在贝克街。

（4） 福尔摩斯结过婚。

为了区别历史的真理（1）与关于虚构的真理（3），以及为了区别涉及实在的谬误（2）与关于虚构的谬误（4），看来必须诉诸这样的标准，即“拿破仑”这个词有指称物而“福尔摩斯”则没有。由这个例子引出的一般结论是：如果我们对一个对象的谈论陷入实在与虚构相混的混乱之中，摆脱混乱的唯一方式是去探明，在这世界上是否有一个东西，它通过指称关系与我们涉及该对象的语词相联系。

由此可以推论接受存在公理的一个进一步的理由，就是：除非我们承认存在公理，否则就无法为实在世界相对于虚构世界在本体论上的优先地位作出说明。一般说来，要判定陈述（1）和（2）的真与伪，我们有极为明确的标准；但要判定陈述（3）和（4）孰真孰伪，我们就没有恰当的标准了。塞尔宽容地把存在公理的适用范围扩大到虚构世界，允许在虚构的谈话中可以指称在虚构中存在的东西；但是在任何情况下，要决定小说中的语句的真伪都不能避免含混不清。对于这种非平行性的解释只能是，涉及实在对象的判断之真伪是由事实来决定的，而涉及虚构对象的语句之真伪问题只是一个话语系统内部的融贯一致性问题；我们能够构造一个新的话语系统来改变陈述（3）和（4）的真值，但任何试图改变陈述（1）和（2）的真值的努力都注定不会成功，因为我们不能改变事实。

由于背离事实而产生的虚妄不同于由于自相矛盾而产生的虚妄，正如关于实存事物的真理不同于关于虚构事物的真理。存在公理的哲学使命是为这些区别提供合理的标准，以及，为断言事实的陈述是真理还是虚妄提供标准；至于存在公理是否有助于决定有关福尔摩斯的那些陈述的真伪问题，鉴于这方面的任何建议都会引起争论，我们最好将它置之不顾。最后，最使实在论者感到欣慰的是，借助于以存在公理为基础的指称决定过程，人们终将能够消除那些违反事实的虚妄论断。

我认为，使上述论证具有说服力的重要原因之一在于它的常识背景。的确，任何具有普通理解力的人都能指出，在人类的正常语言活动与梦呓之间存在着本质差别，我们决不会希望自己的一切话语都成为出于某些审美动机或功利动机的虚构，决不会希望回到人类精神发展的泛灵论时代，在泛灵论时代，实在世界经常与假想世界混为一体。忽视真实与虚构的差别意味着对人类的全部知识乃至对人的理性本质的否定，这一点太明显了，几乎不值得提起。

3. 我们已经指出，关于某个语言谈论“被事实决定”与“不被事实决定”之间的区别，是一般不作哲学思考的人乃至许多作哲学思考的人都不予置疑的一个假定，支持这个假定的理由就是存在公理。根据这一公理，一个谈论“被事实所决定”就意味着，人们在这个谈论中使用的主词有一个真实的指称物。现在我将考察存在公理是否能够、或在多大程度上能够完成这一使命，也就是考察我们在什么意义上能够决定一个语词的指称对象“确实存在”。

通常，人们对自己在语言活动中“指称一个真实存在的事物”和“指称一个并不存在的事物”这两者之间的区别，有着清楚的认识。人们常说“我谈论的是一个真实存在的对象”，即我对该对象的认识满足了人类正常认识程序所要求的某些必要条件；关于可靠认知通道的一般理解是，如果不能直接察知对象，那就必须基于正确的推理。因此，如果我能运用实指法来决定指称物，即把我指称的事物纳入我的直接感知区域，例如，我指着在我眼前流过的河流说“这是松花江”，或者我指着一个外国人对同伴说“那就是我们的英语教师约翰”，我就有最可靠的理由相信自己是在指称一个真实存在的事物。或者，如果我具备正常的推理能力，那么借助于新闻传播媒介、旅游手册、历史教科书和天文学小册子，我也有适当理由相信

“伊丽莎白女王”“塔希提岛”“成吉思汗”和“火星”等名词都有着确实存在的指称物。另一方面，说“尼斯湖水怪”“太阳系第十颗行星”的指称物可能不存在，是指这些对象尚未满足认识程序的上述必要条件。而说“福尔摩斯”的指称物是虚构，则是指这个对象无论如何也不能像拿破仑那样进入人类正常的认识通道。在不提出哲学问题的情况下，上述的思考过程是明白无误的，它使我们相信自己确实生活在一个真实的、而非虚幻的世界里，相信自己关于这个世界及其历史的知识一般说来是可靠的，相信那个“语言在实在中的支撑点”的隐喻确实是真理。

然而更深入的思考可以发现，情况并非如此简单。对指称真实与指称虚构两者的界限做这种直截了当的区分，是由于忽略了另一种同等重要的区分，这就是：当我断言一个语词的指称物存在时，该论断所涉及的可以是两种完全不同类型的词—物关系：我们可能幸运地碰巧在谈及一个语词和一个真实存在的东西之间的关系，但也有可能我们只是在谈一个语词与该语词的使用者认为其存在的东西之间的关系；很显然，后者完全不同于前者。现在让我们规定，当某人说一个词的指称物是一个真实存在的东西，他就是在作出一个“绝对存在判断”，这类绝对存在判断说的是：在我们语言之外的现实中有一个事物与被说出的那个语词相对应。这种关于我们的语言确实联系着一个实在世界的信念，实际上是在要求有足够多的一组绝对存在判断为真。另一方面，如果所涉及指称物的存在仅仅是我们认为其存在，那么相应的论断就是一个“相对存在判断”，这类相对存在判断的特点是，它们仅在一定的话语系统内有效，一旦越出这个系统之外，便随时有可能被宣布为错的。

存在公理拥护者需要做的关键工作是：当他断言他的指称物存在时，他必须说清楚这是一个相对判断还是一个绝对判断。如果他满足于相对判断，存在公理将不能履行其所承担的自然主义使命；但如果他断言他作出的是一个绝对存在判断，他必须为此提供论证。

我希望指出，存在公理拥护者通常关于“指称一个真实存在对象”的那些论证，实际上仅仅是“我们认为某个对象存在”的论证。这个论证一般是这样的：既然我能够就一个对象的实在性给出认知程序上的必要证据（我们不可能给出其他方面的证据），那我对该对象的指称活动就必定是针对着一个真实存在的事物；在这种情况下，要说我的这个语词表达没有针对一个真实存在的对象，那就是自相矛盾的，因为这个否定性论断正是针对那些我不能给出认知上的必要证据的对象所作出的。但是这样说也就等于承认了我是作为一个语词使用者在我的经验和语言的界限内断言我的指称物的存在，因为上述论证的关键恰在于它诉诸了人类认知经验方面的证据，而这正是“我在断言我认为其存在的东西”这种说法的要义所在。因此在使用“我指称着一个真实存在的事物”这类说法时必须非常谨慎，一般说来，这只能是一种相对意义上的存在判断，其效力取决于语词使用者及其所属的语言共同体，而不取决于实在。我们在此并未达到我们所渴望的绝对存在判断。

4. 我们已经证明，人们通常关于“我的语词指称着一个真实存在的对象”的信念，应被正确地重新表述为“我认为这个词指称着一个实在对象”。现在让我们转向一个更重大的问题，即我们能否最终客观地决定自己对一个事物的谈论是“被事实所决定”？换言之，就事物的存在作出一种绝对意义上的判断是否可能？

首先应该弄清，绝对存在判断在什么意义上不同于我们已经探讨过的相对存在判断？任何判断若要成立，必有其依据，这是不言而喻的。从逻辑的观点看，绝对存在判断不同于相对存在判断，并非因为绝对判断比相对判断更客观、更可靠，而是因为前者所需要的证据的类型与后者的不同。径直说，为了证明绝对存在判断，必须提供超越人类语言界限之外的某种证据。很显然，这是不可能的。

反对绝对存在判断的关键步骤是，实在论者关于指称关系是一个语词和某个真实存在的东西之间的关系这种直观必须被这样分析，即，在人们需要确定指称关系的地方，他们实际上决定的仅仅是他们关于事实发现的表达的真伪，也就是说，说某个实体因其实际存在而被“指称”着，实际上是说该实体“被实际谈论着”；关于某东西被真地指称着的标准，最终必将归结为关于该东西“实际上被谈论着”的标准。

但困难在于，“实际谈论 X”不能成为指称一个真实存在的 X 的标准。“实际谈论……”的标准语境是这样一种情况，当某一语言层次的言谈者 A 在“谈论”一个对象时，A 就确认了一个语词与他认为存在的东西之间的关系；如果另一个语言层次的言谈者 B 发现 A 的信念是错误的，B 一般会采用这样的说法即“A 实际谈论的是……”。这里，“实际谈论……”所表达的就是存在于那个语词与B认为其存在的东西之间的关系，在这里，决定何物存在的标准是B的标准。但B的标准决不能被看作是终极的标准。用克里普克的例子来说，发现被甲社区的人们当作以色列人领袖的摩西是一个虚构，并且发现率领以色列人出埃及的实际上是一位迄今不为人知的大卫，这是乙社区人们的权利，但乙社区的人们不能剥夺丙社区的人们发现他们也在错误地谈论着虚构物的权利。如果不存在一个终极判断者来最后决定拯救以色列人的那位英雄到底是谁，那就没有理由否认下述可能性：在人类进行语言活动的历史过程中，关于实在对象标准的转移过程将无穷尽地进行下去。

这一论证的要点在于，作为指称的语言行为（1）永远只能发生在特定的语言层次即特定的语言共同体内，以及（2）只能建立在人类有限经验的基础上；基于经验的人类信念的可错性和语言层次的无穷回归特性，使对真实存在实体的绝对指称关系成为不可判定的。这也相当于说，我们只能在目前关于语言以外世界其他部分的语言论说内部去发现语言活动的有效性，人类不可能在绝对意义上使用自己语言中关于“实在”的部分去证明它关于“语词”的另外部分。

根据这种理解，绝对存在判断之所以不可能，是由于它要求我们对自己的语言表达与语言之外的实在的对应情况进行检查，为了做到这一点，我们必须谈到实在；而要谈到实在，我们必然已把自己语言所特有的某种概念系统强加给实在了，这样我们就仍然是在语言的界限内涉及实在。如此推论下去，那个把语言与未被概念化的实在进行客观比较的任务，就像西绪弗斯的工作一样永远不可能完成。

应该承认，上述看法在今天的语言哲学中已是相当寻常的了。卡尔纳普关于外部问题与内部问题的划分，以及奎因关于“何物存在”与“我们认为何物存在”的划分，都预示了对绝对存在判断的否定。按照卡尔纳普的观点，承认某物是实在的事物就是成功地把该事物纳入特定的语言系统内部，而外部问题即事物世界本身的超语言实在性问题则是一个不可能解决的形而上学假问题。[①] 按照奎因更为直截了当的观点，关于“何物

① 参见［德］卡尔纳普《经验论、语义学和本体论》，载洪谦主编《逻辑经验主义》上卷，商务印书馆1982年版。

真实存在”的问题是一个“最初被采取而最终不可理解的问题”，指称或本体论标准的问题最终只能是关于“我们或其他人说何物存在”的问题。[①] 按此理解，基于存在公理的传统指称理论的主要错误就在于，它试图在一种绝对的、因而是无意义的水准上谈论存在问题，即断言“凡被指称者必存在”；而有意义的说法应该是：“说一个事物存在就是说它是被逻辑上的名字所指称的”。

倘若进一步寻根究底，上述看法需要追溯到前期维特根斯坦关于“我的语言的界限意味着我的世界的界限”的命题[②]。也许应该追溯到康德对人类认识限度所作的著名说明。康德的理论是：我们无法知道物自体，只能了解它呈现于我们心灵之镜中的某些显相，因此所谓认识外部事物不过是用人类先天的认识形式去整理那些能被经验到的东西，这种知识不可能是纯客观的。当然，康德对知识性质所持的见解与我们并不相同，重要的是，他否定了关于事物的纯客观的绝对知识的可能性。

就我们的论题而言，可以从康德学说中引出的教益是：要在一种绝对意义上论证一个语言表达式指称着一个实存于世界上的实体，论证者就必须站在一个超出人类语言和经验界限之外的绝对中立的立场，正如要实现撬动地球的雄心，就必须有一个位于地球之外的阿基米德支点。但这已经不是作为语言操作者的人的立场，而是一个神的立场；只有这位全知的神才有资格向我们宣布说：“你的那个语词确实指示着一个在你之外真实存在的对象”，恰如他能最后决定我们的某个行为内在地具有绝对善的性质一样。然而，如果“绝对价值判断”的终极性根据注定不能由我们人类给出，那么这对“绝对存在判断”来说也是一样。存在就其只能相对于人的标准才有意义而言，必须被限定在人类理解的范围内。

说指称一个事物完全是发生在语言范围内的事情，等于说被指称者往往是语言和特定文化的设定物；一般说来，对诸如27的立方根、四色定理或物质结构的基本粒子这类抽象对象的指称有助于支持上述看法。另一方面，对所谓物理对象的指称则始终顽强地支持存在公理；这类物理对象

---

① 参见［美］奎因的论文《论何物存在》，载奎因著作《从逻辑的观点看》，江天骥、张家龙、陈启伟译，上海译文出版社1987年版。

② ［奥］维特根斯坦：《逻辑哲学论》，贺绍甲译，商务印书馆1996年版，第5、6页。

是一些高度实体化的时空结构，对它们的指称不可抗拒地支持着寻求绝对意义上词—物关系的自然倾向。我认为诉诸物理对象反映了对人的个别知觉经验的误信，物理对象的存在是由这种个别知觉经验证明的；但哲学所关心的指称问题是一种普遍化的语言行为，对它来说，物理对象与抽象对象的差别仅仅是程度上的差别。设想我们语言所针对的时空区域无限地扩大下去，在这个过程中，存在公理的效力就会逐渐减弱，直至最后完全消失。例如，就特定语言来看，即使我们是在非虚构的意义上指称一个远古的历史人物，或者是茫茫宇宙中一个遥远的天体，我们对这里是否存在着哲学上的词—物关系也将毫无把握，起作用的仅仅是历史研究或天文学假说的某种方便或优美方面的考虑而已。问题的实质在于，语言只是一种工具，而不是实在之镜，如果把它作后一种使用，就超出了语言使用者的能力所及的限度。

5. 在证明绝对意义上的词—物关系是不可判定的之后，现在我将尝试建议一种无须预设存在公理的指称学说；显然，一个完整的、强有力的体系是不可能轻而易举建立起来的，我仅能就某些主要之点做极为概略的构想与说明。

我认为，把指称研究领域称作“实在论的堡垒”是一个十分恰当的说法，在该领域确实已经形成了一种精神传统，使指称概念顽强追求着与外部世界的联系。在这个领域，发生在罗素—塞尔的描述理论与克里普克—唐纳兰的因果指称理论之间的争论，主要是有关指称如何决定，也就是以何种方式保证使一个语言表达式避开虚构之网而与真实存在的事物相联系的问题。一方面，描述理论认为，用一个词指称一个事物就是借助于约定使这个词与有关指称物属性的一组正确描述相结合。另一方面，历史因果指称理论则主张，用一个词指称一个事物就是使这个词永恒地指向一个唯一的实体。这种不加限制地寻根究底的讨论方式反映了双方共同的一种哲学态度，即相信语言与实在的关系是一个可以在终极意义上予以解决的问题。这种争论双方接受一个共同前提的情形，可以用黑格尔的术语描述为“对立面的统一”。

这个前提给上述各学说造成重重困境。人们之所以选择描述理论，通常是由于这样的原因：处于知觉表象的有限性制约中的人类若要坚持存在公理，就不能不陷入两难困境；为了冲出表象的牢笼而有效地谈及世界上存在的事物，就必须承认，我们对绝大多数事物的语言指称都是借助于对命名物特定属性的描述实现的，例如，“恺撒”这个名词的指称是由“罗马帝国的奠基者”之类描述来决定的。但这仍面临着进一步的困境，即借助属性对实体的辨认仍然建立在那个有限的表象基础上。事实上，反驳描述理论的主要论点正在于指出，它使某个对象的存在依赖于人们关于该对象的信念的真实性，几乎近于唯心主义。

有鉴于此，作为描述理论的替代者，历史因果指称理论宣称，如果能使一个语词在任何可能世界里都指称同一个实体，就能保卫存在公理。对这个观点可以提出与上述相似的问题：它所要求的词与实体的绝对无误的对应如何在人类实际命名活动的有限范围内给以确证？一旦我们按照这一要求为所指物的自我同一性寻找实际保证时，我们就重新陷入人类认知活动的历史性的桎梏之中。克里普克建议，个别事物的自我同一性由其“个别本质”来决定。但个别本质这个概念具有浓厚的思辨色彩，对于实际的历史程序来说，要确定某事物的个别本质是一个过于繁重的任务。

然而另一方面，如果放弃存在公理，我们就能轻松地摆脱这一切困扰。如果接受我前面建议的观点，即谈到事物存在的正确语法形式只能是“我认为（或相信）X存在”这种形式的命题，而不是“X存在”这样的直陈命题，那就应该正视由康德最早提出、而由其后继者加以发展的关于人类知识限度的论题，放弃把传统指称理论弄得精疲力竭的那个前提，放弃为维护存在公理而作的种种徒劳无益的努力。一旦我们认识到，用一个词指称真实与用这个词来指虚构这两者之间，只有程度上而非性质上的差别，我们就会满足于对外在事物的存在仅作一种相对判断，并放弃导致了各种指称理论之争的那些哲学上的传统冲动。

我认为，所谓指称是在语言共同体内关于被谈论的种种对象存在与否的一种决定，这种决定不是以刻板的客观性，而是以方便、有效和优雅为主要考虑，并随时准备被其他的决定所代替。根据这个新理解，只要不发生何物真实存在的问题，罗素方案与克里普克方案非但没有必要互相冲突，而且可以被看作是对同一难题的互补解决。罗素和塞尔告诉我们的是：在通常情况下，所谓属性描述确实是我们谈及一个事物的实际有效方式，而由此导致的关于信念决定事物存在的假定，在一个内部融贯一致的话语层次上，并不引起任何难题。另一方面，当不同的语言层次互相龃龉，当邻社区的人们指出我们关于某物存在的信念是错误的时，我们可以接受克里普克的建议，努力促成两社区之间在使用同一语词指称同一对象的问题上达成一致；如果这一努力获得成功，就增加了语词使用者之间的一致性和有关信念的适用范围。但也仅此而已。我们并不奢望借此而达到词与物的终极对应，而是满足于对自己的各个指称活动按其适用范围和一致性的程度而不是按绝对真实与绝对虚构的本质差别来划分。

最后我想，对我上面提出的观点的一种可能的反驳是：如果不保留存在公理，指称概念将无可救药地陷入相对主义。因为如果语词的指称物可以不必存在，人们寻求指称被决定的有关条件的一切努力都将失去意义，正如在艺术哲学中，如果否定有某种为一切艺术品所分有的美的本质，美学家就无法找到值得信赖的批评方法。在这种情况下，指称如何决定这个至关重要的问题将排斥任何合理的考虑；而在更宽泛的意义上，这意味着把真善美看成了同等的价值范畴，把关于真理的陈述看作是与人们的道德判断和审美判断一样不可证明的。我想引用罗蒂的一个看法来简单地回答上述诘难。罗蒂认为，相对主义如果是指下述主张就可以是合理的，即离开了对某一社会（我们的社会）在某一研究领域中使用的熟悉的证明方法的描述，就不可能谈论真理或合理性。[①] 我想补充说，这种意义上的相对主义不仅不反对真理概念，反而有助于我们挣脱许多最为根深蒂固的传统偏见；旨在索求人类不可能得到的纯粹客观性的存在公理就属于这类偏见之一。

（原载《哲学研究》1989年第6期）

① ［美］罗蒂：《哲学和自然之镜》，李幼蒸译，生活·读书·新知三联书店1987年版，第410页。

维特根斯坦的哲学观

对语言的关心是分析哲学的一般特征。但后期维特根斯坦所关心的主要是日常语言，即人类的自然语言。我们将看到，对日常语言和日常性的这种特殊关注，使维特根斯坦提出了一种对哲学之本性的极为深刻的新理解。

认为存在着某种与日常语言完全不同的哲学语言、即哲学家们用来谈论形而上学问题的特殊语言的观点，是根深蒂固的。不作哲学思考的普通人经常以这种观点看待哲学，在哲学家中则有人始终不渝地持有这种观点。可以选择马尔库塞作为这种观点的一个代表，在《单向度的人》一书中，马尔库塞把维特根斯坦影响下的英美语言哲学当作一种“单向度哲学”而加以猛烈抨击，并试图努力捍卫哲学语言的纯洁性：

> 日常思维和语言领域同哲学思维和语言领域之间，本来就存在着不可归约的差别。……哲学中的精确性和明晰性不能在日常话语范围内达到。哲学概念以事实和意义的一种向度为目的，这种向度“从外部”来解释日常话语的原子化的词组或语词。
>
> 因此，这种分析并不局限在日常话语的领域之内，而是越过它，并开启一个根本不同的领域，甚至创造同日常语言相矛盾的词汇。……
>
> 哲学用语必须不同于日常用语以便解释后者的全部意义。①

---

① ［美］马尔库塞：《单向度的人》，刘继译，上海译文出版社 1989 年版，第 161—162、159、173 页。

马尔库塞的论点用语言哲学家喜欢的方式来表达就是："形而上学命题不应照字面的意义去理解。"在语言哲学领域内，可以看到对哲学之本质和起源的类似说明：哲学对常识思维的超越表现为语词的哲学用法与其日常用法的差异和冲突。这种说明是很有说服力的，因为我们经常感到哲学是对日常语言之意义界限的一种冲击，哲学问题恰好是在对一个词的字面意义和日常用法发生怀疑时引入的。举例来说，在本体论研究中，正是由于对"存在"一词的普通用法的怀疑和批判，才催生了柏拉图的"理念论"和贝克莱的"存在就是被感知"。这种观点还非常适合于反驳G. E. 摩尔对语言日常用法的辩护。摩尔辩护的典型方式是：完全照字面意义去阐释一个哲学命题，以此揭露出它的反常和悖理，例如当一个哲学家断言"物质不存在"时，摩尔认为这就意味着这个哲学家否认星辰、山岳和他自己身体的存在。摩尔的这种辩护的确是过于刻板了，不能有效地改变人们关于哲学语言与普通语言之差异的传统信念；关于物质是否存在的断言，显然不具有尼斯湖水怪是否存在之断言所具有的那种自然意义。除非我们找到为日常用法辩护的其他有效论证，否则就得承认哲学真的必须使用和日常语言不同的某种特殊语言。这就是维特根斯坦所做的工作。

对特殊哲学语言的最有力的证据，是一系列极端古怪反常的哲学概念。哲学语言由概念组成，哲学概念虽然在声学结构和形态结构上与自然语言中的语词是连续的、甚至是完全重合的，但两者在意义上却完全不同：哲学是在日常用法的否定含义上——使日常用法无效的含义上——包容日常用法的（马尔库塞）[①]。我们无法否认，哲学对"世界""存在""现象""价值""真理"这些语词的使用，注入了与日常用法完全不同的特殊含义。另外，有更多的哲学术语，如柏拉图的"理念"、黑格尔的"绝对精神"、马克思的"物化"、海德格尔的"此在"和德里达的"分延"等，日常语言似乎不会在一种充足转译的意义上将它们包括进来。哲学语言和日常语言的关系，就像梵·高作品的先验美学价值与它的商业拍卖价值的关系那样，是同一事物的两个彼此不同的、无关的方面。

然而仔细地审查将显示出，在哲学语言与日常语言之间划出的这条界

① 参见［美］马尔库塞《单向度的人》，刘继译，上海译文出版社1989年版，第169页。

限是非常可疑的，因为关于一种独立的哲学语言究竟应该是什么样的，答案非常模糊。在最严格的水准上，我们应该要求一种哲学语言至少在词汇和句法两个方面具有不同于日常语言的封闭的完整结构。我们通常就是在这个水准上谈论各种非自然语言系统即那些人工语言的形式系统的，它们的词汇序列和句法规则与自然语言是彼此不同的和非连续的。可以举我们熟悉的PL（谓词逻辑）语言为例。这是一个封闭的完整的人工语言系统，包括一整套特殊的PL基本表达式（个体项和谓词）、逻辑常项（量词和真值联结词）、PL语句构成规则以及在此基础上建立的PL严格语义学；它与自然语言的关系表现为，任何自然语言的语句都可以在它之内以完全不同的形式说出。显然，人们不能在自然语言与人工形式语言对立的那种意义上谈论日常语言与哲学语言的对立，因为哲学语言在词汇和句法规则上都与自然语言是连续的，因而是非独立的。

事实上，哲学家们从未就一种独立的哲学语言提供必要而充分的证据。究其原因，第一，虽然哲学文献中包含了庞大的概念体系，但这些概念的意义从来不是封闭的，其实际的使用总是和日常用法纠缠在一起。在哲学语词与非哲学语词之间从来不存在绝对的差别，引入一个哲学概念完全不同于在非自然语言中引入一个基本表达式，而更像是在日常语言系统的边缘地带引入一个陌生的新词。

第二，不存在哲学语言的特殊句法。这就是说，哲学语句与日常语言语句必须采取相同的形式：它们服从共同的语法规则，其他的选择是不存在的。例如"纯有既是纯思又是单纯的直接性"这个哲学命题，与"耶路撒冷既是以色列首都又是三大教圣地"这个句子具有完全相同的句法形式。这种情况特别值得重视。毫无疑问，在所有哲学命题与日常话语之间都存在着这种句法上的连续性，这就从根本上模糊了日常语言与哲学语言的界限。那些试图把哲学束缚在语言封闭性要求之上的人，把哲学研究说得就像是一种与生活无关的完全人为的符号游戏一样，然而，如果没有日常用法的帮助，哲学就什么也不能思考。仅当我们把一个哲学概念置于受自然语言句法控制的语境之中，我们才有对这个概念的哲学阐释。封闭性构想试图掩盖哲学语言的这一特点，但为支持这一构想而引用的实例，如马尔库塞提到的"理念"和"物化"，其意义不言而喻依赖于作为语境基础的日常语言的意义体系。

哲学与日常语言之间的这种本质联系，是后期维特根斯坦哲学观的主题。维特根斯坦认为，哲学是描述性的，哲学不可能提出任何类型的理论，哲学问题的解决不需要求助于新的知识，只须对我们已经熟知的东西进行重新描述："可以把'哲学'这个名称加在先于所有新的发现和发明的可能的东西上。"[①] 由此出发，维特根斯坦坚持认为，哲学决不干涉语言的实际使用，它只对语言的实际使用进行描述。例如，当我们使用哲学术语时，必须不断问自己：这些词在它们最初引入的语言游戏中是以这种方式使用的吗？"我们所做的就是把语词从它的形而上学用法带回到日常用法上来。"[②]

维特根斯坦的这些观点是异乎寻常的。说哲学只能描述每个人都知道的东西而不作任何解释，这是什么意思？要求哲学上的谈论服从于无须良好教养就能掌握的日常用法，这是为什么？在这样理解哲学的时候，我们是被要求退出现有的一切立足之地——放弃有关哲学本质的一切先入之见，完全退回到人类理解的原初起点上去；在这个起点上我们只追问：人类自然语言的逻辑地位是什么？这个问题是一种新的哲学观的前提。

哲学试图发现思想和世界的界限（即"逻辑形式"），这一工作只能在人类的日常语言中进行。对此，维特根斯坦提示了理由：第一，逻辑形式在日常语言中显示自身，并且这是唯一的显示方式。自然语言先验地给定了全部"理想的东西"（The ideal）——即符合于逻辑形式的全部可能性[③]：在自然语言中，我们可以正确地谈论一切哲学上要谈的事情，正如可以用它谈论一切生活中的事情一样。这是一种逻辑上的可能性。可以从两种意义上看：在消极的意义上，当我们想有所谈论时，我们必须使用自然语言，这对生活和对哲学来说是相同的。维特根斯坦写道："我必须讲日常语言。对我们要说的事情而言，这种语言太粗糙太卑俗吗？那么另一种语言是如何构成的呢？"[④] 这个疑问本身就是装在日常语言的框子内提出的。这是因为哲学必须使用已经充分发展了的语言，而不能使用某种预备的、暂定的语言。在积极的意义上，维特根斯坦认为，日常语言就其本

① ［奥］维特根斯坦：《哲学研究》，李步楼译，商务印书馆1996年版，第76页。

② 同上书，第73页。

③ 参见同上书，第69页。

④ 同上书，第73页。

性而言是完全符合逻辑条理的。“我们语言中的每个句子都‘如其所是地那样秩序井然’……凡是存在意义的地方一定存在着完善的秩序——所以即使在最粗糙的句子中也必须有完善的秩序。”[①] 这并不是说我们实际说出的那些句子全都符合逻辑条理，而是说，每一个可能的命题都可能是合法构成的。“如果它没有意义，那只是因为我们对它的某个部分没有赋予任何意义。”[②]

第二，日常语言是产生哲学问题的根源。分析哲学家经常谈论的“表层语法的欺骗”代表着这样一种情况：事实上，我们不可能对语言的使用具有一个完美的总体观，因为我们的思想是有限的，不可能把握住全部在自然语言中已先验给定的“理想的东西”，我们在许多场合看不清语言描述形式的真实结构。这个缺陷几乎是不可避免的。它造成错觉，似乎自然语言对思想构成了一种界限；例如对命题“物体在未被感知时仍然存在”是否为真的回答必然是一个两难推理。人类的整个倾向必然是要冲击这个界限，于是哲学问题发生了：我们试图从日常语言的外部来描述这一界限，即对词的意义达到一种超越日常用法的理解。这就是传统哲学所做的事情。例如，解决上述两难推理的一种办法是宣称：“纯有”既是一种“纯思”又是与“纯无”同一的。日常语言被遗弃了。

维特根斯坦承认，哲学的确是一种冲击日常语言界限的活动，但他认为这一界限是不可能被超越并从外部去描述的，因为越出这个界限便不存在任何可以描述的东西了：“外部是一种不存在。”[③] 因此，传统哲学对日常语言的超越是无意义的，哲学只能在日常语言内部通过描述语言的实际使用来显示那个界限，这意味着哲学只能说那些平凡的、大家都能理解的事情。由此我们便能理解维特根斯坦那些极不寻常的看法了：

> 我们必须坚持我们日常思考的那些主题，不要走入歧途想象我们必须描述一些极难捉摸的东西。(第 106 节)
>
> 如果“语言”“经验”“世界”之类语词要有一种用法，它们就

① ［奥］维特根斯坦：《哲学研究》，李步楼译，商务印书馆 1996 年版，第 67 页。

② 参见［奥］维特根斯坦《逻辑哲学论》，贺绍甲译，商务印书馆 1996 年版，5. 4733。

③ ［奥］维特根斯坦：《哲学研究》，李步楼译，商务印书馆 1996 年版，第 69 页。

必须跟“桌子”“灯”“门”之类语词的用法一样微不足道。（第 97 节）

在哲学中谈到句子和语词完全是在日常生活中我们谈到它们的那种意义上说的。[①]（第 108 节）

这也揭示出哲学与科学的区别。科学与哲学的关系是一个复杂的问题，本文不拟探讨。但科学至少在这样一点上不同于哲学：科学使用数学语言并服从其规则，而哲学就其本性而言则完全是一种内在于自然语言的文本样式。哲学是与生活直接相关的事情。

维特根斯坦关于日常语言逻辑地位的学说构成了对哲学本质的一种带有根本性的新解释，这就是哲学的简单性。这一解释之所以是合理的，首先因为它得到了这样一个历史事实的支持，即大哲学家的思想本质上都是简单的。正如 I. 伯林所指出的：“哲学大师总是以普通人能够接受的方式说话——结果人们只要通过一些简化了的说法就理解了他们理论的实质。二流的哲学家则往往容易过分拘泥于论题的细节。”[②] 从这种新角度考虑一下许多著名的哲学论点，可以发现它们经常是一些具有“简单性”特征的思想，确切地说，我们通过直观就能把握这些思想的意义并被其巨大的内在力量所打动，例如：

1. 在人类的真正合理状态中，劳动不只是谋生手段而且本身已成了生活的第一需要。（马克思）

2. 形而上学论题是无意义的，因为它在经验上不能证实。（逻辑经验论者）

3. 观察渗透着理论。（N. 汉森）

4. 心理现象不可能被还原为物理过程，因为有机体的经验只能通过经验者自己的观点才是可理解的，所以这种经验的真实本性不可能通过其物理过程而被揭示。（T. 耐格尔）

---

① ［奥］维特根斯坦：《哲学研究》，李步楼译，商务印书馆 1996 年版，第 106、97、108 节。

② 参见［英］麦基编《思想家》，周穗明、翁寒松译，生活·读书·新知三联书店 1987 年版，第 52 页。

克里普克认为，直观是支持一种思想的重要依据①。马赫和爱因斯坦都曾指出，甚至在科学中，直观也发挥着关键性的推动作用②。的确，直观内容对揭示任何重要思想的价值和内在力量来说，经常是最有说服力的证据。这正是“真理总是简单的”这一名言的真正含意。但必须说明的是，这里所谈的直观既不是指那种中国古代思想式的超逻辑、超语言的“直觉思维”，也不是一种心理学上的认知模式。它是哲学上的一种“意义的联系”，是指我们在普通正常的语言—经验模式内直接达至理解的可能性。它表示这样的情况：一种思想的力量因其简单性而直接赋予了我们的理性。当然，获得这种直观的一个必备前提是教育。

许多哲学思想之所以伟大正因为具有这种简单性。我们之所以能对这些思想的重要性获得直观，是因为它们在我们正常的语言—经验模式内实现了人类理解的新的可能性。它们是简单的，因为它们是我们普通语言的一部分。意味深长的是，在艺术创造领域，我们看到了同样的对于简单性的追求。

另一方面，说一个伟大的哲学思想是简单的或者是每个人都能接受的，并不意味着它是人们现有的一个常识信念。恰恰相反，作为简单性与独创性的统一，那些伟大的哲学思想都是天才的发现，它们照亮了人类思想的新疆域。或者说，它们为某一语言表达式的意义提供了新的可能性，这样的语言表达是人类普通语言的一部分，这种新的可能性就存在于我们正常的经验—语言框架之内，普通人却没有抓住它。我们可以看到，大哲学家很少关心反常的奇想，而是寻求完全正常的、别人也应想到却没有想到的其他可能性。维特根斯坦很好地描述了这种情况：“我所讲述的是表述的用法的形态学。我指明有些用法是你们未曾想到的。在哲学中人们感到被迫以一定的方式来考察一个概念。我所做的就是提出甚至是发明考察它的另外的方式。我提出你们以前未曾想到的可能性。”③

这似乎是想把哲学变成一件处于普通理解力水准上的平凡的事情。但

---

① ［美］克里普克：《命名与必然性》，梅文译，上海译文出版社 1988 年版，第 43 页。

② 参见［美］费耶阿本德《告别理性》，陈健、柯哲译，江苏人民出版社 2007 年版，第 205、211 页。

③ ［美］马尔科姆：《回忆维特根斯坦》，李步楼、贺绍甲译，商务印书馆 1984 年版，第 44 页。

我们知道，哲学的确是一种非常复杂的文本样式，哲学问题通常是深刻的、深奥的，阅读和写作哲学作品实际上是非常困难的。如何解释这种复杂性与简单性的对立呢？维特根斯坦认为，复杂的印象是由于曲解我们的语言而造成的，他把这个过程称为“升华”（to sublime）：通过各种各样的误解，普通语词被“升华”为哲学概念[①]；由此我们萌发了使“逻辑形式”神圣化的倾向，仿佛存在着一种从属于逻辑形式的特有的深刻性：逻辑研究探讨一切事物的本质，它试图看到事物的基底。维特根斯坦认为，作为哲学探究对象的逻辑形式的确是重要的，它为世界和思想提供一种先验的秩序，“但是这一秩序似乎必须是绝对简单的。……毋宁说，它属于那种最纯的晶体。但这种晶体并非表现为一种抽象，而是某种具体的东西，事实上是最具体的东西，因为它是存在着的最坚实的东西。”[②]

对于这种简单性和复杂性的冲突，维特根斯坦给出了这样的解释：

> 为什么哲学这样复杂？哲学毕竟应该是十分简单的。哲学解开我们思想的纽结，这些纽结是以荒谬的方式结成的；而为了做到这一点，哲学必须从事象结成这些纽结同样复杂的活动。哲学的结论虽然是简单的，但是哲学用来达至结论的方法却不可能是简单的。[③]

这里已接触到维特根斯坦哲学观的核心。哲学不追求任何理论，只追求思想的完全明晰；哲学把我们的思想引向一个简单的终点，那就是哲学问题的完全消除。这些哲学问题具有复杂的外貌，但它们实际上并不是真正的问题，而是一种理解力的疾病，它表明我们的思想已走入迷津。造成这种迷误的原因是多方面的，如表层语法的类比，对语言用法的心理主义解释和对事物的本质主义解释，嵌入语言中的图象，对科学思维方式的比附，以及自然形成的偏见，等等。为了走出迷津，我们的思想必须重复已经走过的全部路途，这个困难的过程对我们显示为复杂性。换言之，复杂性是对简单性所付出的代价。

---

① ［奥］维特根斯坦：《哲学研究》，李步楼译，商务印书馆1996年版，第94节。

② 同上书，第97节。

③ 参见《维特根斯坦全集》，涂纪亮主编，河北教育出版社2003年版，第38页。

这种简单性的根据在于哲学与生活的完全一致。维特根斯坦的“生活形式”决不是一个神秘抽象的概念，它包容着我们经验和语言的全部现实和全部可能性。因此生活应被理解为人类的历史性存在的全部内容，哲学是它的一个组成部分。哲学是简单的，因为生活本身是简单的；用正确方式说出的哲学命题，其价值与生活中的任何普通事物完全相同。复杂性是对生活的经历过程，或者说是对规则的适应过程：只有当你看不清事物的内部联系时，它才显得复杂（可以回忆一下解一道数学难题的经验）。“哲学还一切事物以本来面目。”①

关于哲学的这种简单性及其与生活的联系，语言分析哲学提供了一个极好的例证。语言哲学家以自己的写作表明了，哲学文本可以具有与隐晦玄远、莫测高深的老一套完全不同的新样式；他们努力说服人们相信，借助于日常语言和常识展开的哲学思考和黑格尔式的哲学思考同样高贵和深刻，通过这种思考，同样可以获得有关世界、历史和人类精神的可能结构的深刻理解。可以回想一下后期维特根斯坦、奥斯汀、赖尔和 M. 布莱克等人的著作中那些最不起眼的平凡实例：

> 在一个市镇开始成为一个市镇之前，它需要多少房屋和街道呢？（维特根斯坦《哲学研究》第 18 节）
>
> 可能有一种排斥紫红色而又很难代替淡紫色的特殊的隐约的绿色吗？（奥斯汀《他人的心灵》）
>
> 对一只鸟正在随季节飞迁的描述比对它向非洲飞去的描述更复杂。（赖尔《心的概念》）
>
> 说一个人是一只狼，既是对这个人的责骂，同时也使狼变得比它原来的样子更富于人性了。（M. 布莱克《隐喻》）

在具体的上下文中，每个这样的实例都代表了某种重要的思想，但在这里却几乎没有任何外在于日常语言和日常经验的东西。实例实现着日常语言作为哲学基础的本质力量，实例的使用使哲学与生活两者联系在一起。维特根斯坦认为，思考日常生活中的问题比思考纯粹的知识论问题要困难得

① ［奥］维特根斯坦：《哲学研究》，李步楼译，商务印书馆 1996 年版，第 124 节。

多："麻烦在于思考这些事情并不紧张激动，倒常常是明显令人不快。而既然它是令人不快的，它就是最重要的。"他坚持认为，如果一种哲学给予人们的只是对一些深奥的逻辑之类问题的似是而非的谈论，而不能改善人们关于日常生活中重要问题的思考，那它就是毫无用处的。[①]

这样理解的哲学似乎只想毁灭一切重要的和非凡的事物？它是从哪里获得它的重要性的？维特根斯坦的回答是：对哲学来说，最重要的东西正是那些简单平凡的东西。"我们的探究的本质正在于：我们并不试图通过这种研究而了解任何新的东西。我们要理解某些已被明显地看到的东西。因为这正是我们在某种意义上似乎并不理解的东西。"[②] 哲学的困境在于，"对我们来说，事物最为重要的那些方面被隐藏起来了，因为它们既简单又为人们所熟知。这就意味着，我们没有被那曾被看见的最显著最有力的事物所打动。"[③] 因此，对哲学来说，完全超越日常语言的重要性是不存在的，那只是一些"用纸牌搭起来的房子"[④]。我们应该努力接受一种新的哲学观，这也许是自康德以来关于哲学本性所给出的最深刻的观点：哲学是一种以简单性为本质特征、并与生活完全一致的文化形式；哲学起源于对平凡的常见事物的惊奇，终止于这种惊奇的消失。用维特根斯坦的说法，这也就是哲学问题的完全消失。

（原载《吉林大学社会科学学报》1991 年第 6 期）

① ［美］马尔科姆：《回忆维特根斯坦》，李步楼、贺绍甲译，商务印书馆 1984 年版，第 33 页。

② ［奥］维特根斯坦：《哲学研究》，李步楼译，商务印书馆 1996 年版，第 89 节。

③ 同上书，第 129 节。

④ 同上书，第 118 节。

现代哲学中的“历史性”概念

1.“历史性”概念使任何捍卫合理性的努力从根本上成为不可能。这也许就是关于这个问题的讨论在现代哲学中特别盛行的原因。“历史性”这个概念带有浓厚的思辨色彩，各种历史主义观点的共同要点在于：为了说明人类理解的不完全性而诉诸时间范畴。例如请考虑这样的观点：“文本”没有确定不变的意义，这种意义取决于人的理解，而人的理解是随时间进程而变化的，每一个历史中的理解者都以和别人不同的方式去理解，因此文本的意义是不可穷尽的。又如在今天的科学哲学中，下面的观点已占有绝对优势：不存在一套超越时空的永恒的科学方法和合理性标准，方法和标准是随着时间不断变化的，在特定的科学话语系统内每种方法都可能是正确的。

这里提出了一个相当根本的问题，即人类无法为世界找到一种完美的统一的解释，因为人类不可能穷尽全部事实。在事实领域，历史性的限制是一种广泛存在的现象，它出现在人类理解活动的许多层次上。无疑，在宇宙间存在着无数我们根本无法想象的事实，而且要穷尽地指出一个已知事实所涉及的所有关系同样是十分困难的，更极端的事例是，我们甚至无法给出某个最熟悉事物的自我同一性的最终证据。在哲学上，我们可以推断这种限制的根源不是逻辑上的，而是人类存在本身的历史性即时间性。确切地说，人类存在于时间之流中，这一点构成了人类走向完美理解的绝对障碍。这里实际上包含了这样的假设：如果人类能够站在时间之流的终点上，穷尽地掌握全部可能的事实及其关系，人类就能达到一种完全的理解，而这是绝对不可能的。而且，如果我们想到人类至今尚未替自己的思想找到一种普遍适用的中立框架这一事实，就会进一步感受到历史主义论题的说服力。人类放弃了对于世界的唯理论的、经验主义的和概率主义的解释形式，就像当初放弃对世界的神学解释一样毫不惋惜。

要在这一点上反对历史性论题几乎是不可能的。如果历史性论题的内容就是坚持指出人类理解的这种不完全性，我们就几乎无从对它作出任何正面的辩驳。我们至多只能说，在认识论领域内，设置这种怀疑论的游戏极易使人误入迷津。因为如果这是一个缺陷的话，那它就是一个绝对的缺陷，任何本来意义上的人类理解都不应以克服这样的缺陷为目的。这样的理解即使可能，也不能寄希望于人类自身，因为这意味着超越人的存在而像上帝那样去理解。我要说这种理解是一个自相矛盾的怪物。“人类不可能给出完满的解释”陈述的是一个绝对的事实，它确立了人类理解的一个不可能越过的界限。在另一端，“人类必须对世界作出解释”则陈述了另一个绝对事实，从而确立了另一个界限，即对人来说，一个没有任何解释的世界同样是不可想象的和自相矛盾的。设想一个得到永恒完美解释的世界，正如设想一个没有任何解释只有无尽的死寂的事实的世界一样，这对人类的实际生活没有任何意义。一切正常的、对生活有意义的世界观就介于这两个极端之间。

但是时间的确使对世界的解释成为难题这是对已往曾起过主导作用的那些解释系统（例如归纳主义和概率论）忽视时间性的一个报复。那些旧解释系统的共同缺点就在于它们全都只关心事实（以及表达事实的命题）的逻辑结构和其相互之间的静态逻辑关系，忘记了事实是时间中的动态过程。现在，历史主义似乎正在成为取而代之的一种新的对世界的解释。这正是我觉得存在疑问并值得究诘的那个方面。今天哲学家们普遍相信一种历史方法论已经被发展起来。历史学派的主要文献经常在与传统方法论（指古典唯理论、经验主义和概率主义）相对的意义上谈到历史方法。这里有一个基本的混乱：关于这些方法是针对各种现存的科学理论还是针对外在世界本身的，似乎还没有确切的说明。我希望能在后一种意义上讨论方法问题，这样更能抓住根本。因此本文的论述并不针对某种特殊的历史主义学说（这样的学说太多了），而是指向一种一般的思维方式；在我看来，今日泛滥的历史主义思潮存在着发展成为一种一般思维方式的趋向的危险性。

我认为，历史性论题的若干最简单最明确的表达是：例如，哲学应该关心的不是研究对象的静态逻辑结构，而是过程，即时间中的变化和发展；或者说，合法的研究只应关注历史实际发展中的事实并不断地描述它们；或者说，一切现象只有作为历史现象才能被真正理解，等等。在这里我们看到，历史主义把时间性看成是人类认识的本质，它不追求绝对的完美，但却追求一个同样值得期待的目标：使人类的思想完全符合于人类存在的本性。

由历史主义者引入的那种境况有着一种完全令人满意的清晰的意义。如果我们所有的思维方式全都由于世界的不断变化而破产，那我们就有一切理由去注意那不断变化的东西。但我却要指出，人类的一个根深蒂固的弱点是，当他们面对某种特别严重的困境时，往往作出一些最自然的反应；而健全的做法则应该问：我们是否真的必须屈服于这种自然的反应？在本文的其余部分，我将试图说明，历史主义完全不适合于成为我们理解和解释世界的新方法或模式。

2. 解释世界的根本问题是设想可能发生的事实，这是我们能够生存下去的一个基本前提。（在预测未来事实和说明已发生事实的原因这两者之间有着某种对称性，但我认为预测是更为基本的任务。）近几个世纪以来，对世界的解释先后以理性的权威、经验基础上的归纳推理和或然性概念为基础。现在我们毫不怀疑，它还可能采取其他的、我们根本没有想到的形式。但不管其形式有什么不同，对世界作出一种解释即意味着：借助于说明已经发生的一切来推测可能发生的事实。在这样一种意义上，我们过去拥有的确实是一些真正的解释系统。在有限的时空区域内，归纳推理和概率假说是非常有效的解释工具，它们对人类的实际生活已经产生了巨大影响。当然，迄今为止，没有一种解释系统是完美的；但重要的是，对世界作出一个解释，且仅当预言了某种可能发生的事实。

尽管人类解释世界的实际程序可能是极端复杂的和千差万别的，但哲学所关心的问题仅仅是：应该如何说明事实之间的联系，特别是因果联系。在这个问题上，逻辑主义与历史主义已经构成了一种基本的对立。人们之所以选择各种逻辑主义的解释系统，主要是因为在特定的时空范围里，它们能够有效地说明事实之间的因果联系。无疑，这里“逻辑”一词的含义是非常特殊的，它意味着一种信念即客观事物的性质和客观事实之间的关系应该是确定的，因此我们关于这些对象的知识可以形成一个可证明的系统结构。事实上，我们怀着这样的信念获得自己的全部知识。举例来说，如果已经发现的所有电鲶鱼背上的发电器都是成对的，那么就可以推论我明天早晨捕获的电鲶身上有一对发电器这一点，将是绝对无误的，或至少是高概率的。

历史主义者将乐于指出，这个貌似清晰的推理有一个重大的缺陷：如果考虑到时空界限无限扩展的可能性，我们就有理由相信，可能会发现只有一个发电器的电鲶。这种情况在种系变异史中并非不可思议的；就宇宙发展的无限性来说，这一点几乎是必然的。从根本上讲，时间性概念的引入是使经验基础上的归纳推理以及或然性概念陷于困境的真正原因。事实命题的有限合取不能“归纳地”或者“或然地”证明一个普遍理论这一见解的实质就在于指出：对客观实在的任何逻辑分析之所以都是不完全的，是因为人类存在本身的时间性限制使人们不可能穷尽全部事实。在历史主义者看来，根本不存在超时间的“逻辑结构”这种东西。

显然，由于忽略时间性，逻辑主义对事实之间联系的说明是有漏洞的，对于像“尼罗河电鲶身上的发电器是成对的”这样的全称命题我们不能安心接受，即使它明显是真的。但是，在时间性概念的基础上又怎样去说明事实间的联系呢？历史主义者将怎样做得更完美呢？这一点非常值得怀疑。

3. 为了回答这一问题，我们可先来考察一个有趣的现象：“时间中的变化”这一概念似乎特别不适用于事实领域。例如，波德莱尔是《烦厌》的作者这个事实一旦发生，便是不可改变的，设想这个事实将随着时间的演进而发生变化是毫无道理的。同样，如果“昨天下午三点长白山天池的水温是19℃”所陈述的事实是真的，那么说这一事实将在时间中发生变化就是荒谬的。这类事实的本质特点是，它们一旦发生，便具有相当固定的结构，其时空位置和实质性内容都是完全确定的。此外，这一特点对于已经实际发生的事实和那些即将发生的事实同样适用。也许我们可以设想，对于一个通晓宇宙全部事态的全能者来说，所有实际发生和可能发生的事实全都具有完全确定的结构，对于这位全能者来说，过去与未来的区别是无关紧要的。假设这一点是有意义的，因为当我们谈到对客观世界的解释、谈到如何预测新的事实时，我们所企求的正是关于这些事实的特定结构的知识。而且，就人类是通过语言来把握事实来说，我们只能通过在语言中描述一个事实的结构（包括其时空位置和实质内容）来显示这个事实，无法想象我们能怎样给出某种超逻辑结构的事实陈述。

不过，我们的上述观点容易引起误解，因此有必要在此做一解释。人们会说，“时间中的变化”这个概念的含义毕竟是够清楚的了：事实是发生于时间中的动态过程，事实的结构也总在变化，而且一般来说我们都承认，每一个事实都可以看作是某个客观过程链条上的一个环节。历史主义观点的要点就在于，把一切都看成是未完成的、并且永远不可能完成的过程。按照这种理解，也许根本就没有独立的单一事实这种东西。现在我们的确知道，昨天下午长白山天池的水温是一个变量，例如我们可能被告知“昨天黄昏六点时天池的水温是17℃”。但是在这种情况下，我们面对的显然已经是一个新的事实，它具有不同于“昨天下午三点天池水温为19℃”的新结构。即使是那些直接描述耗时过程的陈述，如“天池水温从昨天下午到黄昏降低了2℃”，或者“帕提侬神殿一直保留了古希腊文明的光荣”等，我们也有足够理由把它们的描述对象径直看作是一个有着确定结构的独特的事实，而无须借助“时间性过程”的概念去论证不同事实之间的同一性。这里的关键在于，基于时间性概念的动态过程已被分析为事实与事实之间的关系，而支持这一分析的最重要理由就是，人类对客观实在的耗时性的语言把握，归根结底是借助于连续描述有关的每一个事实的确定结构来完成的。当然，这本身不是一个反历史主义的论证，但它可以使历史主义者更明确自己面临的任务：如果历史主义想要充当人类的新世界观，它就必须能够设想未来世界的情况，为此它必须提供关于未来事实确定结构的信息。

这里对我们富有教益的是，如果客观事实只有通过揭示其特定逻辑结构才是可理解的，那么一个未来可能发生的事实能够在“时间性联系”中被预知就是不可思议的了，因为事实间的时间性联系不是因果联系，它不能在事前告诉我们任何东西，更谈不上什么确定的结构了。在纯粹的时间性联系中，除了一个空洞的“前后相继”概念外，一切都是偶然的。举例来说，对于一个二流的艺术家来说，他的某一次艺术创作的失败理所当然应归因于缺乏才能，但这两者之间并不存在明确的时间性联系；另一方面，与这个失败在时间上有联系的各种情况，譬如他在工作之前看了一场蹩脚的电影或早餐倒了他的胃口等，却可以是完全无足轻重的。这虽然是一个过于简单的事例，但它触及了时间性概念的本质。这也正是历史主义的基本困难。

因果联系对于解释世界之所以是基本的，是因为它是使我们能够在不同层次上有效推知未来事实的结构细节的唯一工具。自然科学中的预见相当普遍地存在于根据适当的因果联系（例如天体力学的规律），从对某些已知事实结构的陈述（例如行星在过去或现在某一时刻的位置和动量）推导出关于某一将来事件结构的陈述。当然，因果律本身并不是严格意义上的逻辑规律，但它必须在逻辑的界限之内被理解，譬如相同的原因会产生相同结果这样一种观念，显然是以同一律为前提的，背离了同一律就根本谈不上对因果联系的把握。尽管本文中对“逻辑主义”一词的使用不够严格，但它意味着一种信念，即客观现象之间的联系应该是非常确定地服从因果律的，因此这种联系决不可能被超逻辑地把握。对于这个从因果律到逻辑规律的过渡过程，我并不承诺自己能够给出清楚的说明，但这不改变问题的本质。在理解像天体运行这样的现象的过程中，一个人离严格的逻辑观点越近越好。

另一方面，在历史主义设计的时间性联系中，我们将被剥夺这一切立足之地。离开了逻辑分析，时间中的一切都变得无法理解了。所以从我们现在的观点看，事实与事实之间的时间性联系是一种普遍存在、却相当乏味的关系。当然，在某种情况下，时间性联系也是非常重要的。可是在这里，时间联系一般不是被看作是纯粹的时间上的关系，而很可能是被看作一种因果联系。如果脱离因果性的观点，那么关于某一行星在不同时间空间位置的关系问题究竟还剩下什么意义呢？

这些不免有点走极端的思考旨在揭示如下的看法：如果我们以时间性取代逻辑性作为人类思想的概念基础，我们将失去祖先遗传下来的对外部世界进行解释和干预的能力，剩下的事情只有对自然过程做一种被动的单纯的描述。有趣的是，专心致力于发现和描述历史实际发展中的事实，这正是历史主义者提倡的工作方式。历史主义极想成为一项帮助人们脱离谬误、混乱和不完全性的事业，这是通过减少对逻辑静态分析的依赖而趋向于时间中的纯粹事实描述来实现的。据说我们越是靠近时间与事实，就越是远离不完全性和不确定性的陷阱。但我要指出，遵从这种工作方式是不可能的。这样构想的纯时间性描述即使能如法炮制，也很可能不得要领，或由于没有重点而无法掌握，并且在众多关键之处丢三落四，残佚不全。

更要紧的是，它违反人类理解的本性，因为人类不能不进行解释，不能思考非逻辑的东西。

4. 当前的历史主义思潮为了建立以时间性为本质的新思维方式而作了关于科学发展以及其他文化现象的若干分析，但得到研究的案例几乎全部来自变迁不迭的人类精神领域。这些彼此不甚相关的成功的案例足以发展成一种新的人文科学方法论，但却不大可能被科学家或家庭主妇所注意，因为使一种历史方法成为必要的那种说明和应付外部世界的能力依然被人忽视。毫无疑问，发现古代人和我们用相同的语词指称完全不同的对象，发现人们用来描述事实的语词是不断变化的并致力于描述这些变化，这是思想史领域的重要工作，但这无助于推测那些外在于人类意志的物质事实。关于这个问题的讨论似乎很少注意区分主观世界与客观世界，这就使人们接受了大量的关于历史方法论的不可靠的说明，这类说明允许人们像对待人类思想史那样去对待冷酷无情的事实。

我认为，“时间中的变化”这一概念仅仅适用于主观世界而不适用于客观事实。当然，人们可以否认在事实与精神之间存在这种绝对的差别，因为在事实领域的许多层次都不可避免地包含着人类精神的因素。但我认为我们仍然不得不承认，这种区别的两重依据是确实存在的：一方面是“我们曾经怎样思考问题?”；另一方面是“明天早晨世界将发生什么事情?”我相信后者才是人类解释世界的根本问题，它没有被任何新近提出的关于科学理论进步的案例分析（例如库恩和拉卡托斯）所把握，也不能用某种人文学科中关于“文本”意义不可穷尽的系统说明（例如伽达默尔和接受美学）加以分析。因为显而易见，对爱因斯坦来说，仅仅正确地描述从亚里士多德物理学到牛顿物理学的发展的各种细节，并不构成发现相对论的必要而充分的前提。同样，可以指出波德莱尔的《烦厌》没有可穷尽的不变的意义，并由此进一步推论到，人类应该放弃关于永恒中性思维框架的独断论，但这种可变性完全不适用于波德莱尔是《烦厌》的作者这样一个简单的事实。我既不否认客观事实是发生于时间中的过程，也不否认我们的思想可能采取某种历时性的描述形式，事实上，这正是历史学家的工作方式；我只否认历史主义能在归纳方法和概率方法曾经有过的那种意义上充当人类解释世界的基本方法论。正确的方法是相对于一种先定目的而言的，如果关于历史方法的构想脱离了原来的先定目的，方法论问题的提法就是错误的。不考虑时间性，对世界的逻辑解释面临困难；但如果对于时间中的发展的关注不能明确地说明如何推测可能遇到的新情况，那么建立在这种想法基础上的对逻辑主义的否定就是不得要领的，因为，没有任何理由去设想一种貌似可靠却不试图预测未来事实的方法论体系能够用来对付外在的世界。如果没有一些关于如何通过纯粹的时间性描述来设想未来世界的观念，我们便无法知道一个历史主义理论要求的是什么。

尽管对时间性概念的这个分析是非常清楚的，但我担心它或多或少有点背离历史主义者的本意。现代哲学中的历史主义大多来自引入时间概念以揭露传统逻辑主义方法论的固有缺点的一种努力。静态的逻辑结构这一概念暗示了这样的想法：“凡事物是什么就是什么，任何时候它也不会变成别的事物。”但看来这是不对的。历史主义者的长处在于他们老是想着“事情还没有完”，超出了一定的时空限度，现有的 A 与非 A 之间、或者真理与虚妄之间明确无疑的界限就会不复存在。我认为这的确是历史主义论题中最有说服力的那部分内容。不过问题的要点在于：即使我们碰巧进入了那个陌生的新世界，历史主义的根本缺陷仍然存在。如果我们关于世界的原有解释出了毛病，我们就得调整、扩充或是更换这些解释，这一切工作的基础仍然是因果律和同一律。这种情况是无可奈何的。如果确实发现了有单一发电器的电鲶，我们就得重新整理鱼类分类学、细胞学乃至群体遗传学的全部有关资料，并修改许多主要的结论，但是在这项繁重的工作中，历史主义似乎帮不上什么忙。

5. 但是，也许这种不断变换逻辑解释的要求就是历史主义的真谛。如果就此得出历史主义是假的，那肯定不能使人满意。历史主义指出了逻辑分析方法的漏洞，尽管它自己不能直接应用于对客观事实的解释。但或许要求这样一种直接解释的能力作为接受历史方法的前提是不合理的，人们会说：动态发展的原则并不意味着随意追求一种灵活的单位从而失去静态结构，我们可以把历史的分析与逻辑的分析结合起来——有什么立场能比这种“逻辑与历史的统一”更合理呢？

但我相信，恰恰是这种“逻辑与历史统一”的显而易见的合理性欺骗了我们。通常，当我们打算使用两种方法解决同一个问题时，我们对这两种方法各自适用于工作程序的那一部分有一个粗略的了解，而且，这两种方法必须是依赖于一个共同的理论背景被理解的。但对于逻辑方法和历史方法来说，结果就不那么明显了。我们不知道历史方法论如何适用于设想和对付事实；此外，我们也没有任何关于逻辑方法与历史方法背后的统一理论背景是什么的概念。我们知道逻辑主义有一个理论背景，那就是有关事物应具有确定本质的假设。但历史主义的情况如何呢？现在我们发现，所谓历史主义不过是上述那个假设的反题，其含意是：不变的本质是没有的，在时间长河中，包括同一律在内的一切都可以改变。现在，结论越来越清楚了：历史主义不是一种方法；与其说历史主义代表了一种人为的方法，毋宁说它显示了理论背景的一种自在的自我否定的性质，这种自我否定的根源在于时间发展的无限性。因此，历史主义确立的是人类理解的一个绝对限度即时间性，而不是与逻辑主义平行意义上的可供选择的方法论；时间的发展是不能被选择与不被选择的，它是人类存在本身的固有形式。就“具有单一发电器的尼罗河电鲶”这个特殊例子来说，除了在时间中可能碰到的迫使我们不断变动原有逻辑体系的各种意外情况之外，我们没有任何关于“历史方法”的确切概念。

这有助于解释当前各种“用历史的观点看问题”的陈词滥调所表现出来的不可思议的暧昧。这些观点把历史方法等同于对理论背景的人为改变，而对于这一方法如何适用于解释事实问题却没有任何进一步的说明。我要说这一类历史观点与严肃的哲学思考没有什么关系，它只不过是人云亦云罢了。

我认为，与其说逻辑主义触犯了方法论上的非静态原则，不如说它触犯了人类存在本身的限制。由于人类存在的短暂，我们不可能获得一种能适用于一切可能情况的万古长新的思维方法，这的确是我们精神上的一个不可克服的缺陷。但是在人类的本性中有一个根深蒂固的悖论，那就是尽管他不可能对这个世界作出绝对可靠的解释，他却仍然必须对它作出解释，因为为了能在这个世界上存在下去，我们必须预先知道那些即将发生的事情对我们是危险还是有利。由于已经说明的理由，我们知道这些实际的考虑必然是逻辑的，它们必须假定事物具有确定的本质。历史主义者正确地指出这一假设是不可靠的，可是他们没有提出可以取而代之的其他办法。不过我们发现，历史主义似乎包含了这样的假设：真正可靠的东西只有那些绝对的永恒的东西。在这个意义上我们是否可以说：真正的历史主义者应被看作是一群真正的绝对主义者，他们与流俗的相对主义毫无关系？不过我们宁愿采取一种务实的态度，我们极为谨慎地应付我们可能面对的各种复杂局面，但我们不愿像历史主义者那样总是为遥远的未来忧心忡忡。本文的结论是否定性的：我毫不怀疑人类的世界观可能采取某种我们现在根本没想到的形式，但我得承认自己目前还不知道有什么新的思维方法取代现有的方法，我有把握说的只是，这种新方法肯定不是历史主义。

（原载《江海学刊》1991 年第 3 期）

绝对价值——对伦理学的一个构想

1. 伦理学研究什么是善的，或者更一般地说，什么是有价值的。这种研究的前提是：世界存在着，这被设定为没有问题的；世界是否有意义，或是否有某种就其自身而言是善的、美好的或崇高的事物（包括精神事物），这是个问题。在这个意义上，伦理学的命题超出事实命题。伦理学的世界和非伦理学的世界都是可以设想的。可以设想这样一个世界，其中没有任何价值，只有无尽的死寂的事物；很明显，这个世界的本质特点在于它是处于任何视野之外的或没有任何主体的世界，在这样的世界中没有伦理学。伦理学的世界处于某个“视野”之内，一定有一个主体在注视着这个世界。这正是伦理学的世界之所以总是被假定为人的世界的原因。这个观点使伦理学的问题成为可能：价值只能在一个主体的视野中呈现。一个事物具有某种善或恶的性质，这种情况只有被某个主体意识到才能成立。因此必须设想有一个主体，世界的意义才是可能的。因此可以说在哲学中，自然科学命题和伦理学命题就它们的内容来看，都表达思想与实在的关系。

伦理学必须在绝对意义上谈到价值。通常把价值区分为相对的和绝对的，其实这没有必要。所谓相对价值即那种基于“目的”概念或“后果”概念的价值。在生活中，人们为了各种不同的目的而到处使用这类假的价值判断，诸如“他是一个好人”“这是一项伟大的事业”之类说法，这对伦理学来说没有意义。伦理学的真正主题只能是绝对价值；也可以说，如果世界没有一种绝对的意义，伦理学就不复存在了。伦理学本身的价值即在于此。

价值超出事实的重要性可以这样来说明：事实即那绝对未被注视的自在地发生着的自然过程，比如我帮助了一个穷人，就有可能是这样的一个事实。仅当这个事实被别人看到，它才获得了一种道德意味，由此而产生了“你应当帮助那个穷人”这样的价值判断。但一般来说，这一判断肯定是出于某种目的，即使这是一个最崇高的纯粹利他的目的；这样的目的与相应的“你应当……”形式的判断将重新进入因果性的事实链条之中，主体在这里消失了，这里不再有伦理学问题了。因此人类通常的道德视野或善良意志不足以充当伦理学的主体，因为人类总是站在一个先定目的之下注视一个事实，这使他终究滞留在事实世界中而无法获得真正的伦理学视野。严格的伦理学研究需要这样一种主体的视野，在这一视野中完全消除了人类的一切目的、需要和意向，在一种纯粹的主体状态中注视世界和事物，这就是伦理学的纯粹视野，它将保证事物呈现出真正的价值，即绝对价值。

但是价值不是视野的性质，而是事物本身的性质，或者说事物的本性、本质力量、结构方式等。它像是事物发出的光芒，只能在一种纯粹视野中被看到。价值之于视野，就像景物图像之于摄像机的镜头：“在恰当调整的焦距上便可得到正确的景物图像，但图像是景物的性质”而不是摄像机镜头的性质（维特根斯坦）。假设有一本真正的好书被藏之深山，迄今没有任何人曾经读过，这本书仍然是有价值的。有价值的东西一定是世界中存在的事物，这里，我们在最宽泛的意义上使用“事物”这个词，它当然包括精神事物、人和人的行为。事物的某种存在状态构成事实。任何一个价值判断都由对事实的判断来承担，或者说价值一定要在事实本身中呈现。如果帮助穷人这一行为具有一种道德价值，它必须在某人帮助了一个穷人这一事实中显现出来，并通常以“我们应当帮助一个穷人”这种形式表达出来。因此，“世界的意义必定在世界之外”这种说法是错误的，因为我们不能规定一种空洞无物的善、恶、崇高之类的价值符号，就像不能设想一个不面对任何世界的主体一样。设想主体是为了从世界之外来注视这个世界的意义，但事实上在世界之外并没有另一个世界让主体站在那里，因此设想世界之外的世界没有必要。崇高等等必须恰恰是对事实作出的判断（即注视）的一种结构方式。

2. 可以把世界置于不同的视野之内，就是说可以引入不同的主体，一旦被一个主体所注视，事物立刻变为有价值的，世界不再是死寂的、冷冰冰的。在伦理学中，我们能够有效设想的世界主体或世界视野只有两种可能：或者世界是人的世界，或者世界是神的世界。其他的假设没有意义。

人类把自己设想为世界的主体是极其自然的。“善”这个伦理学的基本术语引导了一种思维方式：对世界意义的说明只能以人类的生活为中心。世界的存在因为人的存在而有了意义，这个结论不管怎么说都是不可避免的。就伦理学是一种对善的研究而言，伦理学的世界就是人的世界，人是伦理学的最后目的，是世界之所以有意义的根据、标准或者终点，事物按其与这个终点的距离远近而具有不同的价值，于是善的事物构成了一个等级秩序，那最高的善就是只被道德法则所决定的纯粹善良意志，它最大限度地接近或保护着作为世界目的的人。

以人类为中心的价值概念是这样的：仅当一个事实是某种健全的人类意志的结果时，它才获得善或者恶的道德性质，事实本身的自然后果则是无关紧要的。“我们应当帮助一个穷人”这种形式的命题除了涉及一个自然事实过程——我们帮助了一个穷人——之外，显然还涉及某种特别的超自然的东西。因此，“我们帮助了一个穷人”和“这场秋雨使道路变得泥泞”两者陈述的都是纯粹的事实，都会产生某种自然的后果和影响，但只有前者才有可能获得一种道德意味，因为只有前者才可能是一种人类意志的结果。这样一种价值概念的主要理由是：人类的意志是超自然的，只有人类的意志才能构成完全不受自然界因果规律制约的纯粹自由的动机。意志作为一种力量，是唯一不被任何自然后果所决定的。

但现在我想指出，在伦理学的上述形式中，人类的思想从未超出或摆脱掉所谓的因果律。这里我特别愿意在休谟使用“因果律”一词的意义上使用这个概念，即把它看成是一种人类的思想习惯，一种主观上而非客观上的必然性，因此我们把它称为“因果计较”，而不使用“因果律”这个词。让我们对此作一解释。认为一个理智健全的人具有实践能力，其行为可以产生道德价值，而一个精神病患者却不具备这种能力，这种差别的根源在于行动的意志而非后果。但现在我们要说，意志的本质正是对于事实后果的自觉注意，或者说主动地意向着那个事实后果。这就是“目的”这个词的基本意思。在这种情况中，后果概念变得至关重要——它构成一般的人类道德意识的本质。人们之所以认为只有和人类行为相关的那些事实才可能转变为道德事实，而像秋雨使道路变得泥泞这种自然事实则不能，其理由是：只有前者才能引入某种对后果的考虑。由此出发，伦理学始终把善与恶看作是人的意志、行为和人本身的性质而非自然事物的性质，人的生活成了理解世界意义的钥匙，伦理学只关心道德与幸福、责任与义务、目的与手段、罪与罚这些人类生活问题，自然界被搁置在一边。但是，这种道德感的本质不过是把不同的自然事实放置在从原因到结果的思想形式中，设定“我们应当……”这种形态的伦理学规范的第一个理由就是“如果这样做将导致……”，这种蕴涵式是伦理学命题的真正完整的形式。在这里的后果或者目的概念中，已经危险地潜入在伦理学上成问题的“有用性”概念，而在常识中有用的东西恰恰意味着指向一个外在目的的东西，它与伦理学价值的绝对性质格格不入。当然，人们马上会想到，在伦理学中，后果与目的的善的性质是由道德法则来决定的，那与一切人类感性欲求目的无关、只被纯粹道德法则决定的意志就是绝对的善。但我们想说的是，道德法则就它是人类道德感的一种表达形式来说，本质上仍然属于一种因果计较。例如，考虑一下康德的著名道德法则：“不论做什么，总应该使你的意志所遵循的准则永远同时能够成为一条普遍立法原则”，其实质乃是一种人类的契约或规则，它要求具有放之四海而皆准的效力，要求最普遍的示范作用和报答作用，最终考虑的是这样一个目的：人。这就是伦理学的本质方法：把一切善都设定为是为了某个目的，把人设定为一切目的的最终目的。于是我们明白了，为什么当我们面对某种大善之行，面对圣徒的伟大事迹时会肃然起敬，因为他们比一般人更加接近了“人”这个最后的目的。

因此可以说因果计较是人的视野的本质。对于后果的关心是人类思想的本性使然，我们每一个人都不可改变地生活在日常因果计较之中，科学的力量则在于它能预测未来可能发生的事实。但是从伦理学的观点看，这是人类的一个致命弱点，因为它使得在以人类为世界主体的伦理学中不可能获得绝对价值：恶行是因果计较的最直接的表现形式，善行则是为了达到相反的目的，在任何情况下，事物的价值都必须从其后果来判断，否则伦理学就不可能。于是我们看到，人类的固有弱点给各种道德论证带来了无穷无尽的困难，人们在绝对主义与功利主义之间进行着永无结局的重新选择，伦理学的方法成了可用来摧毁任何道德价值的方法，一切价值都被消灭在目的的相互冲突之中。

3. 显然需要重新构想伦理学的主体与视野。伦理学问题的绝对性质表现在：可以无须预设任何目的而确立世界的意义，人不是世界的目的，因为这是不能证明的。在伦理学的纯粹视野中没有任何目的，也可以说，神的世界中没有因果律。在一种纯粹视野中，那注视着世界的主体不把自己设定为世界的目的。如果这个世界上根本没有人类，世界中的其他事物仍然可以是有意义有价值的。为此只需假设一种另外的主体，而这正是伦理学所要求的。伦理学不提供人类行为的规则（制定规则是规范伦理学的事），而只是说明世界的意义。例如深山中的一簇花、一泓清泉，即使永远不可能被人类经验到，它们仍然不可否认是有意义的，它们只要被设定处于一个超乎人的目的性的世界视野中，便必然地因其自身而有价值。同样，如果一个与世隔绝的人做了一桩善事，即使这永远不被人的世界发现，他仍然恰恰获有一种绝对的价值，因为他完全脱离了人的目的系统而只被上帝所注视。相比之下，人世中的圣徒只能间接获得价值，当他为人类的行为树立规则时，他服从的是人类的目的；而当他的绝对价值向着纯粹视野显现时，他是绝对孤独的，示范作用则是无所谓的东西。纯粹视野就其不把世界主体设定为世界的目的而言，可以称之为“神的视野”。纯粹视野意味着事物由于它自身而非由于外在的任何目的而具有价值。显而易见，伦理学在此达到了绝对价值的概念。

这里的神的世界与宗教意义上的天堂观（彼岸世界）毫无共同之处，天堂观实质上并未超出人的视野的目的系统。神的视野则创造了在伦理学上思考世界意义问题的一种可能性，即把世界置于一种超乎目的因果链条的纯粹域境之中，来观看每一个事物自身。观看、注视、视野等都是理性操作的结果，因此理性是世界意义或价值的唯一前提。纯粹主体意味着超越了人类弱点和人类限度的理性存在者，人类本身作为世界中的理性存在者是偶然的，而且也许不是唯一的。伦理学中的人类中心论和天文学中的地球中心论一样是一种狭隘偏执的观念，但天文学的未来探索恰恰可以为伦理学带来意想不到的结果。因此，神的世界与人的世界就它们注视的对象而言是重合的，这个世界由事物（包括精神事物和人类本身）构成。当伦理学把人类设想为世界的主体并设定为世界的目的的时候，它实际上是把世界强行装入一个统一的因果性描述形式，于是一切事物都不具有绝对的意义。当世界被置于纯粹视野从而抛弃了一切后果或目的概念时，事物因其自身而具有的绝对价值便重新呈现出来。这时你会发现，任何平凡微不足道的事物都获得了绝对无条件的价值或重要性。这就是神的世界，但这不过就是我们生活于其中的日常世界。

通常认为世界只有作为一个整体才具有绝对价值，而事物的个别存在则不具有，因为对个别存在的事物可以设法作出一种因果性的解释。显然在纯粹视野中，这种差别被消除了，因为在排除了因果解释的情况下，作为整体的世界与个别事物，其价值是没有差别的。

为了在伦理学中达到绝对价值，即达到一个终点，设定完全超脱了事物间因果联系的事物本身概念是很自然的，把这种情况表述为神的世界也是恰当的。因为在伦理学中“神”按其本义就是一个终极判断者的概念，绝对价值判断只有上帝才能作出。但“事物本身”是什么意思？它非常类似于完全摆脱了现象界自然规律的本体概念。但是为了我们的目的，决不可在此引入现象与本体的划分。我们可以构想这样一种伦理学观点：神的世界与我们日常生活于其中的普通世界是同一个世界，我们作为理性存在者是纯粹世界主体的一个可能的充当者。因此无论何时当我们集中思想试图在绝对意义上看到或者抓住事物的价值时，我们只须使一种纯粹视野出现于我们的经验中；我们确实可以获得这样的经验，必须承认这是一种注意力的极端情况，但它确实就出现在我和其他人的经验中——这就是对那种平凡事物的毫无目的的惊奇。我可以在此尝试描述一下这种情况。假设我站在一块面向大海的巨大岩石上，下面的海水以缓慢的节奏涌上来又退下去，再涌上来又退下去，永远这样重复着，像人的呼吸一样平静。在这种时候，我绝对不考虑大海与周围事物的任何联系，即从某种目的来看它可能造成的任何福利或灾难。这时对我来说，大海具有了一种不可否认的绝对价值、绝对意义。在这种语境中，“大海是有意义的”是一个绝对价值判断，因为具备了一个前提，即大海已被置于一种纯粹视野之中了。而相反的结论则不能成立，因为说“大海毫无意义”则是从某种先定目的观点出发才能成立的相对价值判断。在这种意义上理解的“价值”基本上意味着，它是就事物自身来看而说出的。按照这种思考方式，我们终于可以谈论任何其本身就是绝对重要或绝对崇高的事物，例如一条脱离了任何先定目标的绝对正确的路，绝对美丽的花，绝对可爱的孩子，等等。现在关键是要铭记，在这种伦理学思考中，价值的承担者不再是人的意志、意向或目的，而是事物本身；那注视着事物的世界主体尽管仍然可以由人来充当，但这已不是旧意义上的作为世界目的的那种人类主体，而是一种纯粹主体。在这里，我们是处于一种特殊的形而上学经验中，使自己能够控制一种完全摆脱了因果形式的事物本身概念，因此我们的视野是与神为一的纯粹视野。在这种视野中，人不再是世界的中心或目的，而是世界中的不可忽视的一部分事物，他与其他自然事物平等地分享善、神的恩情或其他的重要性。

4. 如何说明这种价值概念与人类普通道德感的联系是一个困难的任务，但这种联系毕竟存在。借助上面构想的以事物为主题的伦理学可以对人的状况重新作出描述。我的主要看法是：那种对平凡事物的惊奇之心和毫无目的的纯粹关注，对人类的心灵具有一种伟大的净化作用，其力量不亚于任何圣徒事迹。因此，当我们在公司大楼的办公室里处理那些最琐屑、乏味的例行公务时，从伦理学的观点看，我们会发现这是一些绝对美好而有意义的事情。同样，当我们在田地里从事着沉重乏味的体力劳动时，从伦理学的观点看，我们会发现这是一些真正重要而崇高的事情。这种观点正是现代人的志愿精神的本质，志愿精神只有在从常识看来微不足道的情况下才能显示出真正的崇高性。比如在无报酬的情况下当一个救护工作者或乡村医生，或者参加保护野生动物的活动，这时志愿者并不想成为圣徒，而是为了那平凡事物本身。在伦理学上，我们第一次看出这是一些真正重要的崇高的事，因为在这种以任何平凡事物为目的的伦理学思想中，我们抛却了一切世俗利害计较而达到一种圣洁之境，从而享受着真正的幸福。我们可以相信有人会同意这种观点，而且会想起弗罗斯特描写自然事物的伟大诗句："这些水潭虽然隐藏在树林中，却能映出整个蓝天"，或者想起海明威和詹姆斯·乔伊斯对生活中种种乏味情境的同样充满诗意的描写。我们发现在很多表达现代人情绪的艺术作品中，都能看到这种对事物本身神奇之处的重新发现。艺术作品不表现或不涉及任何与人的外在目的有关的主题，于是一棵树、一座废弃的灯塔、一只从圆木下面掏出的蝾螈、一段关于明天天气的谈论，到处都显示出它们固有的不可思议的绝对力量，这种力量不是人赋予的，而是事物自身具有的，人类在一种纯粹视野中发现了这种力量，它使人的心灵变得崇高。因为当我们对日常公务真正发自内心地关心时，我们更加忠于职守；当我们真正热爱平淡无奇的日常生活时，我们更加忠实于对家庭和对其他人的责任，如此等等。责任感和爱只有基于对事物本身的纯粹惊奇而不是对行为规则的示范作用和报答作用的追求时，才能获得一种绝对必然的力量。

康德说，“被纯粹道德法则决定的善良意志是唯一的绝对的善。”维特根斯坦说，“在绝对意义上任何事物都不是善的。”二者皆错，康德的说法尤其错误。因为价值仅仅意味着一个主体的出现并使世界面对他；价值并不使事物之间出现差别，认为事物按其善的价值大小排列成一个等级系列的看法，是人的世界中盛行的因果计较的产物。在纯粹主体的纯粹视野中不存在任何先定目的，因此，一切事物都是同等价值的。在一个绝对的意义上——在神的眼中——一切事物都是善的、崇高的和重要的。这是我们所构想的描述性的伦理学区别于规范伦理学的本质。规范伦理学适用于人的世界并以人为最高目的，常识中善与恶的差别相对于人这个目的而成立，规范伦理学提供各种道德契约，并在人们心中培养起以爱为其形式的庄严道德感，不可否认这对人的生活是有用的，但这一切终归只具有相对的意义，任何规范的道德价值终当消解自己。在绝对意义上说，伦理学不提供行为规则而只研究世界的意义，它唤起人类发现绝对的价值，办法是通过唤起人们对任何平凡事物本身的纯粹惊奇。在纯粹的世界视野中保存着一种最高的绝对的庄严，按照通常的说法，除了创造与存在，上帝没有任何目的，因此，上帝有权设想某种与“偷窃是恶行”完全不同的道德法则，但是他并不这样做。

5. 现在让我们用一种方法来说明事物绝对价值的本质，即把科学的世界与伦理学的世界加以对比。我们都知道，科学命题的意义是它的真值。说一个命题 P 是真的，当且仅当我在世界中确定了一种情况使 P 为真，并确定了相反的情况使之为假。在这里，“是假的”这种情形对科学来说至关重要，这意味着，科学命题关心事实的存在与不存在之间的差别，就是说关心“事物是否存在”的问题。显然，事物是否存在是一个事实问题，为此无须假设世界主体，科学的世界是自在地存在着的自然世界，它并不处在任何主体的视野之内。现在来考虑伦理学的情况。在伦理学研究中，存在被设定。伦理学对“不存在”这种情况不感兴趣，因为如果世界或事物不存在，假设一个世界主体不可能，伦理学也因此而成为不可能。因此，伦理学只关心存在的东西的本身（对比一下：自由意志是对存在后果的关心!)，它追问事物是否有意义，或事物为什么而存在。对伦理学来说，这与世界为什么存在的问题是同一个问题。可以说在这里伦理学的问题与宗教问题的一致性显露出来了。为了寻求答案，伦理学必须假设一个世界主体，如我们已看到的，在一个由于彻底排除了目的概念和因果解释而恰当假设的纯粹主体眼中，事物的价值被发现就存在于事物自身，在这种情况下，对于这种绝对意义上的事物价值的性质或本质，我们唯一能够想象或意识到的就是这事物的存在本身。大海绝对神奇，因为它们的存在使它们处于伦理学的纯粹视野。在伦理学中对事物绝对价值的正确发现就是事物本身的存在，这在我们的日常经验中被表达为对平凡事物的惊奇，在形而上学中则表现为在纯粹主体的感情中对存在的惊奇。这种伦理学上的惊奇感是一种绝对意义上的惊奇感：我们对于惊奇的对象无法作出解释。一旦作出解释，便可消除惊奇，而这在伦理学中不可能。这里便可看出伦理问题与科学问题的不同。如果我能对使我惊奇的事物作出解释，那就意味着我能设想一种消除惊奇的办法，比如设想大海不存在，但这时我就是在思考事物的存在与不存在之间的差别，也即“是否存在”的问题，而这是一个事实问题，此时我的思想便回到了科学的世界，世界主体的假设成为多余的，伦理学的世界则消失了。但这显然不是对问题的解决。当我重新思考那个伦理学的问题并重新把世界置于一种纯粹视野中时，世界的意义问题即“为什么而存在”的问题又重新开始了。现在我们可以对这个问题作一个纯粹伦理学的回答。可能的回答只有两种。第一种回答是，事物为它自身而存在，这种解释是一种同义反复。第二种回答是，事物为注视着它的纯粹主体而存在，这等于说事物是为上帝而存在。这种回答在宗教中被发展成为一种“创造”观念：上帝创造了这个世界。但是“作为创造者的上帝”这个概念的唯一规定就在他是存在的原因。因此第二种回答本质上与第一种回答完全相同，仍然是一种同义反复。现在可以断言，这种同义反复决不是没有意义的，它恰好显示出真正的伦理学价值的必然性，因为对事物绝对价值的唯一正确表达便是事物自身的存在，无论这是多么平凡或微不足道的事物。

（原载《江海学刊》1996 年第 5 期）

第二篇　存在论研究

构成存在论的观念

一　存在的构成问题与构成存在之道

哲学一直企图理解绝对本意上的存在，但一直未获成功。西方思路对存在作出各种定义，比如存在就是被创造，存在就是被感知，或者存在就是作为思想的对象等等。且不说对存在可以作出许多互相冲突的定义，而没有强制性的约束，这本身就预示着定义不是理解存在本意的正确方法。更重要的是，一切西方定义全都预设一个主体的视界来作为判定存在有效性的思想形式，因此永远得不到存在的本意。绝对本意上的存在应该是存在者自己的存在，必须有一种不预设主体视界前提的存在论，才能保证让存在展示出它自身的内容。这意味着要求存在的本身性。这一要求并无任何悖谬之处。

康德将存在划分为存在现象与存在本身，这是西方存在论最重要的一个洞见。康德的划分基于一个更古老的对内容与形式的划分，这个划分直接与存在有关：内容表示存在本身的内容，形式则表示存在向思想给与自身的方式。这些划分本身并没有错，它们肯定了无主体视界前提的存在者存在内容的可能性。但西方思路却错提问题，认为一切存在只有适用于思想的判定形式才有意义，绝对本身性的存在者存在则没有意义；并且有这样的信条：形式先于内容。存在一进入思想形式就变成向主体给与出来的现象，西方存在论因此而成为存在的现象学或“存在的意义理论”。于是一切对存在的定义都有如下形式：“X 存在，仅当 X 如此这般。”但是“X 如此这般”不能定义“X 存在”，因为“X 如此这般”作为现象只表示一个可描述事实，“X 存在”却不是一般的描述性事实，它表示一个存在事态。

在一切存在事态中，存在永远是存在者自己去存在。一个存在者无论它是什么，无论它在何种意义上存在，它的存在事态的内容都必须由它本身去构成。存在的这种自身构成机理先于一切思想性的存在尺度。“凡存在总是存在者自己去存在”这一原理，我称之为“构成存在之道”：它是一切存在事态构成自身必须经由的道路，也是一切存在论的理论工作必须经由的道路。西方存在论坚持现象学问题的最具决定性的根据是，一切存在理论本身必然属于存在的思想形式。存在论的构成问题的合法性则基于一个事实：存在理论不仅仅意味着一种看存在的方式，而首先意味着是我们这种存在者去存在的方式。

“凡存在总是存在者自己去存在”在其同语反复的形式上显然不是定义，却像一句什么也没说的废话，所以人们一般宁愿选择“有某存在者——它在何种意义上存在?”作为存在追问的出发点。但这是一条错误的道路。因为，为了回答存在者在何种意义上存在，就需要引入特定的存在尺度。一个东西在一种尺度上给与自身的存在，我愿称之为“意义存在”，因为其有效性是通过意义给与程序得到的。意义存在的有效性显然取决于主体、视界和尺度，而不再取决于存在者自己。但是一个存在之构成的有效性却不能够在与某一思想尺度的关系上得到，因为一个存在事态的内容不可能由思想的设定来替代，必须由存在者自己去构成。汉语用“是”表示存在，“是”的这一严格本意等于说“是一个存在者”，却不等于说“是如此这般的某东西”，否则“是”就变成一个一般的谓词。这表明一个东西只有作为存在者面临与它的存在事态之间的关系时，才有存在问题。这就是存在的构成问题。

二　存在的意义问题与第一人称论域

西方存在论就其全部以“我思”或“我在”为尺度来决定存在的有效性而言，可称之为存在的“第一人称论域”；就其将一切存在的有效性均诉诸意义给与程序而言，又可称之为“意义论域”。“我思”思路由笛卡儿开创，康德做了伟大的拓展，在胡塞尔手上则走向极端。“我思”思路把存在问题严格限定在主体意识的内在性论域之内，发展了从直观到概念再到意向性的全部内在化领域的意义给与程序。直到海德格尔才赋予力量摆脱了这个意识论域。海德格尔开创了用“我在”即人的日常生存来诠释存在意义的新思路，把西方存在论引上了新方向。但生存论分析以人的生存为存在尺度，结果是重建了意义论域。最典型的生存论分析用“用具性”来囊括一切东西的存在：存在就是作为“上手的东西”。通向存在构成问题的道路再次被关闭。

需要对第一人称论域存在问题的一般结构略作说明。在第一人称论域，存在者是否自己存在不成问题，因为全部存在都是以我思—我在为尺度所作的一种设定，存在者只是一个空位形式。此空位形式又分两种：（1）存在之创生：一个东西如果存在，必有另一个原因使它存在，即“使……存在”，这种空位形式表示：存在就是被创生。从中容易引出“主体”这个概念。（2）存在之给与：某东西存在，仅当它向着一个主体的视界被给与出来，即“向……存在”。从这一空位形式便可引出“对象”概念。它表示存在就是被给予。

在第一人称论域，一切东西都由于被创造和被给与才成为存在，这意味着一切东西都是通过“意义给与作用”而存在的。意义给与作用的本质是使存在对象化，一个存在只有当它作为对象性与人的世界相关联时，才能生成为有意义的问题。人作为法定的世界主体是一切意义存在的根源，因为人能够对存在有所领悟并作出诠释。领悟通过诠释使存在成为人对存在对象要求负起的一种给与意义的责任。诠释使变成对象的存在作为某种“特定的意谓”进入诠释过程，此时存在不是由存在者自己去直接构成，而是由诠释指定的标记形式来替代。存在的对象性质要求存在者向诠释给出自己的存在，这决定了存在者的构成存在之实必须由诠释指定的存在之名替代之，从而成为诠释“所意谓的东西”，这就是意义。语言的功能是天生的存在替代物，是一切可能的存在者的存在标记。意义作为一个存在论问题在语言结构中有其原初的根据。在分析哲学中，意义通常指语词的思想内涵，有时则直接就被看成是语词所指称的事物。然而一个语词指代一个事物，这只是普通的语言学现象。存在论的意义问题并不简单地等于语词的所指，而是在于由存在诠释的名实之辨造成的存在替代。替代是意义存在的根源和实质，所谓存在的空位形式正是由替代所造成，因为诠释可以为任何存在者指定存在之名，所以进入诠释程序的存在对象其实只是一个空位形式。这就把存在者存在的构成问题取消了。

在第一人称论域，诠释主导着存在的意义给与程序，一个存在作为有意义的问题，仅当它具有思想性的替代形式。但在这里，替代本身反而不能成为被批判的问题，这只有在新的构成存在论域中才有可能。

替代使用存在之名替代存在之实。很显然，“存在之实”就是存在者自己构成的存在事态。现在需要回答何谓“存在之名”。通常，存在之名可以是由诠释指定的一切标记形式。但在存在论上，存在之名却只限于主体对对象作出的存在判断，即存在之设定。由于存在判断必须在思想与言说中实行，所以观念和语词是最普遍的存在之名形式。但是在原则上，存在判断也可以指定一个东西直接替代另一个东西的存在。但另一方面，存在替代并不固定于名实之间严格的对应存在关系。可以使用语词或图像来替代一个并不真实存在的东西（即虚构），或者相反，在思想与言说过程中对某种真实存在的东西故意视而不见听而不闻。这两种情况同属存在之名的反常使用，而且就其遮蔽存在的作用来说，在存在论上属于更有力度的存在替代形式。

西方思路对名实之辨的存在论解说，由于基于意义论域的前提，很少有能切中问题真谛者。可以说，从斯多葛学派到中世纪经院学者再到分析哲学家，在这个论题上是一脉相承。分析哲学的指称理论完全在意义论域内讨论名实关系，结果发展出极端形式化的存在替代理论。“词的意义就是它的指称”，这意味着应该把存在的意义给与程序付于语词而非观念，因为事物只有作为语词的指称才能进入存在问题，并由语词赋予它某种意义。与之相反，在中国古代关于名实关系的讨论中，却可以找到存在问题的正确思路。比如公孙龙的《名实论》对“物”（存在者）、“位”（存在分位）、“实”（存在之实）和“名”（存在之名）这些术语的定义，严格符合于构成存在之道的基本原理。他的《指物论》给出了对名实关系的一个相当复杂严密的构成分析：“指”（存在之名）生于“谓”（存在诠释），“指”只是诠释作出的一个存在设定，代表一个存在的空位形式，故曰“天下之所无”；“物”作为存在者则是“天下之所有”。由此推论：“以天下之所有为天下之所无，未可。”存在替代由于僭越了存在论的固有主题而与存在之道不相容。

意义论域完全排除存在者存在的“本身性”维度，只保留存在的“现象性”作为唯一自足的存在问题，现象既是一种替代形式又是一种意义给与形式，本质上则是第一人称主体的一个存在设定。但是，在第一人称论域中并无自觉的替代问题，因为存在之实当其不进入主体视界时并不作为被替代者而存在，而是根本就“不存在”。只有在新的构成论域中，才有可能提出存在的名实关系问题，揭露意义性存在的替代本质，并使存在之实的本身性成为存在论的合法问题。

任何存在只有与人的世界相关才有意义，如果超出人的可能性便无意义。这是对的，并且符合“意义”这个词的严格定义。存在的意义问题之所以不可避免，就是因为它与上述人类学的最基本直观相一致。但这个直观却把存在论引上歧途，因为它只是对存在本意的一种第一人称性人类学解释。意义问题本身不是真正的存在论问题，只是认识论和伦理学的问题。认识论和伦理学都要求存在必须有意义，并给出了满足这一要求的条件：认识论要求一个存在只有作为现象向主体显现才有意义，伦理学则要求一个存在只有对人的生活有价值才有意义。价值世界和现象世界都是由主体创造出来的对象性世界，因此排除存在论的构成问题。

西方思路对存在的人类学解释已走到它的极限，所有第一人称性的存在问题都已开拓殆尽。其中最重要的哲学学科是认识论和伦理学。认识论承担着整个意义论域的基础研究工作。经过笛卡儿、康德和胡塞尔等人的工作，认识论已穷尽了全部可能的内在化领域，并得到它的最后真理，那就是：主体性思路是存在论的一条死路。分析哲学想把存在的意义基础从意识转移到语言，这显然并未超出第一人称论域。分析哲学只能算是认识论的一场余波。另一方面，伦理学从最早开始就以人类作为世界存在的目的和价值的根据，因此也不可能指望伦理学来解决存在问题。存在是哲学的第一问题。古代的智者曾以不同方式直接面临这一问题。后来人则试图从人类本身的存在分位去揭示一般存在之道，他们用认识论和伦理学去开拓这条道路。认识论和伦理学用辉煌的思想力量从“我思”和“我在”两个方面穷尽了全部存在的意义问题，最终又把一般存在之道这个问题重新归还给存在论。这样，存在论成了唯一有可能正确提出和解决存在问题的场所。这个研究要求一个新起点，但它其实只是回到了古代智者的那个原初起点：凡存在总是由存在者自己去构成。

三 第三人称论域的基本准则

意义存在服从现象性的形式原理。构成性存在则服从本身性的内容原理，为了把这一原理表现出来，仅仅改造西方思路中的个别观点是不够的，必须重新开拓一个不设定主体视界前提、不引入任何意义尺度的存在论论域，即“第三人称论域”。新论域中的基本问题不再是一个东西“向我给与的存在”，而是“它自己去构成的存在”。因此第三人称论域不再意味着一种新方法，或一种不同以往的看存在的新角度，而是在不引入任何思想尺度前提下正确提出存在问题的一整套工作计划。

根据构成存在之道，我们规定，在第三人称论域，一个存在者自己去存在的“存在事态”表示该存在者的一个“存在行为”，这个存在行为是一个表示存在者构成自己存在事态的能力概念，而非表示某种存在状态的描述性概念。因为被描述的东西只能是被给与的现象，而使一个东西成为存在的决定性力量，则来自它构成自己存在之内容的存在行为。这样，每一个存在事态作为存在者的存在行为，就在不引入任何主观性尺度的情况下，保有该存在事态的内容实相，并使之区别于一切现象。

为了在理论中把这种内容原理切实地表现出来，需要使用特殊的概念构造：（1）一个存在事态内容的本身性要求该内容必须是自身同一的。因此，某存在是本身性的即自身同一的存在，仅当该存在者在其存在事态中重复实行它的存在行为。这种可重复性是存在行为的一个基本实相，可称为存在行为的“可再性”。其实存在的可再性很容易理解：在不设定主体尺度的前提下，存在就是存在者在时间中重复它的存在事态的内容。因此，对任一特定存在来说，它的“再次去是”必须就是它的“所曾经是”，它的“即将去是”则必须就是它的“再次去是”。这种一致性说明，只有靠存在行为的可再性才能保证一个存在事态内容上的统一性。而“曾经”与“即将”的联系则表明存在作为存在行为，等于存在者亲历其存在事态的“历事”。（2）一个存在行为必有所涉及，其所及者永远不会是某种现象，而只能是另一个存在者的存在。由于每个存在者都实行它的存在行为，因此“可及性”永远表现为存在者间的互及性。任一存在事态都必须在一个场所中构成，这个场所只能落实为一种“存在者间关系”。存在者间的互及性是存在行为的另一基本实相。在存在论上，存在者间关系表示一个不预设主体性前提的“世界”概念。

上面定义了基本术语。现在将第三人称论域的基本准则概述如下：

第一个准则：用存在行为取代存在的现象概念

凡存在总是存在者自己去存在。存在者在它的存在行为中构成它的存在事态。当我们断言存在不是一个描述性的现象概念，这好像在重复康德的说法：“存在不是谓词。”其实并非如此。康德的完整说法是，对于一个存在者，任何谓词都增加对它的描述，只有“是”这个词不作这种增加，而仅仅限于作出“有一个存在者”的判定，即“肯定它是作为与我的概念有关的一个对象”①。康德显然是在第一人称论域讨论存在（是）的概念。然而真正说来，存在之所以不是一个描述性谓词，是因为描述是一种“看”存在的方式，被描述的存在永远是向一个主体的视界给与自身的现象。而在第三人称论域，存在不表示这种“与我的概念有关”的对象性，因为存在只表示一个存在者构成它的存在事态的存在行为，而不是在某个视界中显现、并可以描述的某种状态。存在行为的有效性不再引入思想性尺度，因此能够保证存在本身的内容原理得以建立起来。

第二个准则：用存在者间性取代主客二元性

任何一个第三人称性的存在事态，如果不预设主体视界前提，就只能在存在者间关系中构成。在不以主体之视界作为存在场域的情况下，这种存在者间性为存在者自己的存在提供“世界”前提。第一，世界作为存在的场所意味着，只有存在者间的共同到场才能保证一个存在行为的可及性有其着落；只有一个存在者的绝对孤独的世界是不能设想的，因为根据存在行为作为存在的本意，绝对的无所涉及意味着没有存在行为，也就意味着不存在。第二，由于每一个存在者在其存在事态中都实行自己的存在行为，所以互及性所造成的存在者间关系具有平等性。这是因为，在一个不以主体视界为前提的新论域中，每一存在都不作为“对象性”，而是作为“本身性”直接进入存在者间世界，这必然导致一切存在在其有效性上的平等。平等的存在者间关系决非一个任意的理论虚构，这是建立一个

① 参看［德］康德《纯粹理性批判》，韦卓民译，华中师范大学出版社 1991 年版，A598/B626 以下。

无尺度的存在论新论域的必要前提步骤，将影响对存在问题的全部构成分析工作，不过这种影响在初始定义阶段还看不出来。

第三个准则：用历事取代创生

如果一个存在以本身性直接到场，则它必须可重复到场。这就是存在行为的可再性的历事实相，意味着一个存在事态的内容就是在时间中重复自身。很显然，重复自身内容的本身性存在具有平凡的特点，而存在的创生则具有非凡性。平凡测量着存在行为的力度，即存在行为的可再性程度：一个存在事态对自身内容的可重复性越高，表示存在行为越有力度，这个存在向它的世界提供的消息也就越平凡。绝对必然的存在，例如逻辑上的重言式命题，其内容在存在论上恰恰是最平凡的。另一方面，完全不可能重复自身的存在就是奇迹，它的可再性等于零，因此它具有最大的非凡性，因为它的存在要求最高的创生力量。这表明了存在之有效性只能基于一个存在事态重复自身内容的历事，而不取决于主体的创生。即使把创造的奇迹理解为“在观念中存在”也没用，因为在观念中存在的奇迹等于不可能存在的观念，比如只有上帝才能创造出来的作品。

存在的创生原则基于一个自然史的直观，即任一东西的起源如果在时间中发生，它必然是由于某种原因被造成。西方思路从这个自然史的原因概念抽象出存在论的创造方法概念，把创造一个东西的方法当作该东西存在的本质。但是如果不引入意义前提，“使……存在”的创生就不是真正的存在论问题。古代的创生概念并无严格的存在论含意。亚里士多德把创生分为“自然所成”和“技术所成”，以此划分自然事物与人工制品的界限。技术制造是创生的一般样式。但人不仅制造用具，而且创造观念、艺术品、文本等精神事物。人类一切制造活动的本质是把形式赋予内容质料，形式则由人的灵魂创造出来。“灵魂创造形式”的观念和“每事物之创生必有创生者”的观念，是亚里士多德创生理论中最重要的两个观念。[①] 中古神学存在论和近代认识论存在论则从这些观念发展出错误的问题。神学存在论认为，上帝创造天地，“天地之所以有，是受造而有”，所以存在就是被创生，存在者之为存在者就在于它是受造物。[②] 创造存在

① 参见［古希腊］亚里士多德《形而上学》卷Z章七，吴寿彭译，商务印书馆1959年版。

② 参见［古罗马］奥古斯丁《忏悔录》卷十一，周士良译，商务印书馆2008年版，第231—258页。

的观念在近代西方哲学中由自然事物领域转向内在化的意识领域，意识主体与意识对象之间的“使……存在”关系变成一个存在论问题：人在其领悟中使对象存在，因为人创造了意义世界，存在只有对这世界而言才有意义。

第四个准则：用相与取代被给与性

存在者间关系无所不在。一切存在事态都在存在者间关系中构成自身。我们用“相与”这一中国古语表示存在者间的互及性，来取代西方思路的“被给与”概念。相与表示第三人称性存在者间平等的互在性，被给与则是第一人称性的存在形式。

但是被给与在西方思路中何以成为存在的本质仍然值得追问。如果我意识到一个东西存在，我就必须能证明之。如果我从“人的立场”出发去证明存在，就只能诉诸知觉、想象、概念等方式。这是唯一有效的方法：存在因其向我给与出来而得到证明。给与性的效力就在于它保证着一个存在在认知上的可证明性，不能由给与性证明的存在就没有意义。因此胡塞尔把“每一种原初给与的直观都是认识的合法源泉”称为“一切原则的原则”。[①] 然而存在论有权追问“可证明性”本身的合法性何在。结果表明，存在在被给与性上的证明只在第一人称论域中有效，在这里，主体被预先设定为存在的最后根据。主体本身的存在则是自明的，因为主体通过内知觉直接向自己证明自己的存在。

然而对存在论来说，主体性只是一个被选的出发点，只具有“设定性”。被给与作为设定的根据并无最后的效力，因此才有悖谬的“存在判定问题”：如果某主体用给与性判定存在，则该主体本身的存在也必须用第二级的给与性加以判定，如此下去，存在判定陷入无穷倒退，直至最后设定一个最高存在者作为最后的根据，仍未逃出设定性。

存在论的合法根据不是设定性而是“先定性”。存在如果真有一个出发点，这个出发点必须是一个先定性。这个先定性就是：“凡存在总是存在者自己去存在”。这是一个简单的真理，但它确实就是存在之道的本意。我们在这一简单真理基础上可以开发出整个全新的第三人称论域。

---

① 参见［德］胡塞尔《纯粹现象学通论》，李幼蒸译，商务印书馆 1992 年版，第 24 节，第 84 页。

四 人类的意义性存在与构成性存在

存在行为就其在“内容的本身性”中构显存在者的存在而言，可称为存在者的“自—然”。“自—然”等于说存在者如其自身所然而然，因此表示存在者自己存在的天之道，而非普通对象意义上的“自然界”。“自—然”是构成存在之道的法度：道法“自—然”。而根据各种意义尺度去设定存在，则称之为“使—然”（使—存在），很显然，使然性是意义存在的特殊法度。

人类的存在天生包含着“自—然”与“使—然”两种法度的矛盾。一方面，人在“自—然”法度中作为存在者自己去存在；另一方面，人的存在之使然性表现为它的特殊之处：在人的存在中本然地包含有对存在的领悟。领悟在一切存在之外建立起一个“看”存在的视界。于是有如下问题：人的存在的有效性是从视界中得到，还是从这种存在者的存在行为中得到？

在第一人称论域，存在的有效性只能来自主观性的视界和尺度。但这种有效性仅仅是存在现象的有效性，而非存在内容的“自—然”根据。按构成原理，人的存在事态从存在行为这个起源上发生，也在这个起源上有效。对存在的领悟本身则属于人的存在行为的一种特殊内容，也就是说，人的使然性是其“自—然”法度的一种特殊表现方式。由此出发，下面将对人这种特殊存在者的第一人称“意义性”存在和第三人称“构成性”存在作基本的界定。

人是世界的法定主体。一个存在是有意义的，仅当它作为对象性向主体被给与，从而具有被判定和被替代的使然性形式。这种意义给与程序特别适用于事物的意义存在：事物是天生的对象。但人非事物，人作为主体，是否可能使自己的存在成为一种对象性，从而进入意义给与程序之中？在第一人称论域，人的意义存在具有如下特殊结构：

（1）人将自己的存在设定为对象性又令其以这一存在本身为目的，因而具有自属性。因为“我存在”是人的存在问题的第一个基本事实，一切其他存在问题都得还原到这一基本事实。这决定了人的存在按其本意就是第一人称性的，也决定了这种存在者的本质就在于去存在。这意味着人的存在赋予自身以意义，用海德格尔的说法就是："这个存在者为之存在的那个存在，总是我的存在。"[①]

（2）人向自己的存在确证自己存在的意义，从而具有自明性。由于人是第一人称性存在者，其存在的对象性作为一种现象状态直接向着他的主体视界给与自身并确证自身。也就是说，人能直接领悟自己的存在，因而其存在的意义是自明的。这种自明性显然不同于事物的意义存在在经验上的可证明性。

很显然，人的意义存在就其自属性和自明性结构来说，只具有相对的对象性，而不同于事物存在的那种绝对对象性。然而，当人的存在问题转入人与人之间的意义关联即"人世间关系"中，其意义存在的自属一自明结构便被打破，使人成为一个绝对对象。因为在人世间关系中，每个人都是一个可能的主体，对该主体来说，别人的存在便具有了绝对的对象性。换言之，在人世间，任何一个人的存在都能成为纯粹的对象性，仅当有某个人或人格性实体的存在被设为主体，比如领袖、家长、专业权威、社会性实体等等。在人世间，人的一切存在行为都具有"有所领悟的行事"样式，其本质为：存在者对自己的这一存在有所要求，即要求把它做成一事。然而，如果一个人的存在完全出离了被他领悟的存在要求，或者此存在要求根本未被领悟，那么这个存在即使仍然具有行事的外表，但在本质上已蜕变为一种"拟行事"，我称之为"存在姿态"，对于人的人世间存在向度来说，这一蜕变意味着：变质的存在行事仅仅适应别人的存在要求。此时这个别人转化成为一个主体性，朝向它的存在姿态则变成一种对象性。

一般地，人的绝对意义存在就是他按别人主体的存在要求而展示的存在姿态。这里显然发生了存在替代，即用拟行事替代原初的存在行事。别人的存在要求则成为约束人的意义存在之有效性的尺度，这种意义尺度显然不是指经验上的被给与性，而是一种社会性伦理性要求。必须看到，人世间存在不仅是人的一种可能存在，而且是这种存在者特有的更本质的存在向度。在这里，人为了使其存在合乎普遍尺度从而成为有意义的，必须

---

① 参见［德］海德格尔《存在与时间》，陈嘉映、王庆节译，生活·读书·新知三联书店1987年版，第50页。

不断地将自己的存在行为内容转换成种种“合适的”存在姿态：比如符合惯例的“世故”，做给他人看的“得体”，违背本心的敷衍，自我保护的谨慎等。这些日常情况在存在论上意味着人的存在处于替代性的现象状态：他为别人活着。

构成分析要求得到人的第三人称存在。为此必须放弃一切主体性的意义尺度前提，直接从构成存在之道出发。但这里我只能提示基本要点。

对于人的自属—自明的相对对象性存在来说，人的存在作为一个现象向主体给与，是因为它永远有一个“被看到”“被说到”的向度。但一个被忽略的事实是：人作为存在者的存在事态内容还有一个“被做到”的向度。我的存在在其具体样式上被我自己有所领悟地说到，因此而有意义。当这个“被我说到”和“我去做到”这两者由同一个存在者实行时，便产生了意义自属结构。但是因为我自己总能“说到”我的任何一个存在事态，这个“所说”本身作为我去存在的一种可能性便意味着一个新的“所做”。显然我可以重新说到我之所说，如此推延下去以至于无穷倒退。在这种无穷倒退中，存在之“被说到”向度便不能成为存在有效性的最后根据，只有“我去做到”向度才具有最后的有效性，因为它不需要设定主体视界前提。结果我的意义存在便以自属性为契机，转换成为我自己去存在的存在行为。当然这个“我”不是第一人称性的，而是第三人称性的存在者。

在人世间关系中，人的纯粹对象性表现为他的存在姿态，这在生活中表现为“为别人活着”，比如一个人作为医生是为病人活着，作为教师是为学生活着。如何将这种存在姿态转换为人在人世间的第三人称存在行为？此问题是构成分析的一个复杂论题，涉及对伦理学基础的批判，在此不能尽述其详，只能揭示如下要点：即必须区分“为别人活着”的两种不同情况：（1）为别人而存在；（2）为别人的存在要求而存在。“为别人而存在”是一个人对自己存在的重要要求之一，这种情况在存在论上属于存在者间的一种相与；存在者的存在行为之所及是一个别人，这保证了存在者自己的存在事态得以构成。显然一个人“是”医生这件事取决于有别人（作为病人）存在。后一种情况，“为别人的存在要求而存在”则导致典型的存在替代，此时一个人的存在变为种种存在姿态，其实质是把对自身存在的要求当成负担转嫁别人，这一转嫁还往往以“有意义”为借口。存在姿态中的转嫁与推卸，不论其是否被自觉，本身也属于一种存在要求，即把自己去存在的内容寄托于一种与事实相反的说法中。比如海德格尔说违反世故的良知属于人的本真存在，这话如不设定意义前提，在构成论域中也能成立。这样便将人在人世间的意义存在转换成第三人称性存在行为：（1）将自己存在的消息寄托于别人的存在；（2）将自己存在的消息寄托于一种反事实的存在上。

五 存在之领悟作为拟构

存在之领悟使第三人称存在的建立成为难题，因为领悟造成的替代是意义存在的根源。所以必须在构成论域中重新探讨领悟的本质。为此先要把存在领悟和一般的意识特性加以区分。

西方哲学中存在与意识的对立蕴含着一个逻辑范畴错误。存在与意识是属于不同论域的问题：存在问题属于存在者论域，意识问题则属于心的论域；意识问题的本质在于它把意识主体的存在设为自明的前提，以此出发去说明存在的本质。这种解决问题的顺序基于如下观念：任一存在者，仅当能够知道它“如此这般”，才能判定它“存在”。这样把存在问题转换成意识问题完全是本末倒置。因为存在的本意是一个独立自足的存在论问题，不可能在心的论域中得到解决，只能在存在者存在的构成论域中解决。存在问题的这种自足性基于以下观念：任何存在者，仅当它自己去存在，才能作为如此这般的东西被描述。由此观之，实在论比唯心论更接近存在之道的真理，因为它更远离意义论域。

而且作为存在问题本质部分的存在领悟不同于一般的意识特性。意识是我思主体的思想作用形式，它表象现成的存在现象。对存在的领悟则是人的一种特殊的存在行为，因此属于人的存在事态的一种内容，其功能在于设计出这一存在的各种可能性。这就显示出一般意识与存在领悟的差别：前者仅仅回顾性地表象既有的存在状态，后者则永远关注于一个存在的种种有待实现的可能性，因此具有行为特性。认识到这一差别，是达到对领悟本质的构成性说明的前提。

通常认为，领悟在存在事态之外建立起一个看存在的“视界”。其实“视界”只是一个比喻，视界表示能够描述和判定存在的“我思”。在西方思路中，“我思”总与看的视界混为一谈，使存在问题只能在心的论域中提出。笛卡儿的“我思故我在”像一切古典命题一样微言大义，给后来的解释留有余地。后来者则把“我思视界”的优先权推到极点。比如赵汀阳确认的“本体论秩序”是这样：“无论作出什么样的断言，‘我思’都已经占据了本体论的优先位置，……实在只能在思想的视界中被理解，这意味着任一视界都是思想的视界。”① 显然这一本体论秩序只对意义问题有效。思想视界优先于实在并非自明的存在之道，而是有条件的：第一，思想被限定在视界的表象功能上；第二，视界本身的存在不被追问；第三，在视界中被表象的实在只是实在的现象形式。正是这几个条件使存在的视界问题远离真正的存在之道。应该承认“我思”如果作为领悟功能确有思考存在的责任，但思考存在并非存在问题的最后根据，反之，思考本身也是与存在为一的存在行为。

即使在构成论域中，领悟也表示一种使然性、一种存在者间的使然性机理，即把一个存在的可能性拟作与自己有关的事情来构成之，这就是对存在的“设计”。领悟就其设计存在的可能性而言可称之为“拟构”。当然，存在与对存在的领悟，这两者之间的界限不可能泯灭，领悟作为拟构乃是人的“自一然”法度中的一种使然性。但是对一个存在的拟构却不再替代那个存在，因为领悟不可能拟构一个存在事态的实际内容。

显然，内容不能被拟构，只能由存在者直接构成。一个存在可以被领悟所拟构的东西，一定是在其实际性内容之上的某种东西，我愿称之为“条理”。一个东西进入实际性存在事态的可能性就是它的条理。一个存在向领悟展示其为可能的，这实现为：领悟事先就觉察到，这个存在是可构成的；此时领悟并未表象这个存在的内容，却抓住了这个存在的条理。可能性虽然属于存在的东西本身，却不等于存在的实际性，而是必须由领悟把它拟构出来。可能性涉取存在之实际内容的条理，将其提供给领悟。存在领悟的本质特性在于：如果不能事先把一个存在拟构为一种可能性，就不能领悟这个存在的真实内容。因此，即使一个存在事态并未发生，它仍可作为可能性向领悟展示：它事先把自身内容作为条理向领悟昭显，使拟构成为可能。拟构显然需借助于观念和语词。如果一个东西在领悟中作为一种条理的拟存在，就是一个观念。一个观念形诸语词就是一个语言事

① 参见赵汀阳《走出哲学的危机》，中国社会科学出版社1993年版，第99页。

实。但这一切都不是对存在图景的表象与回忆，毋宁是对存在条理的策划和设计。因为领悟与存在的条理有关，一种先于实际内容的条理不可能在回忆中表象，只能作为一个目标来设计，因此对一个存在的领悟表现为一种对这个存在的要求。

领悟虽然是人的使然性，但作为人的特殊存在行为却并未超出其存在构成的“自—然”法度。可以从两方面来说明。

（1）领悟作为拟构不会把一个存在形式化。因为条理不是与内容相对立的存在形式，不能由思想自由地创造出来，故不能对内容实行存在替代。“形式先于内容”是整个西方思路的一个基本教条。但构成性的拟构原理却永远不能超出存在的纯然内容，因为第一，领悟只能拟构一个存在的条理，而不能拟构其内容，该内容只能由存在者自己去构成。第二，领悟可以拟构一个存在的某些可能性，却不能拟构其“全部可能性之全体”，这个“全体”只能包含在存在者自己的存在之中。

（2）存在的“自—然”法度反而会将领悟所拟构的存在实质化，即把被拟构的存在条理转化为一种新的内容存在。具体来说，领悟的拟构作用将生成观念性存在和语言事实存在这两种新的存在者分位。不过这是构成分析的复杂问题，在此不论。

六　构成存在论的真理概念

真理的“符合论”包括了西方真理概念的基本要义：（1）真理是命题的性质；（2）真理是命题与事实的关系。形形色色对符合论的批评总是超不出这些要义。比如赵汀阳认为，符合因尺度不明而缺乏足够的覆盖力，致使大量命题在“与事实符合”这一要求上无法判定真假。因此他提出把真理观念区分为“真理”和“真理测量尺度”，并补足三种真理测定尺度：经验事实、逻辑和显明性。① 显然这一批评并不放弃符合论的要义，只是使符合论的意义存在前提更明确。符合论要求命题符合事实，但此处的事实是指被给与的现象，命题则指替代存在的思想标记，所以符合便意味着现象与其标记在形式上的一致。这需要尺度。符合论的真理是一

① 参见赵汀阳《走出哲学的危机》，中国社会科学出版社 1993 年版，第 47—48 页。

种尺度性真理。

构成存在论不接受任何尺度前提，因此不接受把真理问题作为符合问题，而是把真理问题开拓为“存在本身的真实性问题”：一个存在事态，凡由存在者自己去构成者，就是它的真实的存在，我称之为“存在的真理事态”；凡存在被形式化所替代者，就是它的不真实的存在，可称为“存在的虚假事态”。显然这个真实性问题与存在领悟有关系，因而与传统真理概念有某种一致行性。于是有如下问题：存在领悟的诸样式（观念、语言）究竟是存在的替代形式，还是存在之条理？

真理问题能否作为真实性问题而成立，取决于能否把真实性归于存在本身。符合论把真实性归于命题：命题与事实符合为真，不符合为假。这就把真理问题限定为命题的真值问题。只有排除掉这个真值问题，才能把真实性归属于存在。这包括两方面：

（1）东西本身存在的真实性问题。存在本身确有真假问题，存在可以是真的，也可以是不真的。在存在论上，存在的真实性意味着存在者自己去存在，不真的存在则表现为存在的替代状态，此不真性不是命题的性质，而是存在本身的性质。存在的现象虽然在第一人称前提下可令命题与自己相符合，从而有一个真值，但在存在论上却属于存在的不真实性，因为不是存在者自己去存在。为了建立解决存在问题的第三人称论域，对真理概念本意的这种改造是必要的。

（2）命题本身存在的真实性问题。如果命题不作为存在替代标记，它就不表象存在的情况，而是拟构存在的条理，并作为观念和语言事实及于自身。此时就无须再追问命题的真值如何，而需要追问命题本身作为一个拟构存在的真实性问题。我们已说过，领悟拟构一个存在的条理而有观念，这个条理言及自身则有语言事实。按构成之道，东西、观念和语言各自居有自己独立的存在分位，因此都有其本身性存在的真实性问题。但限于篇幅，在此不论。

符合论的优势和力量在于它与一般人的真理直观相一致。这个直观如此透彻可靠，任何新提出的真理概念如果与它相悖，都会看成是思想混乱的产物。在此让我们说明，构成存在论的真理概念也完全符合一般人的直观。因为真实性是判定存在的一种标准：存在者自己存在就是真实的存在。——这与直观完全一致，因为真实性作为一种价值完全可以属于东西本身。在生活中我们常说，“这东西是真的，不是假的”，就是就东西本身来说的，与命题的真值无关。举一个例子来说，中国学术史上有所谓“汉学”传统，它整理古代典籍功夫中的真伪概念，决不是一个符合论的概念，而是存在者本身的真实性概念。

从理论上来说，真理作为真实性，不仅直接基于构成存在之道，而且合于思想的同一律。因为一个东西的存在只能与自身同一，与自身为一的存在才是真实的存在。可见同一律本身也合于构成之道。看上去，真实性概念与真值概念两者都要求遵守同一律，但前者要求的是内容的自身同一，后者则要求形式间的同一。符合意味着观念与事实在描述内容上是同一的，但按存在论的严格说法，观念与事实不可能在内容上同一，只能在形式上相符。形式相符的本意在于复制：命题可以复制事实的图像。但命题不可能复制事实的存在内容，因为存在事态的内容不能由思想复制，只能由存在者自己重复构成之；可以复制的东西只有存在的形式，所以符合只能在存在的诸形式之间发生。由于西方思路尊奉“形式高于内容”信条，致使真理问题始终作为形式问题而非内容问题提出。

决定一个存在的真实性，在肯定方面依据构成之道：凡真实的存在必为存在者自己的存在。这合乎同一律（A 是 A）。在否定方面则依据领悟的拟构原理：一个存在不被任何标记形式所替代才是真实的。这合乎矛盾律（A 不是非 A）。总之，真理问题的有效性以存在本身为前提，而不以思想的尺度为前提。值得注意的是，海德格尔已经不再从认识论角度提真理问题，这使他的真理定义显得古怪，但正是他首先觉悟到真理问题的存在论性质，所以把真理界定为“揭示着的存在”或“存在者的被揭示状态”。但海德格尔的存在概念本身是第一人称性的，因此真理的存在论基础随即落到人的生存而非构成存在之道：“只要此在存在，即使没有任何人在进行判断，真理也已经被设为前提了。”“被设为前提的真理和人们用以规定真理之在的‘有’，都是此在本身的存在方式和存在意义。我们必须‘造出’真理前提，因为它随着‘我们’的存在已经是‘造好的’”。于是有这样的结论：“唯当此在存在，才有真理存在。”① 用人的

① 参见［德］海德格尔《存在与时间》，陈嘉映、王庆节译，生活·读书·新知三联书店 1987 年版，第 44 节，第 263—265 页的有关内容。

生存充当真理的存在论本意，意味着用人对存在者的使用取代人对存在者的认知，其问题的性质仍然是第一人称性的。但海德格尔毕竟把问题本身从认识论向存在论推进了一步，有助于构成分析取得现在的成果。

七 结 语

存在问题是哲学的第一主题。长期以来，西方思路把存在问题囚禁在第一人称论域内，结果只得到存在的现象和意义。存在者存在的本身性内容反而作为“不可理解的自在之物”被搁置。第一人称论域的存在论研究对某些分歧问题研究也产生不良影响，比如我国哲学界关于主体性问题的讨论就显然受到西方思路的这种影响。

构成存在论力图开辟通向存在“天之道”的中国式道路，这就是在一个不预设任何主体视界前提的论域中提出存在问题，从而取得存在的本身性内容原理。这一目标已经实现。在不远的将来，我希望能够为读者奉献构成存在论的系统研究成果，并期待它为增强中国哲学的生命力量作出贡献。

（原载《社会科学战线》2000 年第 1 期）

从思想批判到存在批判

——评赵汀阳的“观念存在论”

一 观念存在论的主题

赵汀阳的“观念存在论”以其关于存在本意的一套新观念拓宽了存在论的研究领域，由此复兴了中国哲学对存在问题的固有兴趣。然而一般不容易看出，赵汀阳的真正问题并非存在论问题，而是思想批判问题，即思想有效性的条件问题。观念存在论并不代表一种特殊的存在论立场，只表示思想的一个普遍有效的位置，在这个位置上可以中立地思考开辟和选择任何一条思想之路的条件。① 要言之，观念存在论追问任何一个观念在观念界中有效的理由，赵汀阳把这个有效性定义为“观念的存在”。于是观念的有效性进入存在问题，但这又不是一般的存在问题，而仍是一个思想批判问题，存在论是实施思想批判的一种方法：存在论变成了一种方法论。

这里产生了关于一般存在问题的一系列新观念：（1）观念存在的本质就是创造观念的方法。因为观念是思想的创造物，所以任一观念存在的最后理由都由思想的创造方法来保证。“任一观念存在，当且仅当有某种思想方法使之存在。”② 由于创造方法的工作方式可以描述，创造方法也就是观念存在论的根本内容。（2）存在论真正的主题不是实在界的存在，而是观念界的存在。实在界是自然的造物，我们不掌握创造它的方法，这就注定了实在的存在不是问题，我们只能承诺实在的存在，而承诺也就排

---

① 参见赵汀阳《走出哲学的危机》，中国社会科学出版社 1993 年版，第 58—59 页。

② 同上书，第 66 页。

除了需要研究的问题。观念则是我们心灵的作品，被我们所创造。如何使一个观念存在，这是思想必须解决的问题。因此观念的存在问题是唯一有意义的存在论问题。① （3）存在论的问题必须由“存在”转向“使……成为存在”。这就是关于存在的新问题，它改变存在论的方向，使传统的“存在”问题不再作为存在论的主题。② “在本体论中，面临‘存在’只是相当表面的觉悟，因为在此无法真正理解存在的意义而至多发现存在有着意义。‘存在’的意义只能在‘成为存在’中展现。”③

观念存在论作为思想批判继承了从康德到胡塞尔的理性批判传统，谋求思想问题的客观解决，不接受任何与思想问题无关的东西；但又以存在论作为实施这一批判的方法，由此开拓出关于存在问题的新思路。但是无论对思想问题还是对存在问题来说，这是否是一条正确的道路都值得追问。下面的讨论涉及：（1）用存在论作思想批判的方法，这一步骤如何成立？（2）观念界的存在与实在界的存在是否基于统一的存在之道？（3）“使……存在”是否是存在问题的合法形式？

二 不纯的“存在论还原”

所谓思想批判的根本要求是为观念的有效性出示理由，也就是提供证明。赵汀阳力图作最彻底的思想批判。这包含两个要求：（1）检查观念有效性的度量标准必须是中立的而且普遍有效，不以任何一种特殊的认识论立场为前提，因此没有任何前提性知识模式可以作为借口。这需要求助于逻辑。因为，无立场的全视界只能是逻辑的视界，只有逻辑才能充当检查思想的普遍必然方式。逻辑空间恰好等于观念界的整个空间。因此逻辑是创造方法最基本的目标。④ （2）取得观念有效性的彻底方法是寻找“第一理由”。这需要求助于存在论。因为在思想批判中，思想总能够创造某种条件为一个观念在任一级别上的有效性提供理由，只有让有效性进入

---

① 参见赵汀阳《新概念的本体论：转向观念界》，《社会科学战线》1992 年第 4 期，第 56—57 页。另见赵汀阳《走出哲学的危机》，中国社会科学出版社 1993 年版，第 61、77 页。

② 参见赵汀阳《走出哲学的危机》，中国社会科学出版社 1993 年版，第 114 页。

③ 赵汀阳：《新概念的本体论：转向观念界》，《社会科学战线》1992 年第 4 期，第 64 页。

④ 参见赵汀阳《走出哲学的危机》，中国社会科学出版社 1993 年版，第 122—125 页。

“存在”问题，才能阻挡思想为出示理由而导致的无穷倒退。所以思想批判只有引入某种存在论上的根据（如最高存在者或“观念的存在”），才能达到一个最终的有效理由。赵汀阳为此而实行有效性问题的存在论转换：观念在观念界中的有效性取决于基本观念，而基本观念的有效性判定只能是一个存在判定。[①] 观念有效性的第一理由就是观念存在。基本观念是有效的，因为它存在，而这个存在是由创造的方法创造出来的。创造的方法既是观念存在的根据又是其本质。

在这里，赵汀阳对有效性问题使用了不纯的“存在论还原”，因为当把存在作为基本观念有效性的第一理由时，他混淆了“思想的有效性”与“存在的有效性”。思想的有效性要求出示理由，因而是证明性的；存在的有效性则不能由思想提供理由，因此是非证明性的。何谓“一个观念的存在”？赵汀阳称：“当宣称某观念存在时，我们就必须给出其存在理由，因为断言某观念存在是可能出错的，……一旦追问观念的存在理由，就等于揭示了观念‘被造成为存在’的状况”[②]。于是使一个观念成为存在，就是制造另一些观念作为存在理由来保证该观念的存在，[③] 由此造成观念间共同存在模式。这意味着一个观念存在就等于是具备了存在的理由，很显然，这种理由仍然是使观念有效的思想性理由，即为该观念的有效性提供出思想性条件，因此这还是思想批判中的证明问题，并未进入真正的存在问题。赵汀阳提出为了阻挡怀疑论，基本观念的存在也必须是证明为真的东西，而证明一个观念为真，就是判定由于理由 R，该观念在观念界中必然存在。这就是与一般推导性证明不同的存在论证明。创造方法在使一个基本观念成为存在时必定赋予它为自己进行证明的形式：创造方法创造出基本观念共同存在模式内的良性循环结构，其中包含先验分析命题和先验综合命题两类命题，使它们互相为另一方循环提供存在理由，这成为证明一个观念存在的自足理由，因而是第一理由。[④] 我们且不追问思想批判何以要按公理法创造一个这样的基本观念模式，它尤其与作为哲

① 参见赵汀阳《哲学的元性质》，《哲学研究》1993 年第 6 期，§1.3—1.4；以及赵汀阳《走出哲学的危机》，中国社会科学出版社 1993 年版，第 128—129 页。

② 赵汀阳：《走出哲学的危机》，中国社会科学出版社 1993 年版，第 114 页。

③ 赵汀阳：《新概念的本体论：转向观念界》，《社会科学战线》1992 年第 4 期，第 63 页。

④ 参见赵汀阳《走出哲学的危机》，中国社会科学出版社 1993 年版，第 138—144 页。

学的思想批判本身的实际工作方式相去甚远；关键在于，这个不纯的存在论还原使用了思想批判的证明方法，即用某些观念为另一观念提供理由来保证其存在，结果得到的仍然是一种思想的有效性，而非存在的有效性。如果存在作为思想批判的第一理由，它就不能再作为一个思想的有效性，而必须作为一个存在的有效性，这个存在有效性不能由思想批判的证明提供理由。赵汀阳混淆了这两种有效性，结果不是解决了思想批判的第一理由问题，而是取消了这个问题。

思想批判为一个思想的有效性提供理由，这是思想内部的证明工作，思想在其内部可以创造必要的条件为任一观念的有效性提供证明。与此相对应，可以有一种存在批判为存在的有效性提供理由，但这决不会是思想性的理由，而是思想外部的存在事态的实际构成。存在批判不具有以其他理由为条件的证明性质，因为存在如果充当思想批判的第一理由，就不可能在任一思想尺度上追问其理由，其有效性只能在真实的存在事态中构显自身。可见存在判定是思想批判永远不能解决的难题，因为存在的有效性不可在思想中判定，只能由存在者在它自己的存在事态中构成。如果存在可以判定，得到的仍是思想的有效性，结果就还需要继续追问进一步的理由，直到以存在本身作为第一理由为止。这正是存在论对于认识论的逻辑在先性的根据所在。赵汀阳提出彻底的思想批判必须转入存在论领域，他在这一点上是对的，但是用观念证明观念的存在有效性却是一条错误的道路，因为在这种存在批判中包含了不纯的思想批判要素，创造的方法仍然属于思想批判的证明方法，并未进入真正的存在问题。真正的存在批判必然是非证明性的。

三 存在论论域前提的改变

要求存在论为思想批判提供最后的根据，这是对的，但是由于不纯的存在论转换把存在的有效性归结为一种思想的有效性，思想批判的存在根据问题仍得不到解决。但赵汀阳此时已经进入存在论的工作领域。就赵汀阳整个存在论的论域前提就是一个思想性前提而不是一个存在性前提而言，他把存在的有效性奠定在思想条件上乃是一个自洽的理论，并无逻辑悖谬。但我们需要检查他的存在论论域前提。

如果一个存在把主体性设为前提来保证其有效性，就可以称之为“第一人称存在”，因为这种存在有效性就其起因来说是“我使……存在”；就其效果来说是“……向我存在”。第一人称主体在此始终是存在有效性的最后根据。赵汀阳存在论还原的论域前提显然是第一人称性存在：“我们的标准是：直接的存在即被创造。”[①] 因此只有观念界的存在才是存在论的唯一合法主题。观念是我们心灵的作品，思想的创作方法是观念存在的根据和本质；创造的方法与心灵一致，心灵作为“我思”主体乃是存在论的第一理由。这就不难理解当赵汀阳把思想批判的第一理由落实在存在上，这个存在的本质与根据并不是存在者，而是存在的创造方法。创造者创造观念的存在并赋予它意义，这才是存在有效性的最后根据。这种论域前提的一个严重后果是：思想批判在寻找第一理由时所达到的存在只能是一种思想性存在，即存在的思想条件。因为赵汀阳称创造一个观念的存在就是制造另一些观念来保证它的存在，这无非就是为该观念的存在出示思想性的理由。这意味着思想批判仍在继续追问理由，而并未达到第一理由，因为由创造方法提供的所谓存在理由仍然是思想性的理由，这种理由表示主体理解一个观念的特定思想尺度，而主体永远可以选择其他的思想尺度。思想批判工作不得不无穷地进行下去，直到设定主体性为止。

在第一人称论域，思想与存在的关系问题一般表现为观念是存在的替代形式。但赵汀阳的“观念存在”说法比较特殊。他认为哲学既不关心思想与世界的关系，也不关心思想的形式化关系，而只关心思想之“所思”的内在关系。因此“思想所必须的那些基础性观念总是既非经验的又非逻辑推论出来的，它们通常表明的是各种思想方式的基本条件和结构。”[②] 这就是一个基本观念在观念间关系中的有效性。不论这种基础性观念的性质多么难于把握，它所设定的存在论前提却非常明确，赵汀阳的主导问题是观念存在与心灵创造方法的关系，因此基本观念的存在论问题只在于确证“存在就是被创造”这一意义给予程序。

另一方面，赵汀阳坚持实在界的存在不是存在论的合法主题，因为实

① 赵汀阳：《走出哲学的危机》，中国社会科学出版社 1993 年版，第 66 页。

② 赵汀阳：《从语言分析到正名分析》，《哲学研究》1992 年第 7 期，第 63 页。

在界是自然的造物而非心灵的作品，我们不掌握创造它的方法，也就无法以实在界本身的存在方式去理解实在界。① 换一个说法，由于我们只能在思想中理解实在界，因此只能得到现象即“X 如此这般”的知识，却得不到“X 存在”的本身性内容。② 赵汀阳发现，如果存在论的分析工作转向观念界，就可以超出现象界而得到本身性的存在理解：观念的本身性存在就是创造观念的方法。在这里，赵汀阳已经意识到有一个“一般存在之道”的问题，但是由于错误的论域前提，他又否定了这个问题，把存在有效性的根据放在思想上，因此认为一种关于一般存在之道的抽象存在论是不可能的，即使有这样一种抽象存在论，其根据恰好又是我们的观念。③

如果存在能够成为一切思想批判的第一理由，这个存在只能是存在者自己构成的存在事态。为了把这个构成性原理表现出来，存在论研究需要进入第三人称论域，在这里不设定主体性前提。根据新的论域前提，在第三人称论域，不仅实在界的存在如何按构成原理表现其本身性内容成为合法的存在论问题，观念界的存在也将表现出与“创造的方法”完全不同的构成性本质。这意味着观念与事物的存在问题将依据构成原理得到统一的解决。

但是按赵汀阳思想批判的犀利工作方式，他肯定会指责所谓存在论的构成原理是一个独断的说法，没有经过任何思想批判的证明，因此不足以充当思想批判的第一理由。对此需要略作解释。根据康德，直接得到的事物存在原理是一种独断的知识，追问存在原理的思想条件所得到的知识则是批判的知识。一个存在原理如果不能为自己提供思想批判的辩护，就是一个独断的原理，就难以顶住怀疑论的攻击。在这里，我们必须注意到思想问题与存在问题的区分，并且注意到思想问题最终只能在存在问题中找到最后的根据。独断与批判的划分以及思想批判对怀疑论的抗击，只在思想问题中有效。在存在问题中，思想批判不再作为保证原理有效性的绝对手段，因为思想批判的本性是不断出示原理有效性的思想条件，在第一人

① 参见赵汀阳《走出哲学的危机》，中国社会科学出版社 1993 年版，第 5、98 页。

② 参见赵汀阳《新概念的本体论：转向观念界》，《社会科学战线》1992 年第 4 期，第 56—57 页。

③ 参见赵汀阳《走出哲学的危机》，中国社会科学出版社 1993 年版，第 5 页。

称论域，思想批判所能达到的最后条件是第一人称主体的存在，但正是这一最后条件作为总的论域前提标志着存在问题的歧路。正是对主体性的怀疑引出存在的构成问题。由此可见，怀疑是思想者的普遍权利，怀疑可以成为理论工作的一个动力，但怀疑本身并不构成一个理论的概念前提。比如对主体性的怀疑引出存在论的新问题，但怀疑本身决不是存在论的一个概念前提。可见存在问题按其本意已经超出了怀疑论与思想批判任何一方所具有的效力，它要求一个真正的第一理由，一个表现存在者自己存在的第一原理，来作为出发点。这个出发点要求：

（1）它本身不是一个思想问题，而是一个存在问题，并且它作为问题在一切思想批判工作之前已先行解决。用一种类似于赵汀阳的说法就是：存在者自己存在的问题在一切思想之前就被解决了，其答案根本不在思想领域，而在存在者存在事态的实际性内容之中，因此才能够充当一切思想批判的真正第一理由，并显示存在问题对思想问题的优先权。但是赵汀阳的问题意识只是指向思想问题，因此他只会把这一原理作为“非问题”完全排除掉，而这一原理确实是全部思想批判与存在批判的第一出发点。

（2）它作为第一出发点并非因为包含全部可能的思想条件，而是因为，它不仅排除一切思想条件，而且根本排除一切对思想尺度和主体视界的要求。因为在特定尺度上为一个原理提供思想的可能性条件，是对该原理进行批判性辩护的本质。构成原理虽然也是一个原理，但它所表现的“非问题性”却不再要求任何思想条件，而且也不需要设定主体性前提。正因如此，思想批判才能以它作为第一理由而最后止步，存在批判也才能以它作为第一原理而正式开始。尽管这个存在批判工作仍然具有观念和理论的样式，但由于在理论内部排除了主体性这个概念前提，使得存在问题真正获得了第三人称性的效准，从而能够表现出一切存在的本身性内容原理。

可见赵汀阳排除实在界的存在问题这一创意，仅仅基于特殊的存在论论域前提才能成立。在新的论域前提下，实在界与观念界的存在进入新的统一的存在论问题，并服从统一的存在之道。实在界的存在作为问题是表现这种存在之道的一个基础性范本，因为事物（实在界）作为单一法度的存在者，在其固持自身内容的存在事态中，最纯粹地表现着存在者自己存在的构成原理。

四 两种存在法度

赵汀阳从“观念界的存在由思想创造”推广到存在问题的一般合法形式，得出：“存在”不是问题，“存在论的真正问题是一个‘使之存在’的问题。‘存在’能够作为一个论题，当且仅当‘使之存在’成为一个问题。”[①] 这就推进到一个更基底的问题：存在的法度，也就是关于存在论论域前提的最高原理。全部存在问题的追问，要么服从“自—然”法度，其最高原理是：凡存在都由存在者自己构成；要么服从“使—然”法度，其最高原理是：存在就是被创造。很显然，“使之存在”只是基于使然性法度的存在问题形式，赵汀阳却把它强化为存在论的唯一合法问题，并在由实在界转向观念界的过程中发展出存在的创造方法概念，把创造一个存在的思想方法当作存在的本质。但这是不能成立的，因为“使之存在”问题违反存在天之道的本意，这种本意就是一切存在者自己存在的“自—然”法度。

存在的“自—然”法度作为存在批判的第一原理本来不是问题，但是在哲学的历史中由于复杂的原因，“使之存在”的使然性竟成为存在问题的一个最高原理，由此发展出全部完整的第一人称存在论论域，使得存在之“自—然”法度反而成了一个需要说明的问题。于是存在批判在发掘存在之道时，不得不首先反对“使之存在”作为存在问题的合法形式。

必须看到，赵汀阳对存在论的改造是总体性的，在这里，“观念界”作为存在论的范本、“被创造”作为存在的本质、“使之存在”作为存在问题形式，三者是完全一致的，因此很难在旧的思想批判框架内对他的新问题提出怀疑。只有在存在批判中才能指出“使存在”问题建基其上的存在法度本身是可疑的。只有觉悟到存在论需要建立在完全不同的存在法度之上，才能指出“使存在”并非存在问题的合法形式。

（原载《哲学研究》2000 年第 4 期）

---

① 赵汀阳：《哲学的元性质》，《哲学研究》1993 年第 6 期，第 38 页。

构成分析的方法

一　思想问题与存在问题

哲学从最早开始就要求成为对存在的研究。但是哲学的一个司空见惯的错误是把存在问题当作思想问题来处理。这个错误反映了哲学对存在研究的存在论目标与认识论目标之间的矛盾。哲学的存在论目标是提供存在如何被构成的原理。但哲学本身首先是一种理论认识，因此受认识论原则的支配，其研究存在的认识论目标主要不在提供原理，而是在反思中追问一切存在原理的思想条件。由于这种思想条件可以从不同思想尺度上给出，因此产生了各种不同的、甚至彼此矛盾的存在原理，使存在原理变成了思想条件的一个函项。这里所谓思想条件就是使一个原理成立的理由，所谓思想问题就是如何通过出示理由为一个原理提供证明。存在作为事实性本来不是问题，但存在论需要把存在之道表现为某种原理；一旦追问存在原理的理由，存在便进入思想问题，变成了需要证明且能够证明的某种论断。如果存在是一个思想问题，那就要求存在进入与思想的统一性，一个东西的存在只能在形式上而不能在内容上与思想统一。“理由”这一概念暗示着思想为一个存在创造出存在形式的能力，而且是使存在与思想的统一性超出简单指代关系而进入论证关系的一种能力。假如要求一个存在原理必须是有理由的，它就必须进入思想的论证关系，即进入解释的一致性，这不再属于原理之名对存在之道的简单语言指代，而是在一种纯思想的逻辑关系中把一个存在证明为一个观念的有效性。在思想问题中完全不考虑存在的内容，只考虑存在与思想在形式上的一致。

但思想问题并非存在原理的绝对无条件问题形式，因为一个存在原理进入思想问题，这在存在论上是有前提的。理由即思想条件，当追问一个原理的理由时，存在进入思想替代形式。但存在只有能被描述才能成为思想，所以存在与思想的统一性只有当一个东西的存在作为现象被给与时，才能实现。“理由”概念在这里暗含着一种使然性思路，正如凡存在必有一个使存在发生的自然史原因，凡存在原理必有一个使该原理成立的思想性根据。如果存在作为思想问题力图为自己提供证明，这只能是向思想者给与出来的存在现象，这种思想问题的解决当其所出示的理由与存在的现象事实相一致时，就是一个客观性的解决。可见存在作为思想问题预先设有一个存在论的论域前提，一旦揭露出这个论域前提，思想问题就不能再充当存在问题的绝对唯一形式。这时才能提出把存在本身作为问题的存在问题。

存在本身不是问题，而是依存在之道自行构成的存在事态。但存在之道却能够把自己表现为一个原理，存在之道如何表现为一个存在原理却是一个问题，因为存在之道进入存在论的原理可以有两种不同的方式。存在之道可以进入思想问题，把原理表现为关于原理思想条件的追溯及其一致性解释。这个存在如果不进入思想问题而又保留在存在论的原理中，就只能作为第一原理被直接提供出来，不要求任何思想条件，不要求提供理由的证明。这种进入原理的方式是否可能乃是一个问题，这就是所谓存在问题，它意味着提出了一个工作任务：如何使存在不进入思想问题而直接表现为无条件的第一原理。这个存在问题的合法性不基于存在的思想条件而基于存在的本意。存在按其本意来说不是一种思想解释，而是在实际性中构成自身的存在事态，是存在者自己去存在的实际内容。存在甚至不是描述性事实，它根本不依赖于思想，也不属于思想理由之间的一种一致性联系。存在作为存在论的问题在于如何从原理上表现出可以令存在充当第一原理的这种无条件的实际性。任一思想性原理都可追问其进一步的理由，只有这个第一原理不可再追问其理由，因为它的理由不可能是一个思想性理由，只能是一个实际性的根据，即由存在者自己去构成的存在事态。这样的根据恰恰标志出思想问题即理由问题的绝对界限，超出这一界限后，根据问题就进入了实际性，不再有理由可言。这个存在问题虽然仍属于存在论的理论问题，但它与存在的思想问题有根本性的不同。在论域前提上，思想问题适用于存在的现象和形式，存在问题适用于存在者自己存在的内容。在获得原理的工作方式上，思想问题追问使存在原理成立的理由，为原理的有效性提供证明，存在问题则直接得到存在原理，不再追问原理的思想条件，而是把这个原理当作第一理由。显然存在原理是一个理论性问题。把实际性当作有效性根据并将其表现在存在原理中的唯一可能途径，就是把它设为存在论的第一原理。所谓存在问题就是旨在说明存在原理如何把自己表现为基于实际性从而成为无条件有效的。

二 原理的思想有效性与存在有效性

哲学对存在的研究从根本上来说是用关于存在的理论原理来表现使存在实际可能的存在道理的一种工作计划。因此，把存在研究根据其在某种原理体系中表现完全相异的存在道理来区分为第一人称性的和第三人称性的，就是一个有先定根据的划分，而不是任意的概念结构设计。以其种特定的存在道理作为最高原理建立起来的存在原理体系称为存在研究的论域。能够充当最高原理的那种存在道理就是论域的总前提，称为“法度”。只有两种法度概念容许以它们为总前提建立起互异的存在研究的论域，这就是：“自一然”法度和“使一然”法度。前者使一切理论原理按照存在者自己构成自己存在事态这一总原理而自行成为可能，因此适用于一切存在的内容，是存在的“天之道”。后者与此相反，是在一切存在原理之前预先规定有一个使这些原理所表现的存在成为可能的一种条件性概念前提，即世界的主体，以此表现存在的“人之道”，因此只适用于加于存在内容之上的各种思想形式。哲学对存在的研究于是有理由划分为法度完全不同的两个部分，即关于存在形式的意义论域和关于存在内容的构成论域。由于这个分类本身是直接基于对最本初的存在可能性道理的直观，即把存在划分为存在现象与存在本身，而且在此直观的后面不再有任何其他进一步进行区分的有理论价值的直观，因此也就证明了这个关于存在研究的两个论域的分类是正当的，而且是一个最根本的分类。

全部构成分析工作就旨在证明构成性是真正的存在之道。这个证明从纯粹的原理方面来进行，这些原理依据一个总的论域前提被直接提供出来，因此这是一种理论内部的证明，在这种情况中，原理本身作为理论的有效性成为一个问题，这个所谓“原理本身的有效性”是指在原理中所能具有的有效性的性质和程度。这是构成分析工作的最后一个部分，即

“方法”部分。它显然已超出在理论内部对原理进行证明的范围，可以称之为从理论外部对存在原理的辩护，是针对一个理论间的中性目标来进行判定。整个构成分析的工作计划需要这样一种外部辩护来保证自己获得更加稳固的地位。这是因为，既然哲学的存在研究领域已经正当地划分为两个论域，每一个论域都建基于一种特定的存在法度，并且都发展出各自完整的问题与原理体系，所以从各自不同的论域前提出发，这两个体系在一切原理上必然都是互相反对的。“自一然”概念包含着一切先定的构成性原理的根基，根据“自一然”法度为存在立法是由存在者自己实行的，因此得到存在的内容原理。反之，“使一然”概念包含了一切先验设定的意义性原理的根基，根据“使一然”法度来为存在立法是由“看”存在的主体代理执行，因此只能得到使存在被给与出来的形式原理。这种依论域前提使原理有效的证明是理论的内部证明，需要另有一种理论外部的证明来确定一个存在原理是否达到了真正的存在有效性。

一个理论的内部辩护表现为用一种原理直接反对另一种原理，这种理论的方法是决断的；与之相反，如果对一个原理的思想条件进行追问，这种理论方法就是反思的。构成分析主要运用决断的方法，因为它所依据的构成原理直接建基于存在的实际性并把它作为第一原理，对此原理不需要也不可能有一种反思的证明。但是构成原理基于实际性而有的这种存在有效性必须被明确地表现出来，这就是对构成分析的方法所作的一个说明。这个说明本身不能再运用理论内部的决断方法，而需要借助一个理论外部的中性目标来进行判定。

存在的内容原理和形式原理如果从各自不同的论域前提出发，就只能在理论内部作决断的辩护。但是，这两种存在理论有一个共同的工作目标，就是都追求在其问题和原理中表现出存在的有效性。有效性本身作为两种存在理论之间的统一目标，是一个具有共通感的问题，从而使理论外部的中性判定成为可能。我们不能从一个原理本身来辩护原理的法权，也不能从原理的思想条件回溯中证明其合法，而要在一个原理对它所要实现目标的关系上来辩护这个原理的法权，才有希望接近于一个中性的外部判决。

那么需要界定什么是有效性。对有效性概念作如下区分至关重要，即：那给予一个原理以有效性的法权要么是一个思想的法权，要么是一个存在的法权。根据上面对思想问题与存在问题的分界可得：基于某种思想条件而有效是思想的有效性；只有基于实际性而有效才是存在的有效性，这种存在有效性就其不要求任何思想条件而言乃是无条件有效的，因此有资格充当存在论的第一原理。对此区分需要作进一步解释。

一个原理的存在有效性基于存在本身的实际性，这个所谓实际性作为存在者自己存在的必然性乃是存在的道理。但是，由于哲学的存在研究只能在理论中说出这个存在道理，因此一个原理的存在有效性必须通过概念表现出来。建立原理的每个步骤都包含解释，于是要求解释的一致性。一个原理的解释一致性意味着原理在观念间关系上是可行的，即有理由的，该原理由此获得一种独立的思想有效性。在思想问题中，原理的思想有效性直接等于存在有效性，因为原理作为思想的一种能力，是通过观念而通达存在之道的，所以原理的有效性只能是一种观念有效性，有效性的赋予是思想的独占法权。但是，如果把原理的思想条件作为有效性本质，就永远限于存在的形式领域，不能进入存在的内容领域。因为在思想问题中，原理的思想条件只联系到存在现象，解释一致性的要求可以适用于现象间关系，因为支配现象间关联的法则来自存在的形式原理，但存在的内容原理却与这种思想条件毫无关系。

一个原理的存在有效性之所以可能，乃基于思想得以接近存在之道的唯一可能方式，即：思想能够直接说出存在的道理而不要求理由。如果一个存在之为存在不是在观念间关系上可能，而是在存在者自己存在这种必然性上可能，那就不可能为表现它的一个原理提供任何观念性的思想条件，只能将它直接说出。

因此，如果决定一个存在原理有效性的根据是一个思想性的法权，那么原理的有效性就是一个思想内部的有效性，其本质为在观念间关系上是可能的。因此，可以追问该存在的思想理由，但不能绝对地判定这个存在。如果决定原理有效性的根据是一个存在性的法权，那么这个原理的有效性就是思想外部的有效性，即它在存在本身的实际性上是可能的，所以不能（也无须）为这个有效性提供思想性的理由，但却可以绝对地判定这个存在。因此这个存在原理就是被决断地直接说出而有效的。这就是一个原理的存在有效性。它既非在观念间关系上可能的也非不可能的，它根本不属于思想问题。

一个存在原理具有存在有效性，仅当对该原理所表现的存在可以作绝对判定。这种绝对判定决不属于传统存在论中以思想为前提的判定问题，其效力完全超出任何思想与理论的效力范围，直接基于存在者存在的实际性并标志这种实际性。因为该判定并不意味着必须假定有这样一个能思想的主体来作出这个判定，不管那是上帝还是人类自己，但是这个原理由于包含这一判定程序于自身而自己给予自己一个绝对有效性，因此这个绝对判定既不用于确定一个存在在观念间关系上是可能的，也不用来证明一个存在在其特定被给与方式上是现实的，只能用于判定一个存在仅在其作为存在者自己存在这个必然性上为有效。在理论中，一个原理的存在有效性表现为该原理能够被直接说出而无须为它提供任何思想条件，却有一个存在论上的先决条件，即这个存在是可以绝对地加以判定的。

一切反思的存在原理，在其有效性是限于观念的范围内，只能算作对思想问题的推进，因此只涉及对事物作出解释的可能性，而无关于事物存在的实际构成。所以这类反思的存在原理实际上不宜称为原理，只能算是解释，因为它们并不涉及存在的有效性问题，只涉及对关于存在的观念的说明。一个存在理论只有在它对存在的关系中才可称为存在原理。

以追求一个原理的有效性为目标的理论工作，我们称之为“批判”。这种批判包括思想批判和存在批判。如果一个原理的有效性是由某种进一步的思想理由来保证，那么建立这个原理的方法就是反思的，称为思想批判。按照康德的界定，反思不涉及从对事物本身的研究中直接得到原理，而是检查在得到原理的过程中所必须具备的主观条件。[①] 存在的意义理论就是一种思想批判。而且这种对思想条件的检查就是“批判”的本来意思。但我们需要根据类比来使用这个术语，就一种追求原理有效性的工作不是使用反思的方法出示思想条件，而是使用决断的方法直接得到原理的内容，并以此得到存在的有效性，我们把这种方法称为存在批判。很明显，全部构成分析从方法上来说就是一种存在批判，其问题意识永远指向存在问题，其工作目标永远指向原理的存在有效性。

① ［德］康德：《纯粹理性批判》，韦卓民译，华中师范大学出版社 1991 年版，第 286 页。

三 存在内容的实际性是一切存在原理的最高理想

思想问题不能取代存在问题。因为一个原理的思想有效性与存在有效性是异质的；而这又是因为，关于存在的思想与存在的实际性本身，这两者是异质的，分别表示存在的形式和存在的内容。赵汀阳认为观念的知识论意义（真假）与观念的本体论意义（存在与否）有一致性，① 这个断言需要加以限定才能成立，即这种一致性必须承认：一个存在在内容上的实际性是存在的最终本意。存在理论中的实际性原理是一切存在研究工作的最高原理和最高理想。在这里，我们使用存在实际性、存在者自己存在的必然性、存在事态的内容以及“事实上的存在”等术语来表示同一个东西。如何把这个存在内容的实际性表现为一个原理，是哲学从遥远的古代就已面临的一个难题。可以肯定世界由事物构成而不是由作为事物替代形式的观念和语词构成——至于观念和语词不作为替代形式而作为一个特殊事物种类的存在，则属另外一个问题——但是如何在理论中证明这一点，这是一个难题。所谓“逻各斯”其实就表示这样一个存在证明的难题：世界由事物构成其存在，但我们如何将这个存在说出？困难的根源在于存在言说与存在本身的异质性。因此“逻各斯”这个古代概念显示了人类对这一存在证明难题最初也是最根本的觉悟，毋宁说它只表示提出了一个问题，即如何说出存在实际性内容而不使之沦于形式的无效性。而不是对问题给出答案，比如让人看言谈所及的东西。从历史看，西方存在论在逻各斯的名义下对存在难题并未给出符合存在本意的答案。

这个存在证明的难题引出理论与存在之间作为原理有效性根据的循环。当海德格尔断言认识是人类在世界中存在的一种存在方式因此以存在为根据时②，赵汀阳指责他是想在思想与存在的双重视界的循环中将问题了断，并质问“是什么样的一种视界使得我们能够以双重视界去作这样的理解?”赵汀阳认为存在只能在思想的视界中被理解，因此思想占据着

① 参见赵汀阳《新概念的本体论：转向观念界》，《社会科学战线》1992 年第 4 期，第 62 页。

② 参见［德］海德格尔《存在与时间》，陈嘉映、王庆节译，生活·读书·新知三联书店 1987 年版，第一篇第二章第十三节，第 70—73 页。

有效性的优先地位。[1] 但是这种思想的优先性只是形式的优先性，它基于形式先于内容的信条，并不符合逻各斯的本意，因此不具有终止循环的最后效力。按逻各斯之本意，能够说出存在内容的实际性原理而不沦于形式的无效性，才是人类存在领悟的最高理想，对于这个理想来说，在理论与存在的循环中抓住一端没有用处。赵汀阳把存在有效性的根据放在思想上，海德格尔则看出思想本身是人类的一种存在方式，海德格尔比赵汀阳更接近于实际性问题，但他的存在概念本质上却是第一人称性。

存在内容的实际性原理是一切存在研究统一的最高原理。形式与内容的异质性使该原理成为难题，全部存在理论工作也相应地区分为两个领域，即作为意义理论的形式领域和作为构成理论的内容领域。它们标志着通过理论接近实际性的两条不同道路，或者是解决逻各斯难题的两种不同方略。构成论域直接承认一切存在者存在在内容上具有实际性，其解决逻各斯难题的方法是坚持存在问题，直接说出实际性原理并把它当作无条件有效的存在论第一原理。意义论域则只承认一个“看”存在者（主体）存在的实际性，以这个主体的存在作为第一理由，使用改换问题的策略，把存在问题改造成思想问题，使内容屈从于存在形式，来解决形式与内容的异质性难题。

但是，即使在意义论域的形式领域中，形式原理仍然要求把实际性作为最高理想和最高原理，只是由于背离了“自一然”法度，使得无法在理论中通达内容的实际性时，这才不得不用思想解释去替代实际性。其方法是这样：存在的形式原理需要把它的规则所发挥出来的效力在内容领域中显示出来，因此，存在的内容世界必须能够这样被思考：它在形式上的解释统一性至少在其最初始的原因与根据方面、即在我思主体的实际存在上与内容的实际性原理是相互协适的。由于主体的存在总是一个实际性内容而不是形式假设，所以形式原理可以认为其有效性的最终根据毕竟是一个实际性。当然这个主体不是一个构成性存在，而是一个功能性存在，用来表示对存在进行思想性操作的原因与根据。在这种情况中，仍然可以根据上述理由把思想批判的原初基础追溯到实际性。

哲学对存在的研究必须安置这个实际性内容原理来作为一切原理有效

---

① 参见赵汀阳《走出哲学的危机》，中国社会科学出版社 1993 年版，第 99 页。

性的基础和理想。思想批判与存在批判在同一个实际性理想之下具有两种不同的立法，即“使—然”法度与“自—然”法度。“自—然”法度固然在原理中直接表现这个理想，但不是作为思想条件，而是作为决断的原理内容充当第一理由。“使—然”法度固然在其原理中表现统一的理由系列，但却不能在它的领域里把作为目标本身的内容原理表现出来。对于这两种批判就其全部劳作所取得的成果，有一个理论外部中性的比较尺度，就是各自原理在一个共同目标下所取得的有效性是何种有效性。

四　意义理论作为思想批判

全部存在研究的形式领域从其原理来说就是意义理论，从其方法来说就是思想批判。形式研究在其最初动因上和内容研究相同，是人类在逻各斯引导下为解决存在的实际性与存在原理的思想性之间的矛盾而开拓的一条道路。但形式研究采取了使实际性屈从于思想性的方略，对一切原理实行思想批判，即反思原理有效性的思想条件。但由于逻各斯的最终目标不在存在的思想形式而在存在本身，思想批判必须不断地进行下去，直到追溯到一个世界存在的主体即“看存在者”的存在为止；主体性成为可以使思想批判满足的第一理由，是因为存在的形式理论相信主体性本身是一个符合逻各斯本意的实际性。但是这一步骤改变了整个研究工作的性质。因为，如果一个存在必须设定一个主体性的视界前提来保证其有效性，就可称之为“第一人称存在”，这个存在被赋予如下形式：就其起因来说是“我使……存在”，就其效果来说是“……向我存在”。这样，存在在主观性方面被改造成为原理所需的思想条件的解释统一性，在客观性方面则变成描述性的存在现象。结果在存在的形式领域，思想批判只得到思想问题，其原理只得到一种思想的有效性。

主观性和客观性都是意义理论的概念。一个存在在主观性上被限定为保证原理有效的思想理由，在客观性上被限定为经验现象。思想理由联系于现象的有效性就表示一个存在原理是客观的。这种客观性显然只是思想批判适用的标准，不适用于存在批判。此外，意义理论最重要的概念当然是“意义”概念。意义作为存在与人的世界的相关性，乃是一个主观客观统一适用的概念：一个存在可以是有意义的，仅当它作为现象被给与；

一个存在原理也可以成为有意义的，仅当它具备了思想批判所要求的全部理由。对于意义、现象和思想理由这几个重要概念在思想批判中的联系，还需要略作解释。

在存在者存在行为中构成的存在内容实相，是原理获得存在有效性的根据。在东西存在的内容实相方面，一个原理在其中通达这个内容实相的那种关系可称之为“表现”，它当然属于一种思想能力，由于原理具有表现力，道理才得以转换为原理。但是尽管原理的表现是思想性的，由于它不需要设定一个看存在的程序前提，而是通过存在批判这种方法起作用，所以原理仍然直接建基于实际性。但是，对于一个存在原理的思想条件与意义的要求，则是纯粹思想问题方面的要求，这就是说，构成这种思想条件和意义的东西只和主体“看”存在的形式有关，而和存在本身的内容无关。因此一个存在原理中完全不可能成为存在问题要件的东西就是意义。因为意义给与程序意味着一个原理在存在本身的内容上完全不可能有所表现，只是把该原理与某种被看到的内容即现象联系起来。这种原理与现象的联系称为“再现”，其本质功能是用存在之名对存在之实实行替代。建立原理的理论化过程是：原理把存在的经验现象再现为原理的思想条件从而使原理有意义。这个主观的理论化过程的客观根据则是存在作为现象向主体给与自身从而使存在有意义。由此可见，无论主观性的存在原理之思想条件，还是客观性的存在现象，还是主客观统一的意义概念，全都不是存在内容的构成要素，因而不作为存在有效性的根据。虽然形式理论能够就这些要素开发出完整的关于思想问题和思想有效性的理论思路，但那完全不是通向逻各斯之本意的道路。逻各斯要求的内容实际性先行于一切对原理思想理由的认识，乃至完全不用预设主体性前提，它仍然和原理的表现力保持着天然的协适。它是存在的第三人称性方面的东西，不能成为思想有效性的条件。

所以，意义问题作为思想条件问题，完全脱离了追求原理之存在有效性这个目标。乃至于可以在任一思想尺度上为一个原理提供或者撤销思想条件，使该原理有意义或者失去意义，这表明意义与存在问题完全不相及。意义只是现象在人类学方面的一种价值，一个存在被称为有意义的，只是由于它的现象直接和人类的认知形式上的一致性结合在一起，因此不能成为原理表现力的组成要件。

这就是为什么思想批判按照它的全部可能性（即全部可能的理论工作思路）不会为一个原理争取到存在有效性的原因。由于这里的一切可能性都基于一个主体性前提，所以由此得到的原理既不是关于内容实际性的限定性原理（作为存在问题），也不是关于实际性的构成性原理（作为存在有效性），因此不能表现任何道理。那些从原理的形式方面加以反思的关于意义的思想条件，只能保证一个存在在其起因方面按使然性概念的受造性，以及在后果方面按可证明性概念的被给与性。结果思想批判作为方法包含两种条件式：创造方法与被给与程序。通过这两种条件式为一个原理提供纯粹的思想有效性。

五　构成分析作为存在批判

存在问题在于说出一个存在原理如何把自己表现为基于实际性从而无条件有效。现在就来说明构成存在论用什么方法使它的原理得到这种“存在有效性”。对于我们的理论能力来说，有一个作为有效性根据、但却无法以本身性资格进入理论的内容，它与理论是异质的，对于这一内容，我们固然为了原理的有效性而拿原理的概念去界定它，但这需要特殊方法，否则“原理的有效性”这一概念将沦于形式上无效。将实际性作为有效性根据并把它表现在原理中的唯一可能方法，就是把它作为存在论的第一原理。这种方法就是存在批判。所谓构成分析从方法上来说就是存在批判。

如果为一个原理提供思想理由就得到思想有效性。直接基于存在内容实际性的有效性才是一个原理的存在有效性。在理论中接近存在有效性的唯一道路就是直接将原理说出并把它作为第一理由，但这个原理必须包含对存在的绝对判定。存在论的绝对判定并不判定一个东西事实上怎样存在，怎样存在只是现象，取决于人类存在经验的类型，因此要求思想条件。存在的思想问题以思想性的理由为依托，但任一理由都需要进一步的理由来支持，结果是越来越远离实际性。绝对判定只判定一个存在的必然性根据：一个存在是必然的，因为它是存在者自己去存在。

凡存在总是存在者自己去存在。在构成论域的内部，我们把这个原理称为“构成存在之道”，用来表示论域前提的最高原理。在构成分析的方法说明中，我们则把它称为“第一原理”，因为它保证了存在批判在方法上绝对有效。实际性本身是一个“自一然”道理，能够将它说出而不附加任何理由才为第一原理。构成存在论的这个总原理在其同语反复的形态上实现了原理本身的无条件性，因此实现了将存在内容的道理直接表现在一个存在论的形式原理中，从而使该原理直接基于实际性而具有绝对有效性这一目标。因此成为全部存在研究的第一原理。它是这样做到的：道理之为道理在被一个原理表现之前已预先确定。因此，凡存在都是存在者自己去存在，这是一个原理，但是，凡存在者的存在都预先决定自己的内容，这却是一个道理。因为如果一个存在在一切表现之前已经预先有它自己的内容，在这个内容中包含一切存在原理都必然要对它加以表现的实际性，那么这对存在批判来说就是它的理论所能推进的最后限度。如果存在批判把这个限度说出，它就成为第一原理，不需要任何别的理由。

如果第一原理的概念已经给定，那么存在的实际性在它运用那个概念以进入表现中，就建立在实相之中，这就是说，在第一原理的概念之旁放置两个与之相符的直观。在这种情况中，不仅一个存在在个体资格上的本身性，而且它的作为世界的存在场所都被表述出来。但是这里我们关于一个道理在它的实相中按“自一然”法度来表现的概念，不是从对任何哪怕是最基本的存在经验类型的描述中获致的概念，而仅是把这一个道理协适地加以表现的两种不预设主体性的“纯直观”。这样一来，构成分析就能够把一个存在的内容表达为重复构成这一内容的“历事”，而把存在的世界表述为存在者间互有所及的“相与”。这两个实相成为关于存在本意的“纯直观”，是就它们将其必然性实现在不用任何“看存在”的视界条件来限定的原则下来说的。

由此可见，存在批判能够直接得到原理而不必提供思想条件，是基于这一批判在构成存在论的理论框架内彻底废除了主体性这个概念前提。一个存在原理只要排除了主体性前提，就进入第三人称存在问题，因此可以直接得到原理而不要求反思的证明。因为反思需要引入特定思想尺度，这只有把主体性设为理论内部的概念前提时才能做到，这时对思想条件的追问才有可能。所以只要排除主体性，也就排除了一切对原理思想条件的要求，原理于是得到存在有效性。

但是必须注意，理论内部的我思视界作为概念前提与哲学的存在研究的实际工作视界是不同的范畴。构成分析有如下断言：由于设立主体性，使得在视界中显现的存在只是存在的空位形式；取消主体性之后，存在就是存在者自己存在的本身性内容。对此可能有质疑：构成分析中的所谓内容存在仍然是一个借助语词表达的观念，它何以不具有形式替代性质？此疑问混淆了理论内部的概念前提与实际理论工作的非概念性质。意义理论以主体视界充当其理论内部的概念前提，因此它的“存在”概念所认可的东西就是存在形式的有效性，对内容来说那是一个空位形式。反之，虽然构成分析的“存在”概念也是一观念，但由于不设定主体性，没有一个“看”存在的视界充当理论内部的概念前提，所以它的“存在”概念所认可的东西就不再是存在形式的有效性，而是一个内容的有效性，是第三人称性的东西。如果认为构成分析本身意味着一个视界，那么该视界并不进入理论论域，在构成存在论内部并不把一个主体视界设为概念前提。这与意义理论把主体性引入理论内部充当概念前提是不同的。理论内部的主体视界概念与哲学研究的实际工作视界是不同的范畴，前者属于理论问题，后者不是理论问题，而是一个实际理论工作的直接事实。任何哲学思路都不能以其概念结构涉及自身，否则哲学研究不可能进行。

存在批判标志着通向逻各斯的中国式道路。中国的“天之道”与西方的“逻各斯”有相通之处，逻各斯的本意不该理解为以使然性为法度的“人之道”。中国古代思想中对“天之道”与“人之道”的区分在存在论上至关重要，按中国观念，对存在的究诘可以从“天之道”直接开始，这就提示存在分析工作可以在引入任何特殊存在范本之前，首先演证一般存在之道的第一原理，而不必像西方思路那样一上手就把存在问题限定在“人的世界”中。这正是存在批判使用的决断方法。由于存在批判可以直接得到原理而不必提供思想理由，所以整个构成分析工作几乎按几何学的证明程序进行，即首先直接给出第三人称论域第一原理的基本定义和基本准则，然后将其推广到一切具体的范本领域。对于这些基本定义和基本准则，存在批判无须提供思想批判的理由，因为它们的理由直接来自存在者存在的实际，而不来自思想的解释。这种直接得到原理的存在批判方法与存在本身的“自一然”法度是一致的：正如人们在生活中本然地自己去存在时，其有效性并不取决于是否以反思的态度来看这个存在；当存在批判直接得到一个存在原理时，其有效性也不取决于反思原理的条件，而取决于存在本身。也许可以说，构成存在论的中国式风格就体现在：它并不关心怀疑论与思想批判这类认识论问题，只关心通过人类的存在历事作为范本来直接表现构成之道。

（原载《江海学刊》2000 年第 6 期）

伦理学的存在论基础

伦理学问题不是存在问题，但却必然基于存在论的某种立场。传统伦理学问题其实是一个存在的意义问题，某一行为的道德价值意味着一个人的有意义的存在，表现为：（1）他按别人的存在要求去存在，因此是“为别人活着”的对象性；（2）该存在是向别人展示的一种存在姿态，因此是“做给别人看”的现象性。然而，一个人作为存在者在人世间自己存在的原理却应是：（1）他作为存在者为自己存在，而非为别人存在；（2）其存在行为是为了事情本身而做，而非为了做给别人看。很明显，这两个原理分别反对意义存在的对象性原则和现象性原则。因此在存在论的新论域中可以对伦理学的基础实施批判，从而获得对伦理学问题的一种新理解。

一 “为自己活”与“为别人活”

一个生活中的存在者，如果他的每一个行事都构成他自己去存在的一个事态，就可称之为“为自己活着”。显然，这个“为自己活”并非利己原则，更不是利他原则，它与行为的动机和后果的道德价值问题无关，因为它不是一个伦理学问题，而是一个存在论问题，该问题只能在自己与别人之间的“人世间关系”中提出。确切地说，这个“为自己活”是指存在论上的“自己去是”，它必须在与“别人也是”或“别人根本不是”这两种情况的关联中得到落实。前一种情况称为“共事”；后一种情况则称为“独处”。独处与共事的关系作为一个存在论问题，是比利己与利他（幸福与道德）更为根本的人际关系问题。一切伦理学问题都起源于这种关系。

伦理学追求人的存在的有意义形式。存在的有意义形式要求行为准则在一切主体间的普遍有效性，因为道德原则要求对每一个人有效，“人是目的”意味着做那对包括我在内的每一个主体都有利的事。于是本身为善的东西只有幸福和善良意志。幸福是基于人类本性的普遍有效原则，每个人依此原则都被允许追求自己的幸福；善良意志则是通过“示范—报答作用”的普遍有效原则，纯粹的利他，如果没有普遍有效的示范与报答作前提，便流于不可思议的圣洁。可见伦理学要求的普遍有效性实为一个存在论尺度，只有合尺度的存在才有意义。这个普遍有效原则必须在一种自己与别人的共事结构中实现自身，即：任何独处如果要使自身获得一个意义形式，必须进入如下人世间关系模式，使得我的“自己去是”同时成为“别人也是”的一部分，与之完全同一，这样才能使自己的存在与普遍有效性相容，因此成为有意义的。

一切人世间的存在者，凡在他自己的存在之外另行把某种意义设为这一存在之目的者，都属于为别人而存在。因为按对世界的目的论解释，只有人作为目的才能使一个存在得到意义，所以，如果我把自己的存在假设为一个必须被超越的东西，在它之外另行为它设立一个目的，则这个目的只能是别人的存在。在这种情况下就可以说，我是“为别人活着”。显然这个“为别人活”不是指在某件事上替别人着想或被别人控制了自己的生活这类日常情况，而是一个存在论的说法：一个人的存在只能向某个别人被给与才有意义。

在构成论域，存在者存在以构成自身为目的，不需要把任何外部的东西设为目的。所以一切人世间的共同存在作为共事，都以每一个个体的“自己去是”为前提。伦理学上的普遍有效作为一个行为法则，实际上只能要求一切存在者重复地居有同一个存在形式，并把这个形式作为一个意义尺度即道德性，却不能要求存在者重复居有同一个存在内容，因为这是不可能的。因为如果一个人世间的存在者存在被“自己去是”的内容原理所决定，这个存在就是一个绝对个别化的个体生命事件，其内容不能被任何别人所重复。这个存在只要求构成自身，而不谋求任何超出它自身以外的意义。这就是“为自己活着”的存在论要义，它是一个人在他的生活中承受的命运，不能被任何人分享。一个人可以使自己幸福，或出于善良意志使别人幸福，但无论谁的幸福，都属于存在者亲历其事的存在事态内容，而非从外部加于一个存在的意义形式。一个人的存在如果被别人重复与分享，该存在就成为普遍有效的“按尺度存在”，意味着存在者已将自己的存在可能性让渡给别人，由此生成伦理学的意义问题。

一个人在人世间存在，独处与共事是其公共性形式，“自己去是”是其构成性内容。独处与共事均有其各自的“自己去是”问题。首先，在共事中“自己去是”乃是就存在者间的存在消弭作用来说的：通过将自己置于别人之中来消弭绝对个别化所导致的自一性趋向，从而把“自己去是”的那个存在留在人际世界之内。比如在一种共同事业中，绝对个别化的“自己去是”就是天才的存在，共同事业的共事是以天才的工作内容为目的的，天才则只“为自己活着”。但天才的工作内容却必须是可以摹写和复制的，尽管不能被重复和分有；因为如果没有共同事业中的摹写与复制作为“别人也是”的公共性背景，天才就会沦为没有任何历史背景的不可思议的东西。其次，在独处中“自己去是”则显示存在者间的存在凸显作用。置身于别人之外而保留住一个存在的绝对个别性，其结果不仅把它的存在力度在别人的异己性中空前凸显出来，而且使保留这一个别性的理由在别人的共同拒斥中得到空前的巩固。而这些要求只有在独处中才能做到。比如在共同事业中，独处的一种极端情况是完全不顾别人，只做我自己应做的事，即使这件事是完全不合时宜的。比如坚持某种过时的理想，坚持某种别人不去追求的目标，或坚持某种与时尚完全不合的生活方式。这恰恰是“为自己活着”的一种本真情况。

依据上面的理论，可以指出海德格尔的“人世间共同存在”学说的不当之处：第一，海德格尔断言此在之一般存在的本质就是共在，这忽视了人世间存在事态之内容与形式的区别。第二，海德格尔的“共在”概念本身是粗糙的，仿佛共在只是空间上以及生活中的“共他人一起存在”。其实存在论上的“共在”远不止于“在一起”这种含义，必须从“自己去是”对别人的关系着眼，落实在共事与独处的种种不同情况中。第三，海德格尔的共在问题只在意义论域中有效。①

① 参见［德］海德格尔《存在与时间》，陈嘉映、王庆节译，生活·读书·新知三联书店1987年版，第一篇第四章第二十六节，第136—146页。

二 “需要自己做”与“做给别人看”

“为自己活”与“为别人活”是在人世间存在的能力问题。任何能力都要求以某种实际成就证明自己。要决定一个生活事件是否真正属于某存在者存在的一个成就，就需探明这个事件是确实需要存在者自己去做的一件“事情”，还是仅仅为了做给别人看的一个“姿态”。“需要自己做”与“做给别人看”是人世间存在的成就问题。为谁活着的能力问题必须落实在成就问题上来解决。

然而这个划分按常识似乎难以成立，因为通常人们总是为了自己才作出某种姿态，而且，一件事即使是做给别人看的，也需要自己去把它作出来。所以这个自己做与做给别人看的区分决不是普通的行事动机和处事机巧问题，而是一个生活事件作为一个存在事态的根据问题。

如果一个生活事件作为一个存在事态不是由存在者自己去存在的需要决定，而是由进入别人视界的要求来决定，这个事件就属于一个“存在姿态”，这个“别人”因此就决定了该存在事态的纯粹对象性。于是“让别人看到”成为一个意义给与程序。但是一个生活事件进入别人视野并不成为一个事实性对象，而是成为一个价值性对象。人在生活中存在的价值即道德价值。在人世间，控制一切道德价值的尺度是良知，而合于良知则是一种只有让别人看到才能实现的价值。因为，如果我是在绝对无人看到的情况下做一件好事，那它就只是一个自在地发生着的自然事实，没有道德价值可言；仅当这件事被别人看到，它才获得一种道德意谓，由此产生“我应当……”这样的行为准则。因此从存在论的问题角度来看，人所固有的那种使自己行为符合道德准则的良知存在，只有作为一个存在姿态被别人看到时才能成立。

在存在论上，做给别人看的存在姿态就是存在的“现象”，它进入向别人给与自身这一意义问题，却游离了存在的构成问题。因为很显然，一个存在事态中能够让别人看的东西只能是“现象”，事态的内容本身则是一件要求存在者自己去做的“事情”。别人只能看到事情的现象，却不能看到事情本身，因为事情本身不是看的对象，而是做的内容，是一个有待完成的任务。一件事情作为一个存在事态，要确认自身是被存在者自己所做的，就必须将自身确定为存在者存在的任务与成就。让我作简要说明如下。

按一般存在之道，需要自己做的事情也就是人作为存在者自己去存在的历事内容。因此一件事情就其需要由存在者自己去完成这一职责要求来说，就是人的存在历事的一个任务，别人不能代庖。因为“去存在”永远意味着要求存在者亲自到场亲历其事的生活事件，由此导致的“作为历事的存在”这一说法在存在论上必然意味着一个“任务”概念，决非以“向别人给与自身的现象”所能定义。另外，一件事情就其必须由存在者自己去做到这一法权归属来说，又是人的存在历事的一个成就，任何别人不能僭取。因为事情在存在论上的这种法权归属决不等于那种必须被别人认可的价值，而是必须在自己的存在中完成的事业。所以在生活中我们注意到，任何被别人认可的成就概念总是以“这是由他自己完成”为前提的。

另一方面，“需要自己做”这个要求又显然只有在与别人的关系中才成为问题，因为只有在与别人相关之际，一件事情才能作为一个要求自己亲自去完成的任务来提出，并作为一个只能由自己去做到的成就来实现。人世间的存在者间关系，就其不同于在现象上被给与的“主体—对象”关系而言，不是一个别人是否知道的知识问题，而是一个即使无法让别人知道也与别人有关的事情本身的存在问题。一件事情越不为别人所知，越无法看到，就越增加其作为存在行为的力度，该存在与别人的关系也就越紧迫，因为这使它在更高的程度上被确认为是由存在者自己去做的事情。可以生活中的“无知”和“欺瞒”这两种情况说明之。在互不了解的无知状态下共事，存在总是显得格外沉重，因为当我不知道自己的存在内容是否被别人看见时，我总是直接承受事情本身的限定，从而直接承受自己的存在事态作为一个任务的艰辛和作为一种成就的重要性。而在欺瞒的事例中，那做给别人看的存在姿态变成了完全无所谓的东西，只有那个被隐瞒起来不想让别人看到的东西——那真正需要自己去做的事情本身——才是对自己和对别人的存在都至关重要的东西。

显然，这种人世间存在的“任务—成就”观念与伦理学的道德直观是完全不一致的，因为一个存在如何获得道德价值的问题与它在人世间如何构成自身的问题不一致。需要自己做不等于需要自己承担责任，做给别人看也不等于把责任推给别人。恰恰相反，责任作为强制行为的必要性，只有在“让别人看到”这一程序中才能生效。所以伦理学的责任问题按其存在论的基础来说是一个意义问题。积极地承担责任与消极的敷衍、谨慎、得体等推卸方式属于同等的存在姿态，都要借助让别人看到来获得意义。当它们成为伦理学的问题时，这也就是一个存在的道德价值问题，人们根据这一问题的标准来判断这一存在的意义，但这种意义形式并不构成该存在的任务与成就。比如，一件不道德的事情必然出于某种需要欺瞒住别人的动机（如出于自私），这意味着这件事必须自己去做，但这件事的不道德性质却仍然由“别人看到”程序事先决定下来了。相反，一件道德的事情就其必然出于某种要让别人看到的动机而言——由此才有道德的普遍立法作用——做那件事本身就是一个给别人看的姿态，因此在存在论上具有欺瞒性质。可见伦理学中的承担责任与推卸责任只是一个主观的意志动机问题，而存在的构成却是任何行事合于构成之道的一种天命的必然性，无论一个人在动机上选择了责任还是拒绝责任，那都属于他的生命存在事件，在这里不涉及普通行为的道德责任问题，而是一个存在行为的成就与任务问题。道德责任只是存在的一种意义规定，存在本身的内容则需落实在由存在者自己去做的事情上。由此可见，存在论的自己做与做给别人看的区分在道德上是中立的。而伦理学的问题却只在存在论的意义论域中成立。

任何存在者存在如果要拥有一种真实的成就而非被给与的意义，就只能是所谓“需要存在者自己去做”的事情。这与“为自己活着”原则完全一致，由此产生了存在者存在的能力问题与成就问题的一致。因为很显然，为自己活着既然是自己去居有其存在的可能性，就必然实现为一件自己去做的事情，用不着诉诸做给别人看的现象。做给别人看的现象在存在论上属于为别人活着的一种形式。

三 幸福与劫难

由于人世间的存在者存在原理总是落实于人的生活，所以必须为这种原理提供生活范本，而不能只提供原理。在形形色色的生活事件中，我们选择幸福与劫难来作为人世间存在者存在原理的范本，这不仅是因为幸福与劫难作为两种相反情况最本质地展示着人类生活中命运的力量，更主要是因为它们在存在论上符合上面给出的两个原理对范本的要求。

幸福是伦理学的传统主题。伦理学只关心生活的某种理想状态，也就是人世间存在的某种有意义形式，而并不关心存在的普通情况和一般本质。伦理学的问题是：什么样的生活是有意义的生活？幸福成为首选的价值。正因如此，伦理学一般不关心不幸与劫难。与之不同的是，存在论关心人世间存在的普遍情况的“自—然”本意，所以它不仅关注人的幸福，同时也关注不幸和劫难作为人世间一种存在事态的性质。在构戎论域，幸福与劫难乃是人世间存在的平凡原理的两种突出样式。

伦理学的“幸福”概念是对幸福的意义解释。人的生活总是指向某些特定的目标，伦理学用统一的幸福概念来定义形形色色的生活目标，人活着就是为了努力实现这些目标，因此人是为了幸福而存在。在一切伦理学中，作为生活目标的幸福体现为各种不同的生活理想。这样，伦理学就把幸福设定为人世间存在的一种解释形式，因为，当各种生活理想被定义为幸福，以回答什么样的生活是值得过的生活这个问题时，更基底的问题则是：什么样的存在是有意义的存在。幸福作为理想化的生活成了存在的一种有意义形式。问题在于，人们的实际生活目标经常互相冲突，所以在伦理学中，作为生活理想的幸福原理只能是主观决定的，即只能充当价值原理而非存在论原理。因而就有种种不同的幸福概念。一个享乐主义者把一己欲望的满足称为幸福，那是一种感性的幸福。康德看不起这种感性幸福，而推崇被道德法则所决定的善良意志，但由于他引入了“配享幸福”概念，在他那里，幸福就仍然是存在的有意义形式：幸福意味着过一种合乎道德法则的生活。这显然是一种理性的幸福。[①] 赵汀阳提出的幸福理论在上述两种理想之外另辟蹊径。他认为幸福当然不能归结为欲望和利益的满足，那只是人的“基础性要求”，但幸福也不必定是利他的善行，善行不过是由于遵守规范而获得人们赞同的“德性”而已。赵汀阳认为幸福取决于一个人生活能力的发挥，实现为种种令人羡慕被人赞美的“美德”，诸如智慧、勇敢、勤劳、爱情和友谊。这样，幸福就既非出于一己私利也非出于伦理规范，而是能使一个人成为像样的人（即他所意味着

① 参见［德］康德《实践理性批判》，关文运译，商务印书馆 1960 年版，第 126—134 页。

去成为的人）这种所谓“人的根本性目的”。[1] 赵汀阳的理论确实启示了一种新的幸福理想，但它仍然属于对存在的一种意义解释，重新设计了一个对人世间存在的意义给与程序。

如果从存在论的问题出发看伦理学，就会发现一切伦理学的幸福理想都包含一种矛盾：一方面，每一种幸福理想都要求对一切人的生活普遍适用，因此总是为别人设计且由别人设计，所谓存在者自己领受的幸福不过是向别人给与自己生活的某种理想状态，因而不过是“为别人活着”的一种描述性标记。比如私利必须在与别人的利益冲突中实现，善行只有做给别人看才有其美德性质。另一方面，每一种幸福理想却都是主观决定的，所以各种理想总是互相冲突。因为没有统一的存在解释形式，所以也就不可能有一致接受的幸福理想。结果使幸福成为人的存在的一种无法确定的现象性质，甚至降格为本能性的心理感受。比如同一种生活对一些人来说是幸福，对另一些人则是不幸。上述矛盾暴露了伦理学对幸福的意义解释的困难，因此需要在存在论中重提幸福问题。但存在论不准备提供另一种新的幸福理想，因为幸福问题本不是一个生活理想问题，而是在生活中存在的一种样式。

不可否认，快乐、善良和生活能力都是人的幸福，但不是作为生活理想，而是作为存在者自己去存在的需要。人之需要幸福，是需要为自己构成有福的存在，而非需要理想。我们曾说存在是存在者的一种需要，人这种存在者则有所领悟地去存在。显然，人能够有所领悟地需要自己的幸福，但这个幸福必须是作为存在者存在的一种可能性来构显，即“有福存在”。人之所以需要有福存在，是因为人能把幸福当成自己存在的可能性来设计和居有，于是人对自己存在的需要就在领悟中转换成对幸福的需要。由此可知：人只是为自己的存在才需要幸福，而非为了幸福而存在。正如幸福本身不能被定义为主观性的心理感受（这一点已由赵汀阳指出）[2]，幸福也不能定义为主观决定的生活理想，因为这种理想作为对存在的意义解释属于被创造出来替代有福存在本身之内容的第一人称思想形式。有福存在意味着存在者居有了自己设计的存在可能性，历劫则意味着

① 参见赵汀阳《论可能生活》，生活·读书·新知三联书店 1994 年版，第四章。

② 同上书，第 112—113 页。

相反的情况。

人之所以需要有福的存在，理由如下：在寻常情况下，存在也属于存在者的一个本质需要，但这种需要却未被领悟，这是由日常存在的平凡结构所致。人世间日常存在把存在的一切可能性都送入一种重复自身的再性体制，于是存在对人来说成了一种有限性，其内容就是平凡。①

存在在日常性中将自身展开为无须领悟的平凡历事和无须设计的重复到场，相应地，生活被我们体验为没什么可说的“无所谓”和没什么可做的“无所事事”。这就是人的纯粹“自一然”存在。但是，使然性固有的一个本质倾向却是打破这种平凡结构，这就是人的“超越性”。超越平凡的目标便是幸福。伦理学把幸福理解为存在的有意义形式，用来替代实际日常存在。存在论的“有福”作为超越则是指对存在本身内容的领悟和设计。有福存在不同于日常存在就在于，在有福事态中，存在成了一个被领悟的需要，同时也就成了一个被设计的到场。我们把幸福的存在论内容规定如下：（1）在否定方面——日常存在的平凡重复结构被打破；（2）在肯定方面——存在者确实具有了自己意愿设计的那种存在可能性。这样，在一个有福事态中，存在者对自己存在的需要便被凸显出来。在幸福的时刻，人们对自己存在的力量最了然于胸，此时存在由于超越了日常生活的平凡结构而显得神奇，并由于打破了贫乏的自身重复体制而在内容上显示为充盈。正因如此，在生活中，任何幸福大都伴随着有福者的渴求动机与对后果的喜悦。其实存在论的说法仅仅是：人是为了自己的存在才需要有福，因为在有福中存在可以使然性地构显自身。而且，有福存在显示为神奇性，并不意味着从根本上摆脱了人世间存在的平凡本质，因为幸福的设计一旦变为实现，它必按存在之道将自身纳入平凡的重复机制。所以在生活中，任何幸福历久都会自行消弭其神奇性而变得平淡下去。

当幸福从生活的理想变成一种存在的范本时，幸福问题就从伦理学问题变成存在论问题。幸福的范本资格只能依据它的存在论问题性质来确定。也就是说，“存在者为自己的存在而需要有福”这一原理，先定地保证了有福存在属于存在者为自己活着并需要自己去做的一件事情。

---

① 关于存在的日常性结构和平凡本质问题，可参看收入本自选文集的拙文《构成存在论的内容原理及其日常性范本》。

幸福就其公共性形式来说，属于典型的独处事态，即“自己去是（有福者），别人根本不是。”因为按幸福的存在论结构，一个人作为有福者乃居有一个绝对属于他自己的生活事件，任何幸福都不可能在同一个存在事态中被别人分享。在生活中，我们只能想象别人的幸福，却不能享受别人的幸福。真诚地分享别人的幸福在存在论上意味着分享者已独立开启了自己的有福存在。“分享”只能作为一个心理学概念，存在论的分享概念是不可能的。所以，幸福不可能是置于生活之上的“理想”，只能是在生活中承受下来的“命运”。因为指向某种意愿对象的理想是主观决定的，因而可以让渡可以放弃；而人对自己幸福的本然需要则是不能放弃的，因此我们才称幸福是人在他的生活中承受的一种命运。

在这一点上，劫难也是一种命运，而且劫难似乎比幸福更能代表命运的本质力量。但伦理学只关心幸福，不关心不幸，因为不幸与劫难不可能成为生活的理想，因此不成为问题。但在伦理学中，理想总是一个人的存在所指向的某种目的，相对于这个目的，历劫可以作为一种手段。历劫变成存在不得不承担的一种外在责任：历劫是一种牺牲，生活可借它来收获自己的意义。于是历劫就成了另一种“有意义的存在形式”：历劫事态的内容本身是无所谓的，不成问题，但历劫因指向一个目的而获得的存在意义却是成问题的。存在论则把历劫当作与幸福同等重要的存在范本，因为福与劫都是使然性对生活的平凡结构所实行的破坏，只不过幸福是超越性的，劫难则是遭遇性的，劫难意味着存在者具有了并非自己意愿设计的存在可能性。福与劫的这种对称性对人世间存在具有一种平均作用，它们是平凡原理的两种变形，有福与历劫最后都将把自己平均于人世间存在的平凡结构之中。

在生活中，人们总是对劫难作一种实用性计较：或者躲避之，或者设法将其转嫁别人，或者默然忍受。在这种态度中，劫难仿佛是一种外部力量，一个令人恐惧的对象。其实劫难的存在论本意并非恐惧对象（正如幸福不是意愿对象），而是一种历劫存在事态。劫难使存在作为一种力量让人恐惧，从而把这一存在向存在者昭示出来，于是存在本身在恐惧中被领悟。存在在日常性中曾处于无所领悟的无谓之中，现在由于劫难的到来，这一存在不再是无谓的和非领悟的，而是成了一个命运攸关的问题，时刻悬在心头。而劫难之所以令人恐惧，是由于历劫事态向领悟揭示出存在必须由存在者自己去构成的那种重负性质，任何别人都不能代替历劫者。代人受难不过是另一个存在者自己的历劫事态。正因如此，我们才有理由把历劫确定为最基本的“为自己活着”的存在类型之一，因为每一历劫都是需要历劫者自己去做的事情。劫难把存在显示为一种丝毫不能转嫁的重负，根本无暇顾及别人如何看的问题。所以，两个人即使有完全相同的生活经历，比如经历了同一次战乱，或处于同等的贫困状态，从存在论上说，他们也必须独自亲历自己的劫难，所谓“共患难”只是生活中的一种常识说法，而非存在论的问题提法。

（原载《吉林大学社会科学学报》2001 年第 1 期）

以周礼作为构成存在问题的一个范本

一　为什么选择周礼作为范本

如果一种存在论不把主体性设为理论内部的概念前提，就得到如下原理：凡存在总是存在者自己去存在。按此原理，在不设定主体性前提、从而排除了对存在的一切现象描述之后，存在就表示一个存在事态的内容在时间中重复自身。这就是一个存在者自己去存在的存在事态的历事实相。这一原理需要以人类存在的各种实际情况作为范本来表现和确证它。在本文中，我们选择周礼作为该存在原理的一个古典范本。

为什么选择如此特殊的远古事物来充当存在论研究的范本？海德格尔认为在面对古代文本时，要依据古人的思路而不是我们自己的思想习惯来提出存在问题。这是对的，但对周礼却不适用，因为周礼并非一种希腊式的古代存在论文本，而是古代存在事态的直接“范本”。尽管周礼内容借助文本形式才得以留传，但全部儒家经典的一个不可否认的特征是，它们全都以生活的事情本身为目的，文本的创作史反而湮没无闻。《庄子·天下》篇说：“诗以道志，书以道事，礼以道行，乐以道和，易以道阴阳，春秋以道名分。”这种极简约的古典概括反而道出了这些古代文本与生活的事情本身的本质联系。而在全部儒家经典中，又只有礼才堪称古典存在问题的严格范本，因为它直接关乎人的生活。“六经”之中，礼、乐并称，所谓“乐统同、礼辨异”“乐由中出，礼自外作”[①]，可知《乐》已属于礼式生活的一个本质部分。《诗》作为古代文本按其事情本身原则提供了众多的遵礼范例。《尚书》与《春秋》属于礼治社会的历史学文本，包含周礼的许多材料，尤其《尚书》的许多篇

① 《礼记·乐记》。

章直接记载了周礼的原初体制。《周易》比较特殊，它的思想已开始上升为古代的存在论文本。综上所述，可知“六经”之中除《周易》之外的其他文本在内容的许多方面已经“高出”古代人的生活，而不是直接关乎生活，它们在各自所及的领域领悟、回忆和赞美古代的礼式生活，却不能完备地记载其内容。只有“三礼”记载的周礼本身，作为直接看护一种礼式生活的完备法典，为古代存在的历事结构提供了一个可靠范本。

孔子有夏人尊命、殷人尊神、周人尊礼的说法①，并认为周礼“监于二代，郁郁乎文哉”②。可知周礼就其完备典雅而言，也真堪为范本。“三礼”中记载的周礼典仪涉及人的生活的一切方面，举凡朝觐、聘问、祭祀、相见、宴饮、射猎、婚姻、养育、丧服等等，无不纳入礼之章法。因此有“经礼三百、典礼三千”的说法③，极言其繁与盛。对生活中每一种事情的程式，周礼均作尽可能详尽的规定。举例来说，《礼记》中的“月令”就一年中的十二个月中每个月内天子所宜与所不宜的行事逐一作出记载，产生了一篇颇长的文本。对存在问题来说，这篇古老程式记载的重要性在于它昭示了天子之为天子就在于，他在每个月内都必须在主持祭典、农事、政教、禁令等事情的程序方面，以及在使用居室、车舆、服饰、饮食、器物等具体生活细节方面，做某些完全相同的事情。这意味着一个存在者在其特定行事中必须固执地重复亲历完全相同的事务内容。这种将一切事情纳入礼之章法的古老生活可称为“礼式生活”。

在一个礼治社会中，礼的力量无所不及。儒家经典反复追述了周礼的政治学、伦理学、民俗学功能，并赋予它最高的庄严。在以后的漫长年代，关于周礼的起源、结构和功能的研究成为历史学与文本学的工作，形成了博大久远的学术传统，以至存在研究工作也不能不尊重礼学研究的成就。但是对礼式生活的存在分析却和一切对礼治社会的学术研究有所不同，它所关心的是，在礼式生活中包含了古代存在的一种基本型式，即“把生活的一切事务内容加以程式化”。这几乎接近于古代生活的最深层结构即古代的日常性。确切地说，礼式生活包含了对人在生活中存在之可

① 参见《礼记·表记》。

② 《论语·八佾》。

③ 《礼记·礼器》。

能性的设计。因为人的存在作为有所领悟地使自己历事，需要设计也能够设计；又因为人的历事只能在生活中实行，所以生活本身需要设计。生活的可能性称为生活条理，对生活条理的设计产生生活型式。礼式生活属于生活设计的古典型式，它把生活的全部内容设计为两种基本可能性：遵礼存在与非礼存在。由于存在行为即表示一个存在者自己去是其所是者，一般的“在生活中存在”既包含该存在的各种可能性，也包含各种不可能性，每一种可能性确定为一个“所是者”，而“非所是者”则意味着对存在之可能性的排除。所以，礼式生活就从确定所是者和排除非所是者这两方面来设计“在生活中存在”的结构：第一，通过把生活本身划分为遵礼的与非礼的，来把古代的存在者存在区分为本分的与非分的。其中所谓本分的遵礼存在也就是合于一个存在者自己去是其所是者这个法规。第二，通过把生活事务内容的全部程序固定于周礼章法，来保证上述区分。遵礼的本分存在通过在生活中恪守周礼章法得到保证，违反周礼章法的任何细节都将作为僭越者而成为非分的存在。

有一个古代事实可以证明上述分析是正确的，即古代人对自己及别人在生活中的“所是者”这种身份规定有极为强烈而严格的意识，这就是古代人的“名分”观念。在一种礼式生活中，“君臣尊卑长幼男女之序”是至关重要的事情，它由生活中的“宫室车舆衣服器物饮食婚丧祭典之分”来保证和显示，所谓“居处有礼万事得其序”成为古代生活的一个本质目标①。此事从历史学的观点看，古代作为等级社会和匮乏时代，古人对自己“所是者”名分必保持严格明确的概念。从存在论的观点看，那种遵礼与非礼的划分正是基于存在之所是者与非所是者的划界。在礼式生活中无疑包含了古代存在历事的再性结构，因为把生活事务内容的程式固定下来，就意味着该程式要作为存在的历事内容被重复实行，即：按固定的生活程式做完全相同的事情。

二 历事的原始性问题

古代历事相对于一般存在问题来说就是“原始历事”或“历事的原

① 参见《礼记·经解》。

始性”。那么为什么在探讨一般存在的历事实相时需要追问它的原始性问题?

在此需要区分“思想的原始性”与“历事的原始性”。原始性一直是思想的一个追求,那是出于“诠释”存在的需要。这种诠释不可能直接面对存在,只能面对存在的观念。由于古代的存在观念必然代表对古代历事的直接领悟,而这种直接领悟已不可能被重复实行,只能靠古代文本流传为观念,所以思想上的原始性意味着权威性。思想借助古代文本不断回到古代观念的起点上去,从而把自己的工作实现为诠释学。诠释学在思想本身不具有总体性的情况下就是学术的研究工作,它传播或因袭古代的观念,但不能重新创造它。诠释学在思想本身已具有一个总体性的情况下就是新的存在观念的创造工作。海德格尔在希腊思想中对原始性的追求是一个突出范例。另一方面,原始性却不是历事本身的一个追求,而是历事面临的问题,该问题左右历事的分析。因为历事本身只是重复自身,所以历事作为问题也就不是诠释学的问题,它不追求古代存在观念的原始性,只是直接面临存在的一种情况。在古代观念中恰恰找不到直接的原始性问题,这个问题只能在我们自己的历事与古代历事的特定关系上才能成立。在这种关系上,礼式生活在以下三个方面属于原始历事:(1)它在时间上更加久远;(2)它在起源上更靠近人类存在的源头;(3)它在内容方面包含古代存在者对原始历事的直接领悟。我们把古代生活型式区别于今日普通生活型式的这些特征统称为“典雅”。

然而,时间中的原始性通常总与“质朴”联在一起。而且质与文、质朴与典雅的对立正是“三礼”中屡见的一个问题。孔子认为三代礼之损益的总趋势是由简而繁、由质而文,所以“虞夏之质,殷周之文,至矣!虞夏之文不胜其质,殷周之质不胜其文”①。但孔子认为“质胜文则野,文胜质则史”②。可见三代都有各自正常的礼式生活。如果文与质的对立是一个存在论问题,古代历事作为原始性就只能是质朴的而非典雅的。

但是这个文与质的对立只涉及三代礼之损益的现象事实,因此只是一

① 《礼记·表记》。

② 《论语·雍也》。

个历史学问题，与存在问题无关。在存在问题中，人类存在历事的“所曾经是”与“再次去是”在内容上是绝对重复的。在历史学领域则不可能有这种内容的绝对重复，因此，“曾经”对“再”才将其内容显示为质朴，“再”则向“曾经”显示为典雅。这种区别不能够在存在论上说明作为历事之原始性的典雅。历事之原始性问题是一个“存在者如何在历史中存在”的问题，该问题被限定为：相对于当下普通生活型式而言，古代的礼式生活型式既是原始的，也是典雅的。因此礼式生活决不带有作为历史学现象特征的质朴性，同样也不可以说现代的生活型式就是典雅的。由于人类存在行为已经在我们自己的日常生活中最明确地凸显其历事实相的一般结构，而这些最本质的诸结构却在古代的原始历事中令人惊异地表现出完全不同的可能性，所以就向存在分析提供了一种历事问题的古典型式。具体说来包括：（1）相对于日常生活的存在者自己直接去存在，原始礼式生活却是拟自己存在，即事先将自己的存在拟定于生活固定程式。（2）日常性是一个人自己存在，原始性是众人拟自己存在。由此产生历史性。（3）相对于日常性的一个人自己去存在，原始性则表现为众人拟使自己存在。

三 拟自己存在——礼之规矩

原始历事的第一个特质是：在礼式生活中将生活的事务内容事先拟定于固定程式，即存在者为自己的存在事态“立规矩”并按规矩去亲历该存在事态。这可称之为“拟自己存在”。

礼之规矩的观念来自荀子的《礼论》。荀子认为：“规矩者，方圆之至；礼者，人道之极也。”因此“规矩诚设矣，则不可欺以方圆；君子审于礼，则不可欺以诈伪”。荀子是以规矩的比喻来论证礼的道德功能，存在论则需要确立礼之为存在规矩这一原理。礼的社会形式非常像行为规范，兼备道德与法的双重效力。礼也像生活之规则，在比道德与法律更大的范围内引导全部具体的生活目标，决定生活中哪些事可行、哪些事不可行。但是一种礼式生活几乎无所不至的程式化，却已经远远超出一切道德法律规范和生活实用规则的适用范围，深入古代存在事态的平凡结构的最深处，成为存在事态的规矩。对礼的全部细节的需要远远超出一切具体目标，只能出自存在者对自己存在的需要。礼所规定的东西乃是“存在的方式”。礼式生活中的遵礼存在，就其包含“存在者为自己的存在立规矩并按规矩去存在”这一情况来说，可以称之为“诚的存在”（或“存在之诚”）。

由礼之规矩这一原理容易引出“立规矩者”的观念和“规矩本身与合规矩之事的二元性”观念，这将把原始性问题带入歧途。（1）“规矩本身”的观念可以使礼之规矩观念化，于是产生作为观念的“规矩本身”与作为事实的“合规矩之事”的二元性，使礼之规矩与存在者的存在历事相分离。但是在存在原理上，规矩并不意味着古人按其行事的观念性法规形式，而是一种与存在为一的存在方式。其证据之一是，礼式生活中的古代存在者对于礼之规矩并无系统明确的文本记载，却能够本然地按礼生活。“三礼”文本则是战国秦汉之际对礼式生活的追忆记载，因此不代表遵礼者对礼之规矩的直接领悟。（2）“立规矩者”这个观念则把遵礼存在对象化。因为规矩终究由人所立，礼作为存在规矩的生成必出自某个立法者。“先王制礼”这个流行的古代观念加强着如下倾向：把“为存在立规矩”这一原始性不理解为“存在者为自己的存在立规矩”，而理解为“某立法者为古代存在立下规矩”，使原始历事变为对象性事态。然而，礼之规矩的创制来历不明，所谓“先王制礼”，比如“周公摄政六年，制礼作乐”[①]，仅是后人追忆礼式生活的一个象征性说法。对此荀子早已怀疑，认为礼之规矩“是百王之所同，古今之所一也，未有知其所由来者也”[②]。关于礼之起源，《礼运》也说：“夫礼必本于大一……故礼也者，义之实也，协诸义而协，则礼虽先王未之有，可以义起也。”这等于说，礼作为存在规矩非某人之创制，而只能起源于古代存在者自己去存在的需要。而且礼之事项的数量不详，也非任何人力所能损益，所谓礼之等差“不丰不杀”[③]“天下莫之能损益也”[④]。无论来历不明还是数量不详，都不构成礼式生活的缺陷，反而证明古代存在者中并无“一个立规矩者”与“众多按规矩行事者”的划分，立规矩者即古代存在者自己，立规矩即古代

① 参见《礼记·明堂位》。

② 《荀子·礼论》。

③ 参见《礼记·礼运》。

④ 《荀子·礼论》。

历事的直接内容。

“在生活中存在”需要设计且能够设计，这对我们来说未必是自明的，但对一个古代等级社会中的存在者来说却是自明之理。因此也可以称古代的存在规矩为“对生活的绝对设计”。这种情况源于：在一个极端重视“名分”的等级社会，只有遵守生活程式的绝对设计，才能将一个历事的内容真正归属于历事者，即成为自己去是的所是者。因为只有合于规矩，才能在一种礼式生活中有其合乎名分的合法存在。

生活作为事务杂多有其规则。生活作为存在历事则有其规矩。即使现代日常生活亦有它的存在规矩，制约着每一存在之所是者与非所是者的划界，不过现代存在者一般已不具备对此规矩的领悟能力。现代人只关心由生活规矩决定的那些实际目标，而不关心作为生活规矩的生活程式本身。古代存在者则最深切地领悟规矩的存在，并把它制定为周礼章法。对固定生活程式的极端注意揭露了一个存在论事实，即古代存在者极端重视自己作为存在者去存在的理由。此存在理由并不在一个存在事态的某种实际后果，而仅在于该存在事态的构成必须符合固定程式。在我们看来仅仅是手段的生活程式，在古代人眼中却是生活的目的。因为在古代的存在领悟中，只有有理由的存在才是合法的存在，此种理由只能由礼之规矩来授予，表现为每一古代存在者只有遵礼才能得到自己作为其所是者的充足理由，“故朝觐之礼，所以明君臣之义也；聘问之礼，所以使诸侯相尊敬也；丧祭之礼，所以明臣子之恩也；乡饮酒之礼，所以明长幼之序也；婚姻之礼，所以明男女之别也。”①

可见古代人按事先拟定的规矩去存在也就是他的自己去存在。古代历事的特征在于明确要求它所包含的每一事态都是理由充足的，即合乎礼之规矩的。这就是“存在之诚”。这个术语表示古代历事的原始性特质，即存在者的拟存在与自己去存在直接为一。用浅近的说法，古代历事之所以具有原始性，是因为古人按规矩存在。古人按固定的程式去生活。

四　众人拟自己存在——历史性

很显然，在统一的程式中生活，必然造就众人的生活；按规矩存在，

① 《礼记·经解》。

必导致众人作为存在者自己去存在。原始历事的第二个特质是“众人拟自己存在”。众人的存在必然超出一个人的存在，体现为第一，礼式生活所包含的是已经完成的存在事态，因此具有历史性。原始历事已成为历史。第二，这是众人参与构成的存在事态。这决定了原始历事的历史性不同于历史学的历史概念，需特殊界定。

一般认为，一个事件一旦完成便成为历史。历史学的历史概念强调已完成事件对后世的“影响”，此种影响就是人类存在特有的“精神性质”或曰“人文价值”，它赋予历史事实以意义，历史学因此被称为“精神科学”。因此对一切已完成存在事态来说，有的可以进入历史，有的则不可。可见历史学的历史概念表示一个意义给与程序。存在论的历史概念则指向存在者的存在史。一个存在一旦完成便进入历史区间，成为“在历史中存在”。因此一切由存在者自己构成且已完成的存在事态，不论其描述内容如何，都属于存在者的存在史。历史和生活是不同的存在历事区间。一个人只能在他的生活中存在，生活是他的历事区间。众人的存在则超出一个人的生活，将该存在拓展为历史，这种历史是人类存在的另一种区间，众人只能在历史中存在。历史是叠加的生活，一个已经完结的生活存在以其他正在构成的生活存在为“历史背景”，便成为“在历史中存在”。因此历史作为存在史只能是众人的事情而不是一个人的事情，一个人不可能单独有历史。

周代礼式生活的历史性表现为“以初为常”原则[①]，即存在论的“曾经存在原则”。众人拟自己存在的礼式生活总是将自身拟定于一种已经完成的曾经性来获得其合法理由，即永远向已经完成的古代事态取齐。《礼器》云：“礼也者，反本脩古，不忘其初”，此之谓也。基于这个原则，礼式生活包含的生活叠加实现为遵礼存在向非礼存在的拓展。由于为存在立规矩，遵礼存在总是趋近于已经完成的古代历事，相反的非礼存在则不以拟古的生活程式而以生活的实际目标为准则。这意味着“在历史中”的遵礼存在是以“在生活中”的非礼存在当作历史背景才获得历史性，并在众人相继的历事中表现出来。因此才能说，礼式生活就其已经完成而言，绝对超出生活，它所包含的一切历事内容，所谓“本于天，殽于地，

① 《礼记·月令》。

列于鬼神，达于丧、祭、射、御、冠、婚、朝、聘”[①]，均属已完成的存在事态，因而全是存在者的存在史。

一个人的历事在生活中重复其事务内容，表现为日常性。众人的历事在历史中则重复不同的生活型式，表现为历史性。在没有任何其他生活型式为历史背景时，一种生活型式不可能有它的完成，也就不可能有它的历史。正因为我们自己就是众人，所以我们才有历史。由此得到存在论的历史性概念：历史之为众人自己去存在的历事实相，就是全部生活型式相继叠加的重复机理。由此可以推论到：全部由存在者自己构成的已完成事态，不问其是否有意义，都属于存在者的存在史。这种存在史不接受历史学的描述形式，因为全部众人存在的完成内容就其容量无限大而言不可能完全描述，就其内容空洞而言根本无法描述。这种存在史只是一个存在论的原理。所以周代礼式生活成为历史性的一个范本，并非因为年代上的“久远”，而是因为它作为人类历事的一种特殊型式，包含了叠加生活型式的一个实例，即：为存在立规矩的生活设计，按其本质包含着从遵礼存在的礼式生活向非礼存在的日常生活叠加的存在论问题。

五　众人拟使自己存在——使然性

原始历事的第三个特质是“众人拟使自己存在”。在礼式生活中，存在者自己去存在落实在使自己存在这种特殊方式，就其不同于使他者存在的典型使然性来说，可称为拟使然性。

人们容易把“三礼”中流播的“先王制礼”观念当作礼式生活中的古代历事具有使然性的现成证据。此外，周礼突出的政治功能也易于成为这种证据，比如说：“夫礼，先王以承天之道，以治人之情”“是故礼者，君之大柄也，所以别嫌明微，傧鬼神，考制度，别仁义，所以治政安君也。”[②] 但这是一个错误解释。因为“先王制礼”在古代历史中并无事实证据，周礼的政治功能则属于对礼治社会的现象描述，未触及原始历事的存在论问题。原始历事的拟使然性特质在于：古代存在者在礼式生活中按

① 《礼记·礼运》。

② 同上。

规矩行事的存在之诚，本然地包含了众人使自己存在这一历事内容。表现为第一，在礼式生活中，存在之可能性被设计得已达到普遍定型的生活程式。第二，对遵礼存在来说，立规矩与遵守规矩是一而二、二而一的，这产生了一种特殊的“使—本身性”存在结构。

只有通过领悟才能把自己去存在的历事实现为使自己存在的生活设计。但领悟不能无条件地做到这一点，领悟本身需要限制。我们对自己存在的领悟常常使该存在丧失本身性而流于替代形式，因此我们的历事得不到拟使然性的恰当表现。相比之下，古代人领悟自己存在的独特方式反而使他们“自己去存在”的历事能够在“使自己存在”这种变式中得到更可靠的保证，使拟使然性成了原始历事的一个突出特质，进一步证明了古代存在是一种诚的存在。在周礼所代表的古代领悟中对存在的设计，由于出自对自己存在之绝对理由的关切而上升为一种绝对设计。这个绝对理由就是：存在者需要使自己的存在成为遵礼存在，并以此来保证这个存在的内容是对自身的绝对重复。

六　可再性原理与礼式生活

一个存在事态的事务内容包含人的具体行为选择。但存在事态作为存在者的存在行为决不等于普通的选择行为，因为选择指向特定的生活目标，因此与生活的现象和形式相联系。一个存在事态的构成必须是存在者自己去存在的存在行为。所谓存在内容重复自身的再性原理，就是要排除生活中的一切选择性现象，使一个存在事态的内容表现为对“存在者自己去存在”这个内容说法的纯然重复。下面是可再性的两个基本原理。

甲，存在需要固持自身。一个存在事态在它的历事之初内容与该历事后续内容之间保持的绝对重复关系称为“固持”。这是每个存在事态作为单一存在行为最基本的历事结构。

乙，存在需要推进自身。事物作为单一法度的存在者，其存在历事的固持与推进是统一的：事物在对自己存在的固持中推进该存在。人的存在历事的固持与推进则并不一致，因为人的存在事态包含由选择性目标引导的不同行事：人能够做各种完全不同的事情。这种更替打断人的历事的固持结构。也就是说，生活的事务杂多决定了这种存在者不能在本初的固持中直接推进自己的历事。但是如果某特殊行事的事务内容被另一个行事所重复，即做完全相同的事情，该重复就转换成一个存在行为对自身内容的重复。所谓存在之推进就是存在者在其生活（及历史）中以做相同事情来为该存在建立起统一的固持结构。在生活中，人总能做某种完全相同的事情，正因为实际的生活只能由平凡事件的重复发生构成，人在生活中存在的历事才得以推进自身。

行事之程式是存在者有所领悟地重复自己存在内容的关键所在。存在之再性机理，无论是固持自身还是推进自身，都可在程式中得到保证。对存在之固持来说，一个存在事态因为程式而被领会为“同一件事情”；对存在之推进来说，重复实行的某一事态内容依据其固定程式被领会为“相同的事情”，也就是说，依程式行事能把历事之推进表现为一系列相同的事情。礼式生活中的原始历事把固定的生活程式理解为存在者存在的合法性理由，这就提供了对存在程式加以领悟的典型范本。当古代存在者把生活中几乎一切重要事情都纳入周礼章法，在生活中存在便拒绝一切神奇性，仅仅表现为历事内容的平凡重复。因此，上述原始历事的三个特质对于建立古代历事的再性原理具有根本的利害关系。

（1）拟自己存在即按规矩存在，它表示在礼式生活中，存在者用文本式的生活设计来固定自己存在的再性结构。礼之规矩意味着：存在作为历事之固持与推进，其全部程式都是被设计的。于是礼式生活中的存在者存在之再性原理先于存在本身就已被领悟并被决定下了，这正是古典历事的本质特征。程式一旦固定，就把一个存在事态约束为“同一件事情”，从而固持该存在；程式要求遵守，这把重复行事变成“做相同事情”，从而推进该存在。原始历事就其拟构“在生活中存在”之再性机理的文本设计样式而言，称为典雅；就其把按程式存在当作存在的本质理由而言，称为存在之诚。礼式生活用典雅和存在之诚来确证：古代历事的再性原理不仅仅作为“自一然”原理起作用，而且在领悟中展露自身。

（2）拟使自己存在对再性原理的利害关系为：遵礼的本分意味着把存在的再性原理转换成一种使重复。因为在礼式生活中，程式是存在的最高理由，由此区分遵礼存在与非礼存在，所以存在之诚把按程式做某种相同之事变成存在者的道德义务。存在论则不把遵礼与非礼的道德界限当成问题，只把遵礼当成实现再性原理的一种使然性机制。这种使自己的存在重复自身机制把重复本身当作最高目的，而把生活中的一切具体实际目标降至次要从属地位。

(3) 众人拟使自己存在对再性原理的利害关系是：礼之规矩使所有人都按程式做相同事情，这件事以更高的确定性确证着古代存在的再性原理。所有人做相同事情表示“历事者众人”的存在再性，这才使统一的历事者众人“在历史中存在”成为可能。一般来说，古代的个体存在如果不作为历史学的描述对象，便不能以其个体存在进入理论问题。因为古代的个体历事已不能向存在分析工作直接表现其再性原理，只能作为历史性问题，以存在者众人的分位来表现其再性原理。这一限制恰好在周代礼式生活中被满足，以至我们不能不把通过“三礼”留传下来的这一范本称为存在论的一个幸运。

七 结 语

把周礼作为存在问题的古典范本，这项工作始终不介入周礼体系内的任何一种具体礼仪。这并不是因为讨论具体礼仪所要求的历史学与文本学知识将使整个研究工作变得极为复杂，而是因为它超出了周礼作为存在问题古典范本的研究范围。如果以这篇文章的方式研究周礼会引起治礼学的学者的怀疑和诘难，我只能说，这个研究既不想为礼学研究增添任何学术成就，也不是对该学术成就的先验批判。这个研究的旨趣完全在存在问题方面上，其价值取决于存在问题是否被正确提出，而不取决于礼学的学术传统。“礼式生活”本来就不是一个严格的礼学术语，而是一个存在论术语。对礼式生活的分析目标仅限于表现和确证一个存在原理：存在就是存在者在时间中重复他的存在事态的内容。

（原载赵汀阳主编《论证》第一辑）

构成存在论的内容原理及其日常性范本

一　存在论的新论域

1. 逻各斯之本意

存在问题永远是哲学的第一主题。古代人总是设法得到存在如何被构成的原理。康德则要求追问存在原理的思想条件，并做如下区分：直接得到的存在原理为独断的知识，追问原理思想条件才得到批判的知识。然而在存在论方面，古代人的思路反而是通达存在天之道的正确道路。因为在一切存在事态中，存在永远是存在者自己去存在，即由存在者自己去构成它的存在事态。存在的这种构成性先于一切认识论的思想批判，乃是存在的第一原理。必须开拓一个不预设主体性前提的存在论论域，来把这种构成之道表现出来。新论域的基本问题不再是一个东西“向我给与的存在”，而是“它自己去构成的存在”。这就是存在论的第三人称论域。

存在论必须从康德式批判回到古代人的起点上去。这是因为，康德式批判总是要求为一个存在原理提供思想理由，这只能得到“思想的有效性”，即存在之思想诠释的一致性。一个原理的诠释一致性意味着该原理在思想上是有理由的，然而这种思想理由只表示主体理解存在的一个特定思想尺度，它需要进一步的理由，否则主体永远可以选择其他的思想尺度。于是认识论批判不得不无穷地进行下去，除非把存在本身设为第一理由。可见如果把原理的思想理由作为有效性，就永远限于存在的思想性诠释，不能进入真正的存在问题。真正的存在问题要求得到原理的“存在有效性”，这只有基于存在者存在的构成内容才可能，这种存在有效性就其不要求任何思想条件而言乃是无条件有效的，因此有资格充当第一原理。

认识论的思想问题不能取代存在论的存在问题，因为一个存在原理的思想有效性与存在有效性是异质的；而这又是因为，对存在的思想诠释与存在事态的实际构成，这两者是异质的，分别表示存在的形式和存在的内容。一个存在内容上的构成性是存在的最终本意。存在的构成原理是一切存在研究工作的最高原理和理想。如何把这个存在内容的构成性表现为一个原理，这是哲学自古代就已面对的一个难题。世界毫无疑问由事物的存在构成而不是用存在的诠释构成，但是如何在理论中证明这一点，这是一个难题。所谓逻各斯，其实就表示这样一个存在证明的难题：世界由事物构成其存在，但我们如何将这个存在说出？困难的根源在于存在言说与存在本身的异质性。因此逻各斯这个古代概念显示了人类对这一存在证明难题最初的、也是最根本的觉悟。它表示提出了一个问题：如何说出存在的构成性内容而不使之沦于形式的无效性？很显然，西方思路在逻各斯的名义下对存在难题并未给出符合存在本意的答案。

关键在于存在论用什么方法使它的原理得到“存在的有效性”。对于我们的理论能力来说，存在的构成性内容是有效性的根据，却无法以本身性资格进入理论，因为它与理论是异质的。将构成性作为有效性根据并表现于原理中的唯一可能方法，就是把它作为存在论的第一原理直接说出，因为如果一个存在不是在思想诠释上可能，而是在存在者自己存在这种构成性上可能，那就不可能为该存在原理提供任何思想性的理由，只能将它直接说出，由此产生对存在的绝对判定：一个存在是必然有效的，仅当它是存在者自己去存在。这就是构成分析的方法。

“凡存在总是存在者自己去存在。”在构成存在论的原理上，我们把这一命题称为“构成存在之道”，用来表示论域前提的最高原理。在构成分析的方法上，我们则把它称为“第一原理”，因为它保证着存在论在方法上绝对有效。构成性是存在之道，能将它说出而不附加任何理由才为第一原理。构成存在论的这个总原理在其同语反复的形式上实现了原理本身的无条件性，从而实现了使存在原理直接基于实际性内容而具有“存在有效性”这一目标。与此不同的是，近代的认识论批判以主体性作为存在的第一理由，使用改换问题的策略，把存在问题改造成思想问题，使内容屈从于存在形式。

2. **形式与内容**

根据存在论的第一原理，存在者自己存在的内容就是存在的“实相”，它不同于只适用思想形式的存在“现象”。形式与内容的划分直接与存在问题有关：内容表示存在本身，形式则表示存在向思想给与自身的方式。“形式先于内容”是整个西方思路的一个基本信条。构成存在论摒弃这一西方信条，致力于提供存在者存在的内容原理。

思想性诠释的本质在于：通过诠释的意义给与作用使存在形式化，也就是在存在的内容之上创造出与之并行的“存在形式”，存在问题于是变成：内容如何被赋予形式？存在者自己存在的内容则被排除于问题之外。由于一切可能的存在形式均由思想创造，存在问题进入“使……存在”的使然性法度。一个东西无论在视界中被看到，还是在生活中被使用，存在按其本质永远是由主体创造的一个“有意义的”形式。这样，思想诠释就可把与一个存在密不可分的诸“所是者”从存在本身提取出来，形式化为存在的现象，收入主体的视界。于是产生了内容与形式的对立：一个东西无论它是什么，对第三人称存在者来说，这都是它的存在的内容，但对第一人称主体来说，这却只是存在的一个形式。

思想诠释使用形式化方法创造出新的存在，由此使存在成为有意义的。形式化的新存在成为存在论的新问题，但却没有回答原初的存在问题，因为创造本身不是存在论的理论问题，至多只是一个自然史问题。思想在世界的存在内容之外创造新的存在形式并以它作为问题，对与之平行的世界存在本身却无所提及；但存在者存在的内容却不能由思想来创造，只能由存在者自己去构成。海德格尔把事物的存在不再看成认识领域的“物”，而是揭示为生活领域的“用具”①。这并未表现出存在者存在本身的内容，只是创造了一种新的存在形式。

构成存在论不关心存在的形式和意义，因此不关心追问存在原理的思想条件这类认识论问题，而是直接谋求存在的内容原理。如果一种存在理论不把主体性设为理论内部的概念前提，就得到存在的内容原理，按此原

① 参见［德］海德格尔《存在与时间》，陈嘉映、王庆节译，生活·读书·新知三联书店1987年版，第80—83页。

理，在排除对存在的一切现象描述之后，存在就表示一个存在者在时间中重复它的存在事态的内容。我们称这种不涉及任何形式的纯然存在内容为“一个存在者自己去存在的历事实相”。它有两个要点：（1）历事表示存在者亲历它的存在事态，因此表示存在者对自己存在内容的归属关系；（2）历事的内容也就是存在者对自己存在内容的重复居有。这很明显：如果由存在者自己承当的一个存在除了表示该存在“是它自己”之外不涉及任何描述性内容，那么，存在历事的内容，除了不断重复这个“是它自己”，就再不可能有别的内容。这显示了存在之道的空洞性。存在者通过不断重复地“是它自己”来固持自己的存在，又把这种被重复的存在内容在时间中联结起来，来推进自己的存在。这种保证一个存在的纯然内容在重复自身中得到固持和推进的特殊结构，我们称之为存在历事的可再性。它是存在者存在的内容原理的基本问题。

二　日常存在的内容原理

1. 生活作为范本

构成存在论不仅要求提供原理，而且必须为原理提供范本。我们似乎只能以人这种存在者的存在历事作为范本，来表现存在的内容原理。那么什么是人的存在历事的内容？

很显然，对于一个人来说，除了他的生活，不可能有存在历事的其他内容。因为人的存在历事的内容不在于他能够做某事和不做某事，而在于他的一切有所为和有所不为加在一起的总和，构成了他的存在的无法选择亦无法推卸的总体性。这只能是他的生活。但生活概念并不简单等于存在论的历事概念。我们可以断言“人只能在他的生活中存在”，却不能直接断言“人的存在历事就是他的全部生活内容”。后一种说法在存在论上太粗糙，因为“生活”并非严格的存在论术语。生活包含着无穷多的事务杂多内容，普通的生活概念在存在论的论域前提方面并不明确，因此生活完全可以是存在现象，通过描述把人的存在向第一人称主体给与。

为把生活作为存在历事的内容，需要对生活概念作存在论的严格定义，包括两个方面：（1）生活作为存在历事意味着生活者必须自己亲历生活中的全部事务内容，这就是人“在生活中存在”的构成性维度；（2）

生活作为存在历事的内容，必须不断反复证明自身属于存在者的存在，这是人“在生活中存在”的可再性结构。

哲学家在追问存在时是否把生活当作问题，这在第一人称论域没有强制性，哲学家完全可以在其他领域提出问题，比如意识论域或语言论域。那些把生活作为问题的哲学家则试图发现生活的某种特定本质，为此需要对生活进行描述和诠释。比如海德格尔和维特根斯坦对日常生活的关注是非常突出的。维特根斯坦用描述日常生活具体事实的方法来揭示语言的本质：每种依规则进行的语言游戏代表一种“生活形式”。海德格尔的问题更接近生活本身，他因此需要描述生活的另一种事务内容和另一种本质。显然生活的任何内容都可以描述和诠释，却永远得不到“在生活中存在”的存在问题，因为描述停留在现象界，生活内容的描述结构与“在生活中存在”的历事结构完全不同。构成存在论则必须在生活中表现人的存在历事的可再性结构，因此以生活作为问题是不可避免的。

2. 日常存在

日常性是生活的本质。因为日常生活并不是一种可以选择也可不选择的特殊生活，而是人的生活的一般形式。每个人都不得不过他的日常生活，既无须谋求，也无法逃避。

日常生活包含事务杂多的一个时间系列。日常事务之所以琐屑，是因为它在结构上不能省略任何细节。生活的日常性以事务细节为条件，并且其存在性内容就是这些细节，而每一个细节的内容又被更琐屑的细节之细节所限定。这样，日常生活作为一时间系列便挤满了那些层层递进地扩充下去的事务细节，它们即使在“主观上”可能被忽略，却仍以不可抗拒的力量附着于生活的本质结构。人们常说“日常生活的内容没意思”，这其实意味着日常生活的事务细节结构无须拟构与设计就已经构成自身了。

存在论上的日常性就是日常存在。人的历事存在按其本意必然是一种日常存在，因为历事作为“存在本身”要求包含“在生活中存在”的全部内容，这只能在日常存在中做到。日常存在意味着要求一个存在事态的绝对完整性，即要求无所遗漏地包含事态之时间系列中的全部内容细节。又因为日常存在要求绝对完整，这不可能是由某个生活之外的主体将这些事务内容全部加在一起来审定其完整与否，只能由生活中的存在者自己将其全部承担下来。于是日常生活作为不得不过的生活虽具有无奈的强加性质，但在存在论上却揭示了在日常存在中得以表现的历事的绝对构成性。日常生活令人感受的冗长乏味，正是日常存在的绝对构成性的一个证据。

构成存在论排除“有意义的生活”这一概念，因为一个在全部事务细节上要求无所遗漏的完满性的生活概念不可能是有意义的。有意义的生活着眼于事件而非事务，这就是那些道德事件或历史事件，这些事件赋予生活以意义。不可否认确有与日常生活不同的有意义的生活样式，但当谈到这种超出日常性的生活意义时，就不得不引入各种判定尺度，这就游离了存在问题而进入生活现象。日常生活必然是无意义的，若要使它有意义，就需要从生活外部依某种尺度来赋予意义，比如赋予生活以爱或善良。这就是道德生活的原理。另一种途径是完全打破生活的日常结构，摒弃常规性事务内容，而把非常性的事件内容引入生活，这就是那些重大历史事件的存在论本意，它也能使生活变得有意义。超出日常性的生活意义属于伦理学和历史学的描述领域，而不能成为存在者存在的内容原理的范本。

3. 内容原理

历事作为存在者亲历其事，要求存在者自己构成其绝对完整的存在内容。为了把历事的这个原理在日常存在中表现出来，需要建立一个日常存在的内容原理。

首先要区分日常存在和非日常存在。一个人的日常生活并不意味着就是他的日常存在，因为生活可以被赋予某种形式，成为一种“有意义的生活”。被赋予某种形式的存在就是非日常存在。生活的事务杂多本是人的历事存在的纯然内容，无任何形式可言，但只有严格的存在论研究才能做到把这种纯然内容作为问题。一般人的思想习惯都用生活的某种形式来诠释生活的本质，生活一旦获得形式，便退化为存在的意义问题。我们难以确定对于一个生活中的存在究竟能赋予它多少种形式，但有一些存在形式一直最重要，它们是有意义生活的公认尺度，如幸福、善良、虔诚、成功等等。文学、道德和宗教是最极端的赋予生活以形式的方法，在文学、道德和宗教中，生活中的存在总是被彻头彻尾地形式化为悲剧或喜剧、德行或罪恶、英雄或失败者，等等。对于一切成为存在形式的生活价值来说，在存在论上都有如下共同特点：（1）任何存在形式都完全游离存在本身的内容而成为一种尺度，使得是否合于尺度本身成为一个问题，即生活的价值问题。在价值问题中，存在总是按其是否合尺度而二分为存在的肯定性形式与否定性形式，如幸福与苦难、善良与罪恶。只有肯定形式的存在才包含值得去过的生活。（2）任何存在形式作为尺度都设定从外部“看”存在的主体。

日常存在作为存在论概念指生活事务杂多不附加任何形式的纯然内容。进一步说，日常存在的纯然内容就是生活事务杂多的纯粹堆积和无限增涨。由此显示日常存在与非日常存在的差别：在质的方面，这是一个纯粹内容领域与一个形式化的现象领域之间的差别。在量的方面，日常存在表示生活事务杂多的纯粹内容可以无限增涨，没有量的限制，以此保证历事内容的绝对完满；而任何非日常存在所包含的生活事务杂多都有一个量的限制，因为存在形式要求一个存在所包含的事务杂多必须在数量方面满足该形式的要求。因此一种有意义的生活只包含某些事务内容，不包含另一些事务内容。比如一种悲剧性的存在形式只能包含生活中特定的一些内容，超出此限度就超出这一存在形式的有效性，在生活中也就不复有这种悲剧性存在。然而，当生活事务内容在一种纯粹堆积上无限增涨时，生活与存在的任何意义和光辉都归于消失，只余下日常存在的纯然内容尽显存在本身的平凡本质。

这个内容原理并不想指出当人的存在与生活的实践目标无关时会处于何种不堪庸常乏味之累的状态，而是旨在说明日常存在根本不是生活的某种特定状态，一个人也根本不能以某种特定方式进入他的日常存在，一个人只要作为存在者在生活中存在，所开拓出的内容只能是他的日常存在。如果这个内容原理企图告诉我们生活的某种无意义状态（像加缪小说所做的那样），它就仍是一个存在的形式原理，只适用于现象领域。

那么生活中可能有这种无形式的纯然存在内容吗？我们曾说在排除一切形式后便剩余出存在的纯然内容，那么何种情况标志人的生活完全脱离了一切意义形式呢？

为此需要指出，人这种特殊的存在者存在，其本质特征是把自己的存在当作一件事情来做成，这涉及存在的领悟和设计。在生活中，就人的做事而言，当“做什么”不再成为问题之后，就标志着一个人的存在摆脱了意义形式。因为“做什么”始终是一种有意义的生活和有意义的存在的主要问题，一切价值问题都牵涉对“做什么”的选择。正是这个问题决定了存在形式对生活事务内容在数量上的约束。在存在论上，对“做什么”的判定实现于一个存在视界，其准则是看内容是否与形式相一致，由此开启人的存在的现象维度。然而在生活中，有一种本质情况就是“做什么事”不再成为问题，此时“做事”本身成为生活的主导问题，这时一个人便进入他的日常存在。在生活中，从饮食男女这些基础性需要，到专业化的日常事务程序，都充塞着大量没有意义、只是需要一个人去做的事情，它们构成一个人的日常存在领域。在此，存在的问题不是事情的理由和意义，而是事情本身；不是考察事情的价值，而是把事情做成。“做什么”标志着存在的现象与意义维度，“做事”则指示着存在的本身性，它处于视界之外。生活的构成性本意在于，对于在生活中存在者来说，生活不是一种观看活动，而是需要他亲自去做的事情。

很显然，日常存在的这种纯然内容不能转嫁于别人，这是因为，每个人都有他自己的日常存在，每个人就他存在的纯然内容来说都有他必须自己去做的全体事务之总量，别人不能代庖分毫。所以与“别人”的关系在日常存在中不成问题。就事务与别人的关系而言，每一事务都可能被赋予形式，因为每一事务都可能被别人看到，从而对这个别人成为现象。但就该事务与做事者本身的关系而言，事务却始终属于他所做的事情内容，并且必须由他自己做成之。所以事务一旦归属日常存在，“做什么”的问题就被搁置，做事成为唯一问题，也就关闭了对别人和对视界的关系向度。在生活中严格说来，没有一种日常性存在能够成为被别人真正关心的问题。在内容领域，人们只关心自己的事情。

三 日常存在的再性结构

1. 准备性说明

所谓生活事务杂多的堆积与增涨，从存在论上说也就是存在之纯然内容对自身的重复。我们称之为历事的可再性。由于这个内容的自身重复需要在时间中得到一种量的规定，所以不可能无限制地发生，而必须是有区间的，即只在一个完整的存在事态之内发生。一个存在就它在时间中包含一种纯然内容重复自身的综合而言，就称为一个存在事态。

所谓存在内容的自身重复，是表示存在者持续居有一种构成自己存在事态的能力概念，因此不同于现象界中一种存在状态与另一种状态之间因相等而产生的重复，这种相等要求根据同一性规则从事态外部作出判定。存在之再性涉及的是一个存在者如何居有自己存在内容的方式，即不断重复地居有之，并且仅此而已。

然而当试图用生活的实际事情表现人的历事存在的再性原理时，便遇到令人迷惑的困难。因为生活作为事务杂多，包含无数各个不同的个别事件；生活现象的一个绝对事实是：在生活中，我必须做各种不同的事情。因此似乎根本无法表现一个重复自身内容的存在原理。这一困难导致在日常存在领域演示存在之再性原理的主要问题。我们把存在之再性就它与生活的实际事情的关系区分为固持与推进。其中再性的固持结构表示：一个存在事态需要重复的是一种单一的内容，我愿称这种重复的目标为同一件事情。固持自身意味着，一个存在事态作为总体将自身实现为“同一件事情”。反之，如果一个存在事态包含各种不同的事情，此时存在之重复自身内容的目标，就是把这些不同的事情做成“相同的事情”，以此维持这个存在事态的统一再性结构。对此就称之为推进自身的再性。

此外还需定义：什么叫作“一个人的存在”？如果按自然的造物准则，把生与死确定为“一个人的存在”的初与终，那么一个人的整个生命过程就是他的一个完整存在事态，称为生命事态。生命事态按其再性来说，是要把一个人的一生所包括的全部内容当作同一件事情的一个绝对总体来固持之，这是一个人的存在之再性的最高原理。另外，一个人的存在，就他是一个在生活中存在者来说，则称为生活事态，用来表示他的存在在每个特定生活区间内所包含内容的再性结构。很显然，一个人在他的整个生命过程中可以拥有无数可独立表现其再性结构的生活事态。

现在可以清楚，在日常存在领域表现人的历事的再性结构的工作包括两部分：（一）推进问题：如何把生活事务杂多做成一个生活事态中的“相同的事情”。（二）固持问题：如何把生活中一切“相同的事情”做成生命事态的“同一件事情”。

2. 存在之推进

生活包含无数各不相同的个别事件。在生活中，存在者必须做各种不同的事情，这些事情之间没有任何东西可在绝对的本身性中被重新复制，因此历事的再性原理不能在生活的现象领域被表现出来。然而，生活中的日常事务虽然在现象内容方面互不相同，但日常性作为生活的本质却决定了一种情况，即：一切进入日常性领域的事情都是需要反复重新去做的事情。日常生活本质上就包含一种周而复始的秩序概念，只有那种需要反复地重新去做的事才堪称“日常的”。如果生活中的某件事情需要我们反复去做，这件事就可称为能重复自身。很显然，只有在生活之平凡的日常性格局中才能产生这样的需要，一个非常事件（比如一个历史事件）是不可能要求重新去做的。而且，只有在生活的一切事务相互联结的整体上才能产生出生活的日常性结构，即对其中每件事都不得不反复去做的那种要求。只有全部平凡而重复的生活才堪称日常存在。

在日常性秩序内，一件事因反复去做而重复自身，可以表示事情本身的存在。把这种对本身的重复作为一种存在内容，乃是一个存在论上的规定；事情以此存在性内容构成人的生活事态的一个重复自身的部分，也就是作为一种无形式纯然内容的一部分；这些部分之间的现象差别不构成存在论的问题，因为在一种日常性格局中，在悬搁了“做什么事”的意义问题之后，事情便成为一种纯然“做事”的内容。因此在生活中，反复做相同的事情并无明确的理由，只是出于一种去存在的需要。所以我们可以称反复重新去做某种相同事情的这样一种需要为“存在需要”。这种存在需要意味着：一个存在的生活事态必须有一种不沾染任何形式的纯然内容，生活者被迫反复去做某种事情来满足这一要求。结果是，生活中的一切事务杂多，就其仅仅是纯然“做事”的内容来说，全部变成一种无差别的日常事务。在生活中，正由于一切日常事务在必须反复重新去做的这个要求上是没有差别的，生活本身才令人感到无谓和无奈。

让我们把这个原理应用于生活中日常事务的实例。最普遍的事务性工作的实例，就是日常公务和日常家务。一个事务只在和一切事务相互联结的整体中才有事务性，单独的事务不具有事务性。单独的事务是一个选择对象，并总有一个特殊的个别内容，它对其他事务内容的相似与相异必须从属于一切对象被给与的经验性尺度。所以，就单独一个选择的个别内容总是根据着引导这一选择的某个特定目标而言，一个孤立来看的生活事务便总联系着一种存在的形式，在这个意义上它不是“事务”，而是“任务”。例如在日常公务的事务性工作中，即使最乏味的某个环节也必定指向一个已经确定的目标，使得例行公事的这一环节成为一桩必须完成或应该完成的“事业”的一个部分。就这一点来说，一个孤立的事务并不以本身内容为目标，即不是以这一内容的重复为目标，而是作为完成任务和实现事业的一个手段，因此不具有事务性。此外，事务性更突出的实例是日常家务，即使在这里，单独的一件家务事也总联系着比如一种幸福的（或不幸的）生活这样的“生活形式”，并且在意义诠释中成为这种有意义生活的一个手段，而不是以本身内容为目的。生活事务“以本身内容为目的”这一点表现为对这一内容的重复实行。当一件事情的个别内容在需要反复去做的要求中联结为一个系列时，它就具有了事务性，而不再是一个具体的任务。因为引导它的具体目标已被悬搁，对事情内容的重复变成做事的目的本身，“做什么事”的个别内容变成“做事”的统一无差别内容。日常家务具有最显著的反复做“相同的事情”结构，人们的日常起居饮食几乎永远重复相同的个别内容。家务的重复结构证明了日常存在的事务性本质：搞家务仅仅是为存在（活下去）的需要，并不与任何具体目标相联。对一切家务事来说，“做什么事”从来不成问题，“做事”本身即为自足目的，表现为：重新把这件事做一遍，完成一次内容的重复，这就是目的。

3. 存在之固持

一个人的存在事态的每一部分内容都既是生活的，又是生命的。前者以反复做某种“相同的事情”来表现存在推进自身的再性结构；后者则只包含“同一件事情”，即一个重复自身内容的生命存在事态，由此表现最高的再性原理，即固持自身的再性。存在论需要回答：一个人的存在如何把他生活中无数“相同的事情”做成生命存在这“同一件事情”？

一个人的生命事态何以是具有统一性的“同一件事情”，这需要诠释，首先，一个生命事态在质的方面具有绝对单纯性，即：存在者在生命事态中对自己存在的每一次重复居有，不管它距事态的终结多么遥远，其内容都是在完成这个事态。所谓人的存在的绝对固持的再性，表现为永远重复做同一件事：把他的生命存在完成。当然，生命事态的存在内容与人在生活中存在的那种事务内容并非异质的两种内容，但生命事态的本质却超出做“相同事情”的生活性存在，而在一生中的每一时刻都在重复做“同一件事”：完成这个存在。这里的“完成”作为存在论术语不表示一个目标或一个结局，因此不是海德格尔所说“向死亡存在”那个意思，而是表示对存在本身的一种内容规定，即表示存在的构成。因为，由于一个生命事态表示存在的一个绝对总体，所以在生命的每一点上重复实行的对这一存在的构成都含有“正在完成它”这个意思。由此一个生命事态才具有一种绝对单纯的再性，只能在绝对单纯的重复中固持同一个内容。

其次，一个生命事态在量的方面具有绝对的完整性，因为生命事态是以一个人的生与死这种天命造性确定其初与终，而不被任何其他事件所限定，所以它是以自己本身为根据的。生命事态的这种完整性表示存在者自己构成其全部存在事态；同时，生命事态的完整性基于存在的再性结构，又把自己表现为在死亡到来之前始终是“尚未完成的”。但在这种未完成性上，一个生命事态总是本然地将自身表现为种种生活事态。

在生活事态中，生活者把生活事务杂多做成一件一件相同的事情，这意味着每一生活事态都包含某些“已经完成的”事情。这也是一种完整性，但只是一种相对的完整性，因为每一个生活事态的区间都非常不确定，不可能像对生命事态那样对一个生活事态的初与终有绝对的确定。这进一步又是因为，每一生活事态的初与终都以其他生活事态为条件，其界限总是被包含在其他事态内容中，因此不构成存在与非存在的绝对界限。因此一个生活事态就它不是以自己本身为根据，而是以其他事态内容为根据来说，只能表示一个历事的无条件完整性中的一个受条件限制的部分量。

由此可见，一个生命事态就其绝对无条件的完整性来说，必然包含有“同一件事情”的一个单纯内容；一个生活事态就其以其他事态内容为条件、因而是不完整的来说，只能包含一系列已经完成的“彼此相同的事情”。但生活事态其实是以生命事态的绝对完整性为条件的，所以它所包含的那些“相同的事情”，其实就是生命事态中一个人的存在作为“同一件事情”的绝对完整内容的一个有限的部分。这就决定了生活事态中的历事只适用可再性的推进原理。但这推进作为一个有限部分向它的条件的推进，即向另一个有限部分的推进，表现的却是那作为“同一件事情”的完整历事对自身内容的固持的重复。也就是说，生活中每个日常事务在其需要“反复重新去做”的未完成境况中，都表现人的生命存在“正在被完成”这一绝对单纯的固持。所以才可断言：固持原理是人的存在之再性的最高原理。

四 结 语

构成存在论试图在一个不设定主体性前提的论域中重新演绎存在的本意，此处的存在不是现象和形式，而是存在本身的内容。这要求采用一种追问存在的新方法，就是在存在论的原理中将存在如何构成自身的道理直接说出而不追加任何思想条件。这样的研究当然不会是批判的（即康德式的），但它却是通向逻各斯的正确道路。本文给出这种研究方法的一个实例，即用人类的日常存在来直接表现存在的内容原理。

（原载成中英主编《本体诠释学》第二辑）

论存在的平凡本质

现代哲学的主导概念是“主体性”和“意义”。构成存在论反对主体性概念和意义概念，就此而言，构成存在论也可看作一种“后现代”的哲学；它的目标是为后现代哲学谋划一个新的存在论基础，即在一个不包含主体性概念和意义概念的论域中重新解说“存在”，这就是：凡存在总是存在者自己去存在。我在拙著《道法“自—然”：存在论的构成原理》（中国政法大学出版社 2001 年版）和一系列论文中已经涉及这个新存在论的许多方面，本文讨论一个比较特殊的问题：存在如何在内容的自身重复中达于一种“平凡”本质。

一　存在论的“平凡”概念

按构成存在论，存在乃是重复自身的纯然内容。但存在不仅有它的纯然内容，而且有它的本质。被一种自身重复的内容所决定的本质就是“平凡”。固持的重复决定了一切存在者的存在按其本质都必然是平凡的，因为一个存在事态在它对自己内容的纯然重复中只能展示为一件平凡之事。这一点可在生活中得到类比的说明。生活中的存在事态表现为生活事务杂多的综合，即使在不涉及存在问题的情况中，反复地做相同的事情也会使事情本身变得乏味。但此种乏味乃是对事情的一种主观感受，而主观感受的事情本质是可以改变的，因而是不确定的。但存在本身的内容如果属于无形式的纯然内容，它就不会发生变化。由于一个存在除了重复自身内容之外不可能有别的内容，所以也就决定了这个存在不可能有别的本质，而只能有一个唯一的本质——平凡。

依照用语之旧义，“平凡”当属生活所具有的一种价值，而一切价值都以人的生活目标为依据。构成分析探求存在的平凡本质，则不再把平凡当作一种价值，而是当作存在论的一个问题。存在论的平凡概念有如下要义：

（1）一个存在只以自身为目的的那种造性，称为平凡性。所以平凡并不意味着一个存在相对于生活中的某个目标而言是微不足道的。存在之平凡本质表示一个存在的内容远离一切具体的生活目标——从而远离一切意义的形式——仅以存在的固持本身为目的。而普通理解的平凡和非凡，作为价值概念，都要相对于生活的具体目标来确定，因而都是相对的。比如一个人的一种事业可能对这个人自己的生活具有非凡的重要性，但对一个更伟大的目标来说可能微不足道。而一个存在事态则永远以在一种重复中固持这一事态的内容为目的，除此之外不涉及任何目的。平凡正表示“存在”的这种本意。人的日常存在包含着生活事务杂多的一种综合，它所表现的人之存在的纯然内容就在于：做事不针对任何特定的目标，仅以把事情重新再做一遍为目的，并且不断地重复做下去。这种自足的重复做事包含着一种纯然内容，此内容不沾染任何形式。

（2）一个存在的平凡性是一种逐渐增涨的量。也就是说，一个存在是在一种逐渐增强的方向上趋于平凡的。这就是平凡的深度结构。这里需注意：所谓平凡本质并不等于存在具有一种现成特性摆在那里，只要认真注意就能看到。平凡是功能性的，它是存在行为的一种力量，它产生于存在本身固有的一种深度结构。存在的纯然内容由于需要在时间中延伸自己，因此是有深度的。这个内容在时间中的延伸也就是被重复之量值的递增，这样一个深度结构的形成显然需要一种力量，那就是平凡，它在程度上是有强弱的：一个内容的可再性量值越高，被重复得越多，它就越是平凡的；反之一个内容越难以重复自身，它就越远离平凡。在生活中，“事情一旦存在，就会变得越来越平凡”。这是因为，一种事情被重复去做的次数越多，它就越远离“做什么事”这种具体的价值目标，而只以自身为目的。比如日常家务以其被人类一般生存结构所决定的几乎是万古不变的重复结构，将自身表现为最平凡的纯然内容。

与此相反，平凡性向较低量值的递减导致“神奇性”概念。神奇性的特点在于，神奇的存在不能重复自身，很显然，越是神奇的东西就越不可复制，也就越有价值。这是因为神奇性是被赋予一个存在的，而不是存在本身固有的，因为存在之神奇性永远来自存在的意义形式而非内容。实际上，存在之神奇性涉及存在现象的价值原理，第一人称存在的意义原则有一种追求神奇的本然倾向，因为一个存在必须将自身给与出来才有意义，同时，一个存在必须具备某种神奇性才值得让它给与自身。以此说来，存在之神奇性又牵涉到存在的现象基础。一个存在向主体的视界将自身给与为现象时，总是可被主体判定为神奇的或是平凡的，这依特定的价值目标而定。但问题的关键在于，任一存在作为一个现象，总可设定某个目标来赋予它价值，使它高于其一般平凡本质，于是最平凡微末的东西也能获得非凡性。因此我们看到在生活中，伟大可以产生于平凡，这是生活之价值论的真理。但却不是生活之存在论的真理。根据价值论，在可能性上一切意义给与的存在都具有神奇性；存在之创造则具有最局的神奇性，因为创造标志着存在的初始，在这个初始上已经承载了创造力的全部灵性，而它所承载的存在者自己存在的可再性与平凡性则等于零。创造（创生）依亚里士多德就是赋予内容以形式。

二 平凡与神奇

那么一个存在的平凡本质是如何消弭其神奇性的？人的存在作为“在生活中存在”又将如何趋于它的平凡本质？

在人类的生活及其历史中，有那么多非凡的东西和伟大的事业值得追求，比如文明的巨大进步，或伟大的艺术作品。因此似乎很难把平凡当成人类存在的本质。赵汀阳就不同意我关于存在之平凡性的观点：“也许平凡性真的是存在的最好逻辑状态，但是对于人来说，这种最好的逻辑状态更可能是个坏状态，因为人所期望的各种事情恰恰是在要求非凡性，否则就不值得期望。正如‘例行公事’不足以说明生活一样，‘平凡’也不足以说明存在和历史。这里有个关键问题：存在不仅是个本然事实，而且是人的期望值……因此存在总是被复杂化、偶然化和奇迹化。”[①]

我想说明，这种对人类存在的价值解释虽然符合人之常情，却隐藏着

---

① 参见赵汀阳为拙著《道法“自一然”：存在论的构成原理》所写的序言，中国政法大学出版社 2001 年版，第 2—3 页。

存在论的歧途。我们那么想使自己的生活变得不凡，总是通过为生活设立各种目标来使它获得非凡的价值。像这样用神奇性来说明生活与存在的本质，就是“对存在的意义解释”，它以“看”存在的观念化作用为前提，通过把存在的内容与一个目标联系起来而使它神奇。神奇性在此是一种存在的意义形式。但是“在生活中自己去存在”的历事，在其第三人称性的亲历性上来说，却是一种完全不顾观念化作用的纯然内容。不能够在它之外为它设立一个价值目标，只能让它以自身内容的构成为目标，因此也就不可能有神奇性。由于亲历生活的存在内容必须在时间中平均展开，而且是自成目的的，所以这个内容除了收敛一切神奇性而渐趋平凡，不可能获得任何别的本质。这样，平凡性就仿佛成了我们“在生活中存在”的一种命运，其内容永远只能渐趋平凡，无比乏味，根本不顾及任何观念化作用。浅白地说，所谓存在的第三人称性内容如果要在生活中表现出来，就只能表现为这种乏味的平凡。

有一种情况可以证明生活的平凡本质：再重要的事情一旦进入事务性的程序，也会在时间中渐渐褪去神奇的色彩，变成无谓和无奈。随着生活的推进使存在本身的平凡力量逐渐增涨，事物越来越远离由特定目标指引的主体目光，“在生活中存在”渐次展示为事务杂多的自身重复。此种重复一方面使事情的存在退出视界，因为它作为平凡越来越失去注意的价值；另一方面，正是这种重复本身支撑起存在内容的固持，以及平凡性的力量在其深度结构中的增长。不可否认，事务杂多的细节在任一时刻都可以按某种尺度重新被注意，从而再次获得神奇。但是如果细节的内容在自行重复中不断堆积自身，它与价值目标的联系便必然被削弱，而且还以这种日复一日的重复来消磨从外部赋予它的一切形式，因为重复的东西不可能被看作是神奇的，只能被居有为平凡。在我们生活之神奇性的消退中牢靠地标志着“存在者在生活中自己存在”所产生的平凡性量值的增长。

三 平凡的时间结构

现在从存在的时间性结构对存在的平凡本质作更深入的讨论。存在者构成自己的存在事态，但他只能在时间中构成，因为他的存在事态只能在时间中重复自身的内容。与此相应，平凡的深度结构也必然是时间性的，存在的平凡本质只能在时间中增长，并且可以在时间上测度其量值。

平凡的本质力量产生于存在内容的自身重复。存在之历事按其再性原理必达于平凡。但是只有无差别的东西才能互相重复，而这种无差别的内容平均化恰是时间性作用的结果。所谓“在时间中存在”即是在无差别相中重复自身之意，与一个具体事实在时间形式中展开其现象内容完全不同。因此，一个存在在时间中必渐入平凡。因为，内容之重复使存在变得平凡，而内容之重复只能在时间中实行，所以也可以说，存在的时间性决定了存在的平凡本质。这包括两方面：

（1）构成的时间（存在者自己存在的时间）具有“平均化”特性，即把存在之内容总量无限分割并平均地摊入每一时间点中。这样，“在时间中存在”就包含了一个依历事由初到终的全部时间平均分割历事内容并使之按前后相继的关系联结起来的过程。但是一个历事越趋近于它的终，其内容越显平淡无奇，其重复性量值越高，其存在越显示出更高的平凡力度。显然存在之平凡性的这种增长由时间的平均化作用所致。我曾指出，无差别的纯然内容是在摆脱了一切意义形式的限制之后得到的。但这只有在时间的平均化作用下才能实现，因为所谓纯然内容的无差别相恰在于：这种内容是作为被分割的部分在时间中绝对均匀地分布的，所以平均化从存在的每一分割部分之量值上，使内容的每一部分都成为无差别的，从而使历事的内容能够在各部分按前后相继的联结方式重复自身。

（2）构成的时间还具有“当前化”特性。构成自身的存在在时间中总能保持为一个“当下”存在，因为在任一时刻，它都必然居有属于自己的那个平均的部分量，从而使存在在那个时刻是“当下被构成的”。时间性的存在按其本质永远保持其为“当下存在”的固定格式。关键在于，“当下”不能以存在事态被主体看到的那个时刻为基准来确定。比如：“这本书刚才还有，现在不见了。”意义论域的时间概念就此判定这个存在出离了当下性；而“这本书刚才就有，现在还在那儿”则被判定为保持在当下的存在之内。这根本不是构成的时间性之当下性，而是作为主观形式的时间的“现在”（康德的时间概念就是如此）。而“存在之当下构成”的有效性在于：如果一个存在在它的每一时刻都平均地居有一个部分量，那么就一个存在只能以某一时刻作为其“当下”来说，在此之前的那个“在先”性也必然保存着一个被当下构成的有效性，而不能作为已经消逝、并依据在它之后的一个“当下”而被表象成作为“曾经”的一段存在史。“刚才有”不能依据“现在仍有”来判定其为有效的。每一时刻上的存在内容按构成之道都平均地居有它的当下性。

于是存在的时间性从上述两个方面决定着存在的平凡本质：(1) 作为平均化作用，从存在内容的分割量值上使每一个部分成为无差别的。(2) 作为当前化作用，从存在构成的当下有效性上使每一部分成为无差别的。于是一个存在在时间中按前后相继的联结本质上变成了一种重复性的叠加，这种必然导致平凡的有效性之重复叠加，只能在历事的时间性结构中做到。

前面已将平凡定义为一个存在以构成自身为目的的“自成目的性”，现在可以从存在的时间性结构方面更明确地解说这种造性。

生活中的平凡感总是从生活的目的性着眼才表现出来。一个生活事务只有通过它与另一具体目标的关系才能表现其为平凡的。日常存在包含生活事务杂多的全部细节，事务之为事务就在于它不能与一个事业性的目标直接联系起来，仿佛没有目标，但又必须承担下来，这就会产生平凡感。一个事务仅当它与在它之外的另一个目标联系起来，才会变得不凡。比如，雷锋式的平凡事迹由于对一切事业性的目标来说都不是重要的，因此必须确定为平凡；但是当它与一个更高的道德理想联系起来时，却是伟大的。普通平凡感无法说明平凡的这种无谓却又无奈的性质，其实普通平凡感与存在论的平凡原理在这一点上是一致的。存在的平凡本质就是这样来表现的：一个在生活中历事的存在，在它与它之外的任何特定目标都不能联系起来的时候，如果它是无法摆脱的，它就只能以自身为目标，这个目标就是存在者的存在。

一个人的存在表示一种存在行为，它不同于任何具体行为。一个具体行为就它是可以选择的来说，总与一个特定目标相联系。生活中一个单独来看的具体事务虽然也能表现平凡感，但是总能够为它设定一个目标使之变得不凡。但平凡却是“存在”的绝对本质，因为存在就其区别于一切具体行为来说，是不能与任何特殊目标相联系的。天地间唯一一种不能指向任何具体目标的过程就是“存在”。存在没有在它之外的任何一个目标，人必须存在，这是他的天命，而不是他为达到任何目的而作的一个选择。这意味着，存在以自身为目的。因此存在不可能有神奇性。日常生活以其最充分表现存在者存在的此种自成目的性来说，令人感到无谓和无奈。在存在论上，此种自成目的性则是历事实相之内容特性的一个表现。历事因此必趋于平凡。

用自成目的性来定义平凡的理由，则来自平凡的时间性根据。如果一个存在以自身为目的，而不与在它之外的任何目标相联系，那么，它除了占有时间从而在时间中重复自身内容之外，没有任何其他说法。但是，时间性的存在内容只能平均地增长，这只能导致平凡，不可能带来神奇。因为一个存在只有与在它之外的另一个目标联系起来，使得另一个东西的存在的总量在一种超时间的“空间化”形式上一次性地被给与出来，从而作为一个巨大的存在总量和这个存在联系起来时，这个存在本身才能显示为神奇的。但这在时间中是不可能的。因为时间具有平均化作用，一个存在在时间中的内容必然要被分割为在量值上无差别的无数个瞬间部分，并且在有效构成的当下性上也是无差别的，因此能够在这种无差别相中重复自身内容，却不可能与一个作为外部目标的“空间化”的巨大存在总量联系在一起。这样，一个在时间中的存在只能以自身为目的，因此只能是平凡的。

这也决定了神奇性的存在必然是非时间性的。神奇性意味着超越时间的平均化作用而作为一个总量在“空间化”形式上一次被给与。即使在常识中，神奇性也含有一个东西超越时间进入永恒的意思。这也是为什么存在的神奇性总是诉诸存在之创生程序的原因。因此可以这样对比平凡与神奇性：神奇性意味着把存在的内容形式化、“空间化”，使之成为一种非时间性的意义；平凡则要求把存在的内容平均地摊入时间之中。存在的时间性按其本质拒斥一切神奇形式。

四　平凡与死

根据平凡的深度结构可知，平凡是有量值的。但我们却不可能精确计算一个存在的平凡性的量值，因为平凡并不给领悟指示一个精确的量值概念。但仍有一些评估原则可以给出。我已经说明平凡作为存在的本质是在时间的流逝中平均分布和逐渐积聚的，据此可以判断：一个存在在时间上越久越平凡，因此平凡的最高量值当属于从初到终、绝对完整的存在事态，处于最高时间值上的存在乃是最平凡的存在。

这带来哲学上的困难问题。一个存在在其最高时间值上也就是这个存在的终止，这就是死。这里的悖谬之处在于：死作为历事之终，标志着存在之平凡本质的最高量值即总量；但另一方面，死按其本质却不再意味着包含有最高平凡本质的一种肯定性的存在规定，而是意味着存在之历事的绝对终止，从而意味着存在之平凡本质的彻底否定。在人类的生活经验中，死总是使一个存在重新变得神奇，和生的创造几乎具有相同的力量。死因此成为构成分析的一个难题。

上面的悖谬产生于一种字面上的推理：平凡来自内容的重复，所以，如果死终止这种重复，也就否定了平凡本质。但这个推理不能成立。因为在此必须分清，一种“内容的自行终止”与这个“内容的否定形式”两者是不同的。换言之，“死”与“无”是不同的。“无”是存在的否定形式，表示从一个存在外部对该存在作出的一种否定性范畴规定，即“非存在”，它不同于“一个存在事态自行终止自身内容”这样一种事态内部的程序，而后者正是死的本意。死从不表示从外部对一个存在所作的否定，死根本不是存在的任何形式，死的构成性的内容说法应该是：死作为存在者自己去死，表示一个存在事态对自身内容的自行终止，因此死是存在者自己去存在的生命事态的一个特殊部分。

死的特殊之处表现在：(1) 一个存在事态的任一有限部分都以该事态内容的固持为目标，并以此来表现该事态“正在被完成”。但死作为存在事态的特殊部分却不再以固持这个存在为目的，而是终止这个存在，使之不再固持，以此来表现这个事态“已经完成”。但是死作为终止是以存在的绝对完整为鹄的，而不与存在之外的任何其他目标相联系。就此而言，死作为终止仍然属于那个自成目的的存在事态的一部分，而不自外于平凡本质。(2) 一个存在事态中的任一有限部分都增加它的平凡性量值，但这样的任何一个有限部分却都不可能给出一个存在所包含的平凡性总量。这个平凡性的总量只有以存在者自己去死为条件，才能被达到。但必须注意，“自己去死”并不作为一个单独的非常事件将平凡的总量一次性给出。死仅仅作为一种边界条件，使那个可能的平凡总量变成现实的。一个存在所包含的全部平凡本质，是由存在者在其全部历事区间内平均构成并积聚起来的。(3) 存在者自己去死，但他不能体验自己的死。因此一个生命存在对自身内容的自行终止是没有领悟的。在构成论域内，死的不可体验性恰恰更强地确证了存在者自己去死的“自—然”性。但是在另一种论域前提下，从死的不可体验也能得出完全相反的结论。维特根斯坦说：“死不是生活里的一件事情。人是没有经历过死的。”① 维特根斯坦的原意大概是说，死不属于生命存在事实的一部分，而是生命存在的一种形式，但这个形式必须在世界之外。这导致对死的现象主义解释：首先，死必然是一个问题。如果死不是生命事态的构成部分，它就只能是生命的一种特殊现象，即使它作为生命事实的一种神秘形式，其有效性仍然取决于世界之外的一种神秘视界。其次，维特根斯坦以死不能被存在者体验为一个理由，来决定死的形式特性。这个理由是现象主义的，完全忽视了死的第三人称性内容。

死不能被去死者所体验，这启示了一个构成性的说法：死就其事态内容而言是不可领悟的。但是，死的现象对生者来说却是可以领悟的。这带来问题：死的内容本身并不神奇，但死亡领悟却赋予死的现象以一种特殊的神奇性。死的内容之所以平凡，是因为只有去死者自己才居有这一内容，而去死者自己却绝对不能体验这一内容，因此不可能产生非凡性的震撼力，无论这个死多么庄严，或多么令人恐惧。然而，死却可以由生者来拟构和诠释，这就是死的现象。死亡领悟基本包括两种形式：或是对他人之死的现象进行诠释，或是由存在者在生前事先拟构自己去死的观念。无论哪种形式，都赋予死以神奇性。

不仅如此，死亡领悟还规定死使存在变为神奇。由于死终止生命存在，使领悟可把这个生命存在当作一个对象来看待，即当成一个绝对完整的事态整体来看待，存在者在拟构死的观念时，能够提前意识到自己的存在有一个绝对完成的形式和总量。但这样的一个总量并不是在事态内容的时间性结构中平均构成的，而是在死亡领悟中作为一种现象的绝对完整总量从形式上一次给出的。此绝对完整性既然能够一次性给出，死亡领悟也就可以进一步把这个完整性设定为生命存在的最高目标，从而使存在本身获得神奇性。日常存在的纯然内容永远重复这一内容本身，并在时间结构中平均分布每一个内容的部分量，表现为一切生活事务杂多在一种彼此互相重复的联结中平均推进生活者的存在事态，因此至多感受到这种存在之

① ［奥］维特根斯坦《逻辑哲学论》，贺绍甲译，商务印书馆 1996 年版，第 103 页。

平凡，不可能产生任何神奇性。只有死才能取消这种自成目的、重复自身和平均构成的平凡本质。在死的观念中，当全部生命存在的内容作为一个总量一次给出，从而将存在的完整性作为一个目标显示出来，而且永远不会被再次重复时，存在者才对自己的存在感到神奇。

但领悟所得的这些结论是通过类比才得到的，即把生与死这种生命问题的神奇性，与一般东西的神奇性进行类比。一般东西是可以通过它与生命存在的完整性即生与死的联系而成为神奇的，比如，伟大的艺术创造因为属于一个人的生命而成为伟大的，献身行为由于和一个人的死联系起来而成为非凡的。这类一般东西包含特定的生活目标，因此其神奇性作为形式而存在。然而生与死不是一般东西而是人的天命，生与死作为纯然内容不属于任何形式。存在与死不能充当具体的生活目标，因为它不能被选择。这样，生与死只能以自身为目的，成为自成目的的平凡。一个普通东西如果与生死相联，可以变得神奇，但生与死本身的神奇性充其量不过是对普通东西的一种类比。

由此我们可以知晓，一个人的存在与死属于他的存在行为，因此不同于一切一般东西。在这个世界上，一切一般东西都是可以选择的，因此都是不确定的，完全可以是另外一种样子；只有存在与死是存在者所包含的两种绝对确定的可能性。一个存在事态永远趋向于达到它的最高平凡本质，这一点由于存在的终止才成为确定的。死在存在论上表示一个存在内容的自行终止，死因此也属于这个存在本身的一个内容。它标志一个存在之平凡本质的积累达到了它的理想，从而使这一理想作为一个总量而成为确定的。但这并不是说由死本身给出这个总量，因为这只有在形式上才有可能做到，而死却不是存在的任何形式。

可见死的本意与存在论的平凡原理完全一致。一个存在在时间中永远趋向于更加平凡，死则意味着存在的终止。如果这个死不作为现象进入诠释，那么，它除了表示一个存在者对自身存在内容的自行终止这一点之外，就不再表示任何其他意思。因此，死也就成为一件最平凡的事情。

五 结 语

本文试图说明，世界上一切东西的存在，如果仅就其纯然内容来说而不加之以任何形式，就仅仅表示一种重复自身并以自身为目的“去存在”的时间性过程，结果，一切存在最终都将趋于一种平凡本质。这就是存在论的平凡原理。

文化批判并非本文任务，但存在论的平凡原理却能诊断现代文化的病根。因为，对于构成存在论的一切范本来说，这个平凡一直就是一切存在构成自身的根本目标。所以一个存在的内容在时间中重复自身所导致的平凡不是平庸，它恰恰表现着存在者自己去存在之“自一然”法度的力量。在文化领域，作品的存在属于一种观念性存在，一切在存在论上真正作为内容去存在的作品都是经典作品，这种经典作品的内容存在的本质力量就在于它可以永恒地重复自身，而这种永恒重复自身的存在力度正合于平凡原理。因此，现代文化需要经典作品而非一般作品，需要内容性的构戎存在而非不断翻新的存在替代形式。这个要求与存在论的平凡原理是一致的，追求经典作品在存在论上就意味着追求作为存在历事之理想的平凡本质。

（原载《江海学刊》2002 年第 2 期）

第三篇　马克思政治哲学研究

马克思哲学革命中的伦理学问题

一　从形式伦理学到实质伦理学：马克思对西方近代伦理学的“解构”问题

伦理学一直是西方哲学最重要的领域之一。在当代哲学的最新格局中，由于传统秩序崩溃和价值多元化导致现代人生活理想的严重危机，更使伦理和政治问题发展成为哲学的核心问题。在这一新格局中，马克思哲学占有一个特殊的重要地位，按照麦金太尔的观点，马克思哲学乃是“现代文化最有影响的敌对理论”，以至所有涉及现代伦理学问题的学术探讨都必然是与马克思的对话。① 然而不难发现，马克思学说中并没有一个严格学术规范意义上的伦理学理论；而且关于马克思是否有一个伦理学或者马克思哲学是否就是伦理学，早在1930年代西方学者对《1844年经济学—哲学手稿》的研究热潮中，就曾有过极大的争论。至今我们仍面临一个看似矛盾的事实：一方面，马克思哲学就其对资本主义的批判和对人类解放的承诺来说，具有无可比拟的道义感和道德批判力量，因此断言马克思哲学根本没有伦理学的向度，是不可能成立的。另一方面，又不能否认马克思确实没有一个西方学院哲学中那种纯粹形式上的伦理学文本，马克思既不是义务论者也不是功利主义者，他不属于西方伦理学的任何学派。如何解释这一矛盾？

其实这里并不存在真正的矛盾。关键在于，马克思没有形式化的伦理学文本这一事实，绝不意味着马克思哲学没有伦理学的向度。马克思没有纯伦理学文本这一情况绝不是偶然的，而恰恰是他基于对资产阶级道德观

① ［美］麦金太尔：《德性之后》，龚群等译，中国社会科学出版社1995年版，第79页。

的彻底否定和对西方近代伦理学范式的彻底批判立场而作出的一种学术选择。此处需注意马克思根本不是一个学院哲学家，而是一位以人类解放为己任的革命的思想者，毕生致力于一种“使现存世界革命化的思想。”这就决定了马克思对伦理学和道德问题的态度不可能是学院式的，而是“直接实践意义”上的。由此出发，上述“矛盾”可以化解，我们可在马克思文本中看到一条伦理学批判的清晰思路：（1）马克思认为任何道德观念和伦理学观点都是特定的社会意识形式，而每一时代的主流道德观念一定是该时代的统治阶级道德。因此（2）马克思对现行道德观念和伦理学观点进行了坚决批判，认为那“全都是掩盖资产阶级利益的资产阶级偏见”。[①] 问题在于西方学院伦理学的特殊方法，即“形式化方法”，就是在悬搁现实社会经济与政治制度安排之正当性问题的情况下，对善良、幸福、自由等伦理学概念和各种具体伦理学规范进行抽象的探讨。在这种研究范式内，全部西方学院伦理学其实重复着同一个套路，即用先验人性根基和永恒道德规律的抽象假设，来使自身变成“形而上学的无谓思辨”，并以此充当将资产阶级道德合法化的程序。马克思当然要拒绝这种“形式化”方法。比利时学者亨·德曼认为，马克思在他后来对资本主义制度的研究中越来越少作道德上的判断，而主要采取科学的客观分析，这很大程度上与他对伦理学本身的反感有关，这是他“对其唯心主义和空想主义对手的道德上的伪善辞令所作的愤怒反应。”[②] 这就是马克思没有一个纯伦理学文本的原因。

按照麦金太尔的研究，自启蒙运动之后成熟起来的西方近现代伦理学有其特定的社会历史背景。[③] 但令人遗憾的是，这一学术传统形成后所导致的一个后果，却恰恰是将此社会历史背景遮蔽起来，此后，义务论、功利主义和元伦理学轮番登场，其基本游戏规则就是把道德问题形式化为学院哲学的纯概念问题来处理。伦理学因此而成为西方资产阶级意识形态的

---

① 参见《马克思恩格斯选集》第 1 卷，人民出版社 1972 年版，第 48、277、270—271、262 页。

② 参见中共中央编译局马恩室编译《〈1844 年经济学哲学手稿〉研究》（文集），湖南人民出版社 1983 年版，第 370 页。

③ ［美］麦金太尔：《德性之后》，龚群等译，中国社会科学出版社 1995 年版，第四—六章。

一部分。今天看来，伦理学的叙事框架和问题背景必须重新设置。因为道德关乎“世道与人心”而绝非先验的纯概念问题，所以伦理学理应引入特定社会制度安排的正当性这个实质性问题，来取代原来概念哲学的形式化问题。实行上述问题转换和背景转换之后就会看到，马克思哲学恰恰是我们时代最重要的一个伦理学学说，它给伦理学带来了一次真正的革命。

伦理学关怀人的存在状态。西方伦理学将这一关怀彻底抽象化，使它成为一切道德价值共享的最抽象形式，善良和幸福随之成为一些最抽象的概念。结果使得伦理学：（1）只从主体方面探究作为行为动机的主体内心道德体验应该指向善良还是指向幸福，而根本不考虑现实中人的特定存在状态是否道德，是否幸福；（2）只关心人的存在的理想状态，即作为善良与幸福的概念化状态，而根本不关心现实中人遭遇的种种不幸命运，如罪恶和苦难。马克思拒绝这种形式化的伦理学研究，绝不意味着他不关心人的幸福，而是恰恰相反。马克思对人类幸福的关心完全基于他对人类现实苦难命运的关注，他不接受伦理学的形式化研究范式，是医为这种研究以其抽象的方法和概念掩盖了对资本主义现实的非批判态度。因此马克思所理解的人类存在的理想状态，绝不是先验主体的某种内在道德体验，即先验主体关于道德原则的某种“想法”，而是现实中人的特定生存方式，是人在现实中的“活法”。按此理解，伦理学不应追问：什么样的主体内心状态是道德的和幸福的——是作为善良意志的动机，还是对功利后果的关注？而应追问：1. 什么样的人类生存方式是道德的与幸福的，即真正合乎人性的？2. 何种社会制度安排可以保证这种合乎人性的生存方式成为可能？

这就是马克思的新伦理学问题。从形式伦理学到实质伦理学的这种转换，构成了马克思哲学革命的实际内容之一。

二　马克思的第一个伦理学问题：真正合乎人性的人类生存方式

劳动和财产是人的生活得以进行的两个基本条件。马克思将劳动和财产引入他的道德批判论域时，赋予其存在论的特定意义，作为表征人的真正合乎人性的生存方式的两个构成要素。与此相应，异化劳动和私有财产则是资本主义条件下人的生存方式的两个特征性要素。于是劳动和财产取代近代伦理学中的先验人身和先验理性、抽象善良和抽象幸福等问题，成为马克思伦理学批判的主要问题。

1. “自由的、全面的劳动”

在非反思的意义上，劳动是人的基本生存条件。反思性的劳动概念既有经济学的含义，又有哲学的即存在论的含义。劳动的经济学概念来自资产阶级政治经济学，认为劳动是财富的源泉，是私有财产的唯一本质。马克思没有接受这个劳动概念。马克思所主张的劳动概念是一个存在论概念，用来界定人的存在方式。如果劳动的异化意味着人的本质的全面丧失，那么本真意义上的劳动就自然应被理解为人的本质的真正的实现。因此马克思对劳动所作的正面规定几乎全是作为异化劳动的对立概念提出来的。

将劳动从非反思概念提升为关于人的存在方式的反思性概念，这对哲学来说是至关重要的一步，这一重大理论进步是由黑格尔实现的。在马克思之前，黑格尔就已注意到，劳动是人类在对象世界中确立自己主体本质的唯一可能道路：由于有了劳动，人的生活不再是一个纯自然过程，而是“人的努力的成果”①。马克思充分肯定并吸取了黑格尔的成就：“黑格尔《现象学》的伟大之处就在于，他把劳动看作人的本质，看作人的自我确证的本质。”② 但马克思吸取黑格尔劳动理论却有着比黑格尔更深刻的社会批判动机，两人对劳动的存在论理解有一个重大差别：两人都把劳动看成是人的自我确证的本质，但在黑格尔看来，劳动作为“（劳动者的）自为存在在陶冶事物过程中的实现”③，只是关于劳动本质的一个中性的事实规定，不包含任何价值判断。而对马克思来说，劳动作为“人的自为的生成”这一点，不可能仅仅是一个客观事实规定，而是一个包含深刻道德批判意识的价值规定，是对一种真正合乎人性的人类生存方式的指

① ［德］黑格尔：《法哲学原理》，范扬、张企泰译，商务印书馆 1961 年版，第 209 页。

② ［德］马克思：《1844 年经济学—哲学手稿》，刘丕坤译，人民出版社 1979 年版，第 116 页。

③ ［德］黑格尔：《精神现象学》上卷，贺麟、王玖兴译，商务印书馆 1983 年版，第 131 页。

认。黑格尔的劳动概念是抽象的，黑格尔提及的那些劳动没有任何社会关系的规定。正因如此，马克思才断言："黑格尔只知道并承认一种劳动，即抽象的精神的劳动。"① 对马克思来说，劳动不只是一个关于事实的知识问题，更是一个关于人类存在价值的伦理学问题。它直接进入批判的语境：劳动要么是合乎人性的，因而是道德的和幸福的；要么是违反人性的，因而是异化的和充满罪恶的。因此我们看到，马克思关于人的自我实现和人类解放的社会理想，首先取决于人的劳动的那种本真性质，它构成了马克思反资本主义论说的一个理论基点。让我们通过一些重要文本来说明这一点。

《詹姆斯·穆勒〈政治经济学原理〉一书摘要》是马克思对劳动异化问题进行研究的最早文本之一，其中已包含了相当深刻的见解：（1）劳动的自由特性：马克思指出，劳动之成为人的本质存在方式的最根本的特征就在于，它应该超出谋生活动的外在强制性的自然概念，而上升到一种生命表现的内在需要的自由范畴：劳动应是劳动者"个人存在的积极实现"。（2）劳动的幸福本质：马克思特别强调这种作为生命表现的劳动具有一种主观性规定，即它是劳动者的"自我享受"和"个人乐趣"。"我的劳动是自由的生命表现，因此是生活的乐趣。"② 这里马克思实际上提出了一个伦理学方面的原创性新观点：如果劳动是合乎人性的、自由的，它就是人的幸福的存在方式。这个幸福概念显然超越了传统伦理学中义务论与功利主义的对立，而达到了一种对人的生活目标的全新理解。按此理解，无论伦理学把什么东西确定为生活的目标，比如善良意志或功利后果，这些目标都只有在劳动中才能获得其幸福的本质。由于劳动本身具有社会现实性的特点，使伦理学中原有的形式化幸福概念亦得到实质性的充实。

《1844年经济学—哲学手稿》对劳动所作的存在论正面规定几乎全部是作为异化劳动的对立概念提出来的，尽管如此，劳动与人的存在的本质联系还是得到了更充分更明确的表述。在《手稿》中马克思借用费尔巴哈的术语提出了自己的一个重要命题"人是类的存在物"，即人把自己

① ［德］马克思：《1844年经济学—哲学手稿》，刘丕坤译，人民出版社1979年版，第117页。

② 《马克思恩格斯全集》第42卷，人民出版社1979年版，第28、38页。

“当成普遍的因而也是自由的存在物来对待”。在这一过程中，劳动起着决定性作用，因为人的这种普遍与自由的类本质只有在劳动中才能得到确证：“正是通过对象世界的改造，人才实际上确证自己是类的存在物。这种生产是他的能动的类的生活。通过这种生产，自然界才表现为他的作品和他的现实。”在“劳动确证人的类存在”这一命题中，自由劳动的思想获得更深刻的推进：人按照美的规律来塑造，因此人的劳动按其本性就是自由的。① 自由的劳动乃是人的合乎人性的本质存在方式。从伦理学的角度观之，马克思“自由劳动”概念与康德“自由意志”概念形成了极其深刻的对照。康德把理性主宰下自由意志的自我立法看成人性之尊严与优越性的最终根据，马克思则把这一根据移置于作为人的生命表现的自由劳动。在康德那里，自由意味着超越自然法则的强制性而自己决定自己的意志规律，这与马克思所揭示的作为自由劳动的人类命运的规律有一致之处，只是在马克思这里，自由从抽象的理性领域拓展到现实的社会生活领域，因而成为关乎人类命运的更真实的问题。

在接下来的《德意志意识形态》中，马克思对资本主义的批判已经超过单纯的道德批判，而采取一种“历史科学”的观点，把生产力的发展看成社会发展的真正原因，把人类解放的理想表征为共产主义学说，把无产阶级确定为实现新的社会理想的物质力量，等等。但即使在这里，马克思关于新社会理想的全部见解，也仍需同他的劳动概念联系起来，才能得到充分理解。在这里，马克思赋予劳动一些以前没有的新规定：第一，劳动与无产阶级联系在一起，是无产阶级力量的表现方式。第二，劳动与生产力总和的概念联在一起，是社会发展力量的实现形式。这些与劳动作为人的真正合乎人性的存在方式这一根本性理解仍然完全一致，劳动作为存在论和伦理学问题的意义并未改变。所谓共产主义的本质就在于：劳动作为“人的自主活动”与物质生活的生产是完全一致的，包括三重内涵：（1）自主活动的物质基础：“联合起来的个人对全部生产力总和的占有”，（2）自主活动的存在者间形式：“过去的被迫交往转化为所有个人作为真正个人参加的交往”，（3）自主活动的人性本质：“个人向完整的个人的

① ［德］马克思：《1844年经济学—哲学手稿》，刘丕坤译，人民出版社1979年版，第49、51、50—51页。

发展以及一切自发性的消除”。[①] 在《形态》第一章，马克思对这种理想化的劳动图景所作的生动描述极其感人：“在生产主义社会里，任何人都没有特定的活动范围，每个人都可以在任何部门内发展，社会调节着整个生产，因而使我有可能随我的心愿，今天干这事，昨天干那事，上午打猪，下午捕鱼，傍晚从事畜牧，晚饭后从事批判，但并不因此就使我成为一个猎人、渔夫、牧人或批判者。”[②] 多年以后，马克思在《哥达纲领批判》中把他的这个劳动理想表达为一句举世皆知的名言：“劳动已经不仅仅是谋生的手段，而且本身成了生活的第一需要。”[③]

2. “真正人的、社会的财产占有”

在马克思的批判思路中，劳动作为“人的本质的实现”，与财产作为“对人的本质的占有”，是同等层次的存在论概念。劳动概念划分为异化劳动和本真意义上的劳动，相应地，财产概念也划分为“私有财产”和“真正人的财产”。

在历史中，这种“真正人的财产”关系极为罕见，占主导的财产概念一直作为私有财产来理解，尤其作为资产阶级所有权的法律范畴来理解。按此理解，财产作为私有财产具有自私自利性和纯物质性，它特别突出地表现为人的“拥有感”。马克思认为，这种拥有感其实属于一种人类“感觉的异化”，它使人“变得如此愚蠢而片面”，因而表征着人性的“绝对的贫困”。[④] 我们看到，黑格尔反而在一定程度上摆脱了这种流俗的资产阶级财产概念，以一种抽象的论证接近“财产是对人的本质的占有”之观点，在《精神现象学》中，他反驳了财富之纯物质性的流俗观点，提出财富具有精神性品质；同时反驳了财富之纯自利性的流俗解释，认为财富具有普遍性品质。[⑤] 这为马克思探索财产的真正本质提供了思想

---

① 参见《马克思恩格斯选集》第 1 卷，人民出版社 1972 年版，第 75 页。

② 《马克思恩格斯选集》第 1 卷，人民出版社 1972 年版，第 37—38 页。

③ 《马克思恩格斯选集》第 3 卷，人民出版社 1972 年版，第 12 页。

④ ［德］马克思：《1844 年经济学—哲学手稿》，刘丕坤译，人民出版社 1979 年版，第 77 页。

⑤ ［德］黑格尔：《精神现象学》下卷，贺麟、王玖兴译，商务印书馆 1983 年版，第 46—47 页。

资源。

马克思将“真正人的财产”规定为“私有财产的积极扬弃”和“社会所有制”，并在一种存在论的意义上将其规定为“从属人的存在物自身产生出来的自己的内在的财富”和“通过人并且为了人而对人的本质的真正占有”，名之曰“共产主义”。[①] 这里须注意，即使对马克思来说，财产也首先意味着“占有”，但马克思赋予“占有”以全新的意义，远远超出片面的对物的“拥有”或“享有”的流俗财产概念。“真正人的财产”作为人的本真存在方式，意味着“人以一种全面的方式，也就是说，作为一个完整的人，把自己全面的本质据为己有”[②]。因此是一种以物权形式来表现的精神性存在方式。按照马克思的理解，这个“占有”的新概念包含着“能动”与“受动”两个方面。

先看“占有”的受动方面。首先，马克思认为，人作为自然的、感性的存在物，首先是一种“受动的”存在物，因为人尽管在本质上是普遍的自由的，但在感性上却是有“需要”的，对物的需要作为人的本质的感性方面，使人成为受制约的和受限制的存在者。“他的情欲的对象是作为不依赖于他的对象而在他之外存在着的；但这些对象是他的需要的对象；这是表现和证实他的本质力量所必要的、重要的对象”。这就是马克思所谓“人的情欲的存在论”，是马克思关于人的本质的一个极重要观点。按此观点，人的感觉和情欲首先是对人的本质的“真正存在论的肯定”，表现为感觉和情欲是“通过它们的对象对它们说来是感性地存在着这一事实而现实地肯定自己。”基于此理，马克思进一步指出，私有财产作为一种对物的占有，是这种人的情欲的存在论本质能够“充分完满地、合乎人本性地得到实现”的一个必要条件。[③] 财产就它表现为占有权来说，是实现人的“需要”的必要感性形式。要言之，这种对财产占有之受动性的理解是马克思关于财产的存在论理解的自然主义方面，它着重于客体，并体现着马克思道德批判工作的现实性品格。

再看“占有”的能动方面。这是马克思关于财产的存在论概念的人

① ［德］马克思：《1844 年经济学—哲学手稿》，刘丕坤译，人民出版社 1979 年版，第 73、77 页。

② 同上书，第 77 页。

③ 参见同上书，第 121、103、103 页。

本主义方面，它着重于主体，并表现着马克思道德批判工作的最高理想。包括三个方面：（1）新人：废除了财产占有之非人性质的新社会必将“创造着具有人的本质的全部丰富性的人，创造着具有深刻感受力的丰富的、全面的人。”（2）新感觉：以真正人的方式去实行的占有，属于一种全新的“人的感觉”：“私有财产的废除，意味着一切属人的感觉和特性的彻底解放；但这种废除之所以是这种解放，正是因为这些感觉和特性无论在主观上还是在客观上都变成人的。眼睛变成了人的眼睛，正像眼睛的对象变成了通过人并为了人而创造的社会的、属人的对象一样。”在这种“人的”感觉中，“对物的需要和享受失去了自己的利己主义性质，而自然界失去了自己的赤裸裸的有用性。”（3）新对象：随着占有成了一种按美的规律塑造的新感觉，物的本质也发生了变化。在真正人的和社会的所有制下，“对象变成了通过人并为了人而创造的社会的、属人的对象。”[①]

三　马克思的第二个伦理学问题：作为一种制度精神的“自由个人联合体”

在马克思对资本主义社会的全部批判工作中始终有一种伦理理想引导着他，这就是共产主义。马克思学说中的共产主义一词有多种含义：它既表征一种合乎人性的存在模式，又是为保证前者得以实现而设想的一种特定社会制度安排。这种社会制度安排，马克思称之为“自由人联合体”：“在那里，每个人的自由发展是一切人的自由发展的条件。”[②] 由于劳动和财产占有的模式决定着人的特定生存方式的性质，所以马克思关于“自由人联合体”的新制度构想特别着重于设计一套全新的社会经济制度，其根本精神是扬弃资产阶级私有制。作为一种社会制度的设想，它在全部马克思文本中所占篇幅极小，这表现了马克思严谨的科学态度。另一方面，作为一种理想化的社会制度安排，它又始终引导着马克思的全部分析和批判工作，因而在几乎所有重要文本中被反复提到。

① 参见［德］马克思《1844年经济学—哲学手稿》，刘丕坤译，人民出版社1979年版，第80、78、78—79、78页。

② 《马克思恩格斯选集》第1卷，人民出版社1972年版，第273页。

在《1844 年经济学—哲学手稿》中，尚未正式提出“自由人的联合”概念，而只是在抽象的层面谈到“共产主义是对私有财产的扬弃”。马克思强调这种新制度具有一种“社会的性质”，实现为“社会的人”之“社会的存在”，他设想在新的制度下，“集体的活动和集体的享受，亦即直接通过同其他人的实际聚合来表现自己和确证自己的那种活动和享受……是到处存在的。”① 这里出现的“集体”概念已经有了“自由人联合体”的含义，但制度安排方面的解说却很不明确，更多的讨论停留于抽象的哲学思考。在《德意志意识形态》第一章，马克思开始将这个“自由人联合体”的经济制度安排明确表述为：“联合起来的个人对全部生产力总和的占有”，具体说来就是“生产工具和财产受所有的个人支配”。② 在成熟时期的主要著作中，马克思对“自由人的联合体”这一社会制度安排的描述更加明确地集中于所有制和分配原则这两个关键环节。如在《共产党宣言》提出了“将全部财产集中在联合起来的个人手里”的著名的十点措施。在《资本论》第一卷，马克思又有了进一步的设想：第一，在所有制方面，“设想有一个自由人联合体，他们用公共的生产资料进行生产，并且自觉地把他们的许多个人劳动力当作一个社会劳动力来使用。”第二，在分配制度方面，联合体总产品的一部分重新用作生产资料，其性质是社会的，另一部分作为生活消费资料在联合体成员之间进行分配，每个劳动者的分配份额由他的劳动时间来决定。③ 多年以后在《哥达纲领批判》中，马克思指出，新社会制度在其充分发展的高级阶段上将实现“各尽所能，按需分配”这一理想设计。

即使将马克思对生产资料所有制、劳动组合方式和产品分配原则的上述设计方案全部考虑进来，“自由个人联合体”作为对一种新社会制度的总体性构想，其内容也仍然是非常简略和笼统的。难怪柯尔施认为这只是一个“关于共产主义最终目标的很抽象的、哲学思辨的定义”④。本文之

① ［德］马克思：《1844 年经济学—哲学手稿》，刘丕坤译，人民出版社 1979 年版，第 75 页。

② 《马克思恩格斯选集》第 1 卷，人民出版社 1972 年版，第 75 页。

③ ［德］马克思：《资本论》第 1 卷，人民出版社 1975 年版，第 95—96 页。

④ ［德］柯尔施：《马克思主义和哲学》，王南湜、荣新海译，重庆出版社 1989 年版，第 111 页。

所以把马克思“自由个人联合体”伟大构想定位于一个关于社会制度安排的构想，特别是定位于一种经济制度，这仍然是从作为人的存在方式的存在论—伦理学问题出发，而考虑到：马克思在此是第一位从人的生存的客观社会模式出发，而不是从先验主体的自我立法出发，来探究人性和人的幸福之道德基础的哲学家。本文绝不是从制度之实务与可操作性角度来谈论马克思的社会制度安排构想的，因为这不仅不符合马克思的科学态度和务实品格，而且也从根本上误解了马克思的问题。马克思关于“自由人联合体”的构想，如果作为一种具体的制度安排，其内容相当贫乏；但如果作为一种制度安排的精神，其内涵则极其丰富。

在这一点上，西方学者对马克思误解颇多。比如麦金太尔在谈到马克思“自由个人联合体”命题时，认为马克思“并没有告诉我们自由的个人在什么基础上进入他与其他人的自由联合之中”。由此麦金太尔断言，马克思在这一关键问题上留下了“一项没有一个后来的马克思主义者充分填补了的空白”。此外他还认为，由于“自由人联合体”的设想是空洞的，所以其中所蕴含的对人性和人的幸福的关怀，最终又退回到某种康德主义或功利主义的形式中去，“抽象的道德原则和功利事实上就是马克思主义者所诉诸的‘联合’原则。”①

麦金太尔的上述看法包含着对马克思的双重误解。第一，他误解了马克思这一命题的性质。“自由人联合体”从一开始就是马克思的一个理想，它代表了一种“制度的精神”，而非一套“制度的实务”，而正是这样一种理想和精神对人类的命运具有着无与伦比的重要意义。就这一制度安排至今尚未完全实现来说，它与康德的“目的王国”一样，只是一个“原型化”的社会理想，是人类未来命运的一个指归；但就马克思的理想把人类解放的根基不再置于先验主体的先验动机，而是置于一种社会制度安排上来说，它又具有康德所无法比拟的革命实践意义。麦金太尔一上来就把“制度的精神”混同于“制度的实务”，结果使他既不能理解马克思命题的存在论—伦理学性质，又不能理解这一命题精神的革命实践意义。第二，他误解了马克思道德批判的根本旨趣。麦金太尔显然把马克思对人性根基的关怀当成康德“人是目的”的同等命题，而把马克思对人的感

① ［美］麦金太尔：《德性之后》，龚群等译，中国社会科学出版社 1995 年版，第 328 页。

性幸福的关注归结为功利主义。这只有在形式化的意义上才能成立，而形式化地理解道德问题却不符合马克思的本意。一旦引入实质性的社会观点就会看到，无论康德还是功利主义都以承认资本主义私有制为前提，而马克思道德批判的根本问题却正是这种社会制度安排的正当性问题，马克思的道德观点完全是实质性的：推翻资产阶级私有制，在一种全新社会制度安排的基础上实现“全人类的解放”。这样一种以解放为指归的制度精神从根本上颠覆形式化伦理学的问题和基础。由于麦金太尔误解了马克思的这个根本旨趣，所以他从抽象观点对马克思的解读就是不得要领的。

那么这种制度精神的含义是什么？首先，马克思出发点是“现实中的、有生命的、从事实际活动的个人”①。在“自由人的联合体”中联合起来的是“个人”：“在这个集体中个人是作为个人参加的”②，每个人的自由发展是一切人的自由发展的条件。这意味着自由发展的个人是这种新制度安排的最终目的：“共产主义所建立的制度排除一切不依赖于个人而存在的东西。”③ 这种对“个人”的关注使马克思“通过人并且为了人而对人的本质的真实占有”的著名命题有了实质性的内容，而区别于被哲学家想象为“人的幸福”的形式化概念，并昭显马克思新制度精神的真正的人道主义性质。

虽然个人的全面发展是最终目的，但个人只有在集体中通过“自由的联合”才能实现这种发展。“只有在集体中，个人才能获得全面发展其才能的手段，也就是说，只有在集体中才可能有个人自由。”④ 因此联合作为通向个人自由的唯一道路，可以理解为一个手段概念。这种个人与集体、目的与手段的辩证法，最深刻地显示着马克思新制度构想的精神，亦显示着马克思伦理学问题与康德根本不同的路数。马克思标举“作为目的本身并在未来定要繁荣起来的个人的能力的发展”⑤，这几乎等于康德“人是目的”之命题；但马克思不是通过“先验主体的自由意志为自身普

---

① 《马克思恩格斯选集》第 1 卷，人民出版社 1972 年版，第 29—31 页。

② 同上书，第 83 页。

③ 同上书，第 78 页。

④ 同上书，第 82 页。

⑤ ［德］马克思：《资本论》第 3 卷，人民出版社 1975 年版，第 927 页。

遍立法”来实现该目的，[①] 而是通过“自由个人的联合”来实现该目的。柯尔施指出“共产主义的自由概念的这个定义的确已经远远超出康德的绝对命令”[②]，是很有见地的。这里马克思对康德的超越就在于，他看到了人只有在现实的交往中才能实现他“作为目的本身”的存在，而康德却无视这一点。因此康德伦理学是一种纯粹的个人伦理学，他把个人既当作目的又当作手段，在这里，一个人如何实现他的道德存在完全是他个人的事情，与别人无关，个人作为先验主体只能在他的内在世界中通过强制性的意志自律来达到他的目的。马克思的伦理学则是一种制度伦理学，他把个人当成目的，以一种制度安排作为手段来实现这个目的。这里不考虑个人的内在动机，不必用强制性的自律排除人的感性需要，反而把这种感性需要当成人性的表现，并“在最无愧于和最适合于他们的人类本性的条件下”实现这些需要[③]，即将其实现为“在自由的联合体中每个人的全面发展”。这里不再拷问个人动机在抽象意义上可以上升到多高的道德境界（任何人的动机实际上都受制于他现实的社会地位），只考虑一种社会制度安排对人性的眷顾程度，即将其设计为一种真正合乎人性的客观社会生存模式。因此人性的实现在此转换成一个实质性问题，即特定社会经济政治制度的合法性问题。我们可以借用康德术语称这是一种真正以人为目的的善良，但它不是善良的意志，而是善良的制度。这就是“自由人联合体”这一制度精神的伦理学本意。

四　结　　语

长期以来，西方学院伦理学被囚禁在纯形式化论域内，对善良和幸福概念及各种伦理规范进行着永无休止的抽象探讨，却从未涉及过特定社会制度下人的现实生存状况的正当性问题这种“不纯的”问题。结果伦理学因失去社会批判的动机而被西方资产阶级主流文化所收编，成了“共

① 参见［德］康德《道德形而上学原理》，苗力田译，上海人民出版社 1986 年版，第 81、91—93 页。

② ［德］柯尔施：《马克思主义和哲学》，王南湜、荣新海译，重庆出版社 1989 年版，第 111 页的脚注。

③ ［德］马克思：《资本论》第 3 卷，人民出版社 1975 年版，第 927 页。

产主义为求本身实现时最不需要的东西”[①]。

马克思为伦理学的发展开拓了完全不同的道路。如果我们摆脱西方学院哲学的叙事框架，而在现代性问题图景中重新解读马克思的哲学革命，便会看到马克思的反现代性反资本主义论说通过引入一种实质性的伦理学立场，而给伦理学的问题和方法带来全新的创意与格局。令人遗憾的是，在关于马克思哲学革命的大量研究论著中，这个“实质伦理学”的批判性维度却长期未受到足够重视。这应是20世纪晚期以来“批判理论”在中国哲学界衰退的主要原因之一。

（原载《哲学研究》2004年第5期）

① 《马克思恩格斯选集》第1卷，人民出版社1972年版，第96页。

马克思的政治理论及其路径

一　阶级政治在当代遇到的挑战

阶级概念是马克思政治理论的核心概念，阶级斗争是马克思对社会历史现象进行政治解释的基本叙事框架。它有两个基本点：第一，在一切社会中都存在着作为压迫者和被压迫者相互对抗的阶级斗争，这既是全部人类历史的基本内容，也是历史发展的内在动力。第二，在现代资本主义社会，只有工人阶级是真正革命的阶级，这个阶级的阶级利益与社会主义具有内在一致性，这是因为工人阶级是大工业的产物，处于整个资本主义生产结构的核心，但它的阶级利益却不能在资本主义社会体制内得到满足，这就决定了工人阶级必将是资本主义的掘墓人和人类解放过程的政治主体。

然而今天看来，一个不争的事实是，现代资本主义社会并没有灭亡，它通过自身内部的各种调整度过了已经产生的所有危机，最后在20世纪末反而将其统治范围扩展到全世界。另一个不争的事实是，工人阶级并没有成为资本主义的掘墓人，被马克思寄予厚望的西方发达国家以制造业为基础的工人阶级，由于战后产业结构的调整而变得复杂化和碎片化，其绝对人数大幅度缩减，其内部结构分化为高技术高工资的特权部分和无技术无生存保障的弱势部分，两者之间的利益冲突不断增长。战后以来至今，西方工人阶级的政治表现令人失望，他们不仅未能组织起任何有效的反资本主义的斗争，反而在很大程度上被资本的逻辑所同化。

上述情况使马克思的阶级政治规划面临极大困境，也促成了战后西方理论界对这一规划广泛而持久的反思和挑战，大致可分为三个方面：

第一种挑战来自西方的实证社会学，主要从经验事实中直接寻找某些证据来反驳马克思的阶级观点。比如20世纪60年代雷蒙·阿隆在《阶级斗争》这一著名文本中提出，马克思的阶级概念在理论上界定不清，在现实中并不存在，它只是马克思的一种政治想象；阶级斗争学说也没有被历史所证实，马克思曾预言随着资本主义发展，工人阶级的状况将趋于恶化，其革命意识也会日益增长，然而战后的事实是："随着生产力的发展，工人越来越不革命。"① 到20世纪80年代，乌尔里希·贝克在《风险社会》一书中进一步提出：由于西方福利社会消解了传统工业社会的制度安排所依赖的集体意识，人在社会中的生存和生活方式变得越来越"个体化"，原来作为社会身份认同的阶级纽带和作为生活方式背景的阶级生涯已经消退，"在西方国家特别是在德国我们已经超越了阶级社会的结论。阶级社会的概念，只有作为一个过去的图景仍旧有它的用处，它还具有活力是因为还没有合适的替代概念。"②

第二种挑战来自后现代理论对马克思的工人阶级概念的解构。高兹的《告别工人阶级》（1980）是其代表性文本。高兹认为，马克思关于工人阶级历史使命的观点是一个黑格尔式目的论神话，资本主义后来的演进使这一神话破灭，因为工人阶级按其本质乃是资本同一性逻辑的产物，在政治上不可避免地走向衰落，对实现社会主义理想已变得毫无价值。另一方面，战后产业结构的调整使更多的人成为永久失业者或半失业者，他们取代旧的工人阶级，成为后工业社会中人口的大多数，高兹称之为"非工人的非阶级"，认为这些新的非阶级者身上已不再"带有资本主义生产关系的烙印"。高兹提出，当今社会主义政治的主要问题已不是马克思所设想的由工人阶级获取权力，而是扬弃作为工人的全部角色，从资本主义生产关系所规定的"工作"领域中彻底挣脱出来。在这一问题框架内，"阶级"的概念毫无用武之地，"失业"反而获得了一种积极的反资本主义的政治意义，那些永久失业者、半失业者和所有"多余的人"，作为"非阶级的非工人"，反而会与生态和女性等"新社会运动"汇合到一起，成为

① ［法］雷蒙·阿隆：《阶级斗争》，周以光译，译林出版社2003年版，第238页。

② ［英］乌尔里希·贝克：《风险社会》，何博闻译，译林出版社2004年版，第111—112页。

否定资本主义的重要社会力量。[①]

对马克思阶级观点的第三种挑战，也是更重要的挑战，来自当代西方激进理论，其最有影响的代表作当属拉克劳和墨菲合著的《领导权与社会主义的策略》（1985）。书中动员了葛兰西“文化霸权”和阿尔都塞“多元决定”等西方马克思主义内部的理论资源，同时运用后现代主义方法，对马克思主义的传统政治理论和实践进行了系统的反思和批判，其核心论点就是拒绝马克思为激进政治理论设置的阶级还原论基础，重新构想社会主义的政治方案，其主体不再是工人阶级，而是由各种新社会运动的“领导权连接”组成的多元主体。与社会学的实证主义和后现代的乌托邦想象相比，拉克劳和墨菲更关注马克思主义谱系内与阶级政治有关的重要理论问题，因此更值得认真对待。作者声称：“现在我们正处于后马克思主义领域，不再可能去主张马克思主义阐述的主体性和阶级概念，也不可能继续那种关于资本主义发展历史过程的幻象，当然也不能再继续没有对抗的共产主义透明社会这个概念。”按照这两位作者的看法，马克思当初设计的以阶级范畴为基础的政治理论越来越不适合当代的新情况和新问题，当代激进理论“只有拒绝优先化的普遍阶级本体论立场基础上的任何认识论特权，才可能真正讨论马克思主义范畴的现实有效性程度。”[②]

为了论证自己的观点，《领导权与社会主义的策略》一书叙述（或者不如说“重塑”）了恩格斯逝世后西方激进理论域内部阶级还原论衰落和“领导权”概念崛起的历史，称之为“新政治逻辑的艰难浮现”。在这一理论史叙事的最后，拉克劳和墨菲得出的主要结论是：马克思当年关于工人阶级的政治想象被后来的历史发展证明是完全错误的。人们看到，与资本主义发展联在一起的工人阶级普遍贫困化并没有发生，那种能把工人阶级统一起来并将其与社会主义联系在一起的所谓客观的“阶级利益”和“阶级立场”实际上并不存在，工人阶级斗争的方向从社会主义观点看并非始终如一是进步的，反而大多与社会主义背道而驰，工人阶级在反对资本的斗争中并不比其他阶级更革命。“经济领域不是一个内生的自我调节

① Andre Gorz, *Farewell to the Working Class* , London: Pluto Press, 1982, pp. 67 – 68, 80 – 81.

② ［英］恩斯特·拉克劳、［英］查特尔·墨菲：《领导权与社会主义的策略》，尹树广、鉴传今译，黑龙江人民出版社 2003 年版，第 4 页。

的空间，那里也不存在可以被固定在根本阶级核心上的社会代表的构造原则，更不存在由历史利益定位的阶级立场。……马克思主义认识到，工人阶级对社会主义的决定作用并没有自发地产生。”①

拉克劳和墨菲没有止步于对当代工人阶级的消极政治状态的现象描述，而是发展了一种对“阶级政治”最初发生情境的历史考察，使他们对马克思的批判变得更加犀利。按拉克劳等人描述，社会分化为两个对立阵营在历史上曾是一个“原初不可改变的事实”，这种二元对立的政治形式在1789年法国大革命时代人民与旧制度的对立中发展到顶点。在那个时代，“民主”意味着人民大众的行动，是当时社会对抗的旗帜和主要内容，这些“人民”本是没被组织起来的分化群众，包括没有土地的农民和贫穷市民，民主的任务就是引导他们同拥有土地的贵族和资本所有者进行斗争。但随着那个时代的结束，这种人民与旧制度两大阵营对立的政治形式开始严重衰退，争取民主的任务变得越来越困难，建立反制度的大众一极变得越来越难。19世纪最后30年，工会和社会民主党逐渐成长为欧洲政治的主角，他们开始意识到，只有放弃已变得不确定的“人民”概念，而代之以“阶级”概念，把人民反抗权力集团的斗争置换成工人阶级的阶级斗争，才能使民主运动向更高水平的政治合理性发展，并走向更加稳固的政治控制。总结这段历史，拉克劳和墨菲得出一个惊人的结论：上述从“人民”向“阶级”的转变从一开始就是一个“虚构的转变”，而马克思运用新的阶级对立原理对社会不平等和对抗性所作的新反思，就是在这样一种背景下发生的，因此马克思的新原理从一开始就存在严重缺陷。由于现代社会总体并不是分化为两大相互对立的阵营，而是表现为更复杂的多元性，因此阶级斗争不可能自行成为政治领域分化对立的最终界限。②

上述对马克思阶级观点的挑战提出了两个重大问题：（1）马克思的阶级斗争学说给现代政治理论引入了何种重大变化，从而占据着怎样一个重要位置？（2）马克思的无产阶级概念作为一项新政治规划的核心概念，

① ［英］恩斯特·拉克劳、［英］查特尔·墨菲：《领导权与社会主义的策略》，尹树广、鉴传今译，黑龙江人民出版社2003年版，第95页。

② 同上书，第94、168—169页。

具有怎样的理论性质和理论意义？

二　经济的政治性

一般而言，政治源自压迫和对抗性。这种压迫、不平等和对抗性是人类历史迄今为止不可改变的基本事实。马克思的阶级概念是对压迫和对抗性的一种特定解释模式，因此就其本身来讲，它不是一个描述性的纯粹事实概念，而是一个解释性的政治理论概念。马克思对此有明确的自觉意识，《共产党宣言》这篇最系统表述阶级观点的文献，开篇便是对压迫和对抗性作为基本历史事实的指认，这绝非偶然。压迫和对抗性作为历史事实的存在从根本上支撑着阶级概念的合法性。需要进一步思考的是：马克思的新问题是现代资产阶级社会的压迫和对抗性，这个社会“用新的阶级、新的压迫条件、新的斗争形式代替了旧的”①，在处理这个新问题时，马克思系统引入了阶级观点，为理解压迫和对抗性开发了一个全新的角度，也把现代政治理论带入一个全新的境域。

从政治理论的角度看，可以说马克思主义和自由主义都追求民主和反对压迫，都主张消除各种形式的压迫是达到民主的良好生活的先决条件。但马克思超越自由主义的一个重大发现，是提出了“经济的政治性质”的观点，按此观点，压迫和统治有多种形式，不仅政治领域有压迫问题，经济领域也有压迫问题，在资本主义时代，经济的压迫是更根本性的压迫，这就是资本对于劳动的统治和压迫。在当代激进理论的特定语境中，它又被表述为：财产权对民主的个人权利的压制。② 这是马克思政治学说的第一个要点。

自由主义的根本点在于只关注个人的自由权，反对专制者或专制国家对个人自由的威胁与压制，但却从不关注私有财产权对个人的压迫与统治，它把压迫和对抗性问题严格限制在国家与法等政治领域，而对经济领域的压迫与统治问题不予考虑。诚如鲍尔斯和金蒂斯指出的，自由主义理

---

① 《马克思恩格斯选集》第1卷，人民出版社1995年版，第273页。

② ［美］塞缪尔·鲍尔斯、［美］赫伯特·金蒂斯：《民主与资本主义》，韩水法译，商务印书馆2003年版，第82—83页。

论缺乏表现剥削问题的基本术语，自由主义者可以谈论一个人会被不公正地剥夺财产，或者可能在交换中受骗，但从不谈论一个人会在自己劳动的剩余成果被他人剥夺这种意义上受剥削。① 而且，这种缺失并非出于无知的忽略，而正是自由主义政治理论的底线，即对民主的任何诉求都不得侵犯私有产权。私有财产的权力体现在对剩余的要求权，如果工资等于劳动的平均产值，那就不会有剩余收入，也就不会有利润归于产权所有者。自由主义把对民主的诉求严格限定在与经济权力无关的政治领域，这一本质使它成为资产阶级的主流意识形态。从历史看，资产阶级在反对封建专制的斗争中始终坚持把压迫和对抗解释为政治现象，这对后来新兴无产阶级的反抗斗争产生了不良影响。19 世纪 30 年代的英国宪章运动是当时最盛大的工人运动，宪章派的核心观点把工人的苦难和不幸归结于政治根源，并将此根源进一步追溯到非民主的国家，从而将整个运动的目标锁定在争取普选权。② 宪章运动以其反面教训为马克思新政治理论的提出作了一次重要的准备，正是在宪章运动走向衰落的年代里，马克思开始将注意力从国家政治特征转向资本的权力即剥削问题，全力聚焦于资本以私有产权资格索取剩余价值而造成的经济上的统治和不平等，由此确认资本主义经济才是权力压迫的中心场域，在政治理论史上第一次提出了“经济的政治性质”问题。所以鲍尔斯和金蒂斯认为马克思学说的出现“是作为对由欧洲工业资本主义的巩固所导致的财富和经济权利集中的一种反应”，③ 是很有道理的。这也有助于我们理解马克思后来的一个著名说法，即发现现代社会中存在阶级和阶级斗争并不是他的功劳，在他之前很久经济学家就对阶级作为经济现象作过分析，他的贡献则是从政治观点重新解释这些

① ［美］塞缪尔·鲍尔斯、［美］赫伯特·金蒂斯：《民主和资本主义》，韩水法译，商务印书馆 2003 年版，第 20 页。

② 按照历史学家的记述，宪章派认为社会对抗的界限“不是雇主与雇员之间的界限，而是有代表权和无代表权之间的界限”，工人群众是由于没有代表权才遭受雇主的剥削，而不是相反。很显然，宪章派纲领最根本的错误就在于低估了雇主与雇员这种经济关系的政治性质，也就是低估了财产权对于实现民主的决定性意义，而是相信仅凭普选权就能实现真正的民主，从而将工人阶级的政治要求局限于宪政纲领。这就注定了宪章运动失败的命运。（参见同上书，第 10 页。）

③ ［美］塞缪尔·鲍尔斯、［美］赫伯特·金蒂斯：《民主和资本主义》，韩水法译，商务印书馆 2003 年版，第 7 页。

经济现象所蕴含的政治特性。[①]

根据阿尔都塞的研究，1843 年马克思经历了一次“从神话退回到现实”的思想转变过程，即从德意志意识形态退回到“事物本身和真实历史”的过程，这个过程“对青年马克思的思想演变起了决定性的作用”，其结果是马克思对“一种崭新事实的发现”，那就是：在离开理论“过于发达”的德国之后，马克思在法国（与此同时恩格斯在英国）“发现了有组织的工人阶级，以及不需要哲学和哲学家的干预而按照自己规律进行的阶级斗争。”[②] 这一期间，马克思对政治解放与社会解放之间的关系进行了频繁的讨论。在《论犹太人问题》中马克思提出，政治解放虽然是一大进步，但它决不是人的解放的最后形式。因为资产阶级的政治革命虽然消灭了封建等级和封建特权，实现了所谓“政治解放”，但却把解放严格限定在政治领域，对此马克思指出：“政治解放的限度一开始就表现在：……即使人还不是自由人，国家也可以成为自由国家。”也就是说，在政治上的自由国家中，人仍然是不自由的，因为他现在受到一种“社会力量”的统治，这就是资产阶级财产权的统治，它造成对人的自由的一种新的压迫。[③] 在《〈黑格尔法哲学批判〉导言》中，马克思将这种情况更明确地概括为：德国无产阶级“不是同德国国家制度的后果处于片面的对立，而是同这种制度的前提处于全面的对立”[④]，这个前提就是资本主义经济制度，那是造成异化的更深刻的“社会根源”。在稍后《评一个普鲁士人的〈普鲁士国王和社会改革〉一文》中，马克思盛赞德国的西里西亚起义工人达到了“对无产阶级本质的意识”，因为他们公开宣布反对私有制；相比之下，法国里昂工人起义和英国宪章运动只追求政治目的，则是一种很大的局限性，因为“政治理智怎么也不能发现社会贫困的根源”，“政治理智之所以为政治理智，就因为它是在政治范围内思索的。它越敏锐，越活跃，就越没有能力理解社会缺陷……例如……把大贫和大富仅仅看作纯粹民主制的障碍。”马克思把无产阶级的根本目标规定为反对私有制的社会革命，也就是反对财产权对个人权利的压迫，这已不是一

① 《马克思恩格斯选集》第 4 卷，人民出版社 1995 年版，第 547 页。

② ［法］阿尔都塞：《保卫马克思》，顾良译，商务印书馆 1984 年版，第 57、61 页。

③ 《马克思恩格斯全集》第 3 卷，人民出版社 2002 年版，第 170、189 页。

④ 同上书，第 213 页。

个传统意义的政治问题，马克思称之为“社会问题”。“社会主义需要政治行动，因为它需要破坏和废除旧的东西。但是，只要它的有组织的活动在哪里开始，它的自我目的，即它的灵魂在哪里显露出来，它，社会主义，也就是哪里抛弃政治的外壳。”①

这个超越政治问题的“社会问题”就是指经济领域的压迫和对抗性，它在资本主义时代已经成长为主导性的对抗性，被马克思开发为政治理论的新领域。这是一个拉克劳所谓“通过众多术语变化建立起来的领域”，其核心术语是“阶级”。按照马克思的规定，在资本主义时代，经济的压迫乃是更根本的压迫，主要表现为资本对劳动的压迫，也就是剥削；而从政治的角度理解剥削，进而理解经济领域的对抗性，就必须使用阶级观点，这不仅因为资本时代财产权对人的压迫集中体现为工人阶级的存在与本质，工人阶级作为资本主义剥削的直接产物，是一个“受苦最深的阶级”，更因为劳动与资本的关系只有看作阶级关系才能成为资本主义剥削体制的政治表征。因此剥削在马克思手上始终是当作政治问题来处理的，对马克思剥削理论的研究也因此成为当代政治理论的一个重要论题。例如分析马克思主义者赖曼认为，针对有学者把剥削当作纯技术性的分配问题的观点，认为那“远离了马克思主义理论的实质”，提出马克思所理解的剥削应包含三个要点：（1）剥削是在制度化的生产过程中发生的，剥削意味着生产者的劳动制度化地受非生产者统治：“非生产者统治的不仅是工人的劳动成果，更重要的是他们的劳动，这种关系建立在生产制度功能持续发生效用的基础上。”因此，“生产是一个制度化的过程，马克思主义的剥削是一个阶级对另一个阶级所为”。（2）剥削必须包含暴力，它远超出“不公正地从别人那里获取利”的一般法律概念，而是一个政治问题。（3）剥削的非正义性最终可归结为社会的非正义：“它源自非正义的社会关系，即生产者隶属于非生产者。”② 赖曼的这个解读正确地理解了马克思剥削概念的本意，即马克思对剥削问题的分析完全是政治性的，旨在揭示这一经济现象中蕴含的压迫和对抗性，决没有停留于对其经济机理

① 《马克思恩格斯全集》第3卷，人民出版社2002年版，第390、393、387、395页。

② ［加］罗伯特·韦尔、［加］凯·尼尔森编：《分析马克思主义新论》，鲁克俭等译，中国人民大学出版社2002年版，第235—237页。

的说明，《资本论》因此成为对经济的政治性分析的经典之作。马克思发现，资本主义是一种特殊类型的“强制劳动”制度，它不同于前资本主义时代的“超经济强制”，“看起来非常象是自由协商同意的结果”。[1] 这里所说的自由被马克思规定了双重意义：一方面，工人是自由人，能够把自己的劳动力当作商品自由出售；另一方面，他没有别的商品可以出卖，自由得一无所有。在这种自由的前提下，资本家与工人在市场上相遇并买卖那个特殊的劳动力商品，“这种情况对买者是一种特别的幸运，对卖者也绝不是不公平。”[2] 但马克思发现资本主义的悖谬性质就在于：在这种自由的形式下却掩盖着统治、暴力和非正义的本质。正是这种自由与不自由的辩证法，最深刻地揭示了资本主义经济是一种新的压迫形式：“罗马的奴隶是由锁链，雇佣工人则由看不见的线系在自己的所有者手里。”[3] 因为雇佣工人“是被迫自愿地出卖自己”。赖曼对马克思这一观点作了如下精彩解读：“这就是资本主义的新颖之处：对资本主义而言，不需要更多的暴力去强迫工人为资本家劳动。财产所有制结构本身将工人置于这样一个位置上：他除了出卖自己的劳动力外，没有别的选择，这种强制力就是一种暴力。并且，一旦这种财产所有结构变成人们潜意识中的社会生活的一部分时，这种暴力压根儿就察觉不出了。所剩下的只有这样一幅生动的画面：工人自愿为资本家劳动。”[4] 这种进入财产关系结构从而让人难以觉察的暴力正是资本主义经济的政治本质。

《资本论》对剥削的这种政治性理解，有助于我们重新发现马克思1840年代引入阶级观点的深刻根据。简言之，政治理论为了揭示资本主义这个经济型社会的新对抗性，必须理解财产权的统治力，也就必须从政治角度理解剥削；而为了从政治角度理解剥削，就必须把被剥削的无产者看成是一个群体、一个共同体，这群在经济上受财产权剥削的人，也正是在政治上个人自由权被压制的一群人，他们构成了资本主义社会中新的不平等和对抗性的一极。因此工人阶级既是马克思的一项理论构造，也是一

---

① ［德］马克思：《资本论》第1卷，人民出版社1975年版，第925页。

② 同上书，第192、219页。

③ 同上书，第629页。

④ 参见［加］罗伯特·韦尔、［加］凯·尼尔森编《分析马克思主义新论》，鲁克俭等译，中国人民大学出版社2002年版，第241—242页。

个直接的社会现实：就资本社会中财产权与穷人、资本与劳动间的关系只有作为阶级关系才能成为资本主义经济的政治表征而言，工人阶级概念是马克思的一个政治理论建构；但就工人阶级状况是资本主义剥削的直接后果而言，它的存在又是这个社会的直接现实。20 世纪西方社会学关于无产阶级是马克思的一种政治想象、在现实中并不存在的指责，肯定是错的。在马克思政治观点走向成熟的那个时期，无产阶级的存在是一个不争的事实，它就是处在生活最底层的劳苦大众[①]，马克思从政治观点出发把它界定为无产阶级：这是“一个被戴上彻底的锁链的阶级”，组成这个阶级的成分包括自然形成的和人工制造的贫民、由于中间等级解体而产生的群众以及基督教日耳曼的农奴等等，从人数来讲“这个阶级形成全体社会成员中的大多数”。马克思反复描述无产阶级的悲惨处境：这是一个受苦最深的阶级，“它必须承担社会的一切重负，而不能享受社会的福利，它被排斥于社会之外，因而不得不同其他一切阶级发生最激烈的对立。”[②]马克思还更深刻地指出，这个阶级的出现标志着“社会的解体”，它的存在本身就意味着它已被社会这个共同体所遗弃，而“工人脱离的那个共同体，无论就其现实性而言，还是就其规模而言，完全不同于政治共同体，工人自己的劳动使工人离开的那个共同体是生活本身，是物质生活和精神生活、人的道德、人的活动、人的享受、人的本质。人的本质是人的真正的共同体。不幸而脱离这种本质，远比脱离政治共同体更加广泛、更加难忍、更加可怕、更加矛盾重重。”[③]

然而无产阶级遭受的苦难不能仅仅在消极的意义上去理解，正如恩格

① 英国马克思主义史学家汤普森在其《英国工人阶级的形成》中，从历史角度强有力支持了马克思阶级观点的合法性。汤普森得出的基本结论是：“在各种小心求证之后，我们仍可以发现，在 1790 至 1830 年之间这段时期内最明显的事实仍然是‘工人阶级’的形成。……这不仅是经济史上，而且是政治史和文化史上的事实。”汤普森还分析了英国工人阶级在这些年代形成的主要原因：“人民要同时从属于两种关系的加强：这两种关系都是无法忍受的，一种是经济剥削关系的加强，另一种是政治压迫关系的加强。”他引述了一名棉纺工人在 1818 年（即马克思诞生的那一年）发表的一封公开信，这封信一开始就指出雇主和工人“是两个不同阶级的人”。参见［英］汤普森《英国工人阶级的形成》上，钱乘旦等译，译林出版社 2001 年版，第 211、216、217 页。

② 《马克思恩格斯选集》第 1 卷，人民出版社 1995 年版，第 14、15、90 页。

③ 《马克思恩格斯全集》第 3 卷，人民出版社 1995 年版，第 394 页。

斯和列宁都曾指出的，无产阶级不只是一个受苦的阶级。马克思完全在积极的意义上来理解无产阶级的命运，即这是一个“由于遭受普遍苦难而具有普遍性质的阶级”，这个阶级“若不解放其他一切社会领域就不能解放自己”[①]，这一普遍解放的实质就是消灭私有财产，它对现代政治理论的意义在于，提出了通过消灭私有财产来彻底消除经济领域中的压迫和对抗性的任务。这正是马克思超越传统政治民主理念的地方，即这是一种比政治解放更高的社会解放。

在发现了经济已成为政治的新场域，资本对劳动的统治已成为压迫的新形式和政治理论的新课题之后，马克思进一步提出，以反抗财产权即资本权力为内容的新的政治斗争，需要实现和表征为阶级斗争，即无产阶级的集体反抗。这是马克思政治学说的第二个要点。

马克思对政治斗争的这种新理解可再次通过与自由主义的对比来说明。自由主义与马克思主义在政治学说上的一个重大分歧是对于权力来源的不同理解。自由主义认为，权力之压迫性的根源来自国家，国家权力过大就会威胁公民个人的自由，因此自由主义的民主理论主张严格限制国家权力。而按照马克思对政治的新理解，在现代社会，统治只能是阶级的统治，任何政治权力的本质都是阶级特权，具体来说，就是资本对剩余价值的索取权。与此相应，对资本权力的反抗不同于对一般政治权力的反抗，只能实现为无产阶级的阶级斗争。对此，马克思在《1844 年经济学哲学手稿》中给出了一个重要的说明：“社会从私有财产等等解放出来，从奴役制解放出来，是通过工人解放这种政治形式来表现的，这并不是因为这里涉及的仅仅是工人的解放，而是因为工人的解放还包含普遍的人的解放，其所以如此，是因为整个的人类奴役制就包含在工人对生产的关系中，而一切奴役关系只不过是这种关系的变形和后果罢了。”[②] 从政治理论的角度看，“工人阶级的解放是全人类解放的政治形式”这一提法的重要性在于，它宣示出：工人阶级的阶级斗争是马克思从经济和财产权角度介入政治问题的唯一理论路径。

这样我们便能理解马克思的那个著名命题：“一切阶级斗争都是政治

① 《马克思恩格斯全集》第 3 卷，人民出版社 1995 年版，第 213 页。

② 同上书，第 278 页。

斗争”①；从较早的《哲学的贫困》第二章，到《共产党宣言》，一直到19世纪70年代的一些政治通信，这是马克思毕生坚持并反复提出的观点：无产阶级的阶级斗争必须是政治斗争，他和恩格斯对反对工人阶级从事政治的工联主义进行了坚决的斗争。但是我们也注意到，马克思曾讲过所谓政治解放和政治斗争不过是一些“虚幻的形式”，在这些形式下进行的真正斗争是阶级斗争，因此他主张无产阶级争取社会改造的斗争必须抛弃政治解放的外表和形式；这就是马克思的另一个著名命题：“一切政治斗争都是阶级斗争。”② 该如何理解马克思这两个看似矛盾的命题呢？

我认为这两个命题实际上触及到经济的政治性质的两个不同侧面，共同构成着马克思对权力的本质和基础的新解释。其中，“一切阶级斗争都是政治斗争”强调了即使在现代资本主义这个经济型社会，权力也必然具有的政治形式：“一切争取解放的阶级斗争都必然地具有政治形式。”③而“一切政治斗争都是阶级斗争”则强调这个现代社会中，权力的不可改变的经济实质，即现代政治权力的本质只能是作为一种阶级特权的资本的权力。“一切政治斗争都是阶级斗争”这个命题，后来被马克思和恩格斯改写为“一切政治斗争都是为了争取经济的解放”，这就更清楚地揭示了无产阶级的任何阶级斗争归根结底都是以反抗私有财产即资本权力为其本质内容的，也使其政治学说中的历史唯物主义基础更加明显。在马克思1865年起草的《国际工人协会共同章程》中，对这一原理作了如下论证：“劳动者在经济上受劳动资料即生活源泉的垄断者的支配，是一切形式的奴役，社会贫困、精神屈辱和政治依附的基础：因而工人阶级的经济解放是一项伟大的目标，一切政治运动都应该作为手段服从于这一目标。”④这可以看作马克思将历史唯物主义原理在政治理论领域的一个应用。

这种对经济压迫的政治反抗一定是集体反抗，这是阶级政治的一条重要原则。从政治理论的逻辑来讲，马克思是把集体当作政治权利的主体，

① 《马克思恩格斯选集》第1卷，人民出版社1995年版，第193、281页；《马克思恩格斯选集》第4卷，人民出版社1995年版，第596、604页。

② 《马克思恩格斯选集》第1卷，人民出版社1995年版，第84页；《马克思恩格斯选集》第4卷，人民出版社1995年版，第251页。

③ 《马克思恩格斯选集》第4卷，人民出版社1995年版，第251页。

④ 《马克思恩格斯选集》第2卷，人民出版社1995年版，第609页。

这明显不同于自由主义以个人作为权利主体的政治逻辑。从根本上来说，集体反抗的政治逻辑取决于资本主义的社会逻辑，也就是马克思在《宣言》中指出的：资本是一种社会力量，而不是一种个人力量。卢卡奇在讨论阶级观点比资产阶级科学的个人观点的优越性时指出："只有阶级才能在行动中冲破社会现实，并在这种现实的总体中把它加以改变。"① 这是因为，由于财产权和资本的压迫是比国家和法律的压迫更普遍更根本的压迫，所以对它的反抗只能是集体的反抗。② 按马克思理解，在资本主义社会，物与物的关系背后隐藏着人与人的关系，但这不是个人与个人之间的关系，而是阶级与阶级之间的关系："这里涉及到的人，只是经济范畴的人格化，是一定的阶级关系和利益承担者。……不管个人在主观上怎样超脱各种关系，他在社会意义上总是这些关系的产物。"③ 这就决定了工人反抗资本的斗争一定是作为阶级行动的集体反抗，因为"这里所说的对抗，不是个人的对抗，而是指从个人的社会生活条件中生长出来的对抗。"④

美国政治理论家鲍尔斯和金蒂斯在他们合著的《民主和资本主义》

---

① ［匈］卢卡奇：《历史与阶级意识》，杜章智、任立、燕宏远译，商务印书馆 1996 年版，第 91 页。

② 有西方学者认为马克思的理论是一种"大众政治理论"，即社会下层阶级群众通过集体行动来争取他们的权利和利益。马克思主张的阶级政治就其不同于个人本位、程序合法的西方宪政民主来说，确可称为大众政治。但就其无法区分法国革命中雅各宾式的人民行动与无产阶级的阶级行动来说，大众政治的说法又是不准确的，关键在于它忽视了后者作为政治行为乃基于社会权力的经济本质。参见丹尼尔·利特尔的论文《马克思主义与大众政治：阶级冲突的微观基础》，载《分析马克思主义新论》，第 132—153 页。

③ ［德］马克思：《资本论》第 1 卷，人民出版社 1975 年版，第 12 页。

④ 《马克思恩格斯选集》第 2 卷，人民出版社 1995 年版，第 33 页。在制定无产阶级斗争的政治战略策略时，比如在《共产党宣言》和《国际工人协会共同章程》之类纲领性文件中，马克思特别重视"集体反抗压迫"这一政治逻辑，反复强调工人阶级的一个重大优势是人数众多，这在斗争中将起"决定胜负的作用"。但仅仅人多是不够的，马克思指出，斗争胜利的关键在于工人阶级随着其生活条件和内在利益趋于一致而实现的联合："他们斗争的真正成果并不是直接取得的成功，而是工人的越来越扩大的联合。……只要有了这种联系，就能把许多性质相同的地方性斗争汇合成全国性的斗争，汇合成阶级斗争。"马克思认为："劳动的解放既不是一个地方的问题，也不是一个国家的问题，而是涉及存在现代社会的一切国家的社会问题，它的解决有赖于最先进各国在实践上和理论上的合作。"他特别指出，这一伟大目标之所以一直没有真正实现，在很大程度上就是由于工人阶级彼此间不够团结。参见《马克思恩格斯选集》第 2 卷，第 606—609 页，以及《马克思恩格斯选集》第 1 卷，第 281 页。

一书中提出，完整的民主概念应该包括个人自由权和人民主权两个部分，马克思的阶级政治学说充分强调了人民主权即“权力运用的社会责任”，因而“为理解民主提供了无限空间”；但这两位作者对马克思主张的“集体反抗压迫”的政治逻辑却提出质疑，认为它忽视了个人选择的自由和私人领域的存在，表现为马克思缺乏表述个人自由权、个人尊严和私人空间的基本理论词汇。而“否定私人领域和贬低个人选择来源于：把一个人等同于他或她作为其一员的阶级，根据马克思主义的理论，个人仅仅是那种社会集团的代表，他们依据自身的社会（或更精确地说，他们特定的经济）关系从属于这种集体”①。他们认为，马克思主义的这一缺陷和自由主义忽视财产权对个人的压迫一样，都妨碍了现代政治理论提出一个完全合适的民主概念。

鲍尔斯等的这一批评至少在两个重要问题上误解了马克思。第一，对无产阶级来说，个人隶属于阶级，仅仅在政治斗争的意义上是一个积极现象，在人的本质的意义上，则完全是一个消极的现象。在《德意志意识形态》中，马克思将“有个性的个人”与“阶级的个人”作了对比：所谓“有个性的个人”是指以合乎人性的方式得到自由发展的个人，而所谓“阶级的个人”则是指个人被剥夺了一切个性之后其生存条件完全变成了偶然性，而这正是无产阶级这个“受苦最深的阶级”所遭受的命运，即每个无产者的个性与强加于他的生活条件即雇佣劳动是根本矛盾的，“对无产者来说，他们自身的生活条件、劳动，以及当代社会的全部生存条件都已变成一种偶然的东西，单个无产者是无法加以控制的。”所以马克思才说：“有个性的个人与阶级的个人的差别，个人生活条件的偶然性，只是随着那个本身是资产阶级产物的阶级的出现才出现。”又说“个人隶属于一定阶级这一现象，在那个除了反对阶级统治以外不需要维护任何特殊的阶级利益的阶级形成之前，是不可能消灭的”②。可见鲍尔斯等关于马克思让个人完全作为阶级成员便忽视了个人的自由权的指责是完全不得要领的。因为在马克思那里，个人不作为个人而作为阶级成员存在，

① ［美］塞缪尔·鲍尔斯、［美］赫伯特·金蒂斯：《民主与资本主义》，韩水法译，商务印书馆 2003 年版，第 24 页。

② 《马克思恩格斯选集》第 1 卷，人民出版社 1995 年版，第 118—120 页。

这完全是现代社会强加于无产者的一种不幸命运；而无产者个人联合成阶级所作的斗争，其目标正是彻底消除这一消极现象，即消除无产阶级本身。

第二，即使在积极的意义上，鲍尔斯等指责马克思的政治理论忽视个人自由权也是不能成立的。因为作为马克思最高政治理想的“自由人联合体”，其出发点正是“个人”，是“现实中的、有生命的、从事实际活动的个人”。按照马克思构想，在自由人联合体中联系起来的正是有个性的个人：“在那里，每个人的自由发展是一切人的自由发展的条件。”这意味着，真正意义上的个人自由权正是马克思政治学说的最高原则和目的：“共产主义所建立的制度排除一切不依赖于个人而存在的东西。”这是这样一种制度：“在这个共同体中各个人都是作为个人参加的。它是各个人的这样一种联合（自然是以当时发达的生产力为前提的），这种联合把个人的自由发展和运动的条件置于他们的控制之下。”① 当然，马克思所主张的这种个人自由权，由于以彻底否定私有财产为前提，而成为一个高度理想化的东西，至今没有付诸实现的现实基础，但它作为一个理念对现代民主理论始终具有康德式的“调节性作用”，被当代政治理论用来对各种以私有财产权为基础的个人自由权概念的有限性和虚假性进行认知测绘。

三 “无产阶级”：一个建构性的中介范畴

如前所述，20 世纪众多西方学者认为马克思的无产阶级概念只是一种缺乏经验事实支持的政治想象和政治话语，尤其强调阶级政治理论无法解释当代资本主义最新发展的种种事实。马克思主义该怎样回答这些犀利的批判，已成为重大的理论课题。本作者认为，从纯粹事实的层面来看，这些批判似乎切中要害，马克思阶级斗争学说确实没有达到实证主义所要求的那种“理论对事实的完全覆盖”和“事实对理论的直接支持”；但是在理论本身来讲，这些西方学者对马克思的解读却是有缺陷的，即无法解释一个明显有悖于事实的学说何以对政治理论乃至现代政治本身产生了如

① 《马克思恩格斯选集》第 1 卷，人民出版社 1995 年版，第 122 页。

此不可磨灭的影响？而这是因为，他们没有正确理解马克思阶级观点的真正理论性质。

对于两大阶级对立模式能否解释现代社会现实，不能仅从纯粹事实的角度去理解。因为马克思在《共产党宣言》中提出整个现代社会日益分裂为两大对立阶级的论断同时，随即作出一个重要解释：在现代社会中，只有资产阶级和无产阶级是两个最重要的阶级，资产阶级在历史上曾起过非常革命的作用，无产阶级则是同资产阶级对立的唯一真正革命的阶级；其所以如此，是因为只有这两大阶级才是现代生产方式变革和大工业的产物，所以只有这两大阶级的对立才真正体现现代政治对抗性的本质，“其余的阶级都随着大工业的发展而日趋没落和灭亡”，他们作为中间等级，最后将“都降落到无产阶级的队伍里来”。[①] 多年以后，卢卡奇对马克思的这一观点作了如下解读：“在资产阶级社会，只有资产阶级和无产阶级才是纯粹的阶级；这就是说，只有它们的存在及其继续发展才完全是以近代生产过程的发展为基础的，以及只有从它们的存在条件出发，才可能设想一次组织整个社会的计划。其他阶级（如小资产阶级、农民）行动的动摇或者不可能取得什么有利于发展的成果的根子就在于，它们的存在不完全是以它们在资本主义生产过程中的地位为基础的，而是和等级社会的残余不可分割地联系在一起的。……因此，它们的阶级利益只是关注社会的部分现象，而不是关注整个社会的结构。”[②]卢卡奇的启示是：第一，他看出马克思两大阶级的政治对立模式是从“整个社会结构”着眼，而不是从社会的某些现象事实着眼的；第二，他把无产阶级称为“纯粹的阶级”，以此极好地注释了马克思“只有无产阶级是真正革命的阶级”的经典论断。因为一个纯粹的阶级虽然不可能在现实中有其完全的存在，但在理论中作为一个政治理想却必须建构出来，所以马克思的无产阶级概念首先应被理解为一个建构性的政治概念，即它主要不是作为一个纯粹描述性的事实概念，而是一个远远超出直接事实的理论理念，这个理念就是马克思否定和超越资本主义、实现全人类解放的社会理想。因此要理解马克

① 参见《马克思恩格斯选集》第1卷，人民出版社1995年版，第274、282、280页。

② ［匈］卢卡奇：《历史与阶级意识》，杜章智、任立、燕宏远译，商务印书馆1996年版，第115—116页。

思无产阶级概念的真意义，就不能只停留在事实层面，而需要一种特殊的方法，这就是超越直接性事实的理论中介化方法。众多西方学者对马克思阶级理论的批判几乎全都基于当代资本主义最新发展的种种事实，这不是偶然的，这些批判没有理解马克思无产阶级概念的建构性。

从方法论来讲，直接性和中介的区别对马克思批判理论来说是一个最基本的差别，它源于黑格尔，在马克思的《资本论》中得到最初的提示。马克思认为，资本主义经济关系的表面现实形态，“是和这种关系的内在的、本质的，但是隐蔽着的基本内容以及与之相适应的概念大不相同的”，因此要正确理解事实，就必须把握事实的实际存在与它的内在本质之间的区别，所以马克思说：“如果事物的表现形式和事物的本质会直接合而为一，一切科学就都成为多余的了。”① 直接性和中介的区别，在后来卢卡奇的《历史与阶级意识》一书中提升为一种更严格的方法论自觉，得到了最系统最深入的讨论。简单讲，所谓直接性就是资本主义社会存在的直接事实，而中介则表示在考察这一直接事实时引入的特定理论结构形式。卢卡奇认为：“在资本主义社会中，社会存在就其直接性而言，对资产阶级和无产阶级来说是同样的……但由于阶级利益的推动，这同一个存在使资产阶级被禁锢在这种直接性中，却迫使无产阶级超越这种直接性。”② 因此直接性和中介这两种不同方法实际上代表着两种根本对立的阶级立场。卢卡奇指出，资产阶级思想的根本立场就是纯直接性的立场，其错误观点“十分显然要归因于缺失中介，归因于在方法论上没有使用中介范畴，”突出表现为对“科学”和“事实”的迷恋，资产阶级的理论观点因此具有“纯粹直观性质”，这正是资产阶级意识形态为现存状态辩护的一种方式。③ 另一方面，对无产阶级来说，直接性从一开始就被克服，无产阶级立场的方法必然是中介方法，“这是因为历史过程的辩证特性，以及因此每一个因素的中介性质都更加不可阻挡地在无产阶级的社会存在中表现出来，而每一个因素只有在中介的总体中才能得到自己的真理和真正的对象性。”“历史的本质恰恰在于那些结构形式的变化”，这决定

---

① ［德］马克思：《资本论》第3卷，人民出版社1975年版，第232—233、923页。

② ［匈］卢卡奇：《历史与阶级意识》，杜章智、任立、燕宏远译，商务印书馆1996年版，第247页。

③ 同上书，第237、55、69、12、50页。

了“历史现实性本身只能在复杂的中介过程中才能被达到、被认识和被描述。”① 当然，这些结构形式并不在现实中直接存在，而需要在思想中进行建构，这似乎是一种纯思想的运动、一个抽象的过程，但从政治理论的角度来看，之所以必须引入无产阶级这个中介范畴，是因为既然无产阶级的实际目标是彻底改造整个社会，那就只有借助中介范畴才能使“关于资产阶级社会的总体与本质的认识”上升为无产阶级的阶级意识。②

很显然，马克思的“无产阶级”是一个中介化的理论范畴，而不是对一个现实政治客体的直接性描述；借用阿尔都塞的说法，它和马克思的“生产方式”概念一样，是马克思用以建构其新政治理论规划的一个总结构概念，用来命名一个革命的历史主体。因为今天可以看得更清楚，马克思提出的将人类从资本主义私有制度下解放出来的目标是一个高度理想性的目标，代表了人类追求平等的一个最高理想；马克思把无产阶级当成实现这一理想目标的政治力量，把无产阶级的解放确定为这一全人类解放的政治形式，共产主义因此是“关于无产阶级解放条件的学说”。在这种情况下，无产阶级这个概念不可能是直接性的，而只能是中介性的，它当然指称现实中的工人群体，但在理论的本质意义上却不能仅仅当作全部工人无产者的一个总名称，而更主要是用来表征马克思政治理想的一个理论规定，是马克思政治理论一个最重要的符码。与此相应，马克思阶级斗争学说的侧重点也不在无产阶级反抗运动的具体方略，而是从理论上揭示现代社会政治对抗性的本质和形式，简言之，现代政治问题主要产生于经济领域的压迫和对抗性，表现为资本对劳动的统治，因此，作为压迫和不平等之根源的资本权力的废除，只能被表征为无产阶级的解放。

所以马克思关于无产阶级的论述，总是基于现实而又超出直接性的事实，而从社会历史的总体观点去看。正如列宁所说，马克思的功绩就在于他第一次建立起工人阶级的自我意识。③ 无产者，那些处在社会最底层的劳苦大众，被一般人看成“社会的脓疮”，至多看成一个受苦者群体，却被马克思寄予了全部政治希望，并在理论上塑造为一个作为革命主体的

---

① ［匈］卢卡奇：《历史与阶级意识》，杜章智、任立、燕宏远译，商务印书馆 1996 年版，第 247—248、233—236、245 页。

② 同上书，第 246 页。

③ 《列宁选集》第 1 卷，人民出版社 1995 年版，第 89 页。

“无产阶级”：“问题不在于目前某个无产者或者甚至整个无产阶级把什么看作自己的目的，问题在于究竟什么是无产阶级，无产阶级由其本身的存在必然在历史上有些什么作为。”① 这种对无产阶级的认知完全超出无产者的直接存在，而将某种中介性的结构规定建立为它的“历史结构形式”，有如下要点：

第一，在存在论上，无产阶级是一个“普遍的阶级”，是一个“由于遭受普遍苦难而具有普遍性质”的阶级。普遍性是马克思借自德国先验哲学对无产阶级本质的一个最深刻规定。按马克思分析，由于工人阶级遭受的是“普遍的苦难”，是“一般的不公正”，是“人的完全丧失”，它的苦难已不仅仅是一种不幸的命运，甚至是一个社会解体的积极症候：“无产阶级宣告迄今为止的世界制度的解体，只不过是揭示自己本身的存在的秘密，因为它就是这个世界制度的实际解体。”这就决定了“工人的解放包含着普遍的人的解放”，马克思称这一解放是一个“普遍合乎人性的任务”。

第二，在政治上，无产阶级是“真正革命的阶级”，是“社会的总代表”，是彻底消除现代社会新对抗性和不平等这一政治使命的执行人。马克思论证，这不仅出于无产阶级是大工业的产物这一直接事实，更是由无产阶级的特殊政治结构决定的：因为无产阶级没有什么特殊利益需要捍卫，他要解放自己就必须摧毁至今保护私有财产的一切，“无产阶级要求否定私有财产，只不过是把社会已经提升为无产阶级的原则的东西，把未经无产阶级的协助就已作为社会的否定结果而体现在它身上的东西提升为社会的原则。”②无产阶级的这种政治结构决定了它与社会主义的本质联系。

第三，在社会意义上，借助无产阶级这一中介范畴，马克思才得以表征他的最高社会理想，其一是“无产阶级的占有制”，即联合起来的个人对全部生产力的占有。在这种占有制下，“许多生产工具必定归属于每一个个人，而财产则归属于全体个人。”其二是“无产阶级的自主活动”，即人的自由个性基础上的全面发展，“只有完全失去了整个自主活动的现

---

① 《马克思恩格斯全集》第 2 卷，人民出版社 1957 年版，第 45 页。

② 《马克思恩格斯选集》第 1 卷，人民出版社 1995 年版，第 15 页。

代无产者，才能够实现自己的充分的、不再受限制的自主活动，这种自主活动就是对生产力总和的占有以及由此而来的才能总和的发挥。”[①]

基于“无产阶级”概念的高度中介性质，马克思将无产阶级的本质特别突出地规定为一种“阶级意识”。马克思直接使用了“阶级意识”这个术语，[②] 他极为赞赏那种对无产阶级本质的理论自觉，[③] 强调无产阶级从“自在的阶级”变成“自为的阶级”，其主要标志就是形成明确的阶级意识。这种阶级意识的内容后来被恩格斯明确规定为“使无产阶级认识到自己行动的条件和性质”。[④] 英国的两位马克思主义历史学家汤普森和霍布斯鲍姆都曾指认，到19世纪30年代，西方工人阶级阶级意识的存在是一个历史事实，表现为被压迫被剥削者对其共同的社会地位、生存方式、群体利益和思想方式的认同。[⑤] 然而马克思所讲的阶级意识则是一个高度中介化的理论范畴，其所规定的政治认知水平远远超出当时西方制造业工人阶级的现实存在及其意识水平的直接性状态。所以卢卡奇认为，马克思关于无产阶级及其阶级意识的观念是一个“方法论假设”，它是否过高估价了工人阶级的觉悟和作用，这一点并不重要，重要的是必须作这种方法论的假设，从这种假设出发马克思才能全面地提出他的理论问题。[⑥] 列宁则对此作出了更深刻的解释：工人阶级的阶级政治意识不能从工人中自发产生，只能从外面灌输；如果停留在直接事实层面上，那么工人的自发运动只能产生工联主义。不难发现“后马克思主义”对马克思阶级观点的批判，都是在直接性层面以当代社会的自发性事实为依据的，但列宁早就指出：在纯事实的自发性层面上，工人阶级恰恰极易接受资产阶级思想的支配和奴役而不是接受社会主义思想，所以列宁强调，社会主义理论只能“从有产阶级的有教养的人即知识分子创造的哲学理论、历史理论

① 《马克思恩格斯选集》第1卷，人民出版社1995年版，第129页。

② 马克思直接使用过“阶级意识”这个术语，见《资本论》第一卷，第18页。

③ 《马克思恩格斯全集》第3卷，人民出版社2002年版，第389—390页。

④ 《马克思恩格斯选集》第3卷，人民出版社1995年版，第760页。

⑤ ［英］汤普森：《英国工人阶级的形成》上，钱乘旦等译，译林出版社2001年版，第211页；［英］霍布斯鲍姆：《资本的年代》，张晓华等译，江苏人民出版社1999年版，第302页。

⑥ ［匈］卢卡奇：《历史与阶级意识》，杜章智、任立、燕宏远译，商务印书馆1996年版，第259、81页。

和经济理论中发展起来。"[①] 这就最好地解说了马克思无产阶级理念的中介性和建构性的本意。

在卢卡奇的《历史与阶级意识》中，马克思的无产阶级及其阶级意识的范畴内容得到了一次最精彩的解读，回答了为什么马克思要用该中介范畴来表征其最高政治理想的原因。主要有两点：第一，卢卡奇规定，无产阶级阶级意识的本质是"把社会作为总体来认识"那样一种政治认知图式，也就是要求无产阶级超出自身的直接性，上升到把整个现代社会作为一个历史总体的中介性认知层面，从而达到对资本主义的彻底否定性意识。这样一种总体观点不可能是个人的观点，只能是无产阶级的观点，因为按照卢卡奇的看法，在资本主义社会，资产阶级占据着权力、财产和知识多方面的优势，相比之下，无产阶级的唯一优势就在于，它"有能力"把现代社会把握为一个总体，把物化把握为人与人之间关系，把改变现实付诸实践的政治问题；而无产阶级之所以具有这种"能力"，从理论上讲是因为，无产阶级的存在是现代社会解体的症候，所以无产阶级的自我认识同时也就是对整个资本主义社会的否定性认识："只是随着无产阶级的出现才为看到社会的整体提供了有用的出发点。"[②]

第二，按卢卡奇阐释，无产阶级阶级意识的另一个本质是理论与实践的统一：一方面阶级意识是"把理论（特别是辩证法）变为革命工具的一个环节"，没有阶级意识这一环节步骤，理论对群众的行动来说就是意味着一种纯粹偶然的内容；但另一方面，只有通过理论的中介作用才能使阶级意识成为实际可能："只有当这个阶级认识自身就意味着认识整个社会时，只有当理论直接而充分地影响到社会的变革过程时，理论的革命作用的前提条件——理论和实践的统一——才能成为可能。"[③] 理论与实践统一的原则，在无产阶级的阶级意识中被强化到顶点。卢卡奇曾经暗示：无产阶级的本质在一种理论建构的意义上正好被规定到这种程度，即理论和实践是一致的；他把这一点表述为一个著名命题："无产阶级是历史总

---

① 《列宁选集》第1卷，人民出版社1995年版，第363、328、317—318页。

② ［匈］卢卡奇：《历史与阶级意识》，杜章智、任立、燕宏远译，商务印书馆1996年版，第77、127和289、70页。

③ 同上书，第48—49页。

体过程的同一主客体”[①]：一方面，无产阶级作为认识历史总体过程的主体，完全不同于康德式的单纯主体，康德的主体永远不会成为客体，它只是过程的旁观者，而无产阶级作为历史总体的认知者，本身同时也是这一总体过程的行动和受苦的部分，因此“无产阶级同时既是自己认识的主体，也是自己认识的客体。”[②] 另一方面，无产阶级也不仅仅是历史过程的单纯客体。尽管资本主义使工人变成生产过程的纯粹客体，使工人的劳动彻底物化为商品，然而一旦工人认识到这个自身被物化的过程，也就意识到自己并不是历史过程的单纯客体，而正是这一过程的真正主体，这恰恰就是革命的阶级意识，这个转变正是资本主义最后危机的突出表现。[③] 在这种主客体统一、理论与实践统一的特殊中介意义上，卢卡奇为无产阶级这一范畴建构的优越性找到了重要依据。

无产阶级及其阶级意识，在其作为理论范畴的高度建构性与其现实存在的直接性状态之间，有着明显的巨大落差。当代激进理论对马克思阶级政治理论的挑战正是抓住了这种落差。其实卢卡奇早就意识到这种差距，他有一个特别重要的强调：无产者实际的心理意识状态与无产阶级的阶级意识是完全不同的东西，两者之间有巨大距离；所以他对西方无产阶级的政治前景表达了深深的忧虑：无产阶级有可能按照马克思的期望打败资产阶级，但也“面临着在意识形态上屈服于资产阶级文化的危险”，变得越来越不革命。[④] 其实在更早的年代，马克思主义经典作家就对这种理论和现实间的差距有着清醒的认识。比如马克思恩格斯 19 世纪 40 年代创立阶级斗争学说时曾对英国工人阶级寄予厚望，但是到了 19 世纪 60—70 年代，他们对英国工人阶级的消极政治表现深感失望。[⑤] 后来列宁也认为，工人阶级在其自发性上更容易接受资产阶级思想的支配而不是接受社会主义。[⑥] 但这些直接性事实并不能改变他们理论上的无产阶级立场。由此我

① ［匈］卢卡奇：《历史与阶级意识》，杜章智、任立、燕宏远译，商务印书馆 1996 年版，第 307、292 页。

② 同上书，第 72、70 页。

③ 同上书，第 256、331 页。

④ 同上书，第 134、304 页。

⑤ 《马克思恩格斯选集》第 2 卷，人民出版社 1995 年版，第 604 页；《马克思恩格斯选集》第 4 卷，人民出版社 1995 年版，第 552 页。

⑥ 《列宁选集》第 1 卷，人民出版社 1995 年版，第 327 页。

们可以理解马克思主义在方法上特别强调理论与实践统一的原因。为什么它高度重视理论？因为彻底超越资本主义是马克思主义的最高政治目标，必须用理论去建构和表征。所以马克思认为，对于无产阶级解放条件的认知是一件“理论方面”的事情。[①] 为什么特别突出强调实践？因为这一政治目标与社会的直接现实相距甚远，必须以无产阶级斗争的实践为中介连接之。所以马克思认为，当实践不成熟时，理论只是空想；当实践成熟之后，理论就变成革命的科学。[②]

这种理论与实践、建构性与现实性的统一在马克思主义的阶级政治规划中具体表现为，在理论上，它拥有一个最高政治理念，这就是马克思开发的无产阶级及其阶级意识的理论范畴；在实践上，它又包括一整套实际政治策略理论，列宁对此作出了重大贡献，包括两个方面：一是共产党作为无产阶级的政治代表，二是无产阶级与其他阶级间的政治联盟。

（1）关于政党，我们只涉及列宁对党与无产阶级关系的一个重要观点：无产阶级斗争之所以必须由党来领导，是因为现实中的工人阶级达不到它在政治和理论上应有的“先进水平”，只能由党代表阶级在一种组织形式上上升到这个先进水平，而党之所以能做到这一点，则因为它是“在坚如磐石的马克思主义理论基础上产生的”。但另一方面，党的先进性本质正在于它能在理论和政治的先进水平上保持“整个运动的阶级性质”,[③] 党的这种阶级性被列宁称为“党性”。正是在现实中的无产阶级如何取得马克思在理论上为它规定的阶级意识这个问题上，列宁说：“无产阶级除了组织没有别的武器。”[④] 或者用卢卡奇的说法：“共产党是无产阶级阶级意识的组织形式。”[⑤] 所以我们看到列宁不是在传统政治框架内，而是按照马克思的阶级政治理论来提出他的政党理论的：按照一般政治理解，政党只是党派斗争的工具，在列宁这里，政党则是无产阶级阶级意识

① 《马克思恩格斯选集》第 1 卷，人民出版社 1995 年版，第 285 页。

② 同上书，第 155 页。

③ 《列宁选集》第 1 卷，人民出版社 1995 年版，第 474、373 页；《列宁选集》第 4 卷，人民出版社 1995 年版，第 137 页。

④ 《列宁选集》第 1 卷，人民出版社 1995 年版，第 526 页。

⑤ 参见［匈］卢卡奇：《历史与阶级意识》，杜章智、任立、燕宏远译，商务印书馆 1996 年版，第 420 页。

的组织形式。

（2）关于阶级联盟。理论和实践统一的要求，决定了无产阶级的政治实践必须突破阶级同一性特征。从《怎么办?》到《社会民主党在民主革命中的两种策略》，列宁提出了通过知识分子出身的职业革命家组成的先锋队来代表并教育无产阶级，在无产阶级的领导下团结其他阶级，组织政治联盟来反对共同的敌人。值得注意的是在《领导权与社会主义的策略》一书中，拉克劳和墨菲把列宁的这些理论和实践解读为阶级政治衰落、领导权逻辑兴起的一个症候，认为正是从列宁开始，阶级核心和阶级任务开始在争取民主的斗争中萎缩，无产阶级作为社会唯一主体和代表的"代表原则"，让位于大众中多元民主主体的"领导权连接原则"："大众同一性比阶级同一性更重要，'大众'与'阶级'之间的结构性分裂从列宁主义一开始就慢慢滋长，到后来形成了它的完全影响。"① 然而拉克劳等对列宁的这种解读只在直接性事实层面或可成立，在深层理论逻辑上则是误读。因为列宁阶级联盟观点是一个基于俄国特殊现实提出的政治策略观点，而在政治理论的核心，列宁从未放弃马克思关于无产阶级及其阶级意识的理论理念。即使在俄国民主革命的特殊情境中，列宁也反复强调无产阶级是"最先进的和唯一彻底革命的阶级"，是"民主革命的领袖"，强调在民主革命中"保持无产阶级的政治独立性"和"运动的阶级性质"。② 列宁的伟大就在于，他在具体政治实践中超出了马克思关于无产阶级的理论理念，但在深层理论逻辑上却始终坚守这一理念，从而以正确的方式实现了理论和实践的辩证统一。

四　简短的结论

西方学界盛行"马克思没有政治理论"的看法，这很大程度上是因为把压迫和对抗性问题限定在纯政治领域，而对经济领域的权力压迫问题不予追究。本章论证，马克思对政治理论的重大介入乃是将政治问题从传

---

① ［英］恩斯特·拉克劳、［英］查特尔·墨菲：《领导权与社会主义的策略》，尹树广、鉴传今译，黑龙江人民出版社 2003 年版，第 67 页。

② 《列宁选集》第 1 卷，人民出版社 1995 年版，第 625、373 页；《列宁选集》第 2 卷，人民出版社 1995 年版，第 256 页。

统政治领域转移到经济领域，通过揭示资本和财产权的压迫性质，开拓出政治理论的一个全新论域，并对政治的本质达到了一种全新理解。如果我们超越政治理论的旧有狭义形态，并习惯了马克思文本独特的综合形态，那就可以断言马克思学说是一种全新的政治理论。这就是阶级斗争学说。

20 世纪后期以来，马克思的阶级和阶级斗争学说遭遇了普遍的怀疑和批评。总的来看，几乎所有这些批评都是依据当代资本主义最新发展带来的西方社会结构变迁的经验事实，在直接性的层面上指出马克思关于无产阶级的政治想象和政治期待落空了，很少有人从中介性的层面思考一下马克思阶级观点的深层理论意蕴及其在当代政治理论中产生的深刻影响。在这些批评者中，拉克劳和墨菲的观点特别重要。虽然我们不能同意拉克劳和墨菲的总体观点，但他们对政治的一个理解却是深刻的，那就是：不平等关系并不必然具有政治特性，而是需要特定的话语条件，只有在特定的话语形态中，不平等关系才能被“建构”为压迫关系，反对不平等的集体行动才具有政治性质。[①] 照此理解，只有在马克思阶级斗争学说的话语条件下，对政治不平等的批判才能置换成对经济不平等的批判，由此走向对资本权力合法性的怀疑，并产生新的政治要求。在这个意义上，拉克劳等强调话语的重要性是具有启发性的，它帮助我们理解马克思主义为什么特别重视理论的作用，强调政治斗争中“理论和实践的统一”。简言之，有史以来，在所有被压迫者集体反抗压迫的斗争中，之所以只有工人阶级反对资本的斗争达到了最高政治水平，并与人类解放的理想连在一起，就是因为它接受了马克思关于集体反抗经济权力压迫的阶级政治理论。在此意义上，本章提出马克思无产阶级概念不应在直接现实性上理解，而是应作为一个中介性的理论建构来理解，并不贬损这个概念的科学性和现实性基础，更不导致唯心主义。因为正是马克思本人讲过：“光是思想竭力体现为现实是不够的，现实本身应力求趋向思想。”[②] 也就是说，只有当理论的产生成了实现一个政治目标所必须的决定性步骤时，理论和实践的统一才能做到。这就是为什么列宁说：“没有革命的理论，就不会

---

① ［英］恩斯特·拉克劳、［英］查特尔·墨菲：《领导权与社会主义的策略》，尹树广、鉴传今译，黑龙江人民出版社 2003 年版，第 170—171 页。

② 《马克思恩格斯全集》第 3 卷，人民出版社 2002 年版，第 209 页。

有革命的运动。"①

正因如此，根本否定马克思阶级观点的看法无论在现实上还是在理论上均不能成立。即使传统意义上的产业工人阶级确实发生剧变，也不可否认马克思的无产阶级作为一个理论概念的政治解释力依然存在，不可能用当代资本主义发展变化的直接性事实否定之。理由如下：第一，马克思用阶级理论揭示出来的资本主义体制的压迫和对抗性本质继续存在。当代政治的对抗性更突出地表现为经济领域的权力统治和不平等，对此，马克思的阶级观点仍是最重要的政治解释之一。第二，马克思揭示的无产阶级只有通过集体反抗才能抵制和消除资本主义压迫的原理依然有效。当代激进理论忙于宣告工人阶级的落伍和阶级政治的死亡，用一些新的群体置换工人阶级作为新的政治反抗主体，比如拉克劳拒绝工人阶级在反抗斗争中充当"先验的特权代表"和"作为普遍阶级的统一主体"，建议由生态、女权、民族、种族和性少数斗争组成的"新社会运动"来充当激进民主的多元主体；高兹则建议把由永久失业者和半失业者群众组成的"非阶级的非工人"看成一个积极的主体，通过反抗资本主义的"生产决定论"和工作原则来否定资本主义。所有这些新主体从根本上并未超出马克思关于劳动与资本对立中的集体反抗逻辑，而只是在当代资本权力空前强大压力下发生的一些理论变形。第三，马克思所揭示的工人阶级利益与社会主义的本质联系依然有效。马克思最核心的观点是，工人阶级的利益不可能在现存的资本主义体制框架内得到根本的满足，只能通过彻底替代的社会主义体制才能做到。这一点即使今天看来仍然是正确的。综上所述，我认为在整个资本主义时代，马克思的阶级观点，作为一种对压迫、不平等和对抗性的政治解释，始终是重要的和不可避免的。

（原载《中国社会科学》2006 年第 5 期）

---

① 《列宁选集》第 1 卷，人民出版社 1995 年版，第 311 页。

黑格尔历史原理的“隐微教诲”

19 世纪是历史感的世纪。一种历史意识取代原来的自然法意识，为学术确立起新的严肃目标从而为其注入生机，那就是：通过人的历史起源来理解人，通过各民族的历史传统来解释其道德和政治原则，通过对古代文化的研究来理解现代文化的模式。19 世纪历史研究的制高点无疑是黑格尔，因为黑格尔第一次以一种深刻而庄严的方式把历史问题变成哲学问题。黑格尔的基本思想可以表述为：历史在其基本特征上必定是哲学的，历史按其本质就是哲学的历史。此举不仅提升了历史研究的价值和品位，更改变了哲学的问题结构和探求角度。尽管我们对“历史与逻辑统一”“历史就是哲学史”等黑格尔命题耳熟能详，但如欲了解这些说法的真正含义及其对当代思想界的真实影响，就必须更仔细更准确地追问和辨析：黑格尔的以哲学为其本质的“历史”概念到底是什么？被黑格尔带入哲学的历史感又是如何在哲学的基本问题方面表现自身的？

黑格尔的基本思路是：“精神”产生自己并发现自己，最后达于对自己的概念式理解即绝对知识；这一“精神”的自我发展过程既是历史的内容，也是哲学的内容。今天看来，这就是以思辨形式表达的人的自我理解得到完成的过程，因为黑格尔的“精神”概念只能理解为人本身。黑格尔把哲学称为“绝对知识”，也称为“科学”，他对于历史与科学之间关系的影响最大也最隐微的结论是：只有在历史完成之时，科学才能产生。对于作为历史的精神自我发现过程在《精神现象学》中给予了充分而深刻的讨论，最后在以“绝对知识”为标题的第八章中，对历史的概念和历史与科学的关系作了总结性的论述。《精神现象学》第八章因此成为理解黑格尔历史问题的最重要的一个文本。但是通观黑格尔著作，《精神现象学》第八章对历史的讨论恰恰是最艰涩、最隐微的，这个在大战前夜匆忙搞定的简短一章成了通达黑格尔历史概念的一道令人生畏但又无法绕过的“关卡”。马克思《1844 年经济学哲学手稿》正是在解读《精神现象学》第八章的时候，得出了他的著名论断：黑格尔只是为历史的运动找到了抽象的思辨的表达形式。而后来科耶夫对《精神现象学》的解读有将近一半的篇幅是针对这个第八章的内容，看来也不是偶然的。本作者追随前贤，重新尝试穿越这个“关卡”。

一

第八章的标题是“绝对知识”，按黑格尔规定，绝对知识作为绝对完全和真实的知识，乃是使存在在其完整的整体性中被揭示的知识，它不仅包含对所有可能的存在因素和环节的规定性，而且要求“被揭示的存在”与“对存在的揭示”是重合的，即意识与对象、主体和客体是同一的。黑格尔在第八章中总述《精神现象学》全书的问题，这就是：理解构成“绝对知识”特征的意识与对象的同一性（也即存在的整体性）是何以可能的。黑格尔认为，在他通过绝对知识揭示出这种存在的整体性之前，基督教哲学和近代认识论哲学是将意识与存在、主体与客体保持在分裂对立中的两个同等的哲学史环节。在第八章的第二部分有黑格尔对基督教哲学和近代哲学整个历史的一段（不指名的）批判性概述①，原文极其艰涩，但其重要性无与伦比。黑格尔指出，近代认识论的意识仅仅是与对象对立的纯意识，即“一般表象意识”，而基督教哲学与之如出一辙。与我们熟悉的认识论批判相比，黑格尔此处对基督教的批判，在其哲学意识与历史意识的完美结合上，反而更加明晰，令人惊奇。黑格尔指出，基督教的知识当然也是一种“绝对”的知识，但它不是一种“自我”的知识，而仍然是一种“他物”的知识，它联系于一种不同于我自己的他物的实在性，因而仍然属于“一般表象意识”，这个他物就是上帝，尽管他在意识中被揭示为一个绝对的完全的存在，但就他仍然对立于意识的揭示活动来看，

① ［德］黑格尔：《精神现象学》下卷，贺麟、王玖兴译，商务印书馆 1983 年版，第 269—271 页。

仍未超出表象范围和对象性的形式。[①] 黑格尔认为，要理解为什么人们肯定上帝的存在，必须首先理解为什么上帝通过人的思想被创造出来：“在宗教里曾经是内容或者是表象他物的一种形式的东西，在这里就是自我自己的行动。”[②] 所以科耶夫认为，黑格尔的基督教已经是一种无神论，在他那里，基督教的上帝概念的唯一的实在性就是人[③]。这样就可以理解为什么黑格尔说：宗教的内容在时间上比哲学更早地表达了精神的本质，基督教比哲学更早地通向绝对知识。[④] 问题的关键在于，关于上帝的知识需要改造成关于自我的知识，意识必须成为自我意识，神学变成人学。“只有意识放弃了以一种外在的异己的方式来扬弃异己存在的希望之后，意识（因为被扬弃的异己方式就是向自我意识的回复）才转向它自己，转向它自己的世界和现在，才发现这世界是它的财产，从而迈出了从理智世界下降的第一步，或者毋宁说，才以现实的自我来使理智世界的抽象要素具有生命或精神。”[⑤]

马克思说，对宗教的批判是其他一切批判的前提。为了克服那仍然自以为对立于对象的意识，必须首先克服意识的对象。意识不仅仅是对对象的表象，而首先是对对象的克服。什么是对对象的“克服”？这是一种新的本体论：自我意识的外在化“建立”事物性，自我意识通过这种外在化过程把自身“建立”为对象；[⑥] 因此，意识首先是对自我的意识，对象则是“精神性的东西”，这就是黑格尔的玄秘命题：“对象本身应该更确切地理解为是作为消逝着的东西显现给自我意识的。”[⑦] 它已经很好地说出了海德格尔《存在与时间》的基本思想，只需把“自我意识”换成“此在”。对黑格尔来说，对象之所以是精神性的东西，绝不是所谓的唯心论那种简单的

① ［德］黑格尔：《精神现象学》下卷，贺麟、王玖兴译，商务印书馆 1983 年版，第 258 页。

② 同上书，第 265 页。

③ ［法］科耶夫等：《驯服欲望——施特劳斯笔下的色诺芬撰述》，贺志刚等译，华夏出版社 2002 年版，第 2 页。

④ ［德］黑格尔：《精神现象学》下卷，贺麟、王玖兴译，商务印书馆 1983 年版，第 269 页。

⑤ 同上书，第 269 页。

⑥ 同上书，第 258 页。

⑦ 同上。

问题，而是出于一些更复杂的动机。首先，如科耶夫所见，《精神现象学》就是黑格尔的人类学，黑格尔的“精神”就是指人本身。黑格尔已经指明，就近代哲学的意识仍然是一种感到自己对立于对象的意识而言，它与基督教的意识是一致的。从基督教的神学到黑格尔人类学，近代哲学的这一重大转向是在《精神现象学》中才真正完成的。因此可知，《精神现象学》的问题不在于存在的自然方面，也不在于存在本身，而是在于人，并且仅仅在于人。当黑格尔在《精神现象学》中使用“精神”或“意识”这些术语时，他就是在讲人，世界是人的世界和人的财产。[①] 所以问题的关键在于意识，而不在意识的对象：“对于意识来说，对象之所以成为精神性的东西，真正说来是由于意识把全体规定中的每一个别的规定都理解为自我，或者说是由于意识采取了对待各个规定的那种精神的态度。”由于采取了“精神的态度”，所以内容就是自我自己的行动，实体就是主体，概念就是知道自我在自身内的行动乃是一切独立存在的根据的知识。[②]

其次，随着对象成为精神性的东西，对于存在的意识变成了一种历史意识。因为，存在既然是主客同一的，也就意味着是属人的，关于这种存在的绝对知识也就必然是历史的。具体来讲，如前所述，存在起源于意识的辩证运动，“而意识在这个运动里就是它的各个环节的全体。——意识必须同样按照对象的各个规定的全体去对待对象，并且按照全体规定中的每一个规定去把握对象。”[③] 这个要求催生了历史问题，因为存在（作为“精神”）通过所有各个环节达至整体性的过程就是黑格尔所理解的历史。所谓“科学”或者绝对知识的内容，就是把各个个别的环节统合起来，让这些环节中的每一个环节都表现出整个精神的生命。[④]

二

如果上述对黑格尔问题背景的分析基本正确，那么它给我们提出的真正问题是：为什么黑格尔要在哲学中引入一种历史意识和历史问题？这个

① ［德］黑格尔：《精神现象学》下卷，贺麟、王玖兴译，商务印书馆1983年版，第269页。

② 同上书，第259、265页。

③ 同上书，第259页。

④ 同上书，第265页。

问题的答案包含在《精神现象学》第八章对绝对知识的概述中。再次强调，在理论起点上，黑格尔显然受到19世纪历史研究风尚的推动，但他的问题直接针对的是全部意识哲学的主客分裂的一般逻辑。这个特殊的起点对黑格尔具有至关重要的影响，正是它决定着黑格尔历史概念的出场路径，从而使得其高度抽象性和思辨性可以理解。

总的来说，第八章是在描述绝对知识的状况时提到历史的。绝对知识是精神自我发展的最后的一个形态，精神在这个最后形态获得它的两个基本“定在形态”：“历史”和“科学”，从而获得“它的完全而真实的内容”[①]。黑格尔用“定在形态”这个术语表示精神的特定存在或现实存在。“历史”是精神的两个基本定在形态之一，它对应于各种“意识形态”（或“精神形态”），在《精神现象学》中，这个术语特指一切具体的有形的现象和直接性的现实。简言之，历史是精神的发展过程，黑格尔说，“精神自在地就是运动”，就是由自在转变为自为，由实体转变为主体，由意识的对象转变为自我意识的对象，即转变为概念的运动，[②] 精神发展的各个环节表现于各种特定的“意识形态”就是“历史”。精神的另一个基本定在形态是“科学”，它对应于“概念”，黑格尔说，精神的发展达到概念时就是“科学”，或者说，精神对自身的概念式知识就是“科学”，就是绝对知识。[③]

历史与科学，作为精神的两种特定存在样式，其相互之间是何种关系？这个问题对理解黑格尔历史原理至关重要。历史与科学在绝对知识中的统一就是黑格尔著名的“历史与逻辑统一”，也就是黑格尔体系中现象学与逻辑学的统一。黑格尔在《精神现象学》第八章对这个相互关系的论述曾经设置了上升和下降两种思路，由于原文极其艰涩，所以几乎难以辨认。但是，如果不能在历史问题开始的这个地方就正确领悟黑格尔的真实想法，那么“历史”概念就会如马克思批判的那样，被完全彻底地抽象化、思辨化和神秘化。

黑格尔的“上升思路”是精神通过历史上升为科学。这是人们熟知

① ［德］黑格尔：《精神现象学》下卷，贺麟、王玖兴译，商务印书馆1983年版，第265页。

② 同上书，第268页。

③ 同上书，第272、266页。

的一个观点：历史是精神的发展过程，精神的发展只有在科学中才能被完全揭示和充分实现，只有作为绝对知识的科学才是精神发展完成的最高形式，因为精神的运动必须经过全部特殊的“意识形态”之后，才能达到对自己的“概念式知识”，从这点来看，历史也就是科学本身的发展过程。因此，只有历史全部完成，科学才能产生。在科学中，精神的定在不再是各种特定“意识形态”，而是各种“纯概念”；这些纯概念在科学中仍然运动，但这个运动不再以知识与现实、主体与客体之间的差别为内容和根据，而是以自身为根据，“纯概念的前进运动只依赖于它的纯粹的规定性”①。科学作为概念式知识的最大优越性在于，它标志着精神（即存在）赋予内容以自我的形式，内容获得了自我的形式，从而达于存在的自由，由意识的对象转变为自我意识的对象，内容由于自我“在他物当中就是在自身中”而得到概念式的把握，“具有这种自我的形式的内容就是概念。”② 黑格尔这些艰涩说法表达的思想是，一方面历史只能通过各种特殊“意识形态”的直接性和杂多性内容来表现精神的运动，以自我与异己存在之间（即主客之间）的差异及其扬弃为这个运动的内容和根据；另一方面科学作为概念式知识则标志着主客同一、物我合一的存在对于自身的自我揭示，这正是精神产生自己并发现自己的最终目的，也就是海德格尔所谓存在自己照亮自己的“澄明”。按照黑格尔的上升思路，对精神（即存在）来说，科学是高于历史的最高原则。

然而，黑格尔的“下降思路”要求科学必须重新返回历史，也就是《精神现象学》最后一节的标题：达到概念式理解的精神必须向着特定存在的直接性返回。尽管一般来看，表现历史的诸“意识形态”只包含直接东西的杂多性，但黑格尔认为，科学中的每一个概念总有一个这样的意识形态与它相对应，由此决定着历史并不比科学更丰富，但也不比科学更贫乏。而之所以要通过历史的诸“意识形态”这种形式去把握科学的诸“纯概念”，原因就在于：它们“构成了诸纯概念的实在性的方面”③。这里显示黑格尔历史感的实质是一种实在论，而非唯心论。正是为了保全科

① ［德］黑格尔：《精神现象学》下卷，贺麟、王玖兴译，商务印书馆1983年版，第273页。

② 同上书，第265、266、272页。

③ 同上书，第273页。

学和全部概念的实在性，黑格尔要求科学必须返回历史，概念必须向直接东西的直接性回归，绝对知识必须向它作为出发点的“感性意识”回归。[①] 这是否意味着“精神”的全部艰辛发展工作在最后阶段放弃其全部成果而重新回到起点？黑格尔的回答是：科学内在地包含着纯概念抛弃其自身形式和向“直接东西”的确定性过渡的必然性，这不是自毁，而是一次解放，是重获自由：“这种把自己从其自身的形式中解放出来的过程，就是最高的自由。”[②] 这个深邃的思想帮助我们理解了黑格尔的名言：“这个运动是向自己回复的圆圈，这圆圈以它的开端为前提，并且只有在终点才达到开端。”[③]

从纯概念向直接东西的后退决定了黑格尔“历史”概念的意义。黑格尔告诉我们，对精神（即存在）的发现来说，纯粹的概念和纯粹的直接性都不是自由，能将这两者统一起来融为一体才是真自由。绝对知识就是纯概念与直接性的统一体，它通过历史方法而做到这一点。在第八章和整部《精神现象学》结束的地方，黑格尔对他的“历史”概念作了最隐微也最深刻的解释。他讲：精神的完成就在于完满地知道自己是什么，自己对自己有了确实可靠的知识；这种知识不仅知道自己的概念，而且知道对这种概念的否定，知道自己的界限，并且越出这一界限，让自己重新变成直接的东西。“这意味着知道牺牲自己”。这种牺牲是对科学的概念式知识而言，即要求“从概念向直接性的返回”，具体来说就是精神以自由的偶然事件的形式来表现它发展和实现自身的全部过程，把它的纯粹概念的内容直观为外在的时间现象。这就是历史，即“在时间中外在化了的精神”。历史表示精神的定在既在时间中曾经消逝，又通过记忆在时间中得到保存，这个即消逝即保存的过程发生于“自我意识的黑夜”里，那黑夜正是否定着、对抗着概念之纯粹规定的直接东西之直接性的特征。[④] 黑格尔在全书结尾处总述了这个“历史”概念及其与“科学”和绝对知识的关系：“目标、绝对知识，或自己知道自己的精神，必须通过对各个

① ［德］黑格尔：《精神现象学》下卷，贺麟、王玖兴译，商务印书馆 1983 年版，第 273 页。

② 同上。

③ 同上书，第 268 页。

④ 黑格尔这一段重要论述，参见同上书，第 273—274 页。

精神形态加以回忆的道路；即回忆它们自身是怎样的和怎样完成它们的王国的组织的。对那些成系列的精神和精神形态，从它们的自由的、在偶然性的形式中表现出的特定存在方面来看，加以保存就是历史；从它们被概念式地理解了的组织方面来看，就是精神现象的知识的科学。”两者汇合在一起，就是“被概念式地理解了的历史”[①]。

但是，要求科学的概念式理解向其重新返回的那个直接性，应当不同于科学在其最初发展过程中经历的那种直接性，黑格尔认为这是一种“新的直接性”“实体的更高的形式”，在科学返回历史之后，精神的发展必须从这种新的直接性重新开始。[②] 这种玄秘的说法是什么意思，已无须再探究下去，循环应该到此停止。重要的是，黑格尔以这种玄秘的循环肯定了历史原则：对于精神和绝对知识来说，直接东西并不比纯概念更低下，历史并不比科学更卑微，历史反而是科学的最后归宿。需要做的工作是回过头去追问：黑格尔那条“下降思路”的根据何在？为什么在科学中达到的概念必须向直接性返回，向历史返回？

黑格尔对这个问题的回答是：只有在精神（即存在）按其本质是时间的、即历史的情况下，概念式知识才有可能；换一下说法，精神只有作为一种时间中的历史性的存在，才能通过概念被揭示出来。这个答案从寻常看来是一个大胆的悖论，但它却是黑格尔一个伟大的思想。重要的是，当黑格尔试图通过历史来解释概念本质的时候，他把概念和时间等同起来，并且非常清楚地阐述了这个观点。在第八章中他说：“时间是在那里定在着的概念自身。”[③] 科耶夫认为，这句话在哲学史上标志着一个极其重要的日子。[④] 因为在一般理论逻辑上，如果不能把概念和时间等同起来，就不可能理解历史，这个重大创见是黑格尔第一次做出的。令人深思，是他在《精神现象学》第七章的某个地方曾说，一切概念式理解等于“杀死”经验中的实在事物。因为任何实在事物都是在时间中的有限的自然存在，知性的奇迹就在于使本质与其自然存在分离，而使其被保存

① ［德］黑格尔：《精神现象学》下卷，贺麟、王玖兴译，商务印书馆 1983 年版，第 275 页。

② 同上书，第 274 页。

③ 同上书，第 268 页。

④ ［法］科耶夫：《黑格尔导读》，姜志辉译，译林出版社 2005 年版，第 433 页。

在概念中，从而否定那个有限性。但黑格尔的辩证法发现，正因为实在事物是在时间中的和有限的，所以人们才能把本质与存在分离开来，使其进入抽象的概念中；如果事物存在于时间之外的永恒中，这个分离和概念化就永远不可能。所以在黑格尔看来，之所以有概念，这仅仅是因为实在事物按其本质是一个时间性的有限的实体，概念就是消逝在“过去”中的实在事物在“现在”中的永久保存，所以才能断言时间就是“定在着的概念”。只有当世界是时间的，概念才能有它在世界中的特定存在。

因为概念与时间等同，概念就是时间，所以概念只有在历史中才是可以理解的。这个问题通过参照康德的图型理论可以看得更加清晰。当黑格尔说时间是外在的被直观了的纯粹概念，是进行着概念式理解的直观的时候，[①] 他维护了康德的观点。在康德看来，概念能够适用于特定的存在，是因为时间被当作概念的图型，时间是直观形式，所以是感性和理性的中介。但是黑格尔的问题本身与康德的根本不同，他关注的不是概念的知识本身如何可能，而是精神的概念式定在在历史中如何可能。当黑格尔断言时间是定在的概念本身，他改变了康德图型理论的观点，他强调的是，在时间中被直观的概念的内容不是纯粹概念本身，而是精神发展的历史过程，精神向着直接性返回。黑格尔说：“精神必然表现在时间中……时间是作为自身尚未完成的精神的命运和必然性而出现的，这个必然性意味着使自我意识在意识中具有的部分充实起来，使自在存在的直接性——这是实体在意识中具有的形式——运动起来。”[②] 这才是黑格尔“概念直观”理论的制高点：概念在时间中被直观就是历史，历史是在时间中外在化的精神，时间作为必然性使精神的直接性内容运动起来才形成了概念式理解。所以概念式理解被黑格尔规定必然是辩证的，因为“辩证的”理解不是别的，就是对内容作时间的和历史的理解。辩证法揭示精神（存在）的三段式结构，因为精神不是在时间之外的自我同一性，而是在时间之中的作为一种历史的自我发现过程，概念式知识是这一过程的成果。这就是为什么科学的概念必须向历史的直接性领域回归的根据。

① ［法］科耶夫：《黑格尔导读》，姜志辉译，译林出版社 2005 年版，第 268、269 页。

② 同上书，第 268 页。

三

黑格尔的意识经验的科学之所以能够超越主客对立的意识哲学，是因为他用主客同一、物我合一的“精神”代替那坚持自以为对立于对象的意识（单纯主体），使真理的认知变成存在的自行昭显。正是在这一哲学变革中，黑格尔启用了历史原理：存在之自行昭显就是精神的自我生成自我揭示过程，这个过程称为历史；另外，这个精神自我发展的内容就是逐渐并最终上升为概念，所以历史也是概念式理解即科学的形成过程。不可否认哲学中的历史原理意义重大，《精神现象学》第八章正是作为黑格尔的历史导论而享有特殊重要性。但黑格尔在第八章对历史的专题解说，原文异常艰涩，近于不可理解。他在其中先说，精神的概念式知识在时间中被直观就是“历史”；然后又说，精神突破自己的概念形式返回直接性就是“历史”；最后他又说，精神以自由的偶然的诸事件形式对其特定存在加以表现再加以保存，就是“历史”。总之我们不能不承认，这确实是一些极为抽象和思辨的说法。这就是历史的概念吗？那么，它的真实的积极的理论底蕴到底是什么？特别是，它将如何通达人类现实的历史问题和历史感？

借用施特劳斯的划分，我认为黑格尔对他的历史原理有一个“隐微教诲”和一个“显白教诲”。在《精神现象学》第八章率先给出的历史导论属于他的“隐微教诲”。而第八章的“历史”概念之所以弄得如此奇崛怪僻，也不应仅仅解释为偶然的黑格尔式思辨风格所导致，而是有其必然性的深刻原因，即黑格尔为了打破近代意识哲学的形而上学，不得不首先使用意识形而上学的语言，比如精神、意识和概念等，来谈论关于存在和历史的全新思想，这和海德格尔在《存在与时间》中面临的处境几乎一样。人们总是指责黑格尔的历史概念是抽象的思辨的，是客观唯心主义，在很大程度上正是因为仍然以意识哲学的思维和主观性的态度去理解黑格尔的思路，理解黑格尔的“精神”和“概念”，仍然把它们看成纯主观的形式，因为客观唯心主义仍然是唯心主义。这种意识哲学式的理解，恰恰造成了对黑格尔历史概念的遮蔽，使其沦为一种新的意识形而上学。这不符合黑格尔的本意。我们反复申说，黑格尔的“精神”不是主观性或主体，而是自己揭示自己的主客合一的存在整体；“概念”是精神在世界中的一种定在形态，是精神（存在）对自身的一种揭示，因而是存在本身的一部分。在这个大前提下，黑格尔特别强调概念的此在是时间，概念式知识的内容必须在时间中被直观，达到概念式理解的精神必须向着特定存在的直接性返回，而且仅仅返回还不够，还要敢于彻底牺牲自己的概念形式，从一种新的直接性重新开始——第八章提出的这一系列隐微的学术要求究竟是为什么？这些才是黑格尔历史导论的最本质性的问题和思想。科耶夫解读《精神现象学》第八章最后得出的结论是：黑格尔的绝对唯心主义与人们通常称为"唯心主义"的东西毫不相干，黑格尔的体系是"实在论的"，而哲学上的"实在论"最终只能是"历史主义"①。如果我们能像黑格尔理解自己那样去理解黑格尔的思想："把自由沉入内容，让内容按照它自己的本性，即按照它自己的自身而自行运动，并从而考察这种运动"，② 那么黑格尔的"历史"便可得到实在论的理解。第八章关于历史的隐微导论既不抽象也不神秘。

黑格尔认为，仅仅有概念向直接东西的返回是不够的，还要进一步规定那些东西先于概念就在那里存在。这种返回已经是科学向历史返回，放弃自身的概念形式而外在化，但黑格尔认为这种外在化和放弃仍然不够："外在化表达了自身确定性对于对象的关系，而对象正因为处在关系中，它就还没有获得充分的自由。"③ 问题的关键在于主体与客体的关系，即"自身确定性与对象的关系"，整部《精神现象学》都在讨论主体与客体的关系。但关系意味着不自由，因为在费希特那样的人看来，主体与客体的关系是在主体之内实现的，关系意味着客体只是主体的一个设定，"设定"是费希特的概念，"自我设定非我"。相反，在黑格尔看来，主体与客体的辩证法，只有当假定客体在独立于主体的关系时仍有一种自在的存在，才有意义。这就是黑格尔所说的让客体"获得充分的自由"，也就是他说的"知识不仅知道自己，而且知道自己的界限"。"界限"也是费希特的术语，在费希特看来，主体在设定自己的界限时，设定了客体。但黑格尔用这个词表达的新思想是：设定界限和客体的不是主体，而是"精

① ［法］科耶夫：《黑格尔导读》，姜志辉译，译林出版社 2005 年版，第 508、514 页。

② ［德］黑格尔：《精神现象学》上卷，贺麟、王玖兴译，商务印书馆 1983 年版，第 40 页。

③ 同上书，第 273 页。

神”，精神是自己知道自己并揭示自己的存在之整体，自己对自己有确实可靠的知识，即：不仅知道自己是概念，而且知道自己是直接东西的确定性。[①] 所以黑格尔不说知识“设定”自己的界限，而说知识“知道”它的界限，[②] 因为界限之为界限，乃表示客体是在知识之外自己存在的直接东西。很显然，这种实在论就是精神必须从概念向直接性返回的深层根据，也是真理的圆圈在其终点处一定向起点回复的深层根据，这个起点就是黑格尔所谓“直接东西的自身确定性”，也即整部《精神现象学》作为出发点的感性确定性。全书所抱目的在起点处的序言中加以说明：论证纯粹概念同时又是对象的客观因素，并在这客观因素里取得它的具体存在[③]。在终点处即第八章的结尾则宣告：精神正由于把握了自己的全部概念，所以才最终知道了自己就是那直接东西的自身确定性，这种与直接东西的“等同性”是精神获得的“最高的自由”[④]。圆圈在终点处达到了起点的自我澄明，纯粹概念取得了具体存在的实在性。进一步可断言，这种实在论就是黑格尔历史原理的理论底蕴，因为“历史”与“科学”不同就在于，它通过直接东西的特定存在即那些自由偶然事件的形态来表现精神的发展历程。黑格尔认为在现实的历史中，“实际上，认知着的实体在其形式或概念形态之前就在那里存在着。”[⑤] 从上下文看出，这句话完全是作为历史问题而非认识论问题来说的。按科耶夫解读，这个“实体”既不是孤立的个人也不是反思的主体，而是指社团、民族、国家这一类历史实体[⑥]。实体先于概念形式，《精神现象学》中的历史意识，只有在实际存在的历史实体通过时间中的人的否定性活动将自身创造出来之后，才可能产生。黑格尔的实在论以历史原理为其鹄的。

黑格尔历史原理的核心内容是否定性原则。在黑格尔的“下降思路”

---

① ［德］黑格尔：《精神现象学》下卷，贺麟、王玖兴译，商务印书馆 1983 年版，第 273 页。

② 同上。

③ ［德］黑格尔：《精神现象学》上卷，贺麟、王玖兴译，商务印书馆 1983 年版，第 15 页。

④ ［德］黑格尔：《精神现象学》下卷，贺麟、王玖兴译，商务印书馆 1983 年版，第 273 页。

⑤ 同上书，第 267 页。

⑥ ［法］科耶夫：《黑格尔导读》，姜志辉译，译林出版社 2005 年版，第 390 页。

中，历史意味着从概念返回直接性，从而意味着外在化、过程性和概念形式的牺牲等，具体来说，历史就是在自由偶然事件的诸形态中直观精神自我发现的全部历程：“把它的纯粹的自我直观为在它外面的时间，把它的存在同样地直观为空间。”① 这段引文推出了一系列二元对立：时间与空间、自我与存在、历史与自然；在这种二元论中，黑格尔让“历史”的意义得到最后一次决定性的开显。要言之，对历史来说，仅仅有外在化概念和过程概念是不够的，因为这些概念也适用于自然：“最后提到的精神的这个发展过程，即自然，是它的直接的有生命的发展过程；自然，外在化的精神，在它的定在中只不过是它的持续存在的永恒的外在化过程。”② 自然也是一种精神的外在化过程，黑格尔说自然是“永恒的外在化的精神”，是指自然过程不包含否定性，即不改变其自身本质，而是永恒地与其自身保持同一。另一方面，历史则是“在时间中外在化的精神”，历史的本意是基于时间的否定性：“精神的发展过程的另一面，历史，则是认识着的、自身中介的发展过程——在时间中外在化的精神。但是，这种外在化同样也是对它自己本身的外在化，否定者即是对他自己本身的否定者。”③ 历史是人这种特殊存在者的特殊定在形态。《精神现象学》第八章中没有提到人的概念，因为它采用“让内容按照它自己的本性而自行运动”的叙述方法。但是对于历史概念的最深刻的规定，即基于时间的否定性概念，却意味着引入了人的概念，因为人是时间性的和否定性的存在，即有限的和自由的存在。人对立于自然而生存于一种完全不同的历史过程中。正如科耶夫所见，把空间、存在和自然等同起来，并无新意，都是笛卡尔哲学的老观点，把时间、自我、历史、特别是否定性等同起来，才是黑格尔的伟大发现④。由此敞开了第八章的历史导论通向人类现实的历史问题的道路。

（原载《天津社会科学》2008 年第 3 期）

① ［德］黑格尔：《精神现象学》下卷，贺麟、王玖兴译，商务印书馆 1983 年版，第 273 页。

② 同上书，第 273—274 页。

③ 同上书，第 274 页。

④ ［法］科耶夫：《黑格尔导读》，姜志辉译，译林出版社 2005 年版，第 513 页。

黑格尔历史原理的案例研究

引　论

在清理出黑格尔历史感的基本原理之后，我们需要用一个直接出自黑格尔之手的历史研究案例来证明这些原理。《精神现象学》的第六章提供了一个完美的案例，这一章的内容是黑格尔对从希腊、罗马、基督教诸世界衰落到以启蒙和法国革命为标志的现代世界兴起这部西方历史的系统考察。但是值得注意，黑格尔把这部西方人的历史当作了一个“精神”的自我发展历程来谈，这一章的标题叫作“精神”。本来，黑格尔在这一章力图揭示那个由旧制度和旧观念组成的旧世界是如何衰落，并被一个全新的现代世界所取代的。但黑格尔却把那些更替的历史阶段当作“精神”的各种不同形态，这个“精神”本身则是理性和现实的同一体，是世界的实体和本质：“精神就是自己支持自己的那种绝对实在的本质。”[①] 另一方面黑格尔又明示：作为“精神”的世界就是把非个人的理性应用于自然和人类事务来构成的那些有价值的生活世界，为了强调其世俗性，黑格尔把这些以“精神”为其实体和本质的世界称为“伦理生活”：“精神乃是一个民族的伦理生活。”[②] 精神为了认识自身的真理，必须不断前进，不断扬弃自身中那些美好的伦理生活环节，通过一系列“精神”形态，以取得自身的真理。但黑格尔明确告知：他在第六章中考察的这些“精神”形态，不同于前面的那些形态（意识、自我意识和理性），它们是

---

① ［德］黑格尔：《精神现象学》下卷，贺麟、王玖兴译，商务印书馆 1983 年版，第 3 页。

② 同上书，第 4 页。

“真正的现实”,① 是西方人经历的真实历史。黑格尔按逻辑学模式，通过安排“精神”各种不同形态之间的历史连续性，对从希腊到现代的历史发展做了极其艰涩但却引人深思的叙述。马克思精准把握到，黑格尔方法就是给这段西方历史加上一个抽象的思辨的形式。这是一个将逻辑和历史统一推到最高点的研究实例。我们要问：这样一种历史研究的合法性何在，其卓越之处又何在?

在黑格尔之前历史研究已相当普遍，它是现代性的自我理解导致“古今之争”的结果。现代被发现是某种全新的东西，是历史的一次断裂，现代性比以往任何思想都更为系统地背叛了古代的传统。卢梭以古典传统的名义抗议现代性，他拒不接受霍布斯和洛克为现代奠定的哲学基础，而是第一次引导着人类去倾听历史：“古代的政治家从不休止地谈论着风俗与德性，而我们的政治家则只谈论生意和金钱。”② 在雅典与斯巴达的对比中，卢梭毫不迟疑地选择斯巴达,③ 以此表达他与现代启蒙运动相逆反的如下坚持：共同体高于个人，义务大于权利，美德高于理性。现代的理性只是个人私利的计算工具。卢梭对历史的思考影响深远，无论哈曼和雅可比对启蒙理性的控诉，还是康德对启蒙理性所作的英勇辩护，都是从不同角度对卢梭历史思考作出的回应，最后又在黑格尔的历史研究中达到新的综合。即使在当时历史主义的普遍氛围中，黑格尔给人的印象也是极为震动的，因为他集中了卢梭的历史感、雅可比和哈曼的反讽洞察力和康德重新赋予理性的恢宏力量等多家之长，同时又以其纯粹思辨话语超出卢梭，以其纯正的历史内容超出康德。《精神现象学》第六章是一篇具有高度非正统结构的精心之作，在其中，历史与思辨两种异质性话语不协调地并置，令人目眩的历史分析伴随着晦涩难解的概念规定，这样的文本不仅超出了哲学和历史学的传统形象，甚至超出了学术研究的一切传统界限。这使得读者在面对这一文本时往往眩晕不知所措。如果，这不是黑格尔刻意设置以求惊世骇俗效果的写作策略，那么他这样做到底是为了什么？而且正是这些特征使黑格尔历史分析具有吸引力并启人深思，这又是

---

① ［德］黑格尔：《精神现象学》下卷，贺麟、王玖兴译，商务印书馆1983年版，第4页。

② ［法］卢梭：《论科学与艺术》，何兆武译，商务印书馆1963年版，第24页。

③ 同上书，第15—16页。

为什么？

答案是：逻辑与历史的统一在这个案例中乃是基于历史和统一于历史的。作为将无人身的理性应用于人类事务的结果，欧洲人的“精神”引入并保持了那种“否定性”，这种否定性使西方历史的“精神”历程按自我异化的内在要求展开，由此产生了科耶夫所谓“历史实在本身的辩证法”①。照黑格尔的记录，这种否定性早在古希腊就已经在起作用。一方面，希腊人的生活提供了一幅完美“伦理生活”的画面：个体完全统一于他的共同体，只根据自己扮演的公民角色要求行事，坚信由此产生的“整体”是美的和伦理和谐的。但另一方面，黑格尔指出希腊生活的原初统一中就蕴含的内在冲突是：实际上，个体本身（人本身）才是真正的普遍，是“神的律法”所眷顾的对象，它的制度实体是家庭；规定个体必须服从共同体、公民必须服从国家则只是“人的律法”，是一个民族的地方性意识。希腊人生活中这一固有的自相矛盾在黑格尔解读的索福克勒斯悲剧《安提戈涅》中得到生动的表现，这个悲剧象征着希腊人不再相信他们的伦理和谐及“美的东西”，预示着城邦生活必然走向衰落。

希腊伦理和谐注定灭亡，欧洲人的生活因缺乏这种和谐而长期自我异化，这便是黑格尔所谓“精神”通过一系列自我否定的形态而达到自身真理的表现过程，它是西方历史的本质。罗马帝国是一次异化。基督教国家的形成是又一次异化，这次异化，黑格尔将其解释为：统一的“精神”发生自我异化，分裂为两个世界，一个是现实中的教化世界，一个是意识中的信仰世界，当“精神”试图用概念去把握这两个世界的对立时就产生了“识见”即启蒙运动。这就是现代，一个异化和碎片化的世界，其中的一切东西都是互相矛盾和互相冲突的。很显然，这就是那段历史的真实内容，这种异化和对异化的自觉认识既是辩证方法的本质又是现代历史的实情，如科耶夫所见，黑格尔只是正确地记录下这段历史，“历史实在本身的辩证法”就是这样产生的，逻辑思想与历史进程的统一是以历史本身为基础的。黑格尔历史研究的生命力就在于，他的辩证方法，他的“异化”“否定性”“统一体分裂为二”和“中介”等各种概念，对于描述和解释现代性如何发生的历史是非常适用并具有深度内涵的方法和概

① ［法］科耶夫：《黑格尔导读》，姜志辉译，译林出版社2005年版，第547—548页。

念，决不是凭空强加给这段历史的抽象形式。

“高贵意识”

现代，在黑格尔的历史和逻辑统一中，是一个“自身异化了的精神”的世界，也被他称为“教化的世界”。教化是自然存在的异化，前现代自然的“精神”经过教化过程成为“普遍的东西”，从而成为“现实的东西”，只有普遍的东西才具有现实性。而黑格尔的普遍性和现实性就是现代性，它是欧洲人的“自我意识”通过教化这一自身异化过程创造出来的一个“异己的、坚硬的现实世界。”教化作为现代的本质意味着去符合并支配这个现实世界：“自我意识尽管确信这个世界是它自己的实体，却同时又须去控制这个世界；它所以能有统治这个世界的力量，是因为它进行了自我教化，从这一方面来看，教化的意思显然就是自我意识在它本有的性格和才能的力量所许可的范围内尽量把自己变得符合于现实。”①

黑格尔对现代性历史的系统考察没有直接写资产者这种人，而是从中世纪贵族精神的衰落入手，这是意味深长的。就贵族是前现代政治所造就的主导类型而言，黑格尔对这种类型的人的看法更深刻地推进了他对现代性的历史认识。这种历史方法被后来韦伯和舍勒这些人模仿。黑格尔使用“高贵意识”一词指称作为自我意识的贵族，在本原意义上，那些支配中世纪欧洲历史舞台的贵族们把自己理解为古罗马贵族的精神上的后裔，从罗马人生活方式演变而来的这种贵族概念就是高贵和荣誉。但黑格尔把“高贵意识”和“卑贱意识”并列使用时，概念的原义在他这里已随着世界本身发生异化，欧洲人“精神”的实体已经从贵族的自我意识转化为自己的对立面“卑贱意识”，即资产者的自我意识。资产者是现代社会的主导性类型，这种类型的人无诗、无爱、无英雄气，既非贵族，也非人民，也不是公民，黑格尔称之为“卑贱意识”。和卢梭的历史感不同，资产者不是黑格尔关注的主要对象，黑格尔的历史感指向现代性由以生成的那个母体和背景。

① ［德］黑格尔：《精神现象学》下卷，贺麟、王玖兴译，商务印书馆 1983 年版，第 38、44 页。

贵族精神的“高贵意识”表现在它对最被看重的两种现实资源的态度中：国家权力和财富。黑格尔说：“高贵意识就是认定国家权力和财富都与自己同一的意识。”[①] 原初的贵族精神就在于它把国家权力看作普遍的实体，并把这种普遍性视为自己的本质和目的，从而把国家看作与自己同一的东西，对其矢志忠诚，无私服务，至死不渝，永远让自己的特殊存在同国家的普遍利益保持肯定性的同一，并永远只以这种方式取得荣誉。这就是中古的高傲封臣的高贵意识，黑格尔称之为“服务的英雄主义”，[②] 是一种永远让个别性屈从于普遍性的德行。这种高贵意识同时体现在对财富的态度上，把财富也看成是一种普遍的并与自己同一的本质，即把自己享受的财富不是看作个别的占有，而是看作普遍的施予而心存感激。按照高贵意识，财富自在地就是好东西，是普遍的善，它的普遍性本质就在于：牺牲自己，将自己分配给一切个人，做一个千手的施予者。[③] 这种高贵意识正是中古对待财富那种奢侈、慷慨和浪费态度的根源。很显然，黑格尔所描述的这种“高贵意识”不仅仅是一种贵族气质，更重要的，它是一种与现代性完全相反的价值观念，即根据事物本身自在存在的本质作为价值判断的标准：“这样的自我意识，其价值在于它符合于本质，它之被承认则是由于它的自在存在的缘故。”[④] 而这种高贵意识的存在是有前提的，黑格尔仔细分析并指出，正是这些社会前提的崩溃导致了“高贵意识”即贵族本身的衰落，作为“卑贱意识”的资产者崛起。

贵族存在的前提是它与国家为一，并以牺牲个体的普遍性为其共同的本质。但此种普遍性只是抽象的普遍性，而非前面提到的那种现实的普遍性，表现为：国家权力虽然是所有个体共同行动的作品和结果，但个体却从这个结果中消逝不见了，因为高贵意识之为高贵意识就在于，无论君主还是封臣都不知道自己的本质是特定存在着的个体，只知道自己的本质是一种普遍性。这种抽象的普遍性必然向自己的对立面转化，因为普遍性与个体的相互结合就是教化过程，它唤醒原来沉睡于普遍性中的每一个自我

① ［德］黑格尔：《精神现象学》下卷，贺麟、王玖兴译，商务印书馆 1983 年版，第 51 页。

② 同上书，第 52 页。

③ 同上书，第 51、49 页。

④ 同上书，第 53 页。

意识，以此摧毁普遍性。作为现代症候的分裂和异化首先是从封建政治内部开始的。分裂和异化从高贵意识肇始，无私服务并享受荣誉和自尊的贵族变成阿谀奉承以求得宠和加官晋爵的侍臣，“缄默的服务的英雄主义变成了阿谀的英雄主义，”① 语言变成行动的替代品。这种情况在“太阳王”路易十四朝代达到它的顶点，这位专制君主有效地使那些怀有二心有可能反叛的贵族成为一群阿谀奉承、渴望得宠和加官晋爵的佞臣。黑格尔以他特有的方式生动而又深刻地回顾了这历史一幕，指出即使在高贵意识将自己视为与国家权力同一的自在存在时，它的自为存在、自私倾向并未彻底泯灭，而是潜在地保留着，“因此，它同国家权力还不是一致的，它还不免卑贱意识的规定，经常处于崛起反叛的状态中。”一旦它舍弃自己贵族的荣誉、自尊和人格，它就开始扬弃和摧毁普遍实体，造成普遍实体与自己的完全不一致。黑格尔写道：“这样一来，它这种意识赖以在判断中有别于所谓卑贱意识的那个规定性就消逝了，而且因此卑贱意识也跟着消逝了。卑贱意识的目的就在于使普遍权力受制于自为存在，现在这个目的已经达到。”② 贵族就是这样衰落和输给资产者的。

这个分裂和异化过程具体说来是如何发生的？语言发挥了关键性的作用。黑格尔独辟蹊径地阐述了一种基于语言的政治哲学，这门政治哲学教导说：语言是人的定在样式，“语言是纯粹自我本身的特定存在。”因此，语言依其本性就是政治的，就现代性的发生史来说，“语言就是异化或教化的现实”。重要的是，在重大政治进程中，“实现那必须予以实现的东西，其所依靠的力量就在于说话，在于说话本身。”③ 由此出发黑格尔指出：导致贵族衰落的第一个中介环节是专制王权的形成。这是一个内部原因，它完全是贵族通过自己的语言造成的，即贵族使用阿谀的语言把国家权力从抽象的自在存在的普遍实体变成现实中的绝对君主的个人意志，通过这个语言环节把君主个人抬高到顶点，甚至把王权等同于君主的姓名，这就是路易十四的名言：“朕即国家。”黑格尔认为，正是贵族的阿谀语言导致近代专制王权的形成：“普遍权力因这姓名而是君主……这个个别

① ［德］黑格尔：《精神现象学》下卷，贺麟、王玖兴译，商务印书馆 1983 年版，第 57 页。

② 同上书，第 54、60 页。

③ 同上书，第 55 页。

的现实的自我意识由于这样就确信不疑地知道自己即是至高权力。”[①] 反过来，这种语言的力量又造成贵族精神衰落，高贵意识在亲手葬送了普遍性之后，也把自己异化，原来属于它的东西变成一种不属于它的、异己的外在的意志力量，它能不能获得它的自我完全取决于这个异己意志愿意不愿意。黑格尔这样概括“高贵意识”的异化：它对自己本质所抱的确信是最没有本质的东西，它的纯粹人格是完全没有人格的东西。[②]

导致贵族衰落的第二个中介环节是财富变成权力。黑格尔极其深刻地认为，财富就其自在地就是一种普遍的善而言，它是一种无自我的普遍物、自在地消逝着的无机而朴素的自然、为提供普遍享受而牺牲自己的生活条件。[③] 但在上述的政治过程中，财富获得了另外一种本质，它成了上升为个人意志的国家权力的对象和标志物，在异化的君臣关系中，财富就是国家权力，同时却丧失了它原初的自在的普遍本质。黑格尔指出，等同于国家权力的财富已经是“非本质的普遍物”，它败坏贵族的高贵意识，因为当财富不是作为一种无自我的普遍物、自在的朴素的自然，而是作为一种具有自我意识的且高居于自我之上的权力时，它就成为一种使贵族的高贵意识和资产者的理想融为一体的力量，原来贵族用献身于国家为自己求得的那种普遍本质，现在也要用金钱和财富这种非本质的普遍物来体现。“高贵的意识变成卑贱的被鄙弃的意识，反之，被鄙弃的和卑贱的意识变成高贵的，变成最有教化的、自由的自我意识。”[④] 那些决定贵族本质的高贵意识的关键性实体在财富造成的“无底深渊”中消逝得荡然无存，这就是黑格尔和巴尔扎克所共同描述的贵族的结局。

语言是自我的真实本性的对象化。高贵意识当初对待国家权力和财富有它自己的语言，即认为权力和财富作为普遍性与它个人的本质是同一的。现在它对待这两种东西依然有它自己的语言，即权力和财富是个人追逐的两个最高目的，因为权力和财富是两种现实的普遍承认的力量。这显然不再是高贵意识的同一性语言，而是分裂的语言。黑格尔认为：“表示

① ［德］黑格尔：《精神现象学》下卷，贺麟、王玖兴译，商务印书馆1983年版，第58—59页。

② 同上书，第61—62页。

③ 同上书，第60、63页。

④ 同上书，第65页。

分裂性的语言乃是表示这整个教化世界的最完全的语言。”[①] 因为教化的本义就是现实和思想两者的普遍异化和颠倒，同时又对这种异化和颠倒保持明确的自觉意识。黑格尔选取一个独特的视角，即透过衰落的高贵意识的眼睛去看这个分裂和颠倒的世界，在这里，“一切具有连续性和普遍性的东西，一切称为规律、善良和公正的东西同时就都归于瓦解崩溃；一切一致的同一的东西都已解体，因为，当前现在的是最纯粹的不一致，绝对的本质是绝对的非本质，自为存在是自外存在；纯粹的我本身已绝对分裂。”[②] 这就是黑格尔笔下现代性的历史与逻辑统一的辩证过程：贵族的高贵意识作为一种自我否定的本质，在它自身中就包含着向他者和对立面转化的趋向，决定了高贵意识必然变成卑贱意识，贵族必然被资产者征服。

启　　蒙

这种历史和逻辑统一在黑格尔对启蒙运动的反思中再次得到有力的阐释。黑格尔认为，自我异化的精神分裂为现实世界和信仰世界，前者对后者的斗争便是启蒙，因此启蒙是以对信仰的斗争为其内容的，它自身没有内容，它的生命仅仅在于批判和否定性。于是启蒙变成了这样一种“识见”：“认识到它自己的绝对否定物即是它自己本身，”它反对信仰的谬误就是“反对在谬误之中的它自己本身”，[③] 当信仰死去时，启蒙运动也不复存在。只是在黑格尔哲学中和通过黑格尔哲学，启蒙和信仰才获得两者各自具有的实在性而成为不朽的，这和黑格尔描述高贵意识同卑贱意识的关系方式是一致的。

这和我们通常理解的启蒙运动完全不同。我们通常的理解是这样的：启蒙是决定“现代”之本质的那个事情，很大程度决定着今天的我们是谁、我们思考什么、我们做什么等内容。全部现代哲学都在回答这个问题：什么是启蒙？而康德在 1784 年对这个问题的回答已经成为现代性的

① ［德］黑格尔：《精神现象学》下卷，贺麟、王玖兴译，商务印书馆 1983 年版，第 64 页。

② 同上书，第 62 页。

③ 同上书，第 86 页。

一个最响亮的自我定义。康德指明了启蒙的核心纲领就在于人类公开自由地运用自己的理性，启蒙把人类从儿童状态带入成熟的成年状态，经过启蒙的现代是人类的成年。[①] 这意味着，理性能力是启蒙的生命线，正是在这个前提下，康德认为“批判”是必要的，它的作用是规定理性使用的合法性条件。但问题是：理性的使用不只是一种纯理智能力，更是一个庞大而复杂的社会工程，启蒙运动是18世纪末社会、政治和文化转型的一个复杂的历史过程。就在康德发表他的启蒙论文的同时，哈曼就通过一系列复杂的反讽攻击了康德对启蒙的乐观主义认同，认为启蒙的理性主义其实像“来自北方的一线光芒”，既虚幻又寒冷。另一位同时代人雅可比对启蒙提出更强的控诉：诉诸理性本身的启蒙运动是错误的，是人类的傲慢，其结果只能是虚无主义。他指出，对理性本身的信仰也是信仰，当理性的运用被制度化，从外面不由分说强加给那些既不向往它也没有能力受益于它的人，理性就变成一种更有根基的宗教。[②] 这些看法不仅启发了黑格尔，而且是后来霍克海默和阿多诺、伽达默尔和麦金太尔对启蒙进行批判的先声。自那时以来，由于许多原因，启蒙运动已饱受责难，认为它应该对法国革命的恐怖负责，对纳粹的极权主义负责，对征服自然控制自然的观点负责，对当代的价值虚无主义负责，等等。

福柯的《什么是启蒙?》这篇论文，总结自康德以来200年关于启蒙的争论，提出一个发人深思的建议：我们必须从“支持或者反对启蒙”这一“启蒙的敲诈”解放我们自己。[③] 福柯的建议推动我们回到黑格尔反思启蒙运动的那个核心观点：理性的运作是一个从自我肯定到自我否定、最后走向自己对立面的复杂过程。

贵族理想的破灭留下一个分裂和碎片化的世界，这个世界中的信念和行为相互矛盾相互冲突，黑格尔引用狄德罗《拉摩的侄儿》来描述这种分裂和冲突。其中最大的冲突是理性同信仰的冲突，启蒙运动用理性的力量去反对的主要对象是信仰。但是黑格尔发现，所谓理性与信仰的根本对

---

① ［德］康德：《历史理性批判文集》，何兆武译，商务印书馆1991年版，第22—23页。

② 参见［美］詹姆斯·施密特编《启蒙运动与现代性》，上海人民出版社2005年版，第303、320页。

③ 参见汪晖、陈燕谷编《文化与公共性》，生活·读书·新知三联书店1998年版，第434、436页。

立其实是同一个“精神”发生自我异化的两个环节，统一世界分裂成的两个部分：他把前者称为纯粹“识见”，表示启蒙乃是精神否定自身的纯粹否定性运动，它没有内容，仅仅以概念、自我意识、纯粹主体性为内容；后者就是信仰，是精神的肯定性内容，但只是精神尚未获得自我意识时的那种内容，是直接性和简单性。“启蒙有识见而无内容，信仰有内容而无识见。”[①] 这个断言首先来自黑格尔对宗教的历史性理解，至 18 世纪，某种“高于”碎片化现实世界的“纯粹意识”被呼唤，这一要求本身使信仰也成为近代异化的另一舞台。黑格尔针对的是 18 世纪基督教的新发展（德国的虔敬主义、法国的詹森主义和大不列颠的卫斯理派），这些信仰感受到了启蒙的批判力量，试图通过情感来找到接近上帝的另一条途径。黑格尔指出，18 世纪的这些信仰已经不是它原初的样子，它从教化世界的实体中产生出来，以这个教化世界为它自己的现实，同时又和现实世界相对立，逃避这个世界。但正由于它与现实世界对立，所以它本身就在这个世界中：存在于现实之彼岸的信仰世界其实是现实的教化世界的纯粹意识，是“上升为纯粹意识的实在世界”。“它只是另一种形式的异化而已。”[②] 信仰缺乏识见就在于，没看到它所信仰的对象，那绝对本质，其内容是纯粹的被思想物，是由它自己的意识创造出来的东西，是它的自我意识的异化形式；因为它没看到这一点，所以它才是精神的一种“肯定性的静止的内容”。[③] 而黑格尔挑明信仰的对象是纯粹被思想物，是上升为纯粹意识的现实世界，则是为了指出：信仰与启蒙是同一的，信仰被理性所反对，殊不知它正是理性本身的另一个作品和主题。所以黑格尔反复指出：“信仰是一种知识”“思维是信仰本性中的主要环节”“概念在信仰意识中始终是内在的东西，它即是一切并且对一切发生作用，但自己并不显现出来。”[④]

黑格尔指出，启蒙批判信仰的正当权利就在于，启蒙的权利是自我意识的权利，启蒙的“纯粹识见”是精神的一种自我意识，在识见中没有肯定的

① ［德］黑格尔：《精神现象学》下卷，贺麟、王玖兴译，商务印书馆 1983 年版，第 74、82 页。

② 同上书，第 72—73、41 页。

③ 同上书，第 73—74 页。

④ 同上书，第 74、77 页。

内容，概念的否定性运动是其唯一的内容，它通过这种概念的否定性运动扬弃一切不同于自我意识（即主体性）而自己存在的东西，使一切存在的东西都变成自我意识即主体性的财产，变成概念。黑格尔认为，启蒙批判信仰时所根据的自我意识原则正是信仰的自身原则，因为信仰就是一种自我意识。启蒙把信仰意识中一些各个孤立的环节联系在一起去呈现给信仰，特别重要的是，它找出与某一特定环节联系着的对立面，使之向对立面转化，从而揭示其否定性的本质。当启蒙提醒信仰，它的绝对本质是纯粹意识的产物，而它的纯粹意识则只是（异化的）现实意识，情况就是这样："它把信仰的诸环节的他在揭示出来了，它因此好像把信仰的环节都直接搞成不同于它们在其个别性中时某种别的东西了；但是这种别的东西真正说来正是信仰意识在其本身中本来就有的。"[①] 启蒙的批判使信仰中原有的东西成了"有效准的东西"，即变成了概念。[②] 从概念出发，才有可能揭示信仰诸论点中的否定性本质。比如启蒙坚持认为，信仰的绝对本质既然是由信仰者的意识创造出来的，信仰所崇拜的对象就不过是一块石头、一根木头、一块面团这样的有限的感性事物，不具有超感性的神圣本质；信仰所要求的礼拜和虔敬就是一些孤立的偶然的行动，不具有指向彼岸世界的自在的意义；信仰所实行的舍弃享受和财产就是一种不合目的的做法，因为享受与占有是一种自然的普遍目的，具有内在的根源，禁欲的个别行动与之不合，它只是象征性的，为的是以这种牺牲换取彼岸的更大份额自由。启蒙的这些批判揭示了信仰是一种分裂为二的意识，即对现实的感性世界与彼岸的超感性世界二者冲突的意识；启蒙扬弃这种分裂，将信仰王国中的一切内容都当成大地（人世）的财产归还给大地，"启蒙以感性世界的表象来启发那个天堂世界，给天堂世界展现出信仰所不能否认的这个有限性"。经过这种批判，信仰变为空无内容，变成了和启蒙同样的东西，只不过，"启蒙是满足了的启蒙，而信仰则是没有满足的启蒙"。[③]

就启蒙和信仰是精神自我异化的两个环节，教化世界的两种定在样式而言，黑格尔反复强调，启蒙与信仰是同一个东西，启蒙反对信仰的同时

① ［德］黑格尔：《精神现象学》下卷，贺麟、王玖兴译，商务印书馆 1983 年版，第 100 页。
② 同上书，第 101 页。
③ 同上书，第 105—106 页。

也在反对自己，暴露自身论点的否定性本质。他指出，启蒙的功劳仅仅在于通过揭示其自我否定环节把信仰变成“有效准的”概念问题，但是在概念的严格意义范围内，启蒙其实一直在误解信仰，并由于这一误解而自己反对自己。与康德不同，黑格尔没有认同启蒙在他那个时代的主导地位。他的深刻表现在他不偏袒启蒙，而是在严格的理性水准上替信仰辩护，对启蒙进行批判。启蒙断言说，信仰的对象是石头、木头和面囝这种有限感性事物。黑格尔反驳说，这种看法是信仰意识根本不具有的，纯然是由启蒙诬栽给它的，对信仰来说，它的对象是作为纯粹思维物的绝对本质。启蒙又认为，信仰如果是对绝对本质的一种知识，也只能是一种关于实际历史事实的偶然的知识，这种知识的确定性的根据建筑在一些个别的历史见证物（如传抄的文件和辗转流传的文物）。黑格尔指出，信仰不会把自己的内在根据寄托在这些偶然的历史见证物上，因为信仰作为对绝对本质的一种纯粹知识，是一种纯精神现象，它或是从个人意识的内心深处自己见证自己，或是通过一切人所普遍表现出来的虔信来得到见证，无须以历史事实为中介。最后，针对启蒙认为信仰所要求的放弃享乐和财产的行动是不合目的的，黑格尔指出，启蒙所谓目的只是自然的目的，信仰行动的合目的性与这种自然目的是分开的，信仰的行动目的在于，通过这样行动来解脱自然存在方式的桎梏，扬弃个体的特殊性，确证自己是一个与绝对本质合而为一的纯粹的自我意识。[①]

黑格尔论启蒙中最有力和最具革命性的方面，就是他对启蒙的理性主义旗帜的去合法化，指出在启蒙对信仰的攻击中充满了资产者“卑贱意识”的功利主义和粗糙性。这使黑格尔对启蒙的理解超出康德。他指出，启蒙没有内容，它把对信仰的否定当作自己的内容来实现自己，而通过这个否定得到的肯定性真理就是感性事物的有限性。有限性是启蒙的唯一财富，启蒙只知道有限事物是真实的东西，超越有限物的绝对及一切彼岸对象都是等于零的虚无。而有限事物就是有用的东西，有用是启蒙的基本概念。[②] 黑格尔指出，启蒙本无内容，它将有用性（“功利”）建立为自己的

① ［德］黑格尔：《精神现象学》下卷，贺麟、王玖兴译，商务印书馆1983年版，第91—93页。

② 同上书，第97页。

内容，“它在功利中达到肯定的对象性”。这种对象性构成启蒙的观念世界和现实世界，一个功利王国：“在这里，有用性就是真理性”。[①] 由此产生了人本主义的政治哲学：人的本质在于他是唯一意识到“所有自在的东西都是为了一个他物的”这一道理的生灵，所以他就是那个别的一切都为他的存在而存在的东西。对人这个目的物来说，理性是一种有用的工具，理性指明了人的使命就在于，加入公民社会，使自己成为对别人和公共福利有用的一员，以求保护和舒适，“他照料自己多少，他必须也照料别人多少……他利用别人，也为别人所利用。”[②] 在这样一个功利王国中，现实丧失一切实体性，再也没有什么自在的东西。黑格尔以极大的理性力量论证了雅可比的预言：启蒙运动的结果只能是虚无主义。

革　　命

黑格尔对法国大革命的分析是历史和逻辑统一的思辨的历史研究的又一个案例。黑格尔对现代性发生历史的考察以法国大革命为结束。总体来看，黑格尔像康德一样，热情赞美这次革命的历史意义，认为它是世界史上内容最丰富、最有教益的事件，“我们的世界和我们的观念恰恰来自那些年代”。[③] 另一方面，他又指责引领法国大革命的绝对自由变成了“制造毁灭的狂暴”，这种绝对自由所成就的唯一事业就是死亡，而且是没有任何内容和意义的死亡，“它因而是最冷酷最平淡的死亡，比劈开一颗菜头和吞下一口凉水并没有任何更多的意义。”[④] 这些语言颇接近柏克的语言。在“绝对自由与恐怖”为标题的一节，黑格尔讨论了自由和恐怖的辩证法。

法国革命是启蒙运动的结果，绝对自由是功利主义传播的结果。有用性是教化世界的纯粹形而上学，一切都变成有用的东西，一切自在的东西

① ［德］黑格尔：《精神现象学》下卷，贺麟、王玖兴译，商务印书馆 1983 年版，第 113 页。

② 同上书，第 98 页。

③ ［美］詹姆斯·施密特编《启蒙运动与现代性》，上海人民出版社 2005 年版，第 22 页。

④ ［德］黑格尔：《精神现象学》下卷，贺麟、王玖兴译，商务印书馆 1983 年版，第 119 页。

都是为他物存在的东西，结果是再也没有什么自在的东西，现实丧失了一切实体性，人获得了完全的解放，同时也落入完全的空虚，这就是“绝对自由”。黑格尔指出，绝对自由是自我意识（主体、人）的这样一种自觉状态，它知道它自己就是这个世界的全部现实和本质，一切实在因此都是精神性的东西，“对它而言，世界纯然是它的意志，而它的意志就是普遍的意志。”[①] 需强调：黑格尔这里的“普遍意志”不是一个精神理性的形而上学问题，而是一个现代政治哲学问题，它来自卢梭。黑格尔对普遍意志的说明实际是在重复卢梭的观点：所谓普遍意志就是一切个别人的意志本身，它不是经过代议制代表的赞同所中介的那种“民意”，而是直接来自每一个个人的意志，这些直接个人意志的全体构成一个总体，使得每一个人所导致的行动都永远是没有分解的全体的行动，而那作为整体的行动而出现的行动又是出自每一个人的直接意志的行动。[②] 这就是卢梭向往的“直接民主”理想。

普遍意志，也就是“公意”，是卢梭最著名的政治创意。卢梭认为，人依据自然就是自由的，但此种自由只有在公民社会才能变为现实。问题是如何从自然状态过渡到公民社会，将自然自由转化为公民自由。卢梭认为依自然而来的唯一解决办法就是人自己统治自己，自己给自己立法。个体的意志按其本意不关心他人和公共的善，为了解决个人与社会、自由与义务之间的紧张，必须使每个人的意志都想望公共的善，用“我们要”来代替“我要”。卢梭认为这是可能做到的，根据就在于人是能够普遍化的，人的理性使他如此。一个社会，如果它的每个成员都欲求那所有人都欲求的东西，即普遍的东西，这个社会就能解除“一切人对一切人的战争”。这就是公意，公意就是公共的善。卢梭在《社会契约论》中论证，遵从公意，即欲求普遍性的东西，构成了一种新型的人类自由，是自然自由转化为公民自由的标志。遵从公意要求个人必须履行最严格的自我克制，因此它又是人的德性和尊严的标志，它将自利同道德义务区分开。卢梭在这里显然依据了古典民主制的模式，他认为现代民主的代议制设计不

---

① ［德］黑格尔：《精神现象学》下卷，贺麟、王玖兴译，商务印书馆 1983 年版，第 115 页。

② 同上书，第 116 页。

能实现普遍意志这个目标，因为把决定公意的工作留给代表们，同时却没有成就一个懂得普遍意愿的公民共同体；人们让代表去施行统治，同时却忠诚于自己的意志，公共善被漠视，其结果只能是各个自私意志之间的妥协，个人与社会对立关系的加剧和权力被滥用的危险。[①]

卢梭的普遍意志学说阐述了自由中的道德尊严，想以此升华破碎的现代性世界。接受卢梭影响的最著名的例子是康德的道德学说，反驳卢梭的最有名例子则是黑格尔论法国革命。黑格尔援引法国革命初期的自由时期的史实，在那一时期，卢梭设计的基于一切个别人意志的普遍意志，即绝对自由的没有分解的实体，曾经登上了世界的宝座，没有任何一种努力可以与它抗衡。在这里，每个个别意识都知道，它的目的就是普遍的目的，它说出的话就是普遍的法律，每个人都能说“朕即国家”而不被人当作疯子。这是绝对自由的真正实现，没有中介，个体生活的一切限制都被扬弃，一切社会集团都崩溃了，一切社会阶层都消除了；也没有代表，每个人都亲自制定法律，亲自去完成普遍的事业，因为按绝对自由的要求，“当自我只是被代表着和观念地被呈现时，它就不是现实的；它在哪里有代表，它就不在哪里。”[②] 黑格尔指出，这确实就是卢梭设计的“个人意志=普遍意志”被真正实现的那个历史时刻，但在这里却没有普遍性，没有公意，只有绝对孤立的自由的个人，“个别的自我意识并不存在于作为实际存在着的实体的绝对自由的这种普遍的事业中，同样，它也并不存在于绝对自由的一些独特的行动和个别的意志行为中。”[③] 因为在这种所有人都是平等和自由的世界中，普遍性无法取得“有机组合的实在性”[④]，绝对自由在完成了对这种有组织实在的破坏之后也变成抽象的无意义的东西，结果不可能达成任何肯定性的行动和事业，只能产生否定性的东西，即黑格尔所说的，普遍自由只是制造毁灭的风暴，它唯一的事业和行动就

① 参见［法］卢梭《社会契约论》第一卷第六章、第三卷第十五章，何兆武译，商务印书馆2003年版。

② ［德］黑格尔：《精神现象学》下卷，贺麟、王玖兴译，商务印书馆1983年版，第118页。

③ 同上书，第118页。

④ 同上书，第119页。

是死亡，“死亡的恐怖是绝对自由的这种否定性本质的直观”,[①] 那被否定的东西乃是绝对自由的自我的无内容的点。

在历史感方面，卢梭是黑格尔的伟大先驱。卢梭的普遍意志学说必须与他的历史过程学说联系起来才能理解，对卢梭，从个别欲望的自然状态到普遍意志的公民社会的过渡，是人类文明的一个历史进程。在黑格尔对卢梭的争论中，卢梭代表理想之维，他依据自然自由对公民自由的构想不容忍社会中的任何差异，所有的人都是平等的。黑格尔则代表着现实之维，他诉诸法国革命的真实历史来回答卢梭：绝对的平等和自由是不可操作的，一旦实现则是极其危险的，等于通向死亡的恐怖。黑格尔认为，卢梭援引的古代民主模式不再适用于现代，法国革命的教训就在于，必须寻找一种与现代性相适应的政治制度形式。简而言之，现实的自由必须在自身之中保持它的一切区别，把这种区别分解成互相制衡的立法、司法、行政诸权力部门，更分解成具有不同社会地位的诸阶级。现实中的普遍自由只有分解成这些环节，并把大批个人分配到这些环节之中，它才能成为现实即“存在着的实体”。法国大革命证实了绝对自由等于恐怖，大恐怖是“最高的和最后的教化”,[②] 经历了这次最后教化的现代人以一种不同于卢梭设想的方式，通过压制个体性来重新接近普遍性，让自己进入现代性的政治体制和秩序，成为循规蹈矩的公民社会一员。黑格尔这样总结法国革命的成果：由卢梭设计的现代自由的抽象理想，在后来拿破仑领导下的政治实践中得到实现，最后又在德国哲学中达到理论上的完成。“这个革命带来了绝对自由，当初异化了的精神现在依靠这个自由就完全返回其本身了；离开这个教化国度而转入另一国度，转入道德意识的国度。”[③]

结　语

黑格尔对现代性历史的上述研究，其旨趣主要不在这段历史的内容本身，而在于从这段历史所表现出来的“精神”自我发展在他那个时代所

① ［德］黑格尔：《精神现象学》下卷，贺麟、王玖兴译，商务印书馆 1983 年版，第 120 页。

② 同上书，第 122 页。

③ 同上书，第 41 页。

经历的那些特殊“意识形式”。换言之，黑格尔对现代性历史的研究等于现代性的自我理解，等于“现代”的主客同一的自我意识。用黑格尔自己的话来说，现代性是一些分裂和颠倒的意识形式，它的一切都是自身异化的和矛盾的，但它同时又（通过黑格尔哲学）对自己的这一异化保持着清醒的自觉意识，它知道如何正确地说出自身的每一环节都是自己的颠倒，每一环节都与一切别的环节相反对，“它知道机智地从其矛盾中说出种种坚固的现实本质……而这种矛盾就是它们的真理。”[①] 这就是黑格尔为什么采用思辨的方法来描述这段历史的真正原因，“思辨”在这里意味着辩证法最本质的东西，即“从对立面的统一中把握对立面，或者说，在否定的东西中把握肯定的东西。”[②] 在黑格尔看来，那是唯一合适的方法。

（原载《吉林大学社会科学学报》2008 年第 4 期）

① ［德］黑格尔：《精神现象学》下卷，贺麟、王玖兴译，商务印书馆 1983 年版，第 69 页。

② ［德］黑格尔：《逻辑学》上卷，杨一之译，商务印书馆 2004 年版，第 39 页。

“历史的终结”与历史唯物主义的命运

一 引 论

1989 年，弗朗西斯·福山的论文《历史的终结?》在西方学界引起轰动，风靡一时。几年后，在该文基础上作者撰写了《历史的终结及最后之人》一书。这本书最著名的核心观点是：20 世纪社会主义制度实践的大规模失败，标志着西方自由民主制度是“人类最后一种政治形式”和“人类意识形态发展的终点”，并因此标志着“历史的终结”[①]。这是西方主流哲学为处于困境中的自由民主制度所作的一次最激进也最有力度的辩护，不仅回护其政治基础，而且试图恢复自由主义的绝对话语权。当然，在马克思主义学者和信奉尼采学说的学者心目中，福山也因其维护现代性主流体制的立场而声名狼藉。多年后的今天可以看清，福山学术影响力的原因其实在于，他把东西方意识形态的争论变成一个历史理论问题来讨论，从而使历史理论重新成为当代意识形态争论的最大焦点，所引发的争论其实是西方从基督教延续到黑格尔和马克思对历史问题的争论在晚期资本主义时代的一次巨大回响。福山的“历史终结论”是一个鲜明的政治问题，但是作为施特劳斯学派的后学、阿兰·布鲁姆的亲炙弟子，福山著作的特点却是用复杂的思想史讨论为这个问题建立起一个学术谱系的深度背景，使得我们对这个问题的反思不得不跟随福山进入这种思想史的考察之中。

现代哲学中的历史意识和历史问题，是现代性要求自我理解和自我确

---

① ［美］弗朗西斯·福山：《历史的终结及最后之人》，黄胜强、许铭原译，中国社会科学出版社 2003 年版，代序第 1 页。

证的产物。在西方，无论古代还是基督教，对历史的意识都极其有限。希腊人没有历史意识，因为希腊人相信自然宇宙的秩序就是历史的秩序，一切事物的运动都是向同一种东西的永恒回归。基督教开始重视历史，但那是一种历史神学：创世、道成肉身、最后的审判和拯救等重大事件，全都不是人的自然的历史事件，而是超历史事件；世俗的历史本身没有重要性。对历史的绝对重要性的信念，对某个历史事件及其历史意义的巨大重视，是现代历史意识的特征。18 世纪对理性和进步的信念以及与旧世界的决裂，对历史意识的生成是决定性的。法国政治革命和英国工业革命对整个文明世界的影响，塑造了一种新概念，即人类生活在一个“历史变革就是一切”的时代里，那些历史变革是人的创造力和理性筹划的结果，历史因此意味着一个以人的努力和进步为内容，而与神意无关的自律的王国。现代历史意识以自然科学的进步为其最大动力，却又反过来彻底改变了人文学科对自然科学的依附关系：亚里士多德的人学是自然科学的一部分，卢梭以后的人文学科则依赖于全然不同于自然的另一领域的存在。历史研究在 19 世纪达到鼎盛时期，它赋予人文学科全新的独立目标，即以前所未有的方式把人理解为自由的和道德的个体、历史的创造者，而不可降格为自然科学研究领域的运动物体。

洛维特在《世界历史与救赎历史》一书提出：现代历史意识和历史问题起源于基督教把世界历史看作是救赎历史的末世论信仰。这种救赎历史的关键特征，就是“未来”概念的凸显：历史事件不能从自身获得意义，只有当它指向自身以外某个未来的目标时才有意义，历史的终极目标是一种存在于人们期待和希望之中的末世论的未来。这也是基督教和希腊之间的关键不同：希腊人认为一切运动都是向起点的永恒回归，未来无论发生什么都和过去一样，不会带来任何新东西；作为未来而存在的“历史”概念是基督教先知的一个创造，先知的预言成全了历史概念。洛维特最重要的研究结论是，从奥古斯丁到黑格尔和马克思，西方的历史意识是由基督教的末世论主题规定的，“未来”是其焦点和最重要的真理；[①] 在这个基础上，现代人才能做到不再把人类历史看成向过去的起点永恒回

① ［德］洛维特：《世界历史与救赎历史——历史哲学的神学前提》，李秋零、田薇译，生活·读书·新知三联书店 2002 年版，第 9—10、23—24 页。

归的循环运动，而是一个指向未来目标的有意义的进程。

由此而产生了"历史的终结"这一思想：未来作为历史的终极目标就是历史的终结。当历史作为一个整体而显露其影响时，这乃是就它具有一个确定的出发点和一个最终的终点而言的。而历史有一种终极意义的假定，必须预设历史有一个作为终极目的的终结点，用这个终结点来规定和完成历史进程。"末世"赋予历史进程的就是这个终结点。"末世论"的思想，即对作为"目的"（telos）的最后终结的展望这一思想，为历史提供了一个具有不断进步的秩序和意义的图式；同时也能够克服时间的时间性，如果不通过一个历史终点来限制这种时间性，它就会吞噬掉自己的创造物。"末世论的指南针指向作为终极的目标和终点的上帝之国，为我们在时间中指出了方位。"①

但是世界历史绝不直接等于救赎历史，切不可把以进步为中心的现代历史意识穿凿附会地强加于基督教历史神学。把救赎历史与世界历史连接起来、使两者相互兼容，决定性的工作是由黑格尔完成的：黑格尔通过对基督教的世俗化解释，使基督教救赎史对历史终结的期待在世界历史中得到了实现。简单讲，黑格尔认为，基督教教义的核心是上帝与人类的和解，其标志性事件是基督现身，即上帝化身为人。这一事件最终证明的是：人和上帝是同一的，人类在上帝的概念里发现了他自己的本质，这个本质就是"自由"，即人的有限性与他所渴望的无限性在一个特殊的存在个体上臻于统一。黑格尔认为，希腊和罗马均未上升到对人的自由本质的自我意识，基督教对自由的发现是历史的一个转折点，从此以后的全部历史都是这个本质被实现的历史："世界历史围绕着它旋转。历史向这里来，又从这里出发。"基督之后的历史才是真正的人的历史。黑格尔最关键的结论是，基督教实现的和解对现代性的发生具有决定性意义：自由和平等这些现代性的基本原则，是基督教第一次让人们知道的，"这些原则是经过基督教而为世俗的王国才获得的。"②

---

① ［德］洛维特：《世界历史与救赎历史——历史哲学的神学前提》，李秋零、田薇译，生活·读书·新知三联书店 2002 年版，第 24 页。

② ［德］黑格尔：《历史哲学》，王造时译，上海书店出版社 2003 年版，第 315、330 页。

洛维特称黑格尔是最后一位基督教哲学家[①]。将基督教世俗化，其实是黑格尔给历史研究设置的一个真正起点，也是他为现代性辩护而迈出的关键一步。其后果之一，就是把救赎历史的末世论对历史终结的信仰置于理性主导的世界历史之中。这样，他似乎只能把他自己时代发生的某些最伟大事件理解为世界历史的最后完成。黑格尔说过：“历史的最后阶段就是我们的世界、我们的时代。”[②] 这使科耶夫这样的解读者推测，黑格尔认可的历史终结的标志性事件就是《精神现象学》第六章最后部分讨论的法国革命爆发、拿破仑帝国建立以及德国哲学（特别是黑格尔哲学）诞生；也使福山这样的人产生了利用黑格尔为西方自由民主制度辩护的强烈冲动。

二 黑格尔与西方自由民主制度

福山的问题虽然针对20世纪末的重大事件提出，但却把问题回溯至黑格尔乃至更早的基督教。因为他相信，回到黑格尔历史理论，可以赋予自由民主一个高尚而有说服力的解释，证明自由民主制度是历史的终点。他从黑格尔和马克思共有的一个基本观点出发，即历史不是已发生事件的盲目堆砌，而是一个有意义的和可以理解的整体过程，这个过程从奴隶制和原始农业文明开始，经过各种神权政体、君主专制政体和封建贵族统治，后来上升到自由民主制度和资本主义工业文明。最后得出一个关键性理解：黑格尔和马克思都认为历史有一个内在的终极目标，该目标的实现将是历史的终结，黑格尔将这个终结定位于“自由国家”，马克思则将终结定位于共产主义社会。福山自己的定位是，在20世纪的最后25年，自由民主制度和自由市场经济在全世界取得了决定性胜利，这就是历史的终结。因为，虽然历史的自然过程还会继续，但历史的所有大问题已经完全解决，重大事件不再发生，构成历史本质的最基本政治形式和精神原则的

① ［德］洛维特：《从黑格尔到尼采》，李秋零译，生活·读书·新知三联书店2006年版，第128页；并参看《世界历史和救赎历史——历史哲学的神学前提》，第69页。

② ［德］黑格尔：《历史哲学》，王造时译，上海书店出版社2003年版，第436页。

进步不再可能。[①]

福山以此为契机重启了19世纪巨人们的讨论：什么是推动历史向着一个终极目标前进的动力？他对比了两种基本解释。第一种是现代性耳熟能详的解释：现代科学技术的进步服务于统一的自由市场经济，使财富无限增涨，人类欲望无休止释放和满足，最终使所有人类都不可逆转地走上一条经济现代化加消费主义的同质化道路。福山称这是"对历史发展的经济学解释"，它既不完整也不令人满意，[②] 因为它不能解释自由民主作为一种历史进步的内在道德基础和人性根据。为此之故，福山提出第二种解释：黑格尔的主人/奴隶辩证法，揭示了不是物质财富而是追求作为一个人被别人承认的纯粹的激情，才是人性中永恒高贵的部分；这种为获得承认的斗争才是驱动整个历史进步的内在动力。"黑格尔根据美国和法国的民主革命，曾断言历史已经走到尽头，原因在于驱动历史车轮的欲望——为获得承认而斗争——现已在一个实现了普遍和相互承认的社会中得到了满足。没有任何其他人类社会制度能更好地满足这种渴望，因此历史不可能再进步了。"[③] 第二种解释优于第一种解释，因为，福山认为由他转述的黑格尔学说提供了理解历史进步之真正道德基础的方法，从而使自由民主制度变得高贵："自由民主在全世界各地的胜利是作为人的人性的发现。"[④]

这明显是一个被福山"过度诠释"的黑格尔历史理论，不能代表黑格尔的本意，但提出的问题对理解黑格尔的思想却很重要。而科耶夫说过，世界的未来很大程度取决于人们解释黑格尔的方式[⑤]。福山对黑格尔的解读因为贯穿了思想史而复杂，我们只择要讨论两点。

1. 福山认为，黑格尔对历史内涵的理解大大高于马克思的理解。他把马克思的唯物史观划入"对历史的经济学解释"，指责这其实是现代性

---

① [美]弗朗西斯·福山：《历史的终结及最后之人》，黄胜强、许铭原译，中国社会科学出版社2003年版，代序第2—4页。

② 同上书，代序第5—6页。

③ 同上书，代序第9页。

④ 同上书，第57—58页。

⑤ [法]科耶夫：《黑格尔、马克思和基督教》，见刘小枫主编：《驯服欲望——施特劳斯笔下的色诺芬撰述》，华夏出版社2002年版，第25页。

世界最习见的思维方式，表明人的理解力已经无可挽救地资产阶级化了①。他提出，马克思的历史观在现实中受挫——历史终结后出现的允许人们以平等方式生产和消费最大量物品的社会，不是共产主义社会，而是资本主义社会——由此激起的最大问题，不是黑格尔的历史终结预言是否比马克思的预言更准确，而是黑格尔对历史本质的理解是否比马克思更深刻？而他认为，黑格尔对历史的理解深度是马克思的唯物史观所无法比拟的②。因为正是黑格尔发现了，人类历史的真正动力不是科技和经济，而是一种非经济的人性力量："获得承认的激情"。福山说："如果我们必须触及历史的终结这个问题，我们似乎必须把对历史的讨论放下来，转而讨论人性的问题。"③ 黑格尔依据这个人性观点把社会划分为追求荣誉甘愿冒生命危险的主人和怕死的奴隶，这比马克思按经济划分阶级的观点更深刻。因为，在柏拉图的《理想国》记录了苏格拉底把人的灵魂分为理性、欲望和激情三个部分的基础上，黑格尔对"承认"的强调解释了激情才是人性中最高的东西，而马克思对经济的强调和洛克一样，只解释了理性和欲望，"黑格尔比洛克或马克思更深邃地看透了人性。"④

2. 福山认为，黑格尔对人性的发现也使他对自由民主内涵的理解不同于盎格鲁—撒克逊自由主义传统即霍布斯、洛克、斯密和美国立国者所发明的理解。霍布斯认为，人最基本的自然权利是自我保存的权利，不顾生命为荣誉而战的态度不是人类自由的起点，恰恰是一切不幸的根源。洛克在自我保存之上为人类自由增加了另一项自然权利——财产权。福山认为，霍布斯和洛克对自由主义的理解是资产者的理解，而资产者代表的利己主义是现代性在道德上最大的失败；黑格尔则把自由的理解建立在人性中的非利己主义之上，从而看到霍布斯、洛克没看到的东西：判断人是否自由的关键是看他是否有道德选择能力，即不是只根据是否对自己有利，而是根据人性的更高需要（如尊严和道德）进行选择。为获得别人的承认而甘冒生命危险这种贵族式态度，在黑格尔对历史的描述中之所以如此

① ［美］弗朗西斯·福山：《历史的终结及最后之人》，黄胜强、许铭原译，中国社会科学出版社2003年版，第164页。

② 同上书，第152页。

③ 同上书，第157页。

④ 同上书，第235页。

重要，就是因为它证明人超越了自保和自利这些自然本能，因此是一个自由的即真正的人。福山相信黑格尔证明了，人类的自由始于他超出利己主义这一资产者态度而创造一个新的自我，而"这一自我创造过程的象征性起点就是为纯粹的名誉而拼死战斗。"① 他认为，现代自由民主的成功往往建立在盎格鲁—撒克逊自由主义一直想超越的"非理性的骄傲"和"获得承认的激情"上，比如自由经济中的工作精神"已经不是受到物质诱惑的驱使，而是来自重叠的社会集团的认可。"②

很明显，福山用黑格尔的承认激情理论压制马克思对历史和现实的批判性理解，又用这个理论规避霍布斯和洛克对现代性的粗俗奠基，目标就是用黑格尔理论为自由民主社会提供一种高贵的解释。但是他的这一目标不可能达到。因为首先就面临一个内在的困境：想用黑格尔的"承认激情"替代霍布斯、洛克的"自然权利"去解说现代自由民主社会的起源，这是不可能的。为了看清这一点，首先对比这两种理论。（关于马克思稍后再作讨论。）

霍布斯和洛克的自然权利是他们为现代性建立的真实基础。霍布斯和洛克不满足于将道德判断建立在纯粹理想主义的主观基础上，相反，自然才是永恒而真实的标准，好人和好社会都有赖于人的自然。霍布斯将自然法确定为公民社会的道德原则，但必须使自然法脱离人的完满性观念，而将其从人类的实际状况中推演出来，由此得出：最强的自然情感是对死亡的恐惧，最大的自然权利是自我保存的权利，这是一切正义和道德的终极根源。具体言之，人之所以进入社会契约和公民社会，是因为生命受到威胁，死亡是破坏契约的自然制裁，公民社会和实在法是从这种制裁中推演出来，并从自然中取得力量的；私利和公共善的冲突也是这样解决的。洛克教诲的核心则是从这种人性的自然中推演出舒适和财产的权利。关键在于，霍布斯和洛克并未从政治生活中排除所谓激情即对自由的向往，他们都意识到，借助恐惧拔除人类对自由的永恒热爱是不可能的。霍布斯论证的是：自然权利并不是一般的权利，而是自然状态下应该被认可的自由，

---

① ［美］弗朗西斯·福山：《历史的终结及最后之人》，黄胜强、许铭原译，中国社会科学出版社2003年版，第168—170、172页。

② 同上书，代序第10—11页。

它假设自我保全在道德上是应受责备的，但却是为环境所谅解的。公民社会和国家的唯一目的就是达成和平和相互保护，从而终结自然状态，把人从这种自然状态中解放出来，并彻底终止人们为自私行为寻找必然性的托词，造就一种遵守社会契约行事的新环境。霍布斯、洛克乃至卢梭的自然权利理论尽管不同，但在现代公民社会的起源和目的上同出一辙，他们为自然权利提供的论证，都设定了人的自由选择之可能性的先在信念，同时又否定了人有完满理解最佳生活目标的能力，由此出发去为公民社会（即自由民主社会）建立一个真实的基础。①

而在解说公民社会的起源和目标上，黑格尔的“获得承认”学说不及自然权利学说。在最直接的意义上，黑格尔关于主人道德的承认理论并不针对也不适用解释现代自由民主社会的历史起源。在《精神现象学》第四章中，黑格尔的承认论题以抽象的形式为正确理解人际关系的社会本质提供了经典模式，即将其理解为在相互依存前提下为追求相互承认而进行的一场生死斗争②。这个论题引入了现代政治哲学的核心问题，因而可以引申为各种理论主张：马克思用它来设定阶级政治的基本议程；福山则用它为自由民主提供一个崇高的解释。问题在于，将这个黑格尔理论用在福山的目标上，其首先难免的缺点是苍白的抽象性，根本不足以让自由民主社会变得崇高。因为，为追求荣誉而冒生命危险这一贵族式态度没有任何地方与真实的现代性经验相对应；对死亡的畏惧消失，可以使人性崇高，但也使进入现代性世界和接受其规则的内在动机消失了。福山对“追求承认的激情”如何催生了现代性世界的论证非常模糊。此外，更大的缺点是，福山对黑格尔的主人/奴隶辩证法和承认理论使用不当，存在致命误读。他没看到，在对主人/奴隶辩证法的运用中，黑格尔把现代社会的起源不是归结为主人追求承认的激情，而是恰恰归结为在基督教中出现的作为奴隶道德的绝对自由和普遍平等观念，归结为奴隶重视自己的劳

---

① 对霍布斯和洛克“自然权利”学说的解读，可参看［美］施特劳斯《自然权利与历史》，彭刚译，生活·读书·新知三联书店 2006 年版，第五章；以及施特劳斯弟子伯恩斯的论文《现代性的非理性主义》，载刘小枫主编《驯服欲望——施特劳斯笔下的色诺芬撰述》，华夏出版社 2002 年版。

② 拙文《马克思实践哲学视野中的“承认”问题——黑格尔“主人/奴隶辩证法”与马克思政治理论的历史渊源》（载《马克思主义与现实》2007 年第 1 期）对此有详细讨论。

动、通过劳动征服自然和谋求承认的劳动伦理。黑格尔论证了基督教的世俗化就是现代自由民主社会。由此出发，黑格尔对于如何通过契约和法制处理私利与公共善的冲突这一现代社会的核心问题，完全追随了霍布斯、洛克和斯密：市民社会是"利己的目的（即特殊性）在它的受普遍性制约的实现中建立起的在一切方面相互倚赖的制度"。在这种两极制约中，伦理性的东西消失了，但是每个人的特殊目的通过同他人的关系而取得普遍性的形式，并且在满足他人福利的同时，满足自己。[①] 正是在这个意义上，施特劳斯认为黑格尔的主人/奴隶辩证法是建立在霍布斯的自然状态理论基础上的[②]。

总之福山不能完成他的任务。事实上，读者不难发现，福山这本庆贺西方自由民主最后胜利的书，其根本气质是阴暗的和忧郁的。福山崇拜黑格尔，是因为他在黑格尔描述的贵族鼎盛时期发现了真正人性的、高贵的和自由的事物，他也看到历史已经无情淘汰了这些属于过去时代的东西；福山怀念这些被驱逐的事物，怀念逝去的激情，在这一点上他彻底吸收了尼采的品位："尼采的著作是对黑格尔的贵族主人及其为纯粹的名誉战斗到死的赞扬，也是对现代性的猛烈抨击，因为现代社会在无意识情况下全面接受了奴隶道德。"[③] 但正因如此，福山无法用黑格尔的教诲来使自由民主社会放射光辉，反而以强有力的笔法论证了，现代性就是用欲望加理性取代激情、用平等意识彻底战胜优越意识、把贵族改造成资产者的一项社会改造工程。"以主人的血腥战斗为起点的历史进程，在某种意义上正在以当代自由民主社会的公民——现代资产阶级以财富而不是光荣为第一追求而终结。"[④]

三 作为哲学问题的"历史的终结"

福山的历史终结研究因上溯到黑格尔而有力度，他对黑格尔的理解则

---

① 参见［德］黑格尔《法哲学原理》，范扬、张企泰译，商务印书馆 1982 年版，第 182—184 节。

② ［美］施特劳斯：《论僭政——色诺芬〈希耶罗〉义疏》，何地译，华夏出版社 2006 年版，第 208 页。

③ ［美］弗朗西斯·福山：《历史的终结及最后之人》，黄胜强、许铭原译，中国社会科学出版社 2003 年版，第 216 页。

④ 同上。

主要来自科耶夫。福山认为科耶夫是马克思之后最伟大的黑格尔阐释者，认为科耶夫解读黑格尔的最重要结论是：法国革命和拿破仑带来的自由平等社会是一种“普遍的同质的国家”，代表着人类历史达到了一个不可能再进步的终点。但是本文认为，福山误用了黑格尔的历史终结论题，西方自由民主制度不可以在直接意义上理解为历史的终点。福山也误用了科耶夫对黑格尔的阐释，“普遍同质国家”不可等同于现实中的西方自由民主国家。

《精神现象学》是黑格尔建立其历史理论的一部著作，书中前七章从不同角度讨论历史，第八章讨论历史的终结。但是黑格尔从基督教救赎历史接受过来的历史终结观念，并非预设现实人类历史有一个最后的、可用经验方式确定的重大目标和重大时刻，而是预设了黑格尔“完成”哲学、达到“绝对知识”的一个本体论前提，这就是全部黑格尔现象学最后的也是影响最大的那个结论：只有在历史完成之时，绝对知识才能产生。在这里，历史的终结是一个纯粹哲学问题，而非一个历史的自然事件；但理解历史是理解这个哲学问题的前提条件。福山不理解也不感兴趣黑格尔的哲学问题，他的目标是把历史的终点自然化、实证化。但是，黑格尔理论对于福山这个目标并无帮助。

黑格尔认为，知识是首要的，人用行动创造世界和历史，是为了把它“放回”知识中进行理解，历史中存在的一切都是为了达到关于存在和历史的完整知识，最后的、最完满的知识是一种概念式的理解，这就是哲学，黑格尔称之为“绝对知识”或“科学”。对于黑格尔，绝对知识是历史的最后目标，只有它才是人性的真正现实。通常对此进行的唯心论批判正是人们理解黑格尔的一个失真之处，因为黑格尔的绝对知识是概念与实在的结合，主客同一的存在整体。《精神现象学》第八章的标题是“绝对知识”，这一章总述全书的问题：绝对知识何以可能？给出的回答是：只有历史终结，绝对知识（即黑格尔哲学）才能产生。但是黑格尔笔法隐微，对这个论点的表述极其晦涩：“精神”发展的最后形态是绝对知识，绝对知识是“精神对自身的概念式知识”，以概念作为其“定在形态”的精神称为“科学”。关键是：“关于这个概念的定在，在精神达到对自己的意识之前，科学是不会出现在时间中和现实中的。精神作为知道其所是者，只有在完成了它的工作以后才会存在。"[①] "精神"是黑格尔哲学的核心概念，它并非一般意义的唯心论，黑格尔用这个概念表示世界存在的实体和本质，即"主客合一的存在本身"。重要的是，黑格尔认为，"精神"实现自己的过程就是人类的历史；其最后的完成形态则是一种绝对完美的哲学，即绝对知识。在绝对知识中包含了历史中一切主体和客体的所有可能的规定性，这就意味着，只有在所有这些规定性都在历史过程中实现之后，它们才能被整合到绝对知识中。黑格尔哲学正是怀着这样的使命感出场的："精神"在它的现实运动中创造世界历史，黑格尔在他的哲学中重演世界历史，也就是"在概念上被理解的历史"。很显然，只有在历史过程终结时，整合历史的完美哲学才能出现。所以黑格尔说："在精神没有自在地完成自己，没有把自己完成为世界精神以前，它是不能作为具有自我意识的精神而达到它的完成的。"[②] 这个观点锁定了所谓"历史的终结"是与绝对知识的诞生有本质关联的一个哲学的概念事件，而非一个实在史的自然事件。现实的历史过程不可能终止。这个历史的终结点只能在理论上和概念上被设定，不能在现实的历史事件中去确定，否则就游离了黑格尔的问题本意。

历史终结之后的世界什么样？黑格尔的著作对此语焉不详。科耶夫解读的一个最大成就，就是成功地根据黑格尔本意延伸了他的这一思想，告诉我们：既然历史的终结是一个哲学的概念事件，那就只能根据哲学即绝对知识的结构和需要去构想这个历史终结的含义。首先，知识要成为绝对的或完全的，就只能是循环的，循环性是知识的绝对完整性成为可能的唯一路径。科耶夫认为，用循环性来证明和保证绝对知识的绝对真理性是"黑格尔带来的唯一独创成分"[③]，因为黑格尔有句名言：真理的完成过程是一个圆圈，"精神"的全部辩证运动在其完成阶段重新回到起点。另一

① ［德］黑格尔：《精神现象学》下卷，贺麟、王玖兴译，商务印书馆 1983 年版，第 266 页（译文略有改动，参考了姜志辉译科耶夫《黑格尔导读》第 389 页的译文）。

② 同上书，第 269 页。在后来的《法哲学原理》序言中，黑格尔更浅白地重申了这个观点："哲学作为有关世界的思想，要直到现实结束其形成过程并完成其自身之后，才会出现。概念所教导的也必然就是历史所呈示的。这就是说，直到现实成熟了，理想的东西才会对实在的东西显现出来，并在把握了这同一个实在世界的实体之后，才把它建成为一个理智王国的形态。"见［德］黑格尔《法哲学原理》，范扬、张企泰译，商务印书馆 1982 年版，第 13—14 页。

③ ［法］科耶夫：《黑格尔导读》，姜志辉译，译林出版社 2005 年版，第 340 页。

方面，绝对知识之所以可能，则是因为历史已终结，历史穷尽地实现了人的本质所要求的全部东西，使世界臻于完美；由此观之，绝对知识本身的循环性的完美真理，其前提条件是，现实本身也是循环的、完美的，因此历史必须终结。历史终结后的完美现实，科耶夫称之为“普遍的同质的国家”。科耶夫用他自创的这个概念来延伸黑格尔的历史终结论题，目的就在于使历史终结作为一个概念事件的虚拟性更加明显，同时使绝对知识的循环性成为可以理解的：“普遍同质国家不是别的，它是绝对知识的循环性的实在基础。”[①] 科耶夫反复讲，所谓“循环性”的关键特征是：不再有新内容出现，不再创造任何新东西，永远与自身保持同一，向自身永恒回归，像希腊人那样看待存在，只有这样才能保证绝对知识的绝对性。“科学必然是循环的，只有循环的科学才是完成的或绝对的科学。”[②] 这要求：作为历史终结后的永恒完美现实，作为绝对知识的实在基础，所谓普遍同质国家的本质特征也是这种自身同一自身重复的循环性：在这个国家里，所有人的欲望都得到完全的和最后的满足，所有人都得到相互的普遍的承认，不再有劳动和斗争，不再有超越自身的否定性的活动，“在普遍的和同质的国家中，任何东西都不再变化，也不可能再变化。不再有历史，”“不创造任何新的东西。”[③]

很显然，科耶夫的普遍同质国家不同于苏格拉底的理想国家，它不是一个政治生活的理想，而是一个本体论的承诺。科耶夫用它成功地揭示了黑格尔“历史终结”的虚拟性及其理论意义，即只有历史完成了，绝对完美的世界出现了，才能产生绝对知识。所以科耶夫规定，只有能够完成历史并理解这一完成的人才能成为普遍同质国家的公民，只有拿破仑和黑格尔是这样的人：拿破仑完成了历史；黑格尔理解这一完成的意义，他撰写了《精神现象学》，实现了绝对知识的循环，并以此标志历史的终结[④]。可见“普遍同质国家”其实是只为拿破仑和黑格尔两个人开放的一个绝对完美的概念世界，只与绝对知识的循环性和完满性有关。这就是科耶夫说的：“普遍同质国家是绝对知识的循环性的实在基础。”

① ［法］科耶夫：《黑格尔导读》，姜志辉译，译林出版社 2005 年版，第 342 页。

② 同上书，第 467—468 页。

③ 同上书，第 461、458 页。

④ 同上书，第 175—176、504—505 页。

但必须指出科耶夫解读工作中的一个矛盾，即他是在两条不同路径上解释普遍同质国家的形成的。一条路径是用绝对知识（即黑格尔哲学）的问世去解释普遍同质国家的形成，令其作为绝对知识之绝对完满性的本体论基础。如我们在上面看到的，这是既符合黑格尔本意又富于天才创意的一个解读，它揭示出黑格尔的历史终结是一个哲学问题，而非现代性历史的自然事件。与此平行的另一条路径是用承认欲望的满足来解释普遍同质国家的形成，其后果是把历史的终结实证化、政治化，即把普遍同质国家等同于现代自由民主国家。这正是福山将历史终结问题政治化和意识形态化的滥觞。科耶夫在对《精神现象学》的整本解读中始终坚持，黑格尔用"追求承认的斗争"决定性地解释了世界历史的本质，世界历史就是由主人和奴隶、承认与被承认构成其根本内容的历史；科耶夫还坚持认为黑格尔在《精神现象学》中提出了这样的观点：法国革命和拿破仑战争带来的现代自由国家，使所有人的承认欲望都得到最后的满足，因此标志着历史在我们的时代已经完成："实现这种'满足'的国家在恐怖（即大革命）中产生，在《精神现象学》的作者看来，这种国家就是拿破仑帝国。拿破仑完成了人类历史。"而黑格尔这样理解拿破仑的历史意义："黑格尔听到耶拿战役的炮声，所以他知道历史已经完成。"[①] 科耶夫对黑格尔承认理论这种不当的"过度诠释"，与他对黑格尔历史终结论题的天才的本体论解读如影随形，使整个解读工作陷入深刻的矛盾，其不良后果就是将历史终结问题实证化、政治化，严重背离了黑格尔问题的本意。科耶夫晚年为他的《黑格尔导读》第二版所加的著名注解，进一步加深了这一误区："当我观察我周围发生的事情和思考自耶拿战役以来世界上发生的事情时，我理解到，黑格尔在耶拿战役中看到本意上的历史的终结是有理由的。在这个战役中和通过这个战役，人类的先驱者潜在地已经达到了终点和目的，即人的历史发展过程的终结。从此以后发生的事情，不过是罗伯斯庇尔—拿破仑在法国实现的普遍革命力量的延伸。"他甚至举出美国和日本作为历史终结后的"后历史世界"的两个典范国家，前者追求经济财富，后者追求高雅。[②] 这更强化了把普遍同质国家等同于西方自

① ［法］科耶夫：《黑格尔导读》，姜志辉译，译林出版社 2005 年版，第 229、202 页。

② 同上书，第 518—519 页。

由民主国家的观点。

科耶夫始作俑的对黑格尔历史终结的政治化解读，在福山的著作中达到极致。福山接受了科耶夫解读的消极方面，却对科耶夫重新发现的黑格尔最重要的哲学教诲不予理睬。这一教诲认为：无论历史的终结还是普遍同质国家，都是黑格尔绝对知识的可能性所必须承诺的本体论前提。福山则认为，科耶夫的重要性就在于帮助我们确认了黑格尔的断言：历史在1806年已经终结，法国革命的自由平等原则实现为“普遍同质的国家”，即西方自由民主国家，彻底解决了“承认问题”，从而标志着人类政治和意识形态的变化达到了一个不可能再进步的终点。“科耶夫郑重作出的这一论断，应当得到我们高度的重视，因为我们可以把人类历史几千年来的政治问题理解成为解决承认问题而作的努力。……如果当代宪政政府能发明一种政体，可使所有人都能获得承认而且还不会出现暴君，那么它肯定是人类最稳定、最长久的政治制度。”[①]“后历史”的西方民主国家除了带来财富，更重要的是它承认每个人的尊严，保护所有人的权利[②]。当然福山没有仅仅满足于此类陈词滥调，如前所述，他很了解自由民主社会的困境，他的著作也因此带有很浓的悲观色彩，甚至正面回应了尼采对现代社会的尖锐批判：生活在历史终点的现代人是一群“末人”，他们放弃对荣誉和一切优越、美好东西的追求，献身于以“舒适的自我保存”为最高目标的经济活动，“他们将重新回归到动物。”福山甚至精辟分析了美国这个典范的自由民主社会如何培育了平庸的“末人”。[③] 然而，所有这一切都是手段，正如有人指出的，福山的根本立场是用黑格尔的观点使自由民主社会显得高贵，同时又用尼采的观点使自己的辩护显得高贵。这种根本立场使福山看不出科耶夫最重要的哲学创意，却分享了科耶夫解读中的矛盾和困难。

科耶夫解读的矛盾是：如果历史的终结是指绝对知识、黑格尔哲学的产生，那么普遍同质国家的公民就是“哲人”；如果历史的终结是指西方自由民主社会，那么普遍同质国家的公民就是尼采的“末人”。这两种观

---

① ［美］弗朗西斯·福山：《历史的终结及最后之人》，黄胜强、许铭原译，中国社会科学出版社2003年版，代序第12—13、74—75页。

② 同上书，第228—230页。

③ 同上书，第352、345—347页。

点在科耶夫书中都有。福山接受后一种观点，施特劳斯却认为，这样的终极国家不值得追求，这种解释本身则是专断的。在其论著和通信中，施特劳斯对科耶夫的普遍同质国家提出了深刻而公正的批评。他认为，如果用“承认”的满足去规定普遍同质国家，那么这种国家就其不再有高贵和伟大的行为来讲，真正伟大人性不会在这种终极国家中被满足。“科耶夫事实上肯定了古典的观点：无限技术进步及其伴随物，作为普遍同质国家的不可或缺的条件，正是人性的毁灭。”“这一事实恰恰会导向对终极国家的虚无主义式的否定。”① 另一方面，如果用“智慧”而不是“承认”去解释普遍同质国家带来的满足，那么这个国家是合法的，其作为历史的终结也是符合黑格尔本意的。但有一点和科耶夫的构想不同，就是只有少数人能够从追求智慧中得到满足，“作为历史目标的所有人的实际满足是不可能的。”施特劳斯告诉我们：古代经典认为，由于人性的弱点，最好的政体及其带来的普遍的满足是不可能的，因此历史不可能有一个完成，所谓历史终点是一个信仰和希望的对象——一个乌托邦。现代人则不满于这一乌托邦，而是要在现实中实现最好的社会和历史的完成，为此他们没有别的办法，只有降低目标和标准，用普遍相互承认带来的满足替代基于德性的真正幸福。② 这就是被福山实证化、政治化的历史终结和普遍同质国家的实质，它背弃了古典的政治理想，同时也背弃了黑格尔的哲学问题。

四　马克思历史唯物主义学说的双重特质

历史的终结，这个从基督教历史神学内在贯穿到现代哲学人类学和历史科学的问题，在马克思新唯物主义历史学说中引发激荡和回响，是不可避免的。福山宣告，马克思和黑格尔一样，相信人类历史有一个内在的终极目标，该目标的实现将是历史的终点，之后历史将不再发展。其实福山不过是在重申西方学界很盛行的一种观点。比如洛维特在 20 世纪 40 年代

① ［美］施特劳斯：《论僭政——色诺芬〈希耶罗〉义疏》，何地译，华夏出版社 2006 年版，第 225、266 页。

② 同上书，第 227 页。

的论著中就提出，马克思历史感的核心内容是把历史理解为一个社会经济过程，它日益激化为一场世界革命，最终的结局是资本主义的崩溃和无产阶级的彻底解放。洛维特认为，《共产党宣言》在细节上和形式上是一种科学的发现和预言，相信历史由客观规律决定着，在其本质结构和特征上却坚持着一种末世论的福音信仰：资本主义世界的危机就是最终的审判，共产主义则是获得救赎的无产阶级建立起来的尘世天国。“《共产党宣言》所描述的全部历史程序，反映了犹太教—基督教解释历史的普遍图式，即历史是朝向一个有意义的终极目标的、由天意规定的救赎历史。”①

马克思是历史终结论者吗？历史的内在终极目标和最后终结点是马克思对历史的一种根本性理解吗？如果是，这种理解与唯物史观对历史的科学理解是什么关系？只要人们把科学的理解当作马克思对历史的唯一理解，只要人们坚持用科学尺度检视历史终结问题，对上面问题的回答就是否定的。但是我认为，以这种方式回避历史终结问题，回避洛维特乃至福山对马克思历史观提出的问题，将无助于坚持和捍卫马克思主义，反而贬损马克思主义。

洛维特说，马克思以科学的形式坚持着信仰，坚持着“对人们希望的东西的某种信赖”②。这个说法特别值得重视。这里所谓马克思的“信仰”不可能是本来意义的基督教信仰，却可以在世俗的引申意义上被理解。洛维特把马克思的人类解放与基督教的救赎等同，这是错误的，因为马克思对宗教的彻底批判态度是不可否认的。但这个提法如果作为一个象征性的类比，却可以提示我们去重新认识马克思历史学说固有的双重理论特质和复杂性，即它既包含对现实历史过程及其规律的科学分析，又是对某种最高理想的信仰和坚持，它的一切科学发现和断言都被最高理想的信仰所引导并赋予力量。在象征类比的意义上可以说：“历史唯物主义是国民经济学语言的救赎史。似乎是一种科学发现的东西……从头到尾都充满了一种末世论的信仰，这种信仰在他那里规定着所有具体断言的全部力量

① ［德］洛维特：《世界历史与救赎历史——历史哲学的神学前提》，李秋零、田薇译，生活·读书·新知三联书店2002年版，第53页。

② 同上。

和有效范围。"[1] 就共产主义学说联系着对一个最高历史目标的展望而言，人们有理由把它看成马克思信念中历史的内在终极目标。因为，无论《共产党宣言》中的"自由人联合体"，还是《资本论》中"真正的自由王国"[2]，还是《1857—1858年经济学手稿》中"人的全面发展基础上的自由个性"的第三阶段[3]，这些预言在其对最高理想的展望上，都强烈暗示着历史过程的完满性和目标的内在终极性，它们已经超出马克思科学分析的一切界限，只能被理解为终极目的。重要的是，它们因此而构成了马克思历史学说中与科学的理解相并行的信仰一面和目的论一面。历史唯物主义由此展示了极复杂的理论景观：马克思在一种完全与科学规律兼容的意义上引入了对历史的目的论理解以及对这个目的的信仰。对于马克思，历史不仅仅是被科学规律决定的客观的"自然史"，它同时也是被更高目的引导而通向自由的过程："全部历史是为了……使'人作为人'的需要成为需要而作准备的历史。"[4] 我们习惯于过分强调唯物史观对历史的科学理解，忽视其目的论和信仰的一面，但这恰恰是一种抽象的片面的解读，导致把唯物史观看成经济史观和经济决定论，损害了马克思历史理解的人性内涵、学术品位和思想力量。超越这种抽象的纯粹科学理解，我们可以看到，革命的历史目的论是马克思历史学说的高度理想特征和信仰维度的实现形式，只有当对历史的科学理解和目的论理解结合到一起，才能解释马克思学说经久不衰的思想力量。因为，正如洛维特指出的：仅仅从科学上论证无产阶级的解放使命，并通过纯粹事实来激励千百万追随者，这是不可能的[5]。另外，这样一种更丰富的理解也把马克思置入一种思想史的深度背景之中，马克思曾经指认古代的目的论观点比现代性观点更崇高，同时也深受黑格尔观点的影响，即历史作为"精神"的更高目标（自由）的实现过程，是合规律性与合目的性相统一的过程，但这个精神

---

① ［德］洛维特：《世界历史与救赎历史——历史哲学的神学前提》，李秋零、田薇译，生活·读书·新知三联书店2002年版，第53页。

② ［德］马克思：《资本论》第3卷，人民出版社1975年版，第927页。

③ 《马克思恩格斯全集》第30卷，人民出版社1995年版，第107—108页。

④ ［德］马克思：《1844年经济学—哲学手稿》，刘丕坤译，人民出版社2004年版，第90页。

⑤ ［德］洛维特：《世界历史与救赎历史——历史哲学的神学前提》，李秋零、田薇译，生活·读书·新知三联书店2002年版，第53页。

不是“无人身的理性”，而是无产阶级的阶级意识，这个自由的实现就是以无产阶级解放作为其政治形式的全人类解放。

因此，对于马克思是否历史终结论者，答案既是又不是。这是一种矛盾。这种矛盾正是他学说的丰富和复杂本质。在不同文本中，马克思曾反复论及唯物史观的核心观点：历史是一个有规律的客观过程，因此对历史的研究应该成为一门“科学”。例如，他指出，共产主义不是现实应当与之相适应的理想，而是用实际手段来追求实际目的的最实际的运动[①]。他还提出，到现代为止的一切历史只是人类的史前史，只有从人类超越现代性而进入自由王国起，他们才真正开始创造自己的历史[②]；这意味着人类历史远未完成，甚至尚未开始。这些特定的说法既否定了基督教以信仰为特征的对历史终结的展望，也否定了福山出于意识形态动机对历史终结的宣告。在实证的意义上坚持历史终结并将其强加给马克思，正是福山的错误。然而，历史终结问题仍然与马克思有不可取消的本质关联，对马克思来说，这个本质就在于它牵涉到历史的最高目标，即人类的自由和解放的实现。它揭示马克思历史学说的信仰和目的论一面。从这种革命的历史目的论出发，可以解释洛维特所谓马克思历史观中科学与信仰的矛盾。

古代的目的论宇宙观认为，世界上的一切都是为了某种先定的目的而存在的，世界因此是一个有统一目标的有意义的整体。马克思对历史最高目标的展望则是一种革命的目的论（它和马克思对历史的科学理解相辅相成），它首先是马克思批判资本主义的政治问题的产物，其次是马克思理解历史的辩证方法的产物。这两者都和黑格尔有关。

1. 福山认为，马克思的历史终结问题是从黑格尔继承来的。这是对的。但是如前所述，福山没有看出，黑格尔的历史终结是一个哲学的本体论问题，而不是一个自然的历史事件。福山更没有看到，历史终结问题到马克思这里从哲学问题变成政治问题，是马克思超越黑格尔哲学的一个重要后果。19 世纪 40 年代马克思对黑格尔进行的激烈批判不是单纯的哲学观点的改变，而是为了把历史理论变成政治问题的场所。就历史终结问题

① ［德］马克思、恩格斯：《德意志意识形态（节选本）》，人民出版社 2003 年版，第 31、91 页。

② 《马克思恩格斯选集》第 2 卷，人民出版社 1995 年版，第 33 页；以及《马克思恩格斯选集》第 3 卷，人民出版社 1995 年版，第 758 页。

来看，马克思曾详细评述过黑格尔《精神现象学》的相关论点："黑格尔在'现象学'中用自我意识来代替人，因此最纷繁复杂的人类现实在这里只是自我意识的特定形式。……'现象学'最后完全合乎逻辑地用'绝对知识'来代替全部人类现实……全部'现象学'的目的就是要证明自我意识是唯一的、无所不包的存在。"① 这就是黑格尔对历史的完成，黑格尔为这个完成规定了纯哲学的形式，"因此历史也就变成了单纯的哲学史"②。马克思指出他与黑格尔的最大分歧在于：对黑格尔来说，"问题完全不在于现实的利益，甚至不在于政治的利益，而在于纯粹的思想。"而对他来说，"全部问题都在于使现存世界革命化，实际地反对并改变现存的事物。"③ 因此，马克思对历史终极目标的态度，既不同于基督教末世论信仰的预言和等待，也不同于黑格尔哲学的本体论承诺，而是当作一个非常现实而有限的政治问题来讨论的，对如此完美的一种终极状态的构想直接联系着对现存社会体制的批判和否定，对它的信仰和预言完全基于科学发现的结论：资本主义已经为实现这个终极目标准备好了一切条件，这就是大工业和无产阶级。在西方学者认为最接近马克思历史终结论的著名的"人的关系的三个阶段"论题中，对作为终极目标的第三阶段的描述是："建立在个人全面发展和他们共同的、社会的生产能力成为从属于他们的社会财富这一基础上的自由个性。"④ 这样一个目标不是信仰的和等待的，但却是希望的和目的论的；不是实证化和自然化的，但却是政治的和科学的。从马克思的论述来看，人类的历史发展不可能有比"个人全面发展基础上的自由个性"更高的理想了，它具有最高的完满性和启示性，但它却是作为最紧迫的现实政治问题来提出的，即资本主义把对人的自由个性的压迫发展到极致，从而使反抗这种压迫成为最现实的任务。所以他在别的地方也说：我们所称为共产主义的是那种消灭现存状况的现实的运动。

2. 马克思共产主义学说的这种高度理想性、完满性与现实性、政治

① 《马克思恩格斯全集》第 2 卷，人民出版社 1957 年版，第 244—245 页。

② 《马克思恩格斯全集》第 3 卷，人民出版社 1960 年版，第 131 页。

③ ［德］马克思、恩格斯：《德意志意识形态（节选本）》，人民出版社 2003 年版，第 38、19 页。

④ 《马克思恩格斯全集》第 30 卷，人民出版社 1995 年版，第 107—108 页。

性之间的张力，无法从希望的信仰或客观化的科学任何一个单独方面得到完美解释。换一种思路，马克思的共产主义作为历史的终极目标，与其说是一个预言和展望的目标，不如说是一种辩证的历史思维方式的产物，它来自黑格尔辩证法对马克思的影响，而黑格尔辩证法的源头则再次上溯到基督教的末世论。按照学者托匹茨的研究，基督教关于初始状态、有罪堕落和最终救赎的三阶段图式，最早引发了对世俗历史过程的一种理解，即世俗历史也是按发生、堕落和复归的图式进行的，一切负面的或恶的东西最终都将在历史过程中被克服。而这正是黑格尔所阐述的“概念辩证运动”的原型，这种概念运动由“否定性因素的力量”即对不完善状态的批判和克服来决定其核心问题。托匹茨认为，辩证法实质上是一种以末世论为基础的历史逻辑，它的以“否定性因素的力量”为核心的三段式，构成了黑格尔马克思学说之间“体系结构上非同寻常的相似性”。[①] 托匹茨的研究至少提醒我们，马克思对资本主义的政治批判，充分借助了黑格尔的伟大遗产“否定辩证法”，而把历史设计成人的本质发展的三段式过程：从前现代人的简单本质表现开始；资本主义是本质异化的否定阶段，它作为负面的恶的东西终将被克服；最后的结果，即人的本质的复归，被理解为历史的一次完成。由此观之，所谓历史的内在终极目标其实是马克思批判方法和批判理论本身的必然产物，就概念的理论性质而言，它是引导马克思全部批判工作的最高理念。

从福山的思路来看，他没有理解黑格尔和马克思历史理论的这种辩证法基础，只是把黑格尔和马克思的历史终结问题直接实证化：黑格尔和马克思都曾相信，人类历史的发展是有终点的，黑格尔将“终结”定位于自由国家，马克思则把它定位于共产主义社会。福山的实证化尽管出于明确的意识形态动机，但他并不理解马克思历史终结作为政治问题所蕴含的政治与信仰、科学与目的论之间的矛盾张力。所以如前所述，他把马克思的历史唯物主义划归“对历史的经济学解释”，并断言黑格尔的历史理解大大高于马克思的理解，因为黑格尔用“为承认而斗争”来解说历史走向终结的内在动力，从而发现了历史进步的人性根据和道德基础，而马克思的经

① ［德］托匹茨：《马克思主义与灵知》，载刘小枫编，［德］约纳斯等（著）《灵知主义与现代性》，张新樟等译，华东师范大学出版社 2005 年版，第 108—109、115 页。

济学解释却落入了现代性的资产阶级意识形态。福山以这种方式压制马克思对西方自由民主制度的批判。而我们看到，把唯物史观当作经济史观和生产主义进而当作资产阶级意识形态来批判，也是后现代思潮中反复出现的一个主题。更有西方学者认为，马克思的共产主义未来人和西方自由民主社会的"后历史的"公民没有差别，都是尼采所说的"末人"，是人的极端堕落状态。他们在历史终结之后存在，共产主义的经济性质意味着他们是一群"有好吃好喝好居所而无理想无激情"的经济动物[①]。不消说，这是对马克思论域中的"历史终结问题"的极端曲解。众所周知，被视为马克思历史终结观点范本的《1857—1858年经济学手稿》中"人的关系的三阶段"命题，其聚焦点甚至不是未来社会形态，而是人性和人的本质发展的全面性，这是特别意味深长的。《1844年经济学哲学手稿》中的共产主义概念被认为具有最高的启示性和完满性：它是人的自我异化的积极扬弃，是对人的本质的真正的全面的占有，是人与自然界之间、人与人之间矛盾的真正解决[②]。很难理解马克思这一概念与尼采的"末人"是如何画等号的。马克思在《德意志意识形态》中确实说过共产主义"具有经济的性质"、需要"经济前提"[③]，但经济、生产力和财富的一定发展只是作为人的全面发展的必要条件；更重要的是，马克思的经济和财富概念因为始终联系着对历史终极目标的展望和视野，因而不是功利主义的和现代性的，而是目的论的和古典的，他认为在经济和财富问题上，古代的观点比现代性世界要崇高得多："如果抛掉狭隘的资产阶级形式，那么，财富不就是在普遍交换中产生的个人的需要、才能、享用、生产力等等的普遍性吗？……财富不就是人的创造天赋的绝对发挥吗？"[④]

最后要指出，在历史终结问题上，福山的"政治化"和马克思的"政治问题"之间的区别是特别值得注意的：福山以实证主义态度直接指

---

① 参看贺照田主编《西方现代性的曲折和展开》，吉林人民出版社2002年版，第127、100页。

② ［德］马克思：《1844年经济学—哲学手稿》，刘丕坤译，人民出版社2004年版，第81页。

③ ［德］马克思、恩格斯：《德意志意识形态（节选本）》，人民出版社2003年版，第66、100页。

④ 《马克思恩格斯全集》第30卷，人民出版社1995年版，第479—480页。

认资本主义全球化的现实是人类历史的最后终结点，马克思则借助黑格尔辩证法把这个制度现实当作历史的负面的和恶的阶段、否定和批判的对象，对它的否定指引着一个更高的目的。福山对历史终结的欢呼明显喻示着马克思主义理论与实践的终结，但是，在福山为这个问题限定的思想史学术框架中，正是马克思更好地诠释了所谓“历史终结”的真意义。因为，所谓历史的终结是赋予历史以意义的那个东西，但它因此恰恰是不确定的东西。这个由基督教发明的问题对后世（包括马克思在内）理解历史产生了决定性的影响，这是为什么？洛维特认为，提出不能用经验的方式来回答的问题，是神学和哲学的特权，关于最初事物和最终事物的问题就属于此列。它们之所以保持其价值，恰恰因为没有任何答案能使它们归于沉寂[①]。确实如此。我们跟随黑格尔和马克思追问历史的内在终极目标，其实这是由基督教神学最先提出的一个没有边际的问题，它吸引我们，但超出一切理性的认知能力，只能靠希望和信仰来回答。基督教认为，只有上帝和先知能预言未来，但正因如此，预言的实现不是一个历史的自然事件，而是一种无条件地信仰的希望，其理由不可能建立在事实与合理性的基础上，也不会由于事实和合理性而成问题。“希望在本质上是信赖的、耐心的和充满了爱的。因此，它既把人从一种贪婪的思维中解放出来，也把人从一种不再期待任何东西的听天由命态度中解放出来。”[②]

从这种思想史的学术谱系视角，再结合 20 世纪世界范围的无产阶级阶级斗争失利、全球资本主义时代到来的现实，我们可以更深刻地理解马克思历史理论中的内在终极目标问题的意义。与福山为西方现行体制的现实而辩护相比，马克思是以科学的和政治的批判形式坚持着对一个更高目标的希望和信仰，这个目标正是对现实的否定和超越。这就是为什么德里达在回应福山以“历史的终结”宣告马克思主义的终结时会提出：“不能没有马克思，没有马克思，没有对马克思的记忆，没有马克思的遗产，也就没有未来。”[③] 德里达提醒人们：“不是在历史终结的狂欢中欢呼自由民

① ［德］洛维特：《世界历史与救赎历史——历史哲学的神学前提》，李秋零、田薇译，生活·读书·新知三联书店 2002 年版，第 7 页。

② 同上书，第 245—246 页。

③ ［法］德里达：《马克思的幽灵——债务国家、哀悼活动和新国际》，何一译，中国人民大学出版社 1999 年版，第 21 页。

主制和资本主义市场的来临，不是庆祝'意识形态的终结'和宏大的解放话语的终结，而是让我们永远不要无视这一明显的、肉眼可见的事实的存在，它已经构成了不可胜数的特殊的苦难现场：任何一点儿的进步都不允许我们无视在地球上有如此之多的男人、女人和孩子在受奴役、挨饿和被灭绝。"① 他所依据的正是马克思的遗产。这个遗产是双重的：一方面，马克思以科学的分析指明了资本主义的优点和缺点：优点是基于其现实可操作性的体制上的强势，缺点是对人的本质的压抑和异化。另一方面，马克思又以历史目的论的理论方式指明：对资本主义现实的否定和超越通向一个希望和信仰的更高目标。由此可以提出，对历史唯物主义的研究有必要澄清其双重理论性质及其前提，避免片面化理解，从而更有效地开启其当代性，并回应现代西方思潮的冲击和挑战。

（原载《中国社会科学》2009 年第 1 期）

① ［法］德里达：《马克思的幽灵——债务国家、哀悼活动和新国际》，何一译，中国人民大学出版社 1999 年版，第 120 页。

财产权批判的政治观念与历史方法

一　财产权问题的政治之维

财富和财产权问题一直是西方学界的热点，近年来国内学界也开始予以关注，这是一个重要学术动向。因为现代社会是经济型社会，财富的生产及其占有既是这个社会的实体，也是它的首要目标，这决定了马克思历史唯物主义从经济角度对现代社会的批判性理解，需要在政治上落实于财产权问题，庶可避免流于抽象和概念化。

有关财产问题的持久讨论隐藏着有关现代政治的性质与根基的论争，贯穿了整个现代思想史，构成了马克思资本主义批判和政治经济学批判的总背景。如果从历史上划分，现代对于财产的政治理解经历了两个明显不同的时代。自 17 世纪英国革命之后的大约 100 年间，是财产权被正面理解并奠定为现代政治基础的时代。其理论上的关键一步，先有洛克提出，私有财产权是现代人自由和权利的首要基础，财产权的正当性来自劳动；斯密紧随其后，发现“一般劳动”是财富的唯一本质，从经济学的科学理论上支持洛克。自此，现代对于财产的政治信念有了一个真正的理论基础，财产和劳动成为现代政治哲学的基础性问题。洛克和斯密理论代表了自由资本主义上升时期的时代精神，即完全从正面理解财产权，把私有财产权当作自由的基础，不考虑（或看不到）财产权与贫困和社会不平等的存在是否有着某种内在联系。自 18 世纪中期起，随着现代性矛盾的凸显，这种正面理解被质疑，财产权开始被从反面指认为导致贫苦大众悲惨处境的原因，造成人类不平等的根源，引发一切社会问题的深层症结所在。卢梭 1750 年的出场可以作为这个财产权批判时代到来的标志。由卢梭唤醒的批判意识，第一次看到财产不仅不是现代政治无可置疑的基础，财产与其对立面贫困构成的矛盾恰恰是现代政治的最大难题，贫困是由财产权在政治上导致的一个后果，在18世纪以后逐渐被称为“社会问题”，该问题只有通过改变财产权的归属结构才能加以解决。这就是18世纪以后新版本的财产权问题，它从法国思想界开始，经过法国社会主义的一系列中介和发展，延伸到19世纪以康德、黑格尔为代表的德国思想界，最后在马克思与蒲鲁东的争论中达到一个高峰。

按照马克思的看法，蒲鲁东在这场关乎现代政治根基的论争中“起了划时代的作用”①。因为将财产权作为一个独立问题提出，并将其确定为“社会问题”的聚焦点，是从蒲鲁东的著作《什么是所有权》开始的，这本书宣布：“财产权就是盗窃!”这本书问世的1840年正是马克思革命理论的问题意识从晦暗走向澄明的重要阶段，当时它对马克思的震撼可想而知。在此之前，特别是在圣西门和傅立叶那里，对资本主义的批判和对“社会问题”的解决，终未能将其焦点自觉落在财产权问题上。蒲鲁东的重要性在于，他是第一个对现代资产阶级财产权之合法性的某些最重要的“本质直观”提出致命批判的人：

1. 先占权。某物属于时间上最先占有它的那个人所有，这种先占权是财产作为一种权利之合法性的最古老的直观，它的历史可以上溯至罗马法，向下则延续到自洛克到诺齐克的现代权利观点。它被认为是私有财产的第一位守护神。蒲鲁东的批判矛头首先指向先占权。他极力证明：“先占”并非权利的自明前提，平等才是权利的自明前提，平等是正义的本质。② 根据平等原则，蒲鲁东重新规定“占有”概念：第一，占有只能是平等的：每个人占有财富的份额不能妨害他人，这个份额必须是天下财富总额除以参与分割的总人数得出的平均数。第二，占有是变动不居的：对天下财富的占有尺度也要随同出生和死亡导致的人数变动而不断调整，这意味着构成所有权的占有行为是一个偶然的事实，所有权并非天然的绝对的权利。③ 由上述两点推出，占有的原初概念是“平等占有”，而非“先占权”。

① 《马克思恩格斯全集》第2卷，人民出版社1957年版，第613页。

② ［法］蒲鲁东：《什么是所有权》，孙署冰译，商务印书馆2009年版（珍藏本），第271页。

③ 同上书，第87—88、322页。

2. 劳动权。劳动在现代成为财产权合法性的新基础，在理论上是洛克和斯密的创造："劳动创造财富并确立财产权"。蒲鲁东力排这一现代信条，使劳动和财产的关系成为难题。蒲鲁东首先论证劳动没有使土地这种自然财富私有化的内在效力，以此反驳洛克。即使劳动产生所有权，也只适用于劳动的产品，而不适用于土地，因为土地是不能被私有的，只能被平等地占有。[①] 劳动产生所有权的正确含义应该是：劳动者是他所创造的全部价值的所有人，这种权利决不仅限于工人的工资。因此，当资本家用工资支付工人的劳动，在工人方面，这完全是无知；在资本家方面，这是盗窃和诈骗。[②] 解决的办法是"分割财产"，由劳动者和雇主分享全部产品和价值，其结果必然使所有人在财产和地位上都趋于平等，从而回归劳动的本来意义："通过劳动，我们走向平等"。[③]

3. 收益权。如果说财产权的合法性根据来自占有和劳动，那么它的实现形式就是收益权。所谓收益权就是资本以产权资格索取剩余价值的权利。蒲鲁东力陈收益权是一种"反社会的"特权，其实现形式是地租、利息和利润，其本质则是所有权人可以不劳动而收获、不生产而占有的一种权力，因此收益权最突出地显示了财产权的盗窃特性，它实际上是对社会的产品预征的一笔反社会的税收。[④] 因此，收益权必须取缔，代之以一种"合理收益"的新概念：既然每个人都有平等的占用权，每个人就都是所有权人，从而每个人都有收益权，"如果劳动者由于所有权而不得不把地租付给土地所有人，那么，根据同样的权利，土地所有人也应该把相等的地租给予劳动者。"[⑤]

蒲鲁东通过上述对先占、劳动和收益权的三个批判击中了财产权的要害。因为，对现代人来说，正是"谁先占归谁所有""劳动致富"和"谁出资谁收益"这些基本直观，从根本上支撑着私有财产权神圣不可侵犯的信条。它们是法律的先验基础。蒲鲁东批判这些直观，这等于是对现代

① ［法］蒲鲁东：《什么是所有权》，孙署冰译，商务印书馆 2009 年版（珍藏本），第 141、142 页。

② 同上书，第 153、146—147 页。

③ 同上书，第 152、153 页。

④ 同上书，第 193、206 页。

⑤ 同上书，第 212 页。

“最神圣的东西”挑战，由此引起轩然大波，据说在1848年革命期间，体制内机构曾悬赏征集对蒲鲁东的抗辩，巴师夏著名的《经济和谐论》就是为了回应蒲鲁东而作。在同时代人中，只有马克思准确地抓住了蒲鲁东著作的用意及其价值：蒲鲁东把财产权勘定为政治经济学的根本问题，政治经济学总是从私有财产使人民富有这一事实出发为财产权做辩护，蒲鲁东则是从私有财产造成贫穷这一事实出发要求废除财产。“这就是蒲鲁东在科学上完成的巨大进步，这个进步在政治经济学中引起革命，并且第一次使政治经济学有可能成为真正的科学。蒲鲁东的著作《什么是财产?》对现代政治经济学的意义，正如同西哀士的著作《什么是第三等级?》对现代政治学的意义一样。”[①]

需要说明，当蒲鲁东把财产权定义为盗窃，他反对的是现代资产阶级财产权，而非反对任何形式的财产权。确切地说，蒲鲁东要求的是那种以劳动以及自由平等的买卖为基础的最最不能让予的个人的财产，他正是以这种个人财产权的名义，要求伸张“穷人的权利”和“无产者地位的恢复”。他捍卫的实际对象是大革命后获得土地的法国农民、“小所有人”“自由而诚实的劳动阶级”，资本主义的发展从根本上破坏了这些人的生存根基。[②] 马克思非常准确地把蒲鲁东立场定位为小资产阶级社会主义，对这个立场予以坚决抵制，指出蒲鲁东在政治上徘徊于资产者与无产者之间，在理论上则摇摆于政治经济学和共产主义之间，认为“其实他远在这两者之下”，最终“不能超出资产者的眼界”[③]。马克思和蒲鲁东在反资本主义方略上的根本差异在于：马克思用来取代资产阶级财产权统治的“平等的自由联合”，不是以平等为基础的小财产所有制，而是“联合起来的个人对全部生产力总和的占有”。这种“联合占有”方略的根据来自于，现代生产已不是传统农业、手工业那种小生产，而是大工业和世界市场主导下的社会化大生产。而小资产阶级因其生存基础与现行生产体制相矛盾，必趋于没落和消亡。蒲鲁东以小私有财产权名义抗议资本主义的统治，他依据的是法国大革命所揭示的普遍平等原则；马克思则认为蒲鲁

① 《马克思恩格斯全集》第2卷，人民出版社1957年版，第42、38—39页。

② ［法］蒲鲁东：《什么是所有权》，孙署冰译，商务印书馆2009年版（珍藏本），第284—285、355—356页。

③ 《马克思恩格斯选集》第1卷，人民出版社1995年版，第155—156页。

东主张的普遍平等的小财产权是不可能的，他依据的是他自己建构的一个全新政治理论：现代社会必将分裂为两大阶级的对立，一边是无产阶级绝对贫困化并最终成长为革命主体，另一边则是资产阶级占有全部财富，同时也使财富的生产和财富本身变成社会化的，从而为社会主义的共同占有制奠定基础。马克思坚持在这个框架内理解现代政治的一切问题。

在批判资产阶级财产权这一共同理论事业中，马克思同蒲鲁东之间关于财产、阶级和社会结构的争论，对后世产生了重大而深远的影响。反思历史，人们看到了财产与贫困问题在 1789 年法国革命、1917 年俄国革命和 1949 年中国革命中发挥的巨大作用，同时也目睹了 20 世纪后期以来资本主义社会结构的某些重大变化。总的来说，被蒲鲁东和马克思批判的资产阶级财产权的压迫性依然是最基本的政治事实，但马克思理论遇到的最大挑战是，无产阶级的绝对贫困化并没有发生，被他寄予厚望的西方发达国家工人阶级反而从潜在革命主体退变成今日消费者大众，成为保守的政治力量，这个变化使马克思关于全体无产者对社会财富总和的联合占有的构想落空。同时，中产阶级的大量崛起改变了贫富两极对立的旧社会结构，也极大地修改了人们以阶级对立为核心的政治想象，使得蒲鲁东以 19 世纪法国小资产者为原型、以普遍平等为基础的个人财产权理论重新引起人们的关注。当代西方学界出现的各种分配正义问题和平等主义财产理论等等，均显示着蒲鲁东的影响，也推动着人们重新反思马克思与蒲鲁东关于财产权问题的争论。

回顾历史，法国既是社会主义思潮和财产权批判的故乡，又是小农经济这种落后生产方式的国度。马克思认为这是一个矛盾，他有一个判断：小资产者是社会矛盾的体现，体现在："蒲鲁东一方面以法国小农的（后来是小资产者的）立场和眼光来批判社会，另一方面他又用他从社会主义者那里借来的尺度衡量社会。"① 其实以历史学的眼光看，对财产权的批判首先在法国启动并非偶然。因为，财产权是典型的现代政治问题，但财产问题的尖锐化在法国不是以马克思最关注的资本与劳动对立形式出现，而是以旧世界的特权压迫这种形式来表现。而全新的现代政治问题已经主导了历史，即财产应该成为现代人自由和平等的基础；在法国这个旧

① 《马克思恩格斯选集》第 2 卷，人民出版社 1995 年版，第 615 页。

世界，只能通过革命的暴力和流血来彻底改变社会的结构，实现平等。可见，法国革命之所以是一场现代革命就在于，它是财产权批判的政治后果，它使对财产权的批判从一个理论观点变成了现实。法国革命的最重要成就，就是以法令的形式低价出售国有土地，使大多数贫困农民成为拥有土地的小财产所有者。所以马克思轻蔑谈到的法国农村小资产者，也许正是法国革命的成果，正是这样的社会基础孕育了法国社会主义和蒲鲁东。至于说到这种平等的社会结构在资本主义条件下如何站不住脚，那才开始进入马克思的问题。

二　财产权问题的历史之维

如果说，马克思对蒲鲁东的第一个重要批判指向蒲鲁东所代表的小资产者立场，那么，他对蒲鲁东的第二个重要批判就是：蒲鲁东对财产权的批判研究缺乏历史感，此批判主要针对的是蒲鲁东的另一本重要著作《贫困的哲学》（1846 年）。这本书不再满足于对财产权本身的批判，而是追求“科学的体系”，为此而模仿了黑格尔的“概念与历史统一”方法，将十个重要经济范畴纳入一种历史系列，称为经济发展的“十个时期”，并宣称这个分期“不是那种符合时间顺序的历史，而是一种符合观念顺序的历史。”① 蒲鲁东对黑格尔历史方法的模仿根本达不到黑格尔的概念高度，反而损害了他此前批判资产阶级财产权的成就和光芒。马克思认为，蒲鲁东的谬误恰在于他的非历史观点，他在讨论经济体制问题时没有探讨 17 世纪、18 世纪和 19 世纪“历史的实在进程”，特别是没有把这些现存体制看作是“历史性的和暂时的产物”，而是将其看作抽象的永恒的范畴，于是回到资产阶级经济学立场。②

马克思对蒲鲁东的批判，学界多有研究。这里只强调一点：就在马克思开始启动对蒲鲁东论战的那个时刻，他刚刚突破性地发现历史唯物主义的新原理，从政治哲学角度可以认为，新历史理论是马克思在继承黑格尔

---

① ［法］蒲鲁东：《贫困的哲学》上卷，余叔通、王雪华译，商务印书馆 2000 年版，第 156 页。

② 《马克思恩格斯选集》第 4 卷，人民出版社 1995 年版，第 533、539 页；《马克思恩格斯选集》第 2 卷，人民出版社 1995 年版，第 616—617 页。

历史方法和法国财产权批判基础上，重新设计的关于资本主义历史命运的一种政治理论，其核心观点为：资本主义经济关系不是自然的永恒的，而是历史的暂时的，因而是必然灭亡的。这意味着，对资本主义的非历史理解就是对它的永恒性辩护，达不到历史性理解就达不到最彻底的批判。对马克思来说，蒲鲁东的价值就在于他把财产权问题带到历史研究的门口，正是在这种问题背景下，蒲鲁东成为马克思的长期论敌，对财产权的历史研究成为马克思毕生的研究课题。这项历史研究在《1857—1858 年经济学手稿》中充分展开，其中的《资本主义生产以前的各种形式》是一个特别重要的篇章，在那里马克思不忘点明其初衷："蒲鲁东先生称之为财产的非经济起源的那种东西……无非就是资产阶级经济的历史起源，即在政治经济学各种范畴中得到理论或观念表现的那些生产形式的历史起源。"① 尽管手稿里的历史研究内容在《资本论》中因为科学体系的需要而大大压缩，但它在马克思的学说中仍然具有绝对的重要性，因为马克思的意图十分明显：通过对财产权的历史性理解，他将给资本主义的合法性以最致命的一击。

另一点需要预先说明的是，马克思对财产权的历史研究主要在生产领域展开，而较少在分配领域讨论问题，这和蒲鲁东形成鲜明的对比。今天人们看到，马克思对生产的特殊重视在 20 世纪备受诟病，认为马克思忽视了最重要的分配问题，只把分配当作生产的一个内在要素，由此带来了严重的政治后果。更重要的是，今天的财富问题已远远超出作为"实体经济"的生产范畴，而牵涉到金融、商业、服务业和物流业等更广泛的领域，仅仅着眼于生产已远不能解释财富和财产权问题，比如有人把比尔·盖茨的成功当成马克思"剩余价值"学说的终结。尽管如此，就马克思同蒲鲁东关于财产权的历史研究之争这一学术史个案来看，我们将看到，从生产角度切入，赋予了马克思对财产权的历史研究以空前的深度和穿透力；另一方，尽管蒲鲁东也有从罗马帝国到法国大革命之间财产权变革的相当深入的历史研究②，但恰恰由于他的研究滞留于分配问题而从未

① 《马克思恩格斯全集》第 30 卷，人民出版社 1995 年版，第 480—481 页。

② 参见［法］蒲鲁东《什么是所有权》，孙署冰译，商务印书馆 2009 年版（珍藏本），第 379—412 页。

进入生产问题，从而根本上限制了他的研究工作的深度。

从历史—生产角度理解财产，马克思发现，所谓财产的最原初含义就是人把他的生产的自然条件看作是属于他的“他自己的东西”；最重要的原初生产条件是土地，财产权意味着“把大地当作劳动的个人的财产”。[①] 马克思又强调，这种原始财产关系必须以个人作为共同体成员为前提。马克思详细区分了这种以土地为基础的古代所有制的几种形式：古典古代（希腊和罗马）的、东方（亚细亚）的、中世纪（日耳曼）的等等；不论细节，它们一般的共同点是：以土地和农业为基础，生产的目的不是积累财富而是使用价值，以及最重要的劳动与财产的同一性：“劳动者是所有者”[②]。这是作为辩证法起点的那种抽象同一性，它是全部财产权历史研究的起点，马克思认为，只有在这种劳动与财产同一的原始形式中，才能真正直观到作为现代最高信条的“劳动创造财富并确立财产权”的原初有效状态，在现代它反而失效并退隐。因为，只有在这种简单的原初状态中，个人相互间的经济行为才真正表现为“等价物的交换”：“在这里，所有权还只是表现为通过劳动占有劳动产品，以及通过自己的劳动占有他人劳动的产品，只要自己劳动的产品被他人的劳动购买便是如此。对他人劳动的所有权是以自己劳动的等价物为中介而取得的。”[③] 所以只有在这里才能看到洛克倡导的“私有财产之正当性来自劳动”和蒲鲁东追求的“所有权之自由和平等”。

但是这种抽象的同一性必然否定自身，在后来的发展中，“这样的等价物的交换转向自己的反面，由于必然的辩证法而表现为劳动和所有权的绝对分离，表现为不通过交换不付给等价物而占有他人的劳动。”[④] 马克思认为，劳动与财产的分离是一个历史过程，这个过程是现代资产阶级财产关系的历史前提，这个历史过程最能揭示资产阶级财产权的政治本质，他在《资本主义生产以前的各种形式》中以很大篇幅描述了这一历史过程。大致说来，随着生产力的提高，旧有的共同体经济结构被破坏，出现了单个的人可能丧失自己财产的条件。马克思详细讨论了三种“财产历

① 《马克思恩格斯全集》第30卷，人民出版社1995年版，第484、476页。

② 同上书，第490页。

③ 同上书，第192页。

④ 同上书，第510页。

史形式”的解体过程：首先是劳动者把土地看作是自己财产的那种关系的解体，即自由劳动的小农土地所有制的解体；第二种是劳动者对劳动工具的所有权的解体，也就是手工业劳动的行会制度的解体；第三种是劳动者的人身当作生产条件被人占有的农奴制关系的解体，这是劳动者与土地分离的又一种途径。① 这些历史过程的最后结果是：使一个民族的大批个人脱离以前作为其财产的客观生产条件，变成自由雇佣工人，同时使劳动的客观条件成为“他人的财产”和这些个人相对立②，也就是资本。这就是“资本原始积累”。按马克思分析，所谓劳动和财产相脱离意味着：一方面，劳动作为脱离财产的单纯的劳动表现为“活劳动”，另一方面，财产作为劳动的产品获得了与活劳动相对立的完全独立的存在，表现为“对象化劳动”。在这种劳动和财产、活劳动和对象化劳动的否定关系中，人类的财产权观念发生了一次最彻底的巨变，即财产权的实现从简单公正的等价物交换规律变成以赢利为目标的价值增殖规律。

通常认为马克思对资本主义最致命的批判是剩余价值学说的发现，这只是比较早期的看法。今天政治哲学的问题意识认为，马克思对资本主义最致命的批判是他对资产阶级财产权的去合法化，这项工作集中表现在1857 年手稿里大量反复展开（而在《资本论》中又被大大压缩）的相关论述中。简单说，无论洛克、康德还是今天的经济学家都认为，现代财产权的合法性在于它基本依循着“劳动确立财产权”和“自由平等交换”的一般规则，在此基础上商业市场、金融市场乃至劳务市场通行的“合理赢利”原则与该基础并无根本冲突，反而是社会存在和发展的必要条件。马克思则极力在他所发现的“劳动与财产分离”这一理论框架中论证：人类财产权的一般规范基础，特别是现代社会所宣扬的所有权的一般规律，在现实的资产阶级财产关系中被彻底颠覆了，这就是 1857 年手稿里所谓“所有权的两条规律”，这是马克思对财产权的历史研究所得出的最重要的政治结论：“为了把资本同雇佣劳动的关系表述为所有权的关系或规律，我们只需要把双方在价值增值过程中的行为表述为占有的过程。例如，剩余劳动变为资本的剩余价值，这一点意味着：工人并不占有他自

① 《马克思恩格斯全集》第 30 卷，人民出版社 1995 年版，第 490—496 页。

② 同上书，第 492、496 页。

己劳动的产品，这个产品对他来说表现为他人的财产，反过来说，他人的劳动表现为资本的财产。资产阶级所有权的这第二条规律是第一条规律转变来的……第一条是劳动和所有权的同一性；第二条是劳动表现为被否定的所有权，或者说，所有权表现为对他人劳动的异己性的否定。"[①] 马克思断言，主流经济学家"没有能力把资本作为资本所采用的占有方式同资本的社会自身所宣扬的所有权的一般规律调和起来"[②]。

概括说来，马克思运用历史方法对现代财产权的批判研究包括两个部分：（1）对"资本生成的条件"的研究，证明所谓原始积累就是使劳动和财产分离的历史过程，作为资本主义的历史前提，其本质是对财产权的直接暴力侵犯，其具体内容是："大量的人突然被强制地同自己的生产资料分离，被当作不受法律保护的无产者抛向劳动市场。对农业生产者即农民的土地的侵夺，形成全部过程的基础。"[③]（2）对"资本现在实现的条件"的研究，这就是"不通过交换却又在交换的假象下占有他人的劳动"[④]，其本质是在自由平等的形式下对财产权的隐蔽侵犯。

现在我们可以断言，《资本论》的最核心问题是财富和财产权问题，正是在这个意义上蒲鲁东才成为马克思毕生的重要论敌之一。另一个重要论敌是政治经济学，而马克思的政治经济学批判始终聚焦于财产权问题，这一批判在1857年手稿里充分展开，并突出表现在：马克思最重要的历史研究作品《资本主义生产以前的各种形式》所针对的正是政治经济学关于"资本对他人劳动的果实有永恒权利的结论"[⑤]。历史研究的内容在后来出版的《资本论》第一卷中大大压缩。但从《资本论》本身的科学体系仍然可以看出：第一，《资本论》之所以从商品入手，是因为"商品是资本主义生产方式占统治地位的社会的财富的元素形式"[⑥]，商品分析的理论内核是财富问题。第二，《资本论》第1卷第二篇"货币转化为资本"，是浓缩了1857手稿关于财产权历史研究的全部内容之后才得以成立的理论问题，只

① 《马克思恩格斯全集》第30卷，人民出版社1995年版，第463页。

② 同上书，第452页。

③ ［德］马克思：《资本论》第1卷，人民出版社1975年版，第784页。

④ 《马克思恩格斯全集》第30卷，人民出版社1995年版，第505页。

⑤ 同上书，第499页。

⑥ ［德］马克思：《资本论》第1卷，人民出版社1975年版，第47页。

有在财产权批判这个根本问题背景之下，《资本论》以下各篇关于剩余价值生产的研究才有其归属。因为按照马克思的根本观点，工业资本是私有财产权的现代形式，也是其最高完成形式，“只有这时私有财产才能完成它对人的统治，并以最普遍的形式成为世界历史性的力量。”①

学界有一种观点认为，马克思政治经济学批判所实现的最大理论推进，是从一般的财富讨论经过财产权的中介进入“价值”范畴，最后取得了以劳动价值论为基础的剩余价值学说。这种观点无论对理解马克思的政治经济学批判，还是理解他的整个政治哲学，都是全然不得要领的，也许它只看到了价值研究在《资本论》中所占的巨大篇幅。就政治哲学问题的本质来看，“价值”只是马克思对财产权历史变更过程进行分析的工具性概念，马克思政治经济学批判的根本问题仍然是财产权问题。具体来说，原初财产关系中的劳动与财产的同一，表现为以使用价值为目的的生产，后来由于“交换和交换价值的发展……导致劳动对其生存条件的所有权关系的解体”，那些跟劳动分离的客观劳动条件以货币、商业资本乃至工业资本等新形式取得独立的存在，马克思将其规定为“价值”：“在这种形式上一切原有的政治等等形式的关系都已经消失，这些劳动的客观条件已经只是以价值的形式，以独立的价值的形式，与那些已同这些条件分离的丧失了财产的个人相对立。”② 由此而发生了所有权关系和生产目的的根本改变，按马克思揭示，以交换价值为目的的生产也就是以价值增值为目标的生产，其本质是不支付等价物便占有他人的劳动。这可以证明，马克思政治经济学批判的理论归宿始终是财产权问题，《资本论》基于劳动价值论对剩余价值学说的全部研究，都是为了把财产权问题引入生产领域中来讨论，把价值增值过程揭露为对他人劳动的剥削，从而揭露资产阶级财产权的非法性和不义性。在一定意义上也可以说，是为了回应蒲鲁东的问题。

三 从财产权问题看马克思与黑格尔法哲学

蒲鲁东模仿黑格尔历史方法所带来的一个负面后果，是引发了马克思

---

① ［德］马克思：《1844 年经济学—哲学手稿》，刘丕坤译，人民出版社 2004 年版，第 77 页。

② 《马克思恩格斯全集》第 30 卷，人民出版社 1995 年版，第 504、497 页。

对黑格尔历史方法的激烈反感。在《哲学的贫困》第二章，马克思把矛头指向黑格尔历史方法：黑格尔把一切事物都归结为逻辑范畴，把一切历史运动都抽象为纯理性的运动。我个人认为，这次批判只与蒲鲁东《贫困的哲学》书中对黑格尔方法的拙劣模仿这个个案有关，它无法与马克思不时表达出的对黑格尔逻辑—历史方法的衷心赞美取得一致。不消说，马克思对黑格尔的态度是充满矛盾的，正是马克思在这之前说过，黑格尔第一次为全部历史、特别是现代世界创造了一个全面的结构，黑格尔方法经常在思辨的叙述中把握到事物的真实本质[①]。我认为这才是马克思对黑格尔历史方法的真实而又准确的精神体验。

黑格尔关注的对象就是现实的历史。拉吉罗一言中的："或许除去亚里士多德，还没有一种政治体系像黑格尔《法哲学原理》一样富于历史的内容。"[②] 但是仅仅做到关注现实的历史是不够的，在政治哲学中，更重要的问题是这种关注能否上升到一种"概念式的理解"。《法哲学原理》在开篇处就讨论所有权这个现代政治的核心问题。按黑格尔的概念理解，权利的概念是自由，但自由如果不是幻想中抽象的"无限权力"，它就必须落实在特定的外在对象上："财产是自由最初的定在"[③]"我的意志在所有权中对我说来成为客观的"[④]。很显然，黑格尔所谈这些乃是由洛克奠定的现代性前提观点，连卢梭和马克思都接受这一前提，现代政治哲学的分歧亦以此为起点而发生。简言之，马克思的革命理论继续执着于财产问题，他批判财产权的资产阶级形式，以此挑战"私有财产神圣不可侵犯"这个洛克信条。黑格尔则把眼光投向比财产更高的目标，他把财产当作只是现代人自由的"最初定在"，而把最终目标确定为，如何在主客观相统一的国家制度层面上实现特殊性和普遍性的统一，以此挽救现代性的危机。重要的是，黑格尔以这种不同于马克思的卓异思路，同样拒斥了"私有财产神圣不可侵犯"的洛克信条，表现于两点：

第一，黑格尔认为，生命权大于财产权，生命作为人格的权利在黑格

① 参见《马克思恩格斯全集》第3卷，人民出版社1960年版，第190页；以及《马克思恩格斯全集》第2卷，人民出版社1957年版，第76页。

② ［意］拉吉罗：《欧洲自由主义史》，杨军译，吉林人民出版社2003年版，第215页。

③ ［德］黑格尔：《法哲学原理》，范扬、张企泰译，商务印书馆1961年版，§45附释。

④ 同上书，§46。

尔看来是自由的最高内涵，而财产权只是自由的“最初的”和“有限的”定在，只在市民社会这一经济领域是最高权利。当两者发生冲突时，黑格尔明确主张生命的价值高于财产的价值。在《法哲学原理》的第127节，可以看到黑格尔对现代财产权信条的抵制：“当生命遇到极度危险而与他人的合法所有权发生冲突时，它得主张紧急避难权（并不是作为公平而是作为权利），因为在这种情况下，一方面定在遭到无限侵害，从而会产生整个无法状态，另一方面，只有自由的那单一的局限的定在受到侵害，因而作为法的法以及仅其所有权遭受侵害者的权利能力，同时都得到了承认。”[①] 德文中“紧急避难权”（Notrecht）的直译就是“不法”。黑格尔显然认为，当偷窃一个面包就能挽救生命，此种对所有权的侵犯不算暴行，而是对一个更高权利的肯定。因为，一边是“他人的所有权”受到有限侵害，另一边是“一个人的生命”遭受无限侵害；前者处于危险中的只是“自由的某种单一的有限的定在”，后者处于危险中的却是作为一种“无限”的生命本身。面临这种情况，黑格尔明确主张，生命权可以成为替“不法”行为辩护的根据，“因为克制而不为这种不法行为这件事本身是一种不法，而且是最严重的不法，因为它全部否定了自由的定在。”[②] 在思想史上，生命权是现代政治哲学所主张的另一项基本人权，它在霍布斯那里获得了经典表述：自我保存是人类最大的自然权利。当生命权与财产权发生冲突时，它产生出一种特殊的批判意味：在这种语境中，所谓生命权的实质是对财产权的否定，即“不法”，它的具体内容是指“穷人挣扎着活下去的权利”和“对有产者进行劫掠的权利”。这样一种生命权曾是法国大革命的一个口号，黑格尔则在一个更高的理论高度上，以“生命权”的名义质疑了洛克的私有财产权信条，从而将自己与主流自由主义分开，而跟卢梭和马克思站在一起。

第二，黑格尔进一步认为，对于更高的目标来说，无论财产权和生命权都可以放弃，这个目标就是国家。黑格尔的国家不是哪一个现实中的国家，而是一个用来表示自由理念的建构物：国家是具体自由的定在形态，这个具体自由的内容就是特殊性和普遍性的统一、私利和公共善的统一。

① ［德］黑格尔：《法哲学原理》，范扬、张企泰译，商务印书馆1961年版，§127。

② 同上书，§127补充。

黑格尔的国家学说，就其对财产权和生命权的超越来说，乃是与马克思并立而行的又一个与主流现代意识形态完全异质的思路，其批判性价值有待重新评估。其中最重要的是，黑格尔不承认“个人权利”这一现代政治哲学的至上原则，他提出，国家不是市民社会，它拒绝把保护个人的生命和财产权利看作现代政治的最终目的：“有一种很谬误的打算，在对个人提出这种牺牲的要求这一问题上，把国家只看成市民社会，把它的最终目的只看成个人生命财产的安全。”[①] 今天看，黑格尔这一观点中包含着对现代政治的深刻批判性理解，按此理解，在从自然状态走向公民社会这一实际历史过程中，随着保护个人私有财产上升为现代政治的最高目标，作为政治公共领域的“公民社会”范畴亦下降为作为私人经济活动领域的“市民社会”，公民变成资产者，国家混同于市民社会。黑格尔努力重新划定这两者之间的界限，他的“市民社会”概念和“国家”概念与整个现代政治哲学传统分道扬镳：市民社会只是人们通过经济活动追求私利的领域，国家则是代表具体自由的一个更高的政治领域。黑格尔蔑视资产者的私利原则，认为生命和财产只是“有限的东西”，属于自然领域，只有在生命、财产为国家而牺牲时，它们才“上升为自由的作品，即一种伦理性的东西”[②]。耐人寻味的是，马克思接受了黑格尔对市民社会范畴的新理解，但却拒绝了黑格尔从国家出发对现代性的批判思路，坚持在经济领域解决市民社会的一切困局：“对市民社会的解剖应该到政治经济学中去寻求。”

随着市民社会与国家概念的界限重新勘定，黑格尔将现代政治的核心问题，即特殊性与普遍性之间、只关注一己私利的经济活动与公共性的政治诉求之间的关系问题，规划为“市民社会与国家”这一问题，集中加以探讨。基于黑格尔对财产和私有制的贬抑态度，他不可能主张“市民社会决定国家”，市民社会虽然在事实上是现代政治的实体，但它不可能成为现代政治的理想。黑格尔认为，市民社会以私利的特殊性为第一原则，使欲望的扩张和贫困的扩张都成为无限度的，必然导致贫富分化和不

① ［德］黑格尔：《法哲学原理》，范扬、张企泰译，商务印书馆1961年版，§324附释。

② 同上。

平等。[①] 黑格尔对现代市民社会的这种否定性态度，最突出地体现在，在他对现代社会等级结构的划分中，竟然没给当时已经羽翼丰满成为统治阶级的资产阶级指定一个明确而合适的位置，而是把“普遍等级”给予了普鲁士的容克地主。[②] 这种态度再次与主流的现代政治观点大相径庭，其后继者马克思则把这个“普遍等级”给予了无产阶级。

但另一方面，黑格尔辩证的政治思维也拒绝那种“始终死抱住普遍物”而将特殊性完全排除的非现实态度，他以其概念方法所达到的那种深度和历史感，对现代市民社会的成就与合理性作了公正而有说服力的辩护：“市民社会是在现代世界中形成的，现代世界第一次使理念的一切规定各得其所”[③]，使每个人的权利特别是财产权成为正当的东西，并使之取得普遍性的基础和必要形式[④]。那种认为黑格尔片面主张了“国家决定市民社会”的看法似缺乏根据，因为黑格尔反复讲，现代国家只有在市民社会这一现实中才能取得它的“定在”，“现代国家的本质在于，普遍物是同特殊性的完全自由和私人福利相结合的。”[⑤]

总之，黑格尔把现代性之批判和拯救的目标定位为“特殊性与普遍性的统一”，把这种统一具体地标识为“国家”，这个国家作为建构性的政治理想，远远超出直接现实，其性质类似于马克思的“自由人联合体”。两者对比：马克思的目标是全体个人对社会财富总和的联合占有，以及每个人个性的全面发展，其问题意识执着于经济领域和市民社会批判，尤其执着于解决现代最大难题财产权问题，显示了高度的政治理想主义。黑格尔的目标则是实现私利与公共善的完美统一，其问题意识本乎市民社会的财产问题，因而充满现实感；但就其坚信“人是被规定着过普遍生活的”[⑥]，最终坚持普遍物对特殊利益优先、国家对市民社会优先来说，其问题意识又超越了市民社会、经济领域和财产权问题，而指向更高

---

① ［德］黑格尔《法哲学原理》，范扬、张企泰译，商务印书馆 1961 年版，§185、§243—245。

② 同上书，§305、§306。

③ 同上书，§182 补充。

④ 同上书，§184。

⑤ 同上书，§260 补充。

⑥ 同上书，§258 附释。

远的理想，政治气质近于古典共和主义。

在财产权问题上，黑格尔揭示了一条既反对洛克的肯定式理解，又不同于蒲鲁东和马克思的否定性理解的另一种卓异思路，它就体现在《法哲学原理》这本书的“三段式”结构中：黑格尔把财产权及其批判当作只是自由发展的第一阶段（见该书的第一篇），即当作只是纯客观性的“抽象权利”予以扬弃，同时深刻批判了现代社会的私利原则和财产权不可侵犯的信条。在自由发展的第二阶段，即主观自由的“道德”阶段（见该书的第二篇），黑格尔将财产权问题推进为：如何根除由于财富分配不均造成的贫困？在这里，他反对通行见解把慈善事业当作根除贫困的一条路径，理由是：基于个人善良的慈善事业作为“道德”的主观性，虽然是一种文明的进步，但这种个人的善行因其建立于个人主观性的偶然基础上，因而是靠不住的。黑格尔认为，解决财产分配和贫困问题的根本途径在于“国家的普遍行动”，即建立起主观善良与客观制度相统一的“道德政治”和“国家善政”，这才进入了自由发展的第三阶段，即主客同一的“伦理”阶段，这就是黑格尔所谓“伦理性的国家”（见该书第三篇）。

在思想史上，马克思对资产阶级财产关系之暂时性、历史性的理解，始终是最深刻的现代性批判。在马克思的政治规划遭遇暂时挫折的今天，重温黑格尔法哲学对现代财产问题的理解，我们发现这是可与马克思互为表里而又别有洞天的另一种政治哲学思路，它既保持了对现代性的批判性理解，同时又具有很强的现实性和实践感。质言之，在全球化时代的今天，尽管世界政治经济格局和资产阶级财产权的结构与形式都发生了深刻的变化，但黑格尔将现代社会中私利与公共善这一根本矛盾在概念上把握为特殊性与普遍性的关系，这个创意仍然不失其本质性的解释力。对于经济快速增长的当代中国来说，按黑格尔模式，私利与公共善的关系可以勘定为资本市场与国家善政之间的关系。在这种语境中，黑格尔的“伦理国家”和“道德政治”学说产生出一种重要的政治借鉴作用。因为，在市场力量与国家力量之间，黑格尔认为国家的重要性高于市民社会，高于资本和市场，只有通过“国家善政”才能实现“道德政治”，这不仅是对自由主义政治哲学的抵制，在当代政治实践中也仍然是真理。就中国的情况来看，在承认多种所有制并存以实现经济快速增长的前提下，通过国家税收政策调整财富分配，通过国家宏观调控来抑制资本力量推动的各种恶性市场行为，大概是实现“道德政治”和大多数人福祉的唯一可能途径。因为，在不可能彻底消除资产阶级财产权的条件下，除了实行善政的“伦理国家”，没有任何别的政治力量可以和资本的力量抗衡。最近表现于“十二五”规划的一系列国家善政，如改善民生，提高普通居民收入，抑制贫富差距，关注人民幸福感等等，均某种程度地再次验证了黑格尔国家学说所揭示的重要真理。

（原载《哲学研究》2011 年第 8 期）

“道德政治”谱系中的卢梭、康德、马克思

一 引 论

在现代哲学中，道德哲学和政治哲学是内在相关的两个部分。这种相关性根源于：在对现代性的反思和批判性理解中，政治问题和道德问题有一种本质联系。从思想史看，霍布斯、洛克为现代性的最初奠基是：以自我保存为前提建立起的公民社会将允许每个人自由平等地追逐自己的私人利益。这就是主导现代的“特殊性”原则。卢梭奋起抗争，指出这样的奠基使现代政治非道德化，使政治与道德处在紧张的对立当中，在这样的基础上不可能建立好社会；好的公民社会需要建立在“普遍性”的基础上，这个普遍性就是道德。卢梭首倡建立“道德政治”，康德、黑格尔和马克思紧紧追随这一方向，从而使“道德政治”成为现代性批判的核心问题，[①] 也使道德哲学和政治哲学的内在关联成为重要而艰巨的课题。

长期以来，许多现代哲学研究者忽视道德哲学和政治哲学的这种内在关联，而倾向于把道德哲学看成是先验哲学的一个部分。康德研究是一个突出例证：研究者大多从先验哲学的角度去理解康德伦理学的意义，而对康德哲学中道德问题和政治问题的本质联系则很少涉及，其结果是，无论对康德的伦理学还是政治哲学的研究，经常得出不符合实情的结论。这种倾向也存在于马克思哲学的研究中，“道德政治”这一现代思想史的重大主题，在马克思哲学研究中基本是缺席的。这使我们无法解释现代思想史

① 卢梭和康德都直接使用过“道德政治”一词，黑格尔和马克思接过了这个问题，但不再使用这一术语。20 世纪，施特劳斯学派在对现代性的激烈批判中重新复活了这一问题，并将其追溯到“古今之争”，其基本思路是重申古代的美德理想，批判现代的权利概念。

一个最意味深长的矛盾现象：尽管马克思看不起主流现代伦理学，从不介入他们的任何学术争论，但马克思学说就其本质来说却是卢梭、康德开启的“道德政治”这一思想趋向发展的一个顶点，其对现代政治提出了最高的道德要求，因此成为最深刻的现代性批判。

让我们从黑格尔对康德伦理学的批评谈起。

现代哲学的最高问题是自由问题。康德给人类自由以最高的表达，将自由从一个政治问题提升为一个形而上学问题。为此，康德将自由先验化：自由不同于一般的人类任性，而是道德的先验原理，自由的本意在于它是一种超验的对象，是理性的本质，此种自由就其超出一切自然的经验性规律而言，乃是人性的最高根据；而自然的经验性内容就是人的感性欲望。康德的这一理解，站在现代观点的立场上，和他的那些开创了现代哲学的老师们一起反对古代观点——古代观点认为，自然（法）高于自由，自由只是“人为性”的修辞形式——康德接受了霍布斯改造古典自然法的结果：把自然等同于人的感性欲望。但此后康德便和他的老师们分道扬镳。对人性的完满性这种古老的渴望，在康德这里以新的形式重新伸张自己：自由高于自然，自由作为人性尊严的本质，使得把人当作世界的目的这一要求获得依据。康德以这种方式将古人对人性的高绝标准和现代人对于自由的现实要求结合在一起，由此而产生出一种本乎现代又超乎现代的思想品性。

但后来发现，康德伦理学的一个重大缺点是：他的自由概念是纯形式化的，因为自由作为理性的自我立法，其内容是：“你自己所遵循的任何准则都应该同时能够成为普遍的法律。”这样的立法只是一个纯形式。康德的自由概念还是纯然内省的，因为自由作为道德的最高根据，“不能在人类所处的世界环境中寻找，而是完全要先天地在纯粹理性的概念中去寻找。”① 这样的自由根本不适用于现代性的大千世界。

考诸思想史，最早指出康德学说这一缺点的人是黑格尔。从现象学、逻辑学一直到法哲学，黑格尔对这一点抓住不放，反复申说。黑格尔认为，康德的自我立法追求的目标是普遍性，但最高的普遍性意味着排除一切特殊内容，剩下的就只还有普遍性的纯粹形式。于是出现这样的格局：

---

① ［德］康德：《道德形而上学原理》，苗力田译，上海人民出版社 1986 年版，第 37 页。

最高的普遍性就是形式的普遍性，绝对的内容等于无内容，伦理学的实体"只剩下意识的同语反复"，那就是包含在意识自身的直接性中的一个空洞诫命里的"应当"。而对于黑格尔，所谓立法作为一定的立法总有一个具体的内容，普遍性必须是"存在着的和有效准的东西"，它必须表现为具体的法权。[①] 黑格尔喜欢用的具体例子是财产权，在这里，如果立法没有特殊内容而停留于极端的形式原则，就会使得财产公有制和财产私有制不存在任何矛盾，尊重财产权和偷窃同样能够成为普遍规律。[②] 为了纠正康德伦理学的这个弊端，需要把普遍性与特殊性联结起来。为此黑格尔对"道德"和"伦理"作出区分：所谓"道德"就是康德意义的主观立法、抽象的善良和良心，"伦理"则是主观善良与客观法律的统一，是能够把抽象善良落到实处的那些"规章制度"，它构成"现存世界的自由"之"有差别的内容"，是立法的普遍性形式与生活实体之特殊性内容的有机统一。黑格尔指出，康德伦理学的缺点是固执于单纯的道德观点，而不使之向伦理的概念过渡，"康德多半喜欢使用道德一词"，结果是，不受制约的自我立法贬低为空虚的形式主义，道德规律贬低为关于"应当"的空洞修辞。[③] 正是康德"应当"概念的软弱性促使黑格尔去研究古典政治经济学，以便确切了解作为伦理之现实性环节的现代市民社会。

上述这个批判既是黑格尔理解康德的一个特别深刻之处，同时，如果缺乏黑格尔那样的包容矛盾的思想能力，它也会误导人们对于康德伦理学的政治品性的判断。矛盾的另一面是，正是黑格尔指明了，康德伦理学的最初动机是为了回应卢梭提出的问题："自由的原则在卢梭这里出现了……这个原则提供了向康德哲学的过渡，康德哲学在理论方面是以这个原则为基础的。"[④] 这表明，康德伦理学在其思想起源上并不是一个先验问题，而是一个政治问题，它与政治哲学保持着最本质的内在联系，决不

① ［德］黑格尔：《精神现象学》上卷，贺麟、王玖兴译，商务印书馆 1983 年版，第 283、287—288、284 页。

② ［德］黑格尔：《哲学史讲演录》第 4 卷，贺麟、王太庆译，商务印书馆 1987 年版，第 291 页；以及《精神现象学》上卷，第 285—286 页。

③ ［德］黑格尔：《法哲学原理》，范扬、张企泰译，商务印书馆 1982 年版，§ 33、§ 141、§ 144、§ 135。

④ ［德］黑格尔：《哲学史讲演录》第 4 卷，贺麟、王太庆译，商务印书馆 1987 年版，第 234 页。

是一种纯形式或纯内省的思想。康德的“自我立法作为自由”这个思想直接来自卢梭，而且它在卢梭那里完全是一个政治问题。在《社会契约论》开篇处，卢梭宣称他的目标是从人类的实际状况出发，为政治社会的合法性和正当性探求规则，使私利和正义二者得到统一。[①] 对卢梭来说，既然人生而自由，符合人性的唯一解决办法就是人自己统治自己，使每个人服从自己参与共同制定的法律，这就是“公意”；服从公意、服从自己为自己制定的法律，就是自由。很显然，这个自由概念正好就是康德的自由概念，康德的道德问题直接来自卢梭的政治问题。“唯有服从人们自己为自己所规定的法律才是自由。”[②] 卢梭这一命题显然要在政治的（而非先验的）意义上去理解，它就是卢梭梦想建立的“道德政治”的本质。这句话也预先严格规定了康德伦理学的内在政治主题。罗尔斯一言中的：“康德的主要目标是加深和证明卢梭的观点，即自由就是按照我们给予自己的法律而行动。”[③] 我们对“道德政治”谱系的考察必须从卢梭开始。

二　卢梭的意图：“公意”和普遍性

卢梭的重要性在于他是第一位对现代性提出批判的人。卢梭认为，霍布斯和洛克将现代政治置于错误的起点上，这就是对人性的消极片面理解：只考虑人的需要的满足而忽视人对完满性的渴望，只考虑获取幸福的手段却忘记了幸福本身。现代文明社会的种种弊病正是这一错误起点所导致的后果。由于现代政治以保护每个人追求私利为目标，结果使金钱取代美德成为人性价值的标准，自私自利取代仁义慷慨成为人际关系的普遍状态，虽然带来了平等和安逸，但却破坏了人们之间的信任和公民对政治体制的忠诚。“公共事务被忽视，或者单凭私人利益的需要和指导去处理。”[④] 人性下降的最严重后果是产生了“资产者”这种现代人格，他既非必须保护自己的自然人，又非充满公共精神的公民，他是一个居间者，即

① ［法］卢梭：《社会契约论》，何兆武译，商务印书馆 1987 年版，第 3 页。

② 同上书，第 26 页。

③ ［美］罗尔斯：《正义论》，何怀宏等译，中国社会科学出版社 1988 年版，第 247 页。

④ ［法］卢梭：《论政治经济学》，王运成译，商务印书馆 1962 年版，第 14 页。

在公民社会的法律保护下追逐自己私利的人：“正义和平等的法则对于那些生活于自然状态的自由之中而同时又屈服于社会状态的需要之下的人们来说，全都是空话。”[①] 更严重的是，法律保护私有财产，这是公民社会的本质所决定的，但它也是人类不平等的起源。因为私有财产必造成贫富分化，它是富人剥夺穷人的结果，法律则把这种剥夺变成持久和正当的权利。[②] 卢梭认为，人依其自然是自由和平等的，公民社会以法律的形式将其破坏，“它给富人所有的巨额财富以强有力的保障，而几乎弄得穷人不能安保他们亲手搭起的草屋。”[③] 在卢梭看来，所有这一切不幸都是人类自己创造的现代文明的结果，所谓现代人、文明人就是在自制的枷锁中享受和平与安逸的人。[④]

卢梭指出，霍布斯和洛克的根本错误在于，为了达成社会契约从而为公民社会奠基，他们刻意简化了政治问题，将政治中的道德要素予以删除，只从全部人性中选取自己所需要的部分，并将其视为人的全部自然：自私、守法、理智、勤奋。“他们讨论自然人的时候却在描述文明人。”[⑤] 卢梭的意图是将政治问题重新还原为道德问题，为此他深入发掘了人的全部复杂性，重新呼唤对人性的更高层次的渴望。他把现代人与自然人进行对比，赞美自然状态中人的自由和纯真，同时又指出，那是毫无规律可言、没有任何责任感的自由。自然人生活在社会之外，那里没有政治，因为缺少将各个部分构成为整体的那种普遍的目标和动力，在那里，“我们永远也不会尝到灵魂的最美好的情操——那就是对德行的热爱。”[⑥] 从《论人类不平等的起源和基础》对回归自然状态的向往，到《社会契约论》为现代政治重新构筑基础，卢梭经历了艰苦的探索过程，最后以这样的方式设置了政治的问题：“人生而自由，但却无往不在枷锁之中。这

① ［法］卢梭：《爱弥儿——论教育》上卷，李平沤译，商务印书馆 2008 年版，第 10—11 页；以及卢梭：《社会契约论》，第 194 页。

② ［法］卢梭：《人类不平等的起源和基础》，吴绪译，生活·读书·新知三联书店 1957 年版，第 72、89 页。

③ ［法］卢梭：《论政治经济学》，王运成译，商务印书馆 1962 年版，第 34 页。

④ ［法］卢梭：《人类不平等的起源和基础》，吴绪译，生活·读书·新知三联书店 1957 年版，第 28、76 页。

⑤ 同上书，第 20 页。

⑥ ［法］卢梭：《社会契约论》，何兆武译，商务印书馆 1987 年版，第 187—188 页。

个变化是如何发生的？我不知道。是什么使这一变化合法化？我自信能够解答这一问题。”① 这句名言毫不含糊地宣判现代政治的基础是不合法的，必须重建政治的合法性，恢复被霍布斯、洛克所忽略的政治中的道德要素，建立一种“道德的现代政治”，同时又不剥夺人的自由，以此解决私利与公共善之间的冲突。这就是卢梭的问题。

为此，卢梭设计了这样一种结合形式：每个人都将自己的人身和财产完全交付给集体，所有的人因此而结合成一体，并以这种结合产生的全部共同力量来保护每个人的人身和财产；同时每个人又依然只服从自己，像从前一样是自由的。此中的关键在于，通过这种结合，所有人的特殊意志变成一个统一的普遍意志，这就是“公意”，它是一切合法权力（即法律）的来源和根据。基于公意的立法的本质是：每个人都服从自己参与制定的法律，这样的法律其实是自我立法，因此，服从公意就是自由，是一切道德政治的真实之义。卢梭认为，政治的本质不是强力，“人们只是对合法的权力才有服从的义务。”② 而合法的权力就在于，人们遵守法律乃是出于自己的同意。

为什么公意能够作为政治的道德基础？卢梭论证，因为公意永远是公正的，“公意只着眼于公共利益”③，以此对抗现代人的私利原则。公意并不等于所有人所欲望的东西的总和，所有人所欲望的仍然可以是各自的私利，卢梭将其称为“众意”④。“众意”只是个别意志的总和（它正是现代民主的基本诉求），“公意”则是一切个别意志的普遍化。能够普遍化的意志一定是道德的，因为它要求的是在公民社会中一个人的意愿能够通过被所有人所意愿而转化为法律的必然性，为此它只能欲求全体普遍欲求的东西，而不能包含任何特殊的个别的目标，否则将立刻变质和瓦解自身。要言之，人能够普遍性地去欲求，这就是公意；公意超越一切私利，只关注公共善，在此意义上它是纯粹的善良意志。

道德的本质是普遍性，它的源泉是自由，即服从自己制定的法律——卢梭用这个划时代的思想为现代政治引入了一个新的维度、一个更高的理

① ［法］卢梭：《社会契约论》，何兆武译，商务印书馆 1987 年版，第 4 页。

② 同上书，第 10 页。

③ 同上书，第 35 页。

④ 同上书，第 35 页。

想。自此以后，人们才能够将政治的本质不再仅仅理解为强力和利益的运作，而是"把强力转化为权利，把服从转化为义务"①。卢梭契约论区别于霍布斯自由主义的根本点在于，他的政治设计增加了义务这个要素：服从"合法的权力"是一种义务，它是权利的真正来源。卢梭与霍布斯的这一差别正是他与康德的共同点，契约论传统至此达到其高峰。

施特劳斯及其弟子布鲁姆都认为，卢梭的作为公意的普遍性是一个纯形式化原则，它影响了后来的康德②。笔者以为不尽然。卢梭的公意概念主要是为了给政治的合法性提供根据，这个根据就是公共性；普遍性概念则是为了从道德上支持公共性，反对作为现代人权利的无限制的私利原则。这个公共性显然不是纯形式化的思想，它是源自古代共和政制并被现代的革命重新确认的一个实质性的政治目标，即建立起一个包含公共自由、公共福利和公共精神的公共领域。公共性是卢梭的实质性政治诉求，在卢梭看来，只关注一己私利是人的前政治状态，因为私利永远相互冲突，在私利的基础上永远不可能建成政治社会，"唯有公意才能够按照国家创制的目的，即公共幸福，来指导国家的各种力量。"③ 所以，重建政治的合法性，就是在公共性框架内重新安排个人利益的获得途径，把公共幸福确立为目标和义务，同时把个人利益的追求变成合法的权利。卢梭强力论证，建立公民社会的真正收益正是使政治获得了道德性："由自然状态进入社会状态，人类便产生了一场最堪瞩目的变化；在他们的行为中正义就取代了本能，而他们的行动也就被赋予了前所未有的道德性。……此前只知道关怀一己的人类才发现自己不得不按照另外的原则行事。"④

当然，卢梭设想的事事遵循公意的合法政府在现实中并不存在，它只是卢梭的一个政治创意，是为了重建现代性而揭示的一个理想。其完美性体现在，对于这种政治设计来说，全体公民的美德是不可或缺的前提。说到美德，卢梭意指的是一个共和制国家的公民所特有的那种公共精神，即

① ［法］卢梭：《社会契约论》，何兆武译，商务印书馆 1987 年版，第 9 页。

② 参见［美］施特劳斯《苏格拉底问题与现代性——施特劳斯讲演与论文集（卷二）》，刘小枫编，彭磊、丁耘译，华夏出版社 2008 年版，第 41 页；以及［美］施特劳斯、克罗波西主编：《政治哲学史》下册，李天然等译，河北人民出版社 1993 年版，第 657 页。

③ ［法］卢梭：《社会契约论》，何兆武译，商务印书馆 1987 年版，第 31 页。

④ 同上书，第 25 页。

把自己的存在与国家的存在视为一体，热爱自己的国家，把国家的所有决策、法令和行动都看成出自他自己的意志，永远关心公共善，将其视为伟大的目标并为之作忘我奉献。卢梭认为，在这种公共精神中展示了政治中的道德经验的本质。他还认为，培育这种公民美德的最好途径是培养爱国主义，因此公共教育应该成为国家最重要的事业，柏拉图的《理想国》就是其最伟大的教本。通过公共教育让人民以最热烈最微妙的情感爱自己的祖国，以此制衡人类自爱自利的自然禀性，作为美德的公共精神就会斐然生成。[①] 这种公共精神和爱国主义是如此崇高和美好，在现代社会已难得一见，卢梭只能到古代的斯巴达和罗马共和国中去寻找范例，他反复称述的全都是古代爱国者：斯巴达的佩达勒特、罗马的加图和雷居鲁斯等等[②]。置身于人欲横流的现代资产者社会，卢梭对古典美德、爱国心和公共精神的由衷向往极其崇高、极其感人："没有公民，就无所谓道德；没有道德，何来自由！"[③]

尽管卢梭的政治设计具有不可操作性，但他仍然极尽辩才，把古代的公共精神与现代人的自利倾向统一起来。初看上去，卢梭的公意学说断然拒绝了霍布斯、洛克所认可的每个人追求私利的绝对权利，但公意的最微妙政治后果却是通过一种变通迂回方式，把个人利益转变成公共利益，这就是承诺用集体的力量保护每个人的生命、自由和财产。在这种情况下，每个人的幸福都是公共问题。[④] "这一点就证明了，权利平等及其所产生的正义概念乃是出自每个人对自己的偏爱，因为也就是出自人的天性。"[⑤] 卢梭讲过，爱国主义的本质就是把自爱之心扩展到整个国家，把自爱转化为虚荣，而虚荣是一种受人尊敬的激情，爱国主义是虚荣的升华形式：爱自己的国家，为她寻求光荣和福祉。[⑥] 这表明卢梭还是把现代人的权利观念当成了一切政治美德和公共精神的最终前提，对卢梭来说，要超越这个

---

① ［法］卢梭：《论政治经济学》，王运成译，商务印书馆 1962 年版，第 21、15—16 页；以及卢梭：《爱弥儿——论教育》上卷，第 11 页。

② ［法］卢梭：《论政治经济学》，王运成译，商务印书馆 1962 年版，第 16 页；以及卢梭：《爱弥儿——论教育》上卷，第 10 页。

③ ［法］卢梭：《论政治经济学》，王运成译，商务印书馆 1962 年版，第 21 页。

④ 同上书，第 18 页。

⑤ ［法］卢梭：《社会契约论》，何兆武译，商务印书馆 1987 年版，第 38—39 页。

⑥ ［法］卢梭：《论政治经济学》，王运成译，商务印书馆 1962 年版，第 15—16 页。

前提是很困难的。

自现代政治问世以来，卢梭第一次为它注入了德性、激情和理想主义，以此开启了现代政治哲学的一个伟大时期，施特劳斯称之为“现代性的第二次浪潮”。在这次浪潮中，康德和黑格尔是卢梭的后继者和学生，他们沿着卢梭指引的方向继续前进，以相同的忠诚和不同的理路致力于阐释政治中的道德尊严，把现代性置于一个普遍性的基础上。在他们之后，卢梭的另一位学生马克思则通过以更彻底的方式否定现代自由民主制度，而把卢梭的“道德政治”推向了顶点。

三　康德政治哲学的上升思路和下降思路

康德是德国先验哲学的奠基者，他的“三大批判”缔造了德国先验哲学的基础。但晚年康德的理论兴趣转向了政治问题，撰写了被研究者称为“第四批判”的一系列政治哲学著作。这带来问题：康德的政治哲学与他的整个先验哲学，特别是其中的先验道德哲学是什么关系？这一问题引来后世研究者经久不衰的讨论。最早是黑格尔指责康德的道德哲学落入了形式化、内省化的封闭性之中，隔绝于现存世界中具体自由的一切内容。黑格尔似乎完全忽略了康德政治哲学的存在。后来阿伦特在其康德政治哲学的讲座中提出，康德晚年关注政治哲学问题，但其政治哲学论著只是一些幼稚平庸的作品，根本达不到“三大批判”那样的理论高度，它们是康德晚年智力衰退的产物。阿伦特的关键论点认为，康德的道德哲学与政治哲学之间缺乏内在联系，其道德哲学对其政治思考毫无助益。[①] 后来布鲁姆这位政治哲学大家也认为：“康德的政治学说和道德学说联系上有问题。”[②] 这些争论表明，康德思想中政治与道德之间的张力，是康德研究的一个真正难点，直到今天仍是一个有待探究的开放性课题。

从今日哲学界所达到的问题视野看来，康德全部事业中最深刻的矛盾，不在关于知识问题的理论领域（如经验与理性的矛盾、现象与物自

① 参见［美］阿伦特《康德政治哲学十三讲》第一讲、第三讲，曹明、苏婉儿译，上海世纪出版集团2013年版。

② ［美］布鲁姆：《巨人与侏儒》，张辉编，秦露等译，华夏出版社2003年版，第284页。

体的矛盾)，而在作为实践问题的道德与政治之间。在《纯粹理性批判》的结尾处，康德明示，“我们理性之纯粹使用的最终目的”不是自然，而是自由，因为自由关乎人性之根底。① 学界有共识：康德的伟大在于他怀有最高道德理想，第一次使伦理学升入纯先验的界面，为人类的道德生活和道德反思建立了最高的目标与范本。但现在有理由认为，康德道德研究的最深动机却是完全来自现代性的政治问题。作为一位现代哲人，康德本性中具有那种对于政治毕生不减的巨大激情。早在“第二批判”还未问世之前，他就提出：作为“大自然隐蔽计划”之人类历史的最高任务，是使自己脱离自然状态，建立普遍法治的公民社会。② 这也是康德毕生坚持的核心政治观点。由此观之，康德宏大的政治关怀与其道德哲学之间的关系，确实需要我们重新追问。

考其渊源，康德道德哲学受到卢梭的决定性影响。康德视卢梭为“道德世界的牛顿”，承认是卢梭帮助他确定了对人性的信念：“卢梭使我有了自知之明……我开始学会尊重人，而且如果我认为我所考虑的事情无助于确立一切人的权利和价值，我就会自认不如一个普通劳动者有用。”③ 这是康德全部道德探索的起点，很显然，这个起点本身首先是政治的。从整个现代思想史来看，康德学说是卢梭启动的“道德政治”议程至为重要的一环。康德赋予现代政治的那些主题以神圣的道德尊严，并将其置于先验道德哲学的理论高度上；同时又赋予传统的道德主题以最直接的政治意义，使之成为现代政治的自我辩护。这一切都必须追溯到卢梭：康德道德哲学的那些最核心观点，比如通过使意愿普遍化来使其获得合法性的思想，以及自由作为服从自己制定的法律这一概念，均直接来自卢梭的公意学说。重要的是，康德道德哲学的卢梭起源，决定了这一学说最本质的要义是政治性，而非研究者通常关注的先验性。这就是罗尔斯思考康德的思想来路时得出的与众不同的论断：“康德为卢梭的普遍意志（即公意）观念寻求一种哲学基础。……以这种方式，康德学说的潜在结构从形而上学

① ［德］康德：《纯粹理性批判》，邓晓芒译，人民出版社 2004 年版，第 607—609 页。

② ［德］康德：《历史理性批判文集》，何兆武译，商务印书馆 1991 年版，第 15、8 页。

③ 转引自［美］施特劳斯、［美］克罗波西主编《政治哲学史》下册，李天然等译，河北人民出版社 1993 年版，第 686、676 页。

的氛围中被分离出来，从而使这个结构可以较明白地被理解。"①

康德道德哲学的核心、"作为先验自由的自律"这一概念，继承了卢梭"作为公意的自我立法"的主要创意和术语，但康德通过两个关键性的修正，把卢梭这个政治理论改造成一种道德哲学：（1）把作为集体自我立法的公意改成个人自我立法的自律。卢梭的公意就是全体成员依社会契约而结成的统一的公共意志，其实体是指政治共同体即公民社会；当个人拒不服从公意时，卢梭认为共同体可以迫使他服从，这等于"迫使他自由"。② 但在康德这里，"自我立法"由本来意义上的每个人服从自己参与制定的法律这一集体政治行为，变成了个人道德上的自我完成：公共意志变成了"善良意志"。从当时欧洲的历史来看，这一变化正好对应于18世纪的"革命中的公民"转变为19世纪退向"内心良知领域"的个体自我。（2）把整个问题先验化。卢梭的公意是讲每个公民因服从自己参与订立的法律而是自由的，此种约定立法把权力变成合法性，把服从成为义务，这乃是一切"道德政治"的根本之义。康德从卢梭这一概念取得灵感，而提出"自律"是一切道德本身的"唯一原则"：一个意志是自由的，是指它完全独立于现象界一切自然的因果法则，只被自身的纯粹理性所决定，所以它只能自己为自己订立法则，这就是自律；这里的自由意味着超越现象界、仅仅作为自在之物来看的那个自由意志，已非卢梭本来意义上的自我立法问题。另外，康德提出自我立法作为自律，它制定的法则一定是纯形式的。这一思想也来自卢梭，即公意作为一切个别意志的普遍化，用"我们要"代替"我要"，其目标永远是普遍的：它超越一切私利而永远指向公共善，凡出自它的法律一定是道德的。这是卢梭为"道德政治"设计的最重要基础。但是经过康德的先验化，形式原则已非个体意志与集体意志、私利与公共善之间关系的政治问题，而是变成了感性与理性、质料与形式之关系的先验问题。如果一个意志是自律的，即它是被自己的纯粹理性所主宰的，那它为自己订立的法则一定是一个纯形式的法则，因为它只能在纯粹理性的概念中发现该法则的起源；否则，如果法则不是纯形式的而是涉及了任何质料内容即感性欲求的对象，那就使该意志

① ［美］罗尔斯：《正义论》，何怀宏等译，中国社会科学出版社1988年版，第255页。

② ［法］卢梭：《社会契约论》，何兆武译，商务印书馆1987年版，第24—25页。

被自身以外的因素所决定而成了“他律”。这个纯形式法则就是：你自己所遵循的任何准则都要能够成为普遍规律。

必须看到，康德纯形式法则的最后指归是政治。即使在其先验原理中，康德也为这个纯形式法则保留了一个唯一的质料性内容，就是“作为目的的人身”，从而把这条形式法则改写成一条内容法则：“你的行动要把一切人身中的人性永远看作目的而非手段”[①]。“人是目的”作为康德哲学的真正顶点，其政治等价物就是“人的权利”。在晚年的政治论著中，康德向卢梭的原意回归，直接把这条形式化法则称为“权利原则”[②]。由此可以推知，康德道德哲学的目标是给现代政治的人权原则提供先验论证。这里的问题是：从集体自我立法到个人自律，这个道德个体对于人的权利、公民社会和共和政体有什么内在关系？

康德对这一问题的解答须追溯到《纯粹理性批判》结尾处提出的一个问题：人能够希望什么？[③] 后来在《实践理性批判》中表明，这个问题的答案包含两个方面：1. 人在今生能希望什么？2. 人在来世能希望什么？前者关乎政治，后者则关乎道德。这里的关键是康德认为：人的现世存在的最后根据是他“应该”存在[④]，因为人是自由的理性的道德性存在。这一观点决定着政治问题与道德问题的本质联系。康德指出，人的一切希望都指向幸福[⑤]，但它与“应该”所规定的道德发生矛盾，这是人性中最深刻的一种冲突。这个冲突的解决必然要求诉诸人在来世的希望。在《实践理性批判》的“辩证论”中，康德设计了一个解决方案，即用“至善”这个概念来表示幸福和道德的统一。至善是这样被达到的：既然在这种存在者的道德动机中不能避免包含感性的成分即幸福，这种幸福就是需要的，但前提是，人类必须看到，道德乃是获得幸福的唯一根据：“至善给这些存在者追求幸福的愿望之上又加上一个条件，即是他们必须配享幸福

---

① ［德］康德：《道德形而上学原理》，苗力田译，上海人民出版社 1986 年版，第 80—81 页。

② 参见［德］康德《历史理性批判文集》，何兆武译，商务印书馆 1991 年版，第 135 页、154 页注①。

③ ［德］康德：《纯粹理性批判》，邓晓芒译，人民出版社 2004 年版，第 612 页。

④ 同上。

⑤ 同上。

才行，这个条件就是这些有理性的存在者的道德；只有道德才包含着使他们据以能够希望通过睿智真宰之手享到幸福的唯一标准。”[①] 成为“配享幸福者”，这就是人在来世可以希望的东西。为证明这一点，康德引入了“灵魂不死”公设：“至善只有在灵魂不朽的这个假设之下，才在实践上是可能的……（因为）我们只有在一个无止境的进步过程中才能够达到与道德原则完全契合的地步。”[②] 我认为，这是康德为现代政治的人权原则所作的最高道德论证：人在今生能希望的东西无非幸福、生命和财产，它们构成人的权利的具体内容；但人的这些权利需要在他对来生的希望中才能找到最后的根据，这就是他作为道德自律者而成为“配享幸福者”。质言之，权利原则的先验根据是：一个人作为善良意志其自身就是最高的善，他因此而享有人的权利和尊严，超乎自然也无须上帝。

这样，通过将卢梭的公意学说先验化和个体化，康德把对政治的道德理解推向一个空前的高度。他改变了仅在权力和利益层面划分特殊性和普遍性的旧政治思维，而在感性与理性、现象界与本体这一形上层面重新划分特殊性与普遍性，把特殊性的私利分析为一个感性欲求概念即幸福原则，而把普遍性赋予理性主宰下不沾染任何感性欲望、永远只追求更高理想的绝对善良意志。这就为现代政治的普遍性原则奠定了一个全新的先验哲学基础，使其在理论上做到彻底。

施特劳斯主编的《政治哲学史》认为，在康德的思考中，政治和道德之间始终处于悬而未决的矛盾、暧昧甚至混乱之中：“康德政治哲学所产生的问题，根源就在于道德和政治的含混性，不仅每一方自身而且双方的关系都是含混不清的。”“因为这种关系的两个方面处于一种既相互需要又相互排斥的状况。”[③] 这个看法有点夸大其词。其实康德整个实践哲学的发展轨迹非常清晰，他对政治与道德之间关系的论述，以法国大革命为分界点，曾经出现过上升和下降两种思路。上述关于权利原则的最后根据存在于先验道德中这一观点，是康德的上升思路，试图以一个概念世界来重新勘定政治领域。这一思路面临众多内在困难，其中最根本的困难

① ［德］康德：《实践理性批判》，关文运译，商务印书馆 1960 年版，第 133 页。

② 同上书，第 125 页。

③ 参见［美］施特劳斯、［美］克罗波西主编《政治哲学史》下册，李天然等译，河北人民出版社 1993 年版，第 673、711 页。

是：要在现代自然权利的基础上实现那么高的道德政治理想，这个目标几乎没有希望。大致以法国大革命为转折点，康德转入其下降思路，即从先验道德的概念世界下降到现代政治的现实世界。

康德与法国大革命的关系是双向的。首先，大革命受惠于康德哲学。“普遍的人”这一概念，即不是希腊人、罗马人或犹太人，而是人作为人本身享有自由这一始自基督教的观念，在康德哲学中得到最高的证明，成为引导法国大革命的思想旗帜。故此，马克思称康德哲学是“法国革命的德国理论”①，早些时候海涅有过相同的看法②，最有说服力的是西耶斯这位雅各宾派的缔造者、《第三等级是什么?》的作者，曾试图把康德哲学介绍给法国，因为“法国人通过研究这种哲学将会完成这场革命”③。反过来看，法国革命对康德产生的决定性影响，就是促使他从先验道德理想转向现代政治的现实。这种影响集中表现在《永久和平论》（1795）、《人类是在不断朝着改善前进吗?》（1797）等政治哲学论文中。康德指出，法国革命的重要意义并不在于事件本身，而在于它所揭示的政治原则：它肯定“人的权利”，引导人类“去寻求真正的、遵守权利的体制”即共和政体，那是“一切公民体制的一般的永恒规范”。④ 康德认为，法国革命的这一正面教诲“对于人类是如此重大的事情”，尽管“它可能充满着悲惨和恐怖”，尽管它可能没有达到目的甚至遭到失败，“那种哲学预言也不会丧失其任何一点力量的”。⑤ 而对于康德的政治哲学来说，法国革命的反面教诲也许更重要，那就是：仅仅有道德是不够的，在实际政治中，道德必须以制度来保证。这场确证权利原则的伟大尝试后来变成一桩恐怖的事业，其根源就在于，由于没有规范而持久的制度作保证，直接推动了这场革命的那些美德，如无私、善良和对人民的同情等，统统变成自己的反面，对事业产生了更大的杀伤力。罗伯斯庇尔正是以美德的名义

---

① 《马克思恩格斯全集》第 1 卷，人民出版社 1995 年版，第 233 页。

② 参见《海涅选集》，张玉书编，人民文学出版社 1983 年版，第 293—294 页。

③ 参见［美］阿伦特《康德政治哲学十三讲》第七讲，曹明、苏婉儿译，上海世纪出版集团 2013 年版。

④ 参见［德］康德《历史理性批判文集》，何兆武译，商务印书馆 1991 年版，第 153—154、155、158—159 页。

⑤ 同上书，第 153、156 页。

实行了大恐怖，他的口号是"美德的恐怖"，圣鞠斯特对此的回应意味深长："美德之罪，罪莫大焉！"[①]

把政治制度的重要性看得大于道德，这是反思法国革命给康德带来的最显著的观念转变，也是康德政治哲学的"下降思路"的标志性观点。人们看到，晚年的康德疏远由他自己揭示的高绝目标和理想主义话语，尽量避免在欲望和义务之间作激进的道德选择，而是采取了这样的观点："一个人即使不是一个道德良好的人，也会被强制而成为一个良好的公民的"。因为"良好的国家体制并不能期待于道德，倒是相反地，一个民族良好道德的形成首先就要期待于良好的国家体制"[②]。对见证了大恐怖的康德来说，现在最重要的问题不再是政治的道德基础，而是保护公民权利的体制、宪法、共和制等具体事物；像卢梭设计的那种依靠教育来培养公共精神的政治方案是靠不住的，因为"由于人性的脆弱性"，那种设计"所期望的结果是难以期待的"[③]。与卢梭的理想主义相比，可以重提亚里士多德的现实主义观点：好公民不必一定是一个好人，反之，好人只有在一个好政体下才能成为一个好公民。[④] 令人吃惊的是，康德晚年的观点比亚里士多德更现实，他认为甚至坏人在一个好政体下也能成为一个好公民："建立国家这个问题不管听起来是多么艰难，即使是一个魔鬼的民族也能解决的（只要他们有此理智）……因为这个问题并不在于人类道德的改善，而只在于要求懂得那种大自然的机制我们怎样才能用之于人类……使他们自身必须相互都屈服于强制性的法律之下。"[⑤]

由于淡化道德问题而凸显政治制度，康德在《法权论形而上学原理》（《道德形而上学》的上部，1797 年出版）这部正式的政治哲学论著中重新界定自由概念，明确划分基于道德的内在自由和基于法律的外在自由，前者以义务即"无条件的应当"作为立法的唯一动机，后者则只考虑权利之基于法律的合法性。[⑥] "法权论形而上学"将重点放在"法律基础上

① 参见［美］阿伦特《论革命》，陈周旺译，译林出版社 2007 年版，第 67、78 页。
② ［德］康德：《历史理性批判文集》，何兆武译，商务印书馆 1991 年版，第 125、126 页。
③ 同上书，第 161 页。
④ 参见［古希腊］亚里士多德《政治学》，吴寿彭译，商务印书馆 2007 年版，卷三章四。
⑤ ［德］康德：《历史理性批判文集》，何兆武译，商务印书馆 1991 年版，第 125 页。
⑥ 《康德著作全集》第 6 卷，李秋零译，中国人民大学出版社 2007 年版，第 221、226 页。

的外在自由”，其实那正是康德晚年政治思考的核心内容。意味深长的是，自法国大革命之后（那时全部“批判哲学”亦告完成），康德的兴趣便从先验问题转向具体之物，他这时的自由概念已经不是先验个体的自律概念，而是完全回到卢梭关于“公民服从自己同意的法律”这一具体问题上。康德一向严格划分政治共同体和伦理共同体，所谓政治共同体，就是现实中的公民社会，而伦理共同体，康德曾经认为它是公民社会的“原型世界”和最高范本，也称之为“目的王国”；但他后来的观点下降为：伦理共同体必须以法律为基础，在它之中不能包含任何与公民法律规定的义务相冲突的东西。[①]

随着自由从先验问题回归政治问题，康德的政治观点下降到现代政治哲学的主流观点。大致说来，权利的原则包含两点：第一，权利是每个人的自由之间的相互兼容性，“生而具有的自由只有一种”，就是与别人的合法自由相容前提下每个人凭人性而具有的权利。[②] 法律的精神是拒绝特权。第二，权利是自由与普遍相互强制之间的一致性，“人性的恶使得强制成为必要”，只有将自由奠定于合法的强制之下，符合权利原则的持久的国家体制才能建立。[③] 唯一合法的政体是共和国，它是能够保证实现权利原则的唯一合法体制，它使自由成为一切强制的条件，“只有在这种状态中，才能永久地给予每个人他自己的东西。”[④] 综观晚年康德的权利观点——自由问题的核心是权利，权利概念的内涵无非幸福、生命和财产，其中特别重要的是财产权，“法权论形而上学”对权利的先验演绎主要是对财产权的演绎——这全都是自洛克以来现代政治哲学的主流观点，并无新意。而康德对公民社会、共和政体这些概念的理解甚至退回到霍布斯的起点，即从现代人的实际人性状况出发去设计政治。道德维度退隐之后，康德开始接受“人还不够神圣”这一事实，人天然具有的全部目标就是追求自己的幸福。他接受了霍布斯的观点：必须走出自然状态，进入公民社会，因为公民社会“恰好就是通过法律来保障每个人自己的自由的那

---

① 《康德著作全集》第6卷，李秋零译，中国人民大学出版社2007年版，第96页。

② 同上书，第238、246页。

③ 同上书，第240页；以及［德］康德：《历史理性批判文集》，何兆武译，商务印书馆1991年版，第139、133页。

④ 同上书，第353页。

种合法的体制：只要他不侵犯别人普遍的合法的自由，因而也就是不侵犯其他同胞居民的权利，他就始终可以以自己认为是最好的任何方式来寻找自己的幸福。"①

上述康德的"下降思路"已经脱离了"道德政治"的原初理想，可以通过对比康德和卢梭的主要论点来说明这一点。

1. 政治。卢梭追求的是完美的道德政治、纯然正义的城邦，所以他崇尚美德、爱国心和公共精神，重视教育，向往古希腊城邦和罗马共和国。这种高绝的政治创意基于纯粹的"公意"，极其难于创立且更加难于维持，所以卢梭说那是天使的事业，"那样一种十全十美的政府是不适合于人类的。"② 但卢梭仍然认真对待并仔细阐释了这个创意。正是针对卢梭，康德提出他著名的论点：无须天使，魔鬼的民族也能立国，只要有政治理性再加上好制度好法律，无须美德和教育，也能建成"真正的共和国"。特别耐人寻味的是，在康德先验道德建构中曾赋予他核心灵感的卢梭"公意"概念，在康德下降后的政治观点中，被认为"在实践上是软弱无力的"，因为人类天性自私，达不到那么崇高的普遍性形式，公意的运作最终"还要通过这种自私的倾向"。③ 两人相对比，卢梭看重的是政治的道德本质，康德则看重政体的可操作性，相应的一些具体观点的差异皆源于此：比如卢梭主张"道德政治"要求小政治体（如斯巴达），而不适于现代商业大国，因为那里不生长美德，只生长欲望；而康德认为这种要求不切实际，现有的国家尽管"很不完美"，但只要它接受权利原则和外在自由原则，就可以视为"道德政治"。另外卢梭坚持主权不可转让也不可能被代表，反对代议制；康德则认为"唯有在代议制体系中共和制的政治方式才有可能"，没有代议制的政权形式就是无形式。④

2. 文化。据布鲁姆说，"文化"（culture）一词是康德为了阐释卢梭

---

① 《康德著作全集》第6卷，李秋零译，中国人民大学出版社2007年版，第392页、97页注①；以及［德］康德：《历史理性批判文集》，何兆武译，商务印书馆1991年版，第181—182、191—192页。

② ［法］卢梭：《社会契约论》，何兆武译，商务印书馆1987年版，第86页。

③ ［德］康德：《历史理性批判文集》，何兆武译，商务印书馆1991年版，第125页。

④ 参见［法］卢梭《社会契约论》，何兆武译，商务印书馆1987年版，第2卷第9章、第3卷第15章；以及［德］康德《历史理性批判文集》，何兆武译，商务印书馆1991年版，第126、137、110、108页。

的意图而发明的[1]。卢梭提出了从自然到自由的伟大目标，但并未说明走向自由的具体道路。不过有一点可以确定，卢梭认为现代文明肯定不是通向自由之路，反而是人类加给自己的新枷锁，“文明”（civilization）意味着人类欲望和需要的增涨以及满足这些需要的手段的强大。在《论科学和艺术》对现代文明发起的攻击中，卢梭重点批判了启蒙。启蒙运动希望通过科学和艺术的进步和传播把人天性中的自私转化为开明的自私，使之成为公民社会的稳固基础。卢梭认为科学和艺术的进步助长了奢侈、享乐和对优越感的崇尚，只会增加新的不平等，对政治的道德基础恰恰是有害的。康德不同意卢梭观点，奋起捍卫启蒙，他对卢梭的回应构成了《判断力批判》唯一的一个政治哲学议题（见§83）。康德认为，人在为自己提出“自由”目的的同时，始终都把“自然”当作实现目的的手段，这种技巧康德称之为“适应性”。“这种适应性的产生过程就是文化”[2]。启蒙的目标在于，通过文化的管教和规训，把这种适应性升华为高级形式的教养，在这种教养下，人能够出于理性的目的约束自己的本能，“把意志从欲望的专制中解放出来”[3]，最后达到真正的自由之境。由此观之，文化是自然通向自由的一条历史道路，启蒙是文化的必要条件，文化将在一个更高层次上恢复人类原初的整体性。康德对启蒙的辩护在政治上抵制了卢梭对现代性的深刻批判意图，因为康德设想文化起作用的具体方式，不过是通过现代的教养来克服人类的自私天性，最后达于公民社会的法制状态：“美的艺术和科学通过某种可以普遍传达的愉快，通过在社交方面的调教和文雅化，即使没有使人类有道德上的改进，但却使他们有礼貌，从而对感官偏好的专制高奏凯旋，并由此使人类对一个只有理性才应当有权力实施的统治做好了准备。”[4]

3. 财产。财产权事关现代自由和权利的实体。在对“道德政治”的理解上，康德和卢梭之间的最大不同表现在对财产权的看法上，现代政治哲学的主流观点与马克思主义的主要分歧也在这里。卢梭并非马克思主义

---

① 参见［美］布鲁姆《美国精神的封闭》，战旭英译，译林出版社 2007 年版，第 141 页；以及［美］布鲁姆《巨人与侏儒》，张辉编、秦露等译，华夏出版社 2003 年版，第 219 页。

② ［德］康德：《判断力批判》，邓晓芒译，人民出版社 2002 年版，第 287、289 页。

③ 同上书，第 289 页。

④ 同上书，第 290—291 页。

者，他没有主张取消私有财产，而是接受现代政治的前提性观点："财产权是文明社会真正的基础，公民事业真正的保证"[①]。卢梭比洛克更精辟地阐释了财产权的本质：公民社会的最大成就，就是将基于天赋自由的抽象的"无限权利"变成正式的合法的权利——所有权，所谓人权"唯有在财产权确立之后，才能成为一种真正的权利。"[②] 卢梭的真正发现是：私有财产是人类不平等的起源，公民社会把这种不平等变成合法的权利，法律保护财产权就是保护富人而损害穷人，财产权作为"这两个阶级的人之间的社会契约的条款，可以概括为几句话：你需要我，因为我富而你穷。"[③] 卢梭提出真正的平等是财产的平等，财产权应该限制在最狭隘的界限内，使它始终服从于公共幸福。[④] 康德也承认"最大的不平等"是"财富境况的不平等"，这种不平等违反公民权利的一般原则，但康德将财产不平等归咎于"理智、勤奋和命运"，[⑤] 和洛克的著名观点保持了一致，除此之外无所增益。康德在《法权论形而上学原理》的第一卷"私人法权"部分系统论述了财产权问题。在那里，康德提出一个"实践理性的法权公设"："要这样对待他人，使得外在的（有用的）东西可能为某人所占有，或者变成他的财产，这是一项法权义务。"[⑥] 这个法权公设在形式上明显模仿著名的道德基本法则，但两者在内容上却判然有别，显示了康德政治哲学思路的根本变化：道德法则把义务当作人的本质，法权公设则把权利作为人的本质，而把财产权作为权利本身的本质。在此基础上，康德展开了一个非常复杂的"对外在对象的纯然法权上的占有之概念演绎"，其要义是讲：对某物的占有作为所有权，不是一个经验性概念（如对该物在空间或时间意义上的控制），而是一个理性的基于法律而普遍有效的权利概念，康德称它是"实践理性根据自由法则对意志作出的一种规定"，这样一种占有的权利只有在公民社会的法制状态中才是可能

---

① ［法］卢梭：《论政治经济学》，王运成译，商务印书馆 1962 年版，第 25 页。
② ［法］卢梭：《社会契约论》，何兆武译，商务印书馆 1987 年版，第 26、27 页。
③ ［法］卢梭：《论政治经济学》，王运成译，商务印书馆 1962 年版，第 36 页。
④ ［法］卢梭：《社会契约论》，何兆武译，商务印书馆 1987 年版，第 66 页注④。
⑤ ［德］康德：《历史理性批判文集》，何兆武译，商务印书馆 1991 年版，第 184—186 页。
⑥ 《康德著作全集》第 6 卷，李秋零译，中国人民大学出版社 2007 年版，第 259—260 页。

的。[①] 很显然，这是康德运用先验演绎对洛克以来现代主流观点的一次辩护，它也许表现了康德的政治热情，但已失去昔日的理论光辉，因为它失落了卢梭批判精神的灵魂，只留下"道德政治"的抽象形式。

康德政治哲学的两种思路加重了康德思想固有的复杂性：在现代思想史谱系中，康德到底是理想主义还是现实主义？他坚持的是普遍性原则还是特殊性原则？总的来说，在把卢梭的"道德政治"推上先验的思想高度之后，康德后来的想法与卢梭的批判性理想渐行渐远。卢梭追求的是彻底的"道德政治"，他坚持只有纯然正义的政制才真正合法，以此为背景，卢梭清晰有力阐明了现代自由民主政治的毛病所在。康德亲身接受了法国大革命的昭示，从而对现代性的深刻内在矛盾有了进一步的理解。康德在他生命最后阶段领悟到的是：经过大恐怖这次最高的教化，现代人只能以一种不同于卢梭设想的方式进入公民社会，压制普遍性的纯然正义理想，让自己成为现代性政治体制的循规蹈矩成员，去追求自己的幸福。基于此，康德把目标降低，关注实际政治的可操作性。而一旦这样，就使他远离了卢梭的原初理想，也使他的政治观点缺乏新意。所以阿伦特认为，以康德哲学所达到的理论高度来看，他下降后的思路根本构不成一个新的"第四批判"。在康德上升思路与下降思路的冲突中，所显示的不仅是康德本人学说中的深刻矛盾，更重要的是现代性本身的内在矛盾，即人性的现实与人类的自由理想之间的冲突。这一矛盾只有到了马克思那里才得到理论上的新突破。

四　马克思论财产权与"穷人的权利"

所谓"道德政治"的核心是对现代性的批判。现在讨论：在"道德政治"这一现代政治哲学的批判性思想趋向中，马克思处在怎样一个位置？[②]

---

① 《康德著作全集》第 6 卷，李秋零译，中国人民大学出版社 2007 年版，第 257—260、261—263 页。

② 在"道德政治"谱系中，康德和马克思之间隔着黑格尔，关于黑格尔政治哲学和马克思政治哲学的关系，参见拙文《从个人原则到社会原则："道德政治"谱系中黑格尔》，载《哲学研究》2013 年第 4 期。

一般来看，马克思强烈反对将政治问题道德化，这是他的一贯立场。马克思几乎从未介入过主流现代伦理学的任何学术论争，在他看来这种争论空洞而且虚伪。"共产主义者根本不进行道德说教……不向人们提出道德要求，例如你们应该彼此友爱呀，不要做利己主义者呀，等等。"对马克思来说，爱自己或爱他人，关注私利或者追求美德，"那是完全次要的问题"，重要的问题"是揭示这个对立的物质根源"。[①] 基于这样的立场和方法，马克思尖锐批评了康德伦理学，指出，当康德把法国革命中的资产阶级意志变形为自由意志和善良意志时，他没有觉察到，法国资产者的革命意志是以现实的物质利益为动机的，而德国式的善良意志则是德国市民软弱、受压制状况的反映，"18 世纪末德国的状况完全反映在康德的《实践理性批判》中。"[②]

马克思反对把政治问题变成道德问题，而坚持把政治问题理解为经济问题，更确切地说，是把经济问题政治化，整个问题的核心是财产权。但是，既然卢梭和康德开创的"道德政治"是现代性的一个致命问题，马克思与该问题就一定保有某种内在的本质联系，这种联系必须被揭示出来，它是理解马克思在现代政治哲学中的历史地位的一个关键。马克思最大的理论创见是：所谓"道德政治"必须从一般的权利扩展到财产的权利，而财产权的本质是穷人的权利问题，也就是马克思所谓"社会问题"。在这里，马克思显然接受了由洛克奠定的现代的前提性观点，即现代人自由的核心是权利，权利的核心是财产权。马克思的新发现是，所谓财产权决非洛克、康德等人所认定的那样是一种天然合法的公民权利，它带来一个（至今无法解决的）巨大难题——穷人的权利如何可能？只有这一难题得到解决，私有财产权才能像洛克设想那样真正成为自由的基础。前面提到，卢梭和康德最后的分歧点是财产问题，这两个人也许没意识到，这个分歧点正是"道德政治"的根本困境。在卢梭和康德的比较中，马克思追随了卢梭。康德认为法国大革命确立了普遍权利原则，而对马克思来说，大革命确立的是穷人的权利原则（"无套裤汉的权利"），是

---

① ［德］马克思、恩格斯：《德意志意识形态（节选本）》，人民出版社 2003 年版，第 103—104 页。

② 同上书，第 112、110 页。

对财产权的否定——大革命的口号是："所有权就是盗窃！"① 从普遍权利到穷人的权利，"道德政治"升级到新界面，从抽象上升到具体。马克思对财产权和穷人权利的关注，明显接受了来自大革命、卢梭甚至还有蒲鲁东的影响，他的个人探索正是从这个问题开始的。值得注意的是，马克思早在其激进的青年时代就有这种问题意识。在关于林木盗窃法的辩论中，马克思分析了现代政治的重要成就："把特权变成法"，并恢复罗马法中对公法和私法进行划分的传统，扬弃中世纪由于混淆公法和私法而造成的财产的不确定形式，保护私有财产权；但现代政治忽视了："即使纯粹从私法观点来看，这里也存在两种私法：占有者的私法和非占有者的私法。"穷人的权利即"非占有者的私法"在现代国家的法律制度中无所规定。马克思指出，私法对于财产的信条是"先占权"（"谁先占就归谁所有"），但在现代市民社会，贫苦阶级"正是由于这种先占权而丧失了任何其他财产。"②

阿伦特极有见地地指出，马克思对现代政治的重大创见是把社会问题提升为政治问题，用穷人的权利取代普遍人权去规定自由的最高意义，与这一创见相比，他关于"科学的"社会主义、唯物论基础上的历史必然性等学说都是次要的和派生的，是马克思和整个现代所共有的观念。但阿伦特不同意马克思观点，她毕生正面坚持的核心观点是，自由按其本质乃是一个政治问题而非社会问题，自由的本来目标是"以自由立国"，即建立一个包含公共自由、公共幸福和公共精神的公共领域，而不是什么"穷人的权利"。她认为，正是贫困作为一种力量把法国革命带入歧途，使法国革命把目标锁定于穷人的权利，而耽搁了"以自由立国"；"马克思从法国大革命学到了贫困是第一位的政治力量"，用社会问题取代政治问题，但正是这一创见把整个现代政治哲学引入歧途。关键的分歧点在于，阿伦特认为贫困的本质是一种"肉体支配下的必然性力量"，与自由问题扞格不入；③ 而马克思认为，贫困的本质是被剥夺，是财产权的压迫性所导致，因而是现代自由的真正难题。

---

① 参见［法］蒲鲁东《什么是所有权》，孙署冰译，商务印书馆2009年版，第38—39页；以及［美］阿伦特《论革命》，陈周旺译，译林出版社2007年版，第49页。

② 《马克思恩格斯全集》第1卷，人民出版社1995年版，第251—253页。

③ 参见［美］阿伦特《论革命》，陈周旺译，译林出版社2007年版，第48—52页。

继洛克之后，马克思再次将自由问题聚焦于财产，但这一次马克思刷新了对财产本身的理解，把财产进一步分析为劳动和资本。财产的这个新概念突破了自洛克以来的现代财产概念，将以"道德政治"名义展开的现代性批判提升到一个更高的理论层面。这一重大创新是马克思在巴黎研究政治经济学的第一个成果，可以在《1844年经济学哲学手稿》中看得真切。在这里，马克思从古典政治经济学对劳动、资本和土地的划分出发，将私有财产划分为"作为劳动的私有财产"和"作为资本的私有财产"（土地在现代趋势中将转化为资本）[①]。关节点在于劳动的异化。马克思发现，被古典政治经济学当作财富本质的"一般劳动"与本意上的具体劳动和劳动者是对立的，因为财富作为资本乃是劳动被"物化"的结果，异化劳动所导致的劳动与资本的对立才是财产的政治本质。这一发现使马克思对"现代"本身的理解超越公民社会概念，而进入阶级社会概念。因为随着财产权从一般的天然合法的公民权利变成权利本身的最大难题，自霍布斯到康德一直追寻的"公民社会"概念亦失去对"现代"本质的政治解释力，新的解释是："整个社会必然分化为两个阶级，即有产者阶级和没有财产的工人阶级。"[②]

但是，马克思接着指出，无产和有产的对立如果不理解为劳动和资本的对立，就还是一种无关紧要的对立，就还没有在其内在关系上来理解[③]。无产和有产的对立作为社会现象古已有之，但古代只是把财产理解为自然形成的外在的对象性。财产的本质是现代提出的问题，经过重商主义和重农主义的过渡性探索，直到斯密，才抛开劳动的一切特殊规定，认为"一般劳动"是财富的唯一本质。斯密的革命性见解直接启迪了黑格尔对劳动和财产问题的重视，并在更深远的意义上启迪了马克思对劳动与资本关系的探索。马克思极精辟地将斯密的发现解析为"私有财产的主体性质是劳动"，指出由于这个发现，现代人才觉悟到财产的本质是人不是物："人本身被认为是私有财产的本质……财富的这种外在的无思想的对象性就被扬弃了。"[④] 也正是这个发现，帮助马克思超越了一般私法把

① ［德］马克思：《1844年经济学—哲学手稿》，刘丕坤译，人民出版社2004年版，第50、67页。

② 同上书，第50页。

③ 同上书，第78页。

④ 同上书，第73—74页。

财产权当作个人意志对物的支配权利这一成见，而达至财产是一种人际关系的认知。但马克思随即指出，政治经济学观点所表达的其实是资本主义的本质精神，在哲学意义上是对人性的片面理解，因为随着把劳动抽象为一般劳动，也就把人抽象为财产主体，以此取代了人的本质的全部丰富性："以劳动为原则的国民经济学表面上承认人，毋宁说，不过是彻底实现对人的否定而已……就是说，既使人成为本质，又同时作为某种非存在物的人成为本质。"在政治意义上，政治经济学的发现则恰是资本文明的胜利："资本的文明的胜利恰恰在于，资本发现并促使人的劳动代替死的物而成为财富的源泉。"因为，把财富理解为"一般劳动"，必导致把财富理解为"完成了的劳动"即资本，资本成为私有财产的最高形式，"只有这时私有财产才能完成它对人的统治"。[①]

在理论上，对于财产问题中最重要的"劳动与资本分离的原因"，政治经济学语焉不详。[②] 它成为马克思的研究主题。要言之，财产不是一般法律意义上的人际关系，而是劳动与资本的关系：财产作为"积累起来的劳动"是资本，财产作为资本又是"支配他人劳动的权力"；现代财产权的后果是"把人类的大多数人变成完全'没有财产的'人"，变成无产阶级，由此导致社会革命。[③] 这就是马克思在《1844年经济学—哲学手稿》和稍后《德意志意识形态》中借助于政治经济学的前提和术语所达到的理论高度。这一认知在他后来对政治经济学进行彻底批判的《资本论》及其手稿中达到了理论的顶点。在这里，马克思将生产过程中劳动和资本两种生产要素的分离规定为"对象化劳动"和"活劳动"的分离，进而在政治上将其揭示为财产权与劳动能力的对立，这个对立使"劳动创造财富"这一现代金科玉律陷入悖谬之中，表现为：劳动的客观条件对劳动能力来说是"他人的财产"，而财富的创造过程对财产权来说是"他人的劳动"。这意味着，公民社会最重要的财产权合法性与其一般权

① ［德］马克思：《1844年经济学—哲学手稿》，刘丕坤译，人民出版社2004年版，第74—75、61、76—77页。

② 参见［德］马克思《1844年经济学—哲学手稿》，刘丕坤译，人民出版社2004年版，第50页。

③ 参见［德］马克思、恩格斯《德意志意识形态（节选本）》，人民出版社2003年版，第47、28、30、35—35页。

利原则所要求的公民自由的兼容性、权利与义务的相互性不能兼容。马克思揭示其中的秘密是剥削，即资本以财产权名义索取增殖价值；其政治本质是财产权的压迫性，即：财产权（作为资本）是一种"不支付等价物便占有他人劳动的权利"。剥削造成贫困，财产权的压迫性使其合法性成为问题，使穷人的权利成为问题："劳动能力生产了他人的财富和自身的贫穷，……而财富在消费这种贫穷时则会获得新的生命力并重新增殖。"这就是马克思通过揭示劳动和资本的对立，将财产权从一般权利向穷人的权利扩展，从而赋予"道德政治"的全新问题内涵。在这一转换中，自由和财产、权利和义务这些现代政治哲学的概念被重新定义："由于从法律上来看这种交换的前提无非是每一个人对自己产品的所有权和自由支配权，……我们看到，通过一种奇异的结果，所有权在资本方面就辩证地转化为对他人的产品所拥有的权利，或者说转化为对他人劳动的所有权，转化为不支付等价物便占有他人劳动的权利，而在劳动方面则辩证地转化为必须把它本身的劳动或它本身的产品看作他人财产的义务。"[①]

马克思对财产权的去合法化，实现了自卢梭之后现代政治哲学的又一次重大创新。从《1844 年经济学—哲学手稿》提出"共产主义是私有财产的积极扬弃"，到《共产党宣言》宣告"共产主义就是消灭私有制"，这种一致性不是偶然的，它在否定的意义上再一次确证了财产权是现代政治的前提，所以马克思才说整个革命运动只有在私有财产的运动中才能找到自己的经验基础和理论基础[②]。挟这一创新带来的思想力量，马克思批判了现代政治哲学的普遍性概念。卢梭和康德都坚持普遍性理想；斯密和黑格尔相信每个人追求自己的特殊利益，结果自然会促进全社会的普遍利益，普遍性就是以这种方式实现的；黑格尔还把现代国家当作普遍性的实现形式。马克思则挑明了，在现代条件下，私人利益不会发展为公共利益和普遍性，只会发展为阶级利益，所谓普遍性只是一个幻象，其背后的政治实情是：每个追求统治权的阶级都把自己的特殊利益说成是普遍利益，并赋予其普遍性的观念形式，把它描绘成唯一合乎理性的、有普遍意义的

---

① 参见《马克思恩格斯全集》第 30 卷，人民出版社 1995 年版，第 443—445、447、449—450 页。

② ［德］马克思：《1844 年经济学—哲学手稿》，刘丕坤译，人民出版社 2004 年版，第 82 页。

东西。“普遍的东西一般说来是一种虚幻的共同体的形式——在这些形式下进行着各个不同阶级间的真正的斗争。”现代国家只是一个“冒充的共同体”，其本质则是资本权力的政治形式，以保护财产权为最高职责。[①]

但马克思并未放弃普遍性理想，而是把普遍性赋予了无产阶级和共产主义，从而将其推向更高的理论高度，并以此保持着与现代政治哲学传统的连续性。问题焦点仍是财产权。在《1844年经济学—哲学手稿》中，马克思提出，应该用一种“真正人的社会的财产”[②]概念来取代现有的资产阶级财产权概念，并用共产主义去命名它。共产主义的本意就是一个财产权概念，马克思对它的规定是：共产主义是私有财产的积极扬弃，是从财产的普遍性去看待私有财产，即“普遍的私有财产”。[③]马克思的普遍财产概念首先是一个人性概念，真正人的财产应该是“人以一种全面的方式占有自己的全面的本质。”与之对比，旧的私有财产仅仅被理解为占有和拥有，这种理解“愚蠢而片面”，在人的本质上恰恰代表着“绝对的贫困”。在更深刻的意义上，马克思指出“拥有感”标志着人的感觉的全面异化，这种异化的感觉正是资产阶级权利的自然性基础。所以马克思提出，私有财产的扬弃首先是人的感觉的解放：使感觉成为人的感觉，使需要成为人的需要，使需要失去其利己主义性质，这将从根本上解决问题，使资产阶级财产权失去其自然基础。这就是马克思所说的“感觉在自己的实践中直接成为理论家”。新的财产观塑造全新的感觉，从而“创造着具有人的本质的这种全部丰富性的人，创造着具有丰富的、全面而深刻感觉的人作为这个社会的恒久的现实”[④]。这里的“社会”概念至关重要，它在马克思那里既是人性概念又是财产权概念。所谓财产的社会性质在于它合乎真正人的本质，这就是“他为别人的存在和别人为他的存在”。马克思赋予社会概念重大的政治意义，他实际上是将现代政治哲学“从自然状态到公民社会”这一主题改写为“从自然到社会”：“社会是人同自然界的完成了的本质的统一。”[⑤]此修改意义重大，它彻底消除了现代政治

① 参见［德］马克思、恩格斯《德意志意识形态（节选本）》，人民出版社2003年版，第102、28、44、76页。

② ［德］马克思：《1844年经济学—哲学手稿》，刘丕坤译，人民出版社2004年版，第63页。

③ 同上书，第81、78页。

④ 同上书，第85、86、88页。

⑤ 同上书，第83页。

中的资产阶级意味。

马克思对财产权的人性根基的这些要求，继承了自卢梭以来激进思想界对"道德政治"的基本诉求。但马克思的新财产概念不仅仅是一个人性概念，而首先是一个制度概念。在《德意志意识形态》和《共产党宣言》中，马克思阐明了"真正人的社会的财产"的政治形式是：在一个"真正的共同体"中，每个人通过联合获得自己的自由，这就是"革命无产者的共同体"。[①] 对比黑格尔把普遍性赋予国家，马克思把普遍性赋予了无产阶级：无产阶级是一个"普遍的阶级"，这个阶级"由于遭受普遍的苦难而具有普遍性"，这就是没有财产的穷人在一切民族中共同遭遇的"一般的不公正"，所以"工人的解放包含着普遍的人的解放"，这是一个"普遍合乎人性的任务"。[②] 上述观点是马克思对卢梭、康德和黑格尔的普遍性论题的一个天才拓展，即使新的时代条件使制造业工人阶级趋于没落，也丝毫不减其在现代政治哲学史上留下的思想光辉和道义力量。就理论本身的逻辑来说，正是无产阶级的普遍性使马克思的新财产概念成为可能："真正人的社会的财产"只有在"自由个人的联合体"中才能实现，这只能是"革命无产者的共同体"。因为按马克思构想，"只有完全失去了整个自主活动的现代无产者，才能够实现自己的充分的、不再受限制的自主活动，这种自主活动就是对生产力总和的占有以及由此而来的才能总和的发挥"[③]。这里包含着被马克思揭示的现代政治深层的辩证法：只有无财产的人才能理解另一种完全不同的财产概念，占有的普遍性只有遭受普遍苦难的阶级才能实现。这也从另一个角度说明了为什么作为自由前提的财产权会因为其不义性而成为现代人自由的（至今无法解决的）最大难题。同时也印证了，马克思反对剥削，主张"联合起来的个人对全部生产力的占有"，这才是对"道德政治"最高、最彻底的要求：它继承了

① ［德］马克思、恩格斯：《德意志意识形态（节选本）》，人民出版社 2003 年版，第 63、66 页。

② 参见《马克思恩格斯选集》第 1 卷，人民出版社 1995 年版，第 15 页；［德］马克思《1844 年经济学—哲学手稿》，刘丕坤译，人民出版社 2004 年版，第 62 页；［德］马克思、恩格斯《德意志意识形态（节选本）》，人民出版社 2003 年版，第 89 页。

③ ［德］马克思、恩格斯：《德意志意识形态（节选本）》，人民出版社 2003 年版，第 73 页。

卢梭，而把政治上的“普遍意志”变成经济上的普遍意志；也继承了康德，而把“绝对善良意志”变成一种绝对的善良制度①。

今天，随着时代条件发生巨变，马克思关于财产权的政治理解已成为遥远的理论记忆，对“穷人的权利”的激进吁求也趋于沉寂。但实际上，现代政治和现代政治哲学的这一问题结构并未改变，财产权仍然是它最核心的问题，财富分配严重不公和贫富差距急剧扩大仍然是困扰今天人类的最大难题。在这种情况下，要求马克思哲学研究的聚焦点从先验哲学转向政治哲学，并将其置于现代政治哲学的整个学术谱系中去理解，不仅具有理论意义，而且具有现实意义。

（原载《中国社会科学》2011 年第 3 期）

① 关于“善良意志”与“善良制度”的详细讨论，参见本自选集中的《马克思哲学革命中的伦理学问题》一文。

马克思政治哲学中的个人原则与社会原则

一 引 论

理论上，政治的主体要么是个人，要么是共同体，它们构成政治价值的两极。个人原则与共同体作为社会原则之间的张力关系构成了西方思想史上的“道德政治”的核心问题。由于古代的个人只有依附共同体才能生存，古代的观念普遍重视共同体价值。严格来说，希腊城邦中没有个人，每个人都是城邦公民。城邦的衰落是西方政治史的一个划时代事件，只有在这时才出现了“个人”概念，因为人们不得不学会作为一个个人去生活。西方道德政治的精神源头是斯多葛政治哲学，斯多葛学派及其影响下的基督教和罗马法，既发现了以理性、平等的人格为特征的个人价值，又包含了那种以天下一家的普世之爱为主旨的社会原则，这对于道德政治问题在后来的展开是极其宝贵和完美的开端。但这个开端作为开端还只是一个抽象的思想，它所知道的个人还只是抽象的个人，而它所真正强调的政治伦理是共同体和公共利益的优先性，要求个人为社会和国家作出牺牲。从斯多葛主义到西塞罗和阿奎那，社会原则对于个人原则的优先性构成了西方道德政治的古典形式。特别重要的是，由斯多葛学派开创的自然法理论最集中体现了政治的超越性，认为每个人或每个国家都需要两种法律：各种地方性法律是无法真正展示政治的道德本质的，必须设想在所有实定法之上存在某种“更高的法律”即自然法，这种自然法超越一切经验事实，宣示“应当存在”的东西。斯多葛自然法开创的“应当存在的正义”代表了西方政治理性对于政治的第一种态度，即以应然尺度而非事实尺度作为对政治的评价原则。

只是到了近代才有了对个人价值的真正自觉。与古典社会原则相比，近代建立了另一种全新的道德政治取向，即对个体人格的尊重、对个性自我实现的赞美和对个人合法权利的保护。17 世纪是理性的时代，这个时代政治哲学的一个重要趋势是从关注“神性的应然”下降到关注“人性的实然”，并赋予其道德正当性。人不是神，比起单纯而崇高的神性，人性是复杂得多的东西；道德政治遭遇的最深刻矛盾是社会与个人的矛盾，既然社会是人不可避免的存在方式，那就必须重新理解个人与社会的关系，理性的个人是一个稳定社会的真正基础，最基础、最可靠的东西是个人的人性，哲学的真正课题是揭示人性的实然结构，从关注社会转向关注个人。霍布斯和洛克接过了自然法的概念，但却彻底修改了自然法的内涵，把自然法变成保护个人生命和财产权利的根本规律，以此开启了西方政治理性对政治的第二种态度，即政治伦理必须从应然尺度下降到实然尺度，这个实然尺度就是个人，霍布斯和洛克都极力论证个人才是政治的真正起点和最终目的，社会是由个人组成的，社会为个人而存在而非个人为社会而存在。然而近代个人原则必然否定自身，随着 17 世纪的结束和英国革命的完成，个人权利原则从反抗特权的正义原则变成了资产者利益最大化原则的理论基础；更深层的原因则是，17 世纪理性主义和自然法的衰落使个人权利的正义性无法保持住自身，如萨拜因指出的，18 世纪政治哲学的标志性事件是，作为自然法的个人权利原则在理论上被休谟的批判所终结，在实践上被法国大革命所终结①。在这个过程中，“社会”被重新发现，特别是卢梭对希腊城邦的怀恋和柏克对英国传统社会的赞美，引导人们重新看到了社会作为共同体的伦理价值。经过对个人原则的反思和对社会原则的重新发现，西方政治哲学在 19 世纪进入了它的伟大综合阶段，这就是黑格尔和马克思的政治哲学。

黑格尔政治哲学最突出的特色是他把所有问题提升到一种“概念式理解”的高度。黑格尔的重大发现是：政治并非直接的自然性存在，而是一个精神的自由的创制性领域；无人可以否认，政治是一个不同于自然的特殊领域，这里没有纯粹自在的自然事物，只有人类的创制物：法律、道德和正义等等。针对霍布斯、洛克悬搁自然与自由的对立，论证个人权

① 参见［美］萨拜因《政治学说史》下卷，邓正来译，上海人民出版社 2011 年版，第 314 页。

利（即生命和财产）既是人的自然需要和欲求的对象，同时也是人的自由的实质性内容，黑格尔指出，个人权利绝不是一个精神的概念，而是一个自然主义的观点，纯粹的个人状态是典型的自然人的存在方式，自然对人来说只是他应当加以改造的出发点，“粗野小人才最坚持自己的权利，而高尚的精神则顾虑到事物是否还有其他一些方面”[①]。黑格尔说明，人的权利的真正根据不在人的自然需要和欲望中，而在人之为人的概念即“人格”中，人格的要义在于：“我是在有限性中知道自己是某种无限的、普遍的、自由的东西。”[②] 很显然，人格是一个精神的原则，同时它也是一个社会原则，人格所承诺的精神对自然的扬弃在政治的意义上表现为社会原则对个人原则的扬弃。社会原则之所以高于个人原则就在于，社会是高于自然的精神创制领域，社会自为地创制出一些精神性的和普遍性的要素来构成人格的内容，如权利与义务能力、道德原则、宗教信仰等，而把个人的自然的特殊性悬搁于其外。

政治的道德性在黑格尔法哲学中称为“伦理”。黑格尔的伦理性政治的要义在于，扬弃个人权利的自然性，悬搁个人生命与财产的至上性，以社会原则取代个人原则，以公共善而非私利作为政治的内在目的，在公共性的框架内重新安排个人权利的实现路径，把公共善确立为最高的目标和义务，同时把个人利益变成合法的权利。这样的政治作为精神的创制必须有其“固定的内容”，即建立起某种主观善良与客观伦理相统一的“自在自为地存在的规章制度”[③]，制度是对自然状态的否定和改变，使自然趋向于精神的概念。在法哲学的“伦理”部分，黑格尔考察了三种制度模式：家庭、市民社会和国家，他把国家规定为伦理性政治的最高形式。无疑，黑格尔的“国家”不是某个特殊国家，而是国家的理念即理论思维的创制物；确切地说，国家是黑格尔创立的使伦理如其本性地显示为一种社会原则的理论方法，以此把社会原则表现在一种最高程度的共同体概念中。因此，当黑格尔以国家作为伦理的最高界面，他所表达的真实观点是：社会是真正的伦理。社会构成了一个比个人更高的政治界面，因为它

① ［德］黑格尔：《法哲学原理》，范扬、张企泰译，商务印书馆 1982 年版，第 37 节补充。
② 同上书，第 35 节。
③ 同上书，第 144 节。

产生于成员之间的一种内在关系，即所有个人之间共同的东西，这种共同性不是私利的总和，而是作为社会财富的公共性：公共自由、公共福利和公共精神。人是被规定着要过普遍生活的，一个真正的社会是政治领域最可能有的伦理关系，它自身就构成了普遍性的精神标准，以至于一个人只有成为社会的成员才符合人的概念，而近代的原子式个人则回到人的自然状态，回到没有规律、责任感和归属感，只让自然性的需要和欲望当权的界面。要言之，由黑格尔揭示的现代社会原则的深刻力量在于，它将社会确立为所有公民共同的根本目的，同时又使这个目的与个人原则完美地结合起来：个人的特殊权利必须予以实现，但特殊性是通过将自身过渡到普遍性，即将普遍性领悟为自己的本质和最终目的这样一种途径来实现的。

按照黑格尔的教诲，政治哲学之所以不能以直接的自然事实作为出发点，而是必须上升到概念，是因为，在现实的政治领域中，很少有对象能够达到精神的高度即“存在与概念的同一性”。黑格尔认为这样的现实不配冠以作为哲学之对象的“现实”之名①。黑格尔的主客同一性原则超越了经验主义与主观主义的对立，作为事物之本质的概念严格规定了“真实存在”的意义，同时也规定了更高意义上的“应当存在”。休谟之后的西方哲学区分事实与价值，黑格尔则借助概念与实在的同一性重新实现了事实原则与价值原则的统一，价值判断并非如休谟所说是表达情感的主观约定，而是基于存在与概念的一致因而具有严格真理效力的“应当”概念。黑格尔实现的这一新的综合，使近代政治哲学在理论思维的更高水平上回归到由斯多葛学派开创的从“应当”角度理解政治之正当性的伟大传统，以此敞开了通向马克思更彻底的社会原则的道路。

二 超越个人原则与社会原则的二元对立

个人原则与社会原则的对立，作为近代政治哲学的最高分野，构成了马克思进入政治哲学思考的总背景。从上面的分析可知，个人与社会作为道德政治的两种主体其实是政治哲学的理论反思的产物，在这两大原则消长的背后进行着西方社会结构的深刻变迁。“个人”的发现是近

① 参见［德］黑格尔《小逻辑》，贺麟译，商务印书馆1986年版，第6节。

代的一个重大事件，个人原则是在近代政治哲学反思自身的根本前提时被揭示出来的，它成为对传统社会进行批判的一面旗帜，将传统社会归结为共同体对个体人格和个人权利的压制。理论上，个人原则由霍布斯和洛克确立，并在康德关于自我意识作为道德主体的深刻论述中达到了它的最高愿景，归根结底，它是政治哲学的理论抽象的一个产物，即把个人的异质性的和特殊性的个体存在与传统社会那种整体性的和统一性的社会结构对立起来的结果。当近代政治哲学对它为自己确立的这一根本前提进行二度反思时，“社会”被重新发现，成为对政治个人主义进行反批判的一个尺度。卢梭和柏克在质疑个人权利的绝对化时，重新发现了社会作为共同体的伦理价值，黑格尔则坚持认为只有以国家作为其定在形态的社会原则才真正符合“伦理的理念”。这里再次发生了一个理论思维的抽象过程，即个人主义被规定为资产者利益最大化原则的理论基础，社会概念则被赋予普遍性和公共性的内涵，并看成是压制个人主义膨胀的伦理力量。无疑，理论的抽象悬搁了社会现实的实质性内容，扬弃了社会关系的复杂实情，即个人的特殊性存在与社会的普遍性结构是融合在一起的，由此才使西方道德政治的基本问题得以生成。个人原则与社会原则作为两面鲜活的旗帜曾经引导了从古典政治哲学到近代政治哲学的转型，但是随着这一转型在19世纪的完成、现代性的内在矛盾深入展开，现代政治哲学的问题格局随之发生了更加复杂的变化，此时，个人与社会作为政治价值的对立两极，逐渐耗尽自身在理论上和政治上的解释力，开始变成两种抽象化、概念化的意识形态，不再能够说明西方社会结构那些更加复杂的新变化，无论个人还是社会都不可能作为单一的政治价值而存在。

这就是马克思对政治哲学进行新反思的背景：只有超越个人原则与社会原则二元对立的抽象，才能具有更深刻的问题，即对那些被政治哲学所悬搁的复杂结构和关系实情进行新的反思。马克思把个人不是视为抽象的权利主体或自我意识主体，而是理解为“一切社会关系的总和”，确实是一种富有实在感的本质性认识。毕竟，个人不可能是与社会相对立的抽象，个人价值的实现恰恰是在现实的具体的社会关系中，当一个人宣称他的权利和自由时，总是同时意识到他人的存在和权利，个人的权利其实是被社会性的普遍价值所规定的所有“现代人”的共同诉求，正是社会赋予每个人这种权利。另一方面，社会尤其不可理解为拒斥个人特殊性的纯粹普遍性、公共性原则。无须诉诸概念的逻辑辨析，仅从历史就能看到，社会本身在从传统到现代的变迁过程中已发生裂变，作为传统宗法共同体的前现代的社会概念与作为独立个人之间普遍联系的现代社会概念，有着完全不同的意义，如马克思所见，现代社会这种新型共同体已经变成个人实现其私人利益的手段和工具，以至于无论人们理论上支持个人原则还是社会原则，具体的现实的社会关系本身总归服从着私有财产、个人利益最大化和资本积累的物化逻辑。由此，马克思领悟到最重要的问题是社会的经济结构，解决问题的关键是想象和创制一种与现代社会的物化逻辑完全不同的人之为人的自由的存在逻辑，在此基础上重新理解个人与社会的关系。政治哲学对政治之正义性的更深入的反思，不是要在抽象的意义上确证个人价值与共同体价值何者具有至上性，而是要从现实的具体的人性状况和社会关系结构中，思考出关于现代人的社会存在方式与现代社会的人性根基的双重理论规定。这意味着政治哲学对道德政治的探究不再满足于仅仅揭示价值原则，而要求社会结构的立足点。

为了对社会结构本身进行反思，首先要打破个人原则与社会原则的二元对立，为此需要新的理论支点。这种反思在社会学家滕尼斯那里有过经典的论述。滕尼斯借助罗马法中 communio 和 societas 这对概念，对“共同体”与“社会”进行划分：那种建立在真实的有机的意志统一和生命结合基础上的共同生活体被称为“共同体”，而那种由相互分离的独立个人出于主观目的而人为组成的机械结合关系体则称为“社会”。共同体作为有机团契意味着真正内在而持久的共同生活，其典型形态是传统农业文明中的家族、邻里和友情，而社会作为机械结合只是一种表面的和暂时的共在形式，其典型形态是现代大都市生活中的人际关系。在历史的观点上，滕尼斯对共同体与社会的划分，清晰地界划了传统宗法制社会与现代市民社会的界限，“共同体是古老的，社会是新的。”① 其中本质重要的一点是，共同体的财产是一种“有机的、内在的的财产”（Besitz），其成员共同占有和享用这种财产的权利体现着“共同体的自由”；而社会没有“共同的财产”这一概念，只有每个人的私有财产，即那种“外在的机械

① ［德］滕尼斯：《共同体与社会》，林荣远译，商务印书馆 1999 年版，第 53 页。

的财富”（Vermoegen）。[1] 滕尼斯的划分打破了社会作为与个人价值相对立的绝对统一的共同体价值的幻觉，按滕尼斯看法，和共同体相对的社会概念恰恰是与个人概念共生的东西，作为机械结合的社会正是独立的个人通过自己的选择意志而结成的一种相互关系，这种关系把所有人都变成同质的平等的“抽象的人”[2]，即拥有私有财产的理性人，“他们总体上在为社会工作，因为他们表面上是为自己工作；而且他们为自己工作，因为他们表面上是为社会工作。”[3] 滕尼斯作为现代社会学的先行者，其思考对后人产生了直接的影响。比如，涂尔干针对滕尼斯对于现代社会与个人的悲观认识提出不同看法，认为即使传统共同体的有机团契瓦解之后，现代社会依然可能建立起一种具有道德感的“积极团结”，即不是依靠共同体对个人人格的完全吸纳，而是在社会分工的基础上通过建立能够持久地把人们联系起来的权利和义务体系，保留每个人的个性及其个人生活范围，在尊重个人的前提下重建积极的社会原则。[4] 对于反思社会与个人来说，滕尼斯所留下的积极成果是明显的，尽管这些成果的意义仍然晦暗不明，涂尔干给予的发挥则远离了马克思的理论问题。质言之，滕尼斯自称受到马克思的重要影响，他在个人与社会的传统二元对立之外发明社会与共同体的划分，这对于推进问题的研究具有重大意义，但他只是在意志形式及其法律形式中探索共同体、社会与个人的划分原理，而没有把握到现代社会已经把经济活动提升到政治高度这一本质要点，“对市民社会的解剖有赖于政治经济学”，因此他提出的划分原理终究达不到马克思批判理论那样的明晰性与深刻性。

三　马克思论个人原则与社会原则的内在一致性

在黑格尔和马克思的政治思考中，康德对自然与自由的划分获得了具

① 参见［德］滕尼斯《共同体与社会》，林荣远译，商务印书馆1999年版，第76、257—259、264页。

② 同上书，第294页。

③ 同上书，第100页。

④ 参见［法］涂尔干《社会分工论》，渠东译，生活·读书·新知三联书店2009年版，第一卷的第二章和第三章。

体的但却截然不同的意义：在黑格尔的思考中，个人原则扬弃为社会原则意味着政治作为创制领域从自然层面上升到它的自由的伦理层面；马克思则不在个人原则与社会原则之间划分自然与自由，而是把现实中的现代个人和现代社会关系全部划入一种物化世界的自然性，同时将另一种彻底超越性意义上的“真正人的状态和人的关系”建立为自由的新界面，它有着不同于物化世界的另一套逻辑，因而能够提供关于个人原则和社会原则之内在统一性的新理解。

现代社会所服从的最根本规律是财富的生产和占有，它几乎具有像自然律一样的因果必然性。现代个人无不受私有财产基础上物的逻辑的制约，然而人之为人的自由并不需要为摆脱它的制约而放弃现实中物质财富的生产和占有，转入内省的主观道德性，它就在物质财富的生产之上为自己开辟另一条道路，“真正人的存在”运用物质的力量将自身逻辑从自然的必然性改变成自由的自主性。如马克思所说，自由王国只有建立在必然王国的基础上才能繁荣起来[①]，面对财富的生产和占有，人仍然可以是自由的，自由不需要逃离到自然之外，而是对自然必然性的认知和控制，不是“对整个文化和文明的世界的抽象否定”[②]，而是让世界服从与物的逻辑不同的另一种逻辑。为什么马克思说私有财产的“拥有感”恰恰标志着人性的绝对贫困？因为物化逻辑作为现代社会的自然律起作用的方式首先表现为人的感觉的异化，所谓资产者的自由在马克思看来恰恰离真正人的自由最远，因为它彻底服从物的逻辑。这种旧的世界逻辑的感性表现就是私有财产，私有财产意味着一个对象只有被我拥有、占有时才是我的对象，因此对象作为私有财产标志着它是外在的、异己的、非人的东西。正是在这一特定意义上，马克思认为感觉直接是理论家，感觉是比理性更重要的问题，因为它是物化逻辑起作用的直接确证，而从物化世界向真正人的世界的升华，则直接表现为人的感觉的彻底改造和彻底解放，使感觉成为人的感觉，“使眼睛成为人的眼睛”[③]，使需要和享受失去利己主义的性质，使人的对象只作为人的本质力量的确证而自为地存在，而不是作为被

① ［德］马克思：《资本论》第 3 卷，人民出版社 1975 年版，第 927 页。
② 《马克思恩格斯全集》第 3 卷，人民出版社 2002 年版，第 296 页。
③ 同上书，第 304 页。

我所“拥有”的东西。当然，物化逻辑向人的自主性转变的更根本的问题是一种新制度的创制，这就是“自由的联合”。为什么马克思说个人只有在联合中才能获得自由？为什么个人只有在共同体中才能获得全面发展的条件？以往对个人原则与社会原则的解释似乎未能抓住根本，这里真实发生的转变是从物的世界向人的世界的升华，它们各自有着不同的逻辑。现实世界以及它的全部生存条件之所以对人表现为一种外在的异己的非人的存在、“不依赖于个人而存在的客观状况”，关键在于它们作为财富和财产的存在，是别人“拥有”的东西、“庞大的商品堆积”[①]；甚至人的自为的主体能力也表现为这种客观性的物的存在，因为现代个人能力的最高范畴是生产力，但生产力却不再是个人的本质力量，而是遵循私有财产原则而变成资本，个人本身则变成“抽象的个人”。只有“联合起来的个人”才能在现有物质财富的客观基础上超越私有财产的物化逻辑，即使财富的生产和占有受联合起来的个人支配，并使之变成联合的物质条件。这里马克思强调的是，财富的生产和占有作为人的存在的物质性内容被赋予“联合”的新形式，其自然性强制在这种新形式中被悬搁了，于此才能建立起新的逻辑即“向自己的人的存在即社会的存在的复归”[②]。所谓自由的联合意味着，在这种联合中个人不是作为私有财产的拥有者，而是作为人的内在财富即人的本质力量的全面占有者以及人的作品与现实的创造者而存在，“共产主义所造成的存在状况，正是这样一种现实基础，它使一切不依赖于个人而存在的状况不可能发生。”[③] 这又一次印证了黑格尔的政治哲学：政治是从自然的外在强制性到精神的自由创制之域的提升过程。

无疑“联合起来的个人”就是社会原则。但问题在于，马克思极其重视个人的价值，在共同体中个人都是作为个人参加的，共产主义排除一切不依赖于个人而存在的东西；而另一方面，真正的个人一定是“社会存在物”[④]，个人只有在共同体中才有自由。我们应该如何理解马克思论说中个人原则与社会原则之间这种异乎寻常的一致性？马克思显然没有在

① ［德］马克思：《资本论》第1卷，人民出版社1975年版，第47页。

② 《马克思恩格斯全集》第3卷，人民出版社2002年版，第298页。

③ 《马克思恩格斯选集》第1卷，人民出版社1995年版，第122页。

④ 《马克思恩格斯全集》第3卷，人民出版社2002年版，第302页。

政治哲学惯有的私利与公共善、特殊性与普遍性对立的意义上划分个人原则与社会原则，这种意义的个人原则和社会原则其实服从着外在财富世界的同一种逻辑。马克思建立的新的人性图景有着自己的另一种逻辑，由此产生了人类政治理性自己立法的社会世界的自律性，在这一新的世界逻辑界面上个人与社会的抽象二元对立归于无效，使马克思可以在更高的理论思维平台上发现这两者之间的内在联系及其一致性，这里，马克思的个人与社会是政治理性的创制性概念。困难在于，个人与社会之间的差别不是概念上的差别，而是历史事实，马克思的理论思考当然基于这一历史事实；但马克思必须超越这一历史事实而进入反思之域。这个“超越”是在什么意义上的超越？无疑人作为人不是出生在理论反思中，而是生于历史事实中，所以马克思说全部考察的出发点是“现实的个人”，个人是什么样的，取决于他们的物质生存条件，历史唯物主义对于人的研究是从最基本的历史事实即“分工”开始的。然而，人之为人的逻辑却只能是理论反思的对象。正如现有的全部生存条件构成了人的现实存在的外在的、自然的前提，人之为人却要求在其之上建立自己独立的人性图景，即消除整个生存条件的外在性和自然性，使之成为人的内在的自由的创造物，受联合起来的个人支配。因而，应该首先对自然性的生存世界与创制性的社会世界作出划分。

在《德意志意识形态》开篇处，马克思对旧的世界逻辑的超越表现为一种最彻底的“前提批判”，即对分工的批判。在最彻底的意义上，整个自然性的生存世界凭分工而具有其世界逻辑：个人为了生存必须屈从于分工，分工使物质劳动和精神劳动的分离、个人利益和共同利益的分离，以及劳动和占有的分离成为可能与现实，从而使私有制成为不可避免；分工使人的力量和关系变成与人对立的物的力量和关系，使个人屈从于等级、阶级和各种虚假共同体。“只要分工还不是出于自愿，而是自然形成的，那么人本身的活动对人来说就成为一种异己的、同他对立的力量，这种力量压迫着人，而不是人驾驭着这种力量。”① 生存的自然性、物化世界逻辑的外在强制性以及个人与社会对立的不可避免性的真相揭开了，它们都被分工这一不自觉的生存机制所决定。在分工中个人变成片面的、畸形的人，私有

① 《马克思恩格斯选集》第1卷，人民出版社1995年版，第85页。

制则赋予个人最片面最抽象的一种规定："财产所有者"，并把人划分为有产者和无产者、富人和穷人，从而用阶级取代了原有的共同体。对个人与社会的区分是经济性的，而经济只是和人的生存的自然必然性直接相关的一个外在条件，绝非人之为人的内在本质。长期置身于一个物化的世界图景中我们不能清晰地把握真正的个人概念和社会概念，物化世界不仅抛弃了真正的共同体也抛弃了真正的个人，只保留了作为所有者的抽象个人和作为虚假共同体的阶级，"这种共同体是一个阶级反对另一个阶级的联合"①，个人与社会都是依经济尺度和利益原则而存在的。无疑，把财产权当作现代个人的本质规定，把阶级当成现代共同体的政治形式，这里发生了人性的自然层面与超自然层面的混淆，即把自然的必然性混同于社会的创制性。马克思所重视的真正的个人（"有个性的个人"）凭其自身而具有人之为人的全面本质，真正的共同体则据有着这种人性本质的实现形式，因为真正个人的"有个性的"存在是以成为特定共同体成员为前提的，比如一个人作为农民或作为艺术家的存在就是如此。这喻示了真正人的"有个性"的存在就是其社会性存在，而分工和私有制作为物化世界的逻辑则是人的这种本质力量和本质关系得到全面发展的根本性桎梏。马克思思考到，只有在取消了分工和私有制的另一种世界逻辑平面上，真正人的"个性存在与社会性存在的统一"才是可能的，在直接意义上，分工和私有财产的扬弃意味着人性发展的根本限度的消除。

然而一个没有分工和私有财产的世界按照人们正常的现实感是不可想象的，它不仅挑战一切传统价值观念，而且挑战政治理性及其想象力的极限，它是马克思理论思维的反思性和创制性的对象。新的世界逻辑并非得自人的自然生存，而是来自社会世界的内在反思性和创制性。马克思称社会性是整个革命运动的普遍性质，人作为个人的存在直接就是"社会存在物"，按照社会世界的逻辑，个人生活即使不采取与别人共在的直接形式"也是社会生活的表现和确证"。② 马克思对社会概念的理解无疑分享了法国社会主义者对这个概念的某些原初理解，即超越了私有财产逻辑的普遍人性原则，私有财产是反社会的，"对私有财产的积极扬弃，作为对人的生命

① 《马克思恩格斯选集》第 1 卷，人民出版社 1995 年版，第 119 页。

② 《马克思恩格斯全集》第 3 卷，人民出版社 2002 年版，第 301、302 页。

的占有，是对一切异化的积极的扬弃，从而是人……向自己的人的存在即社会的存在的复归。”[①] 社会世界的创制性和自由规律的要义在于一个人的个性存在能够被所有人所兼容的普遍性，具体体现为与“个人原则”相对立的“别人原则”：在社会世界中，人作为人是为了彼此对方而存在的，需要作为“人的需要”意味着别人作为人对我来说成为一种需要，而世界本身则是我为别人的存在和别人为我的存在之间的纽带。对这种新的社会世界逻辑的最有力的证明是，真正人的个性存在只有在社会即共同体中才是可能的，马克思对此曾作出经典性的论证：“个人力量（关系）由于分工而转化为物的力量这一现象，不能靠人们从头脑里抛开关于这一现象的一般观念的办法来消灭，而是只能靠个人重新驾驭这些物的力量，靠消灭分工的办法来消灭。没有共同体，这是不可能实现的。只有在共同体中，个人才能获得全面发展其才能的手段，也就是说，只有在共同体中才可能有个人自由。”[②] 在物化世界的图景中，所谓个人原则与社会原则是根本不同的，二者有着私利与公共善、特殊性与普遍性之分，抽象的个人与虚假的共同体在外在财富规律的作用下必然处于尖锐对立中。但在社会世界的新图景中，个人不再是外在财富的拥有者，而是“人的本质的全部丰富性”的占有者即“总体的人”；社会作为分工和私有财产的扬弃则意味着“联合起来的个人对全部财富总和的占有”，社会创造出这种具有人的本质的全部丰富性的人，使感觉成为人的感觉，“眼睛成为人的眼睛”，使世界成为人的作品和现实，富有和贫困也变成标志人性内在财富的新概念，社会把这种具有全面、丰富而深刻本质的个人作为自身的恒久的现实。[③] 正是在这个意义上，马克思提出真正人的“有个性”的存在与其社会性存在是同一的，而不是二元的。也正是基于这一点我们才说，社会原则是真正的伦理原则，它表现了政治理性自己立法的创制性即自由规律。

四 马克思政治哲学中的自然观点和精神观点

一般理解，个人原则与社会原则的划分对应着政治哲学的自然观点和

① 《马克思恩格斯全集》第3卷，人民出版社2002年版，第298页。
② 《马克思恩格斯选集》第1卷，人民出版社1995年版，第118—119页。
③ 《马克思恩格斯全集》第3卷，人民出版社2002年版，第306、308—309页。

精神观点，如前所论，黑格尔揭示了作为个人权利对象的私有财产处在自然性的层面上，社会原则所包含的普遍性和公共性的要素则使它成为一个高于自然的精神创制领域。上述马克思的社会世界的自律性原理无疑是一个更崇高的精神观点，但马克思对黑格尔唯心论哲学的尖锐批判，以及历史唯物主义原理对人的需要、生存条件和生产力的重视，却都展示了一种鲜明的唯物主义的自然观点。于是一个重要的问题出现了：历史唯物主义应该划入自然观点还是划入精神观点？或者说，马克思的政治思考与近代唯物论和唯心论的哲学渊源关系是怎样的？

近代哲学演进的主导性趋势是越来越推崇精神，它主要是站在人的立场上反思精神与自然的关系，在自我意识的平台上反思思维与存在的关系，自觉地把精神理解为自然的本质，把存在当成思维对存在的规定而悬搁存在本身。这一精神导向深刻影响了近代政治哲学。近代政治哲学的精神观点可以上溯到卢梭的“普遍性”概念，卢梭号召人们反抗社会对人的心灵的扭曲和对人的最内在领域的侵扰，他对普遍性的发现激励着人类超越一切具体个别事物，共同去追求一个更高的精神目标，即因服从自己为自己制定的法律而产生的真正的自由。近代精神观点的最伟大成就是德国唯心论哲学，德国哲学进一步悬搁外在事物的存在，将内在性和主观性的领域加以无限扩展。康德发现了精神在自然之上为自己另外立法的可能性，从而发现了自由的逻辑即“主观自由的律法”，以此给人作为世界的目标提供了根据，精神高于自然的崇高性得到了一次决定性的论证。黑格尔则进一步论证了认识论哲学的主观性原则与政治哲学的精神观点的内在一致性，反对近代政治哲学的自然观点，政治作为精神的自由的创制领域，必须在自然权利之上创造出“更崇高的观点”，从而给自由以“更高的基地”，扬弃自然权利在事物定在（财产）中达到的外在自由，上升到“精神为自己所创造的世界”①，即作为普遍性社会原则的伦理概念。无疑，近代哲学的精神观点用“返回自身的精神”悬搁自然观点和外在事物，把近代自然权利原则奉为真理的外在财富看作无足轻重的，而把人性的崇高性限定在普遍性的和反思性的精神领域，缩小了物化逻辑起作用的

① ［德］黑格尔：《法哲学原理》，范扬、张企泰译，商务印书馆 1982 年版，第 136、106 节，第 272 节补充。

范围。近代哲学的精神观点就其体现了理解人之为人的另一种原理来说，马克思学说无疑应归属于这一精神传统。然而我们知道，马克思的历史唯物主义并不是一种精神观点，马克思认为精神的内在自由领域并不是一个可以被清晰辨认的历史领域，“它们没有历史”[①]，纯粹精神对更高人性本质的建构是一个奢侈而虚幻的目标。按照《德意志意识形态》叙述的历史唯物主义原理，全部历史的第一出发点是现实的自然的个人和他们对物质生存条件的自然需要，人的第一个历史活动是生产满足这些需要的物质生活资料。“人们为了能够‘创造历史’，必须能够生活。”“个人是什么样的，这取决于他们进行生产的物质条件。”[②] 在此基础上才产生出分工、财产、利益冲突以及人性异化这样的精神性问题。每个人所遭遇到的现成世界的一切：生产力、资金、工商业和社会关系的总和，是哲学所想象的人的精神本质的现实基础，只有对这些现实基础作出改变才能实现真正的解放，自由的真正前提不是人性的内在力量，而是生产力的发展水平。“当人们还不能使自己的吃喝住穿在质和量方面得到充分保证的时候，人们就根本不能获得解放。”[③] 历史唯物主义的这些原理显然不是精神的崇高观点，而更接近于霍布斯、洛克的自然观点。

然而，是否确有必要将自然观点和精神观点严格区分呢？既然马克思的整个思路中有机地融合了最崇高的观点和最自然的诉求，那就意味着马克思对二者进行了综合，赋予了近代哲学的唯心论与唯物论的观点以新的内涵和意义，从而实现了一次哲学革命。马克思的思考是二重的，而非单层的，在这种思考中，现代唯物主义和社会主义思潮有一种复杂的内在联系。马克思的研究曾经得出，唯物主义是英国的天生产儿，在那里“物质带着诗意的感性光辉对人的全身心发出微笑”，起源于洛克的唯物主义成为社会主义的财产[④]，但这种早期渊源关系还只是以极隐微的方式表现出来，正如另一方面洛克的政治哲学成为了自由主义的财产。霍布斯则使英国唯物主义理智化、抽象化，唯物主义“变得敌视人了”[⑤]，只是以无

① 《马克思恩格斯选集》第 1 卷，人民出版社 1995 年版，第 73 页。

② 同上书，第 79、68 页。

③ 同上书，第 74 页。

④ 《马克思恩格斯全集》第 2 卷，人民出版社 1957 年版，第 163、160、166 页。

⑤ 同上书，第 164 页。

情的彻底性来推出理智的一切结论。只是到了法国唯物主义的时代，唯物主义学说与社会主义的内在联系才真正变得明显：既然人是感性存在物，人的需要和欲求就应该是善的、合乎人性的东西，正当的利益构成整个道德的基础，因此必须使私人利益与全人类的利益达到自然的和谐。既然人作为自然的存在是不自由的，那就应该使社会成为每个人表现自己真正个性的积极力量的场所，在社会中得到自由。既然人天生是社会的动物，只有在社会中才能发展自己的真正个性，对人性和人的力量的判断就不应当以个人为准绳，而应以整个社会为准绳。“诸如此类的说法，甚至在最老的法国唯物主义者的著作中也可以几乎一字不差地找到。”[①] 然而，英国和法国的唯物主义只有经过费尔巴哈的人本学唯物主义，才能真正通达马克思的历史唯物主义，这是因为费尔巴哈唯物主义包含了一个至关重要的否定性环节，即对宗教神学和黑格尔唯心主义哲学的批判，以此把唯物主义提升到一个批判的思辨的平面，使唯物主义也能达到一种对人之为人的概念式理解。面对黑格尔用自我意识来代替人，用绝对知识和主客同一性代替全部人类现实，费尔巴哈创立了一种人本学，要求把人的本质归还给人，用“以自然为基础的现实的人”取代自我意识作为人的本质，而自然则是一切感性力量和感性事物对人来说作为人的生活和对象的感性表现。费尔巴哈把自然、感性和“现实的人”视为人的真正本质，而且更重要的，把“人与人之间的社会关系”当成唯物主义新的理论原则，以此成为德国观念论哲学的终结者和现代社会主义的引路人，对马克思产生了直接而重大的影响，正是借助于费尔巴哈提供的理论支点，马克思实现了对黑格尔唯心论的超越而走向社会主义和共产主义。马克思断言“人直接地是自然存在物”“历史是人的真正的自然史”，[②] 无疑是费尔巴哈思想的回声。但最重要的是，由于有了费尔巴哈的中介，使马克思能够从对人的感性存在和自然本质的认识中发现人之为人的一般原理，因而，全新创制的人性图景和世界逻辑并不需要排斥人的直接的肯定性的存在内容，而是借助于理论上对自然概念和感性概念的新的解说，重新处理自然与精神、感性与理性的关系问题，从而获得一种精神观点与自然观点、唯心主

① 《马克思恩格斯全集》第 2 卷，人民出版社 1957 年版，第 166—167 页。

② 《马克思恩格斯全集》第 3 卷，人民出版社 2002 年版，第 324、326 页。

义与唯物主义相统一的综合性理解，在一个包含了自我否定环节的新高度上重新回归近代哲学关于人性之完满性的崇高观点。这就是马克思所实现的伟大综合。

人们一般认为，自然观点和精神观点是不同的，自然和感性是人的存在受客观的必然性规律制约的物质层面，由此产生的强制性要素如需要、欲望等，直接成为个人权利和利益原则的自然基础；而精神则是主观性当家的自由的领域，精神之为崇高性就在于它为人的生活制定了超越需要和欲望的更高的目标，并在需要和欲望的自然规律之上为人性创立另一种不同的逻辑。然而马克思的综合却表明自然和精神并非一定是二重的和对立的。因为，对人性的真实理解不可能在纯粹的唯物主义层面上达到，纯粹的唯物主义是一种前康德的哲学观点；同样，对人性崇高性的真实理解也不能在抽象的纯粹的精神界面上直接得到自己的真理，而是扬弃这种抽象性，将自然和感性的观点作为否定性环节包容于自身之中，从而达到一种具有现实意义的具体的精神观点。无疑在马克思的综合中，精神的自由创制的界面是人性的最终归宿，人凭借“内在的尺度”和“美的规律”而具有自由的本质，自然是人的作品和现实。在理论思维中感性概念和自然概念都上升到精神观点的界面，使自然、感性和需要彻底脱离由霍布斯、洛克开创的现代自然法解释原则，不再作为个人权利和利益原则的自然基础，而是作为社会原则的组成部分，从而实现了自然观点与精神观点的统一。

这就是马克思在《1844年经济学哲学手稿》中所完成的艰苦的概念重构：尽管人的存在总是表现为感性的自然的存在，精神观点并不需要为摆脱它而转入纯粹的内省领域，精神的自由创制就在人的自然、感性和需要中为自己开辟另一条道路。首先应该意识到，作为哲学概念的自然并非与精神性和社会性完全异质的自然律概念，在马克思社会世界的反思性中，人与自然的关系直接就是“人与人之间的社会关系”的感性形式，“社会是人与自然的完成了的本质统一”，在社会中，人的自然的存在成为他的“人的存在”即“他为别人的存在和别人为他的存在”，共产主义作为人向社会世界的复归，是自然与精神、个人与社会、自由与必然之间矛盾的真正解决。[①] 进而言之，感觉和感性也并非与理性精神对立的完全

① 《马克思恩格斯全集》第3卷，人民出版社2002年版，第296、301、297页。

被动的感受性概念，在马克思的理论态度中，感觉渗透着理性和精神的最深层问题。感觉之所以直接是理论家，就在于社会世界的实现作为最崇高的精神目标首先需要实现为对人的一切感觉特性的彻底解放，使感觉成为人的感觉，使人成为具有全面、丰富、深刻感觉的人即“社会存在物”，正是这种并非直接得自自然界，而是被社会所创制的人的感觉，能够直接确证精神观点关于人性完满性的崇高目标的实现。具体来说，当需要变成“人的需要”，需要便失去它的利己主义性质，不再作为个人原则的自然根据，而是成为社会原则的感性形式，需要意味着别人作为人的存在对我来说成为需要，“富有的人同时就是需要有总体的人的生命表现的人”①。

同样地，在《德意志意识形态》中，唯物论观点的要义是把物质生存条件的生产当作人的自由的基本条件，其前提则是把生产力从私有财产制度下解放出来，由“联合起来的个人”即共同体去共同控制，也就是用社会原则取代个人原则。很显然，这个财产制度的深层根据是人性规律的改变，即人的世界不以财富的占有而是以人性本身的完满为目的，并把财富的存在降低为手段概念。这里发生了唯物主义向精神自由规律的“现象学还原”。马克思对需要、生存条件和生产力的重视无疑来自古典政治经济学的影响，但深层的理论逻辑完全不同。马克思历史唯物主义的深层观点应该这样去理解：人的自由本质的实现不可能舍弃和丧失人所创造的整个物质世界，而是就在物质财富生产的客观性中为自己建立起另一套世界逻辑，使外在财富的生产和占有服从于人性的内在财富规律。这里，马克思实际上实现了唯物主义与唯心主义的综合、自然观点向精神观点的回归。

在政治哲学的界面上，唯物论与唯心论的综合统一意味着什么？意味着从物的世界向人的世界的升华，从而又一次印证了马克思的论断：个人只有在共同体中重新驾驭物的力量才能自由；同时也疏解了马克思的一个晦涩命题：共产主义是自然主义与人道主义的统一。阿伦特认为，马克思对生存和生产的重视是他从古典政治经济学无批判地接受下来的遗产，阿伦特没有意识到，两者其实有着完全不同的逻辑。对历史唯物主义的研究常常陷入表层化的理解，把政治和上层建筑的精神事物还原为经济的物质

① 《马克思恩格斯全集》第3卷，人民出版社2002年版，第308。

基础，这种还原正是现代政治哲学失去独立和自觉，而沦陷于现代社会的物化逻辑的结果。阿伦特看到了，现代社会正是把经济活动上升为政治问题的产物，按照原初意义，经济活动只是私人领域的事务，是生物性的生存需要强加于人身上的一种必然性限制，而政治作为公共领域则是精神的自由的创制领域。这决定了现代社会的理论形式必然是政治经济学，其所采取的理论视角不是人类学的，而是生物学的，其对政治提供的解释等于是用生命生存的自然必然性取代了精神的自主性，而阿伦特断定这一现代性逻辑也限制着历史唯物主义的基本视域。[①] 遗憾的是阿伦特没有领悟到，她对现代社会的物化逻辑的批判性理解正是继承了马克思的遗产，正是马克思最先提出：现代物化世界生成于人的关系（由于分工和私有制）变为物的关系，因而要把人的关系和力量从经济主义和物质主义的世界逻辑制约下解放出来，必须建立社会世界的自由王国，使物质生活的创造服从于个人自主活动的内在规律。阿伦特对经济社会和生产力的批判是一种纯粹的或者说单层的精神观点，马克思主张的“自主活动与物质生活的一致性”则表明了精神创制的内在反思性，马克思的思考是双重的而非单层的，消灭物化逻辑不在于消灭物质世界本身，而在于把物的力量和关系归还给人。

五 从“更高的观点”反思物化现实中的个人与社会

在马克思新的人性逻辑界面上，个人与社会首先不是现实中的实质性存在，而是精神的自由的创制性原则，二者是内在统一的，也就是说，在排除了物化逻辑的世界图景中，个人作为“社会存在物”与社会作为“联合起来的个人”，二者是一而二二而一的。但这并不是说马克思对个人与社会的思考没有现实感，相反，正是马克思指明了，在物化逻辑的世界平面上，个人与社会均不可能是真正人的精神性存在形式，而只能是一种“物的力量”和“物的关系”，具有真正的现实性和实在性。在物化世界的现实性中，个人与社会必然是根本不同的和对立的，二者有着私利与公共善、特殊性与普遍性之别，在这一层面上黑格尔的政治哲学把个人原

① 参见［美］阿伦特《人的境况》，王寅丽译，上海世纪出版集团2009年版，第二章。

则与社会原则的对立理解为自然观点与精神观点的对立。但黑格尔又认为，在现代市民社会的理想状态中，个人和社会可以是和谐的统一的，通过把社会的公共伦理目标与个人特殊利益之间的统一规定为义务与权利的关系，社会原则作为更高的伦理原则将个人原则扬弃为自身的一个环节，个人变成国家型社会的成员，在这样的地基上终能实现人类社会的自由和平等。这是近代政治哲学在马克思以前所能达到的最崇高的观点。然而，马克思却站在更高的精神观点上，把现实中的现代个人和现代社会一体划入自然实在性的物化逻辑，从而提出了更彻底的批判观点。现实中的个人与社会当然有着自身赋予的重要意义并在这种意义上是相互对立的，然而这种对立对于马克思没有本质的重要性，而是理论思维必须超越的东西。如果不能从一种"更高的观点"去理解现实，对现实就只能作直接性的理解，从而看到个人与社会作为政治哲学的对立原则是根本不同的，克服这一对立可以使社会变得更加自由和平等。然而从更高的观点即"应当存在的正义形式"出发去反思物化世界的实在性内容，马克思发现，现代的个人概念与社会概念其含义已经发生了根本性的嬗变，它们根本不是原初意义上泾渭分明的两个对立原则，在物化逻辑的界面上它们其实是完全一致的东西，黑格尔和涂尔干等人试图克服二者对立的种种努力反而是无意义的。个人原则与社会原则的关系，以此方式被重新透视：在资本主义时代，个人与社会处在同一个物化逻辑界面上，个人利益的特殊目标直接就是社会的普遍原则，个人的活动自身整个地进入社会，它必须经过社会结构的确认与整合才能实现自身，"关键倒是在于：私人利益本身已经是社会所决定的利益，而且只有在社会所设定的条件下并使用社会所提供的手段，才能达到。"① 资本主义是个人原则与社会原则的内在对立和内在统一都发展到极致的一种社会制度："产生这种孤立个人的观点的时代，正是具有迄今为止最发达的社会关系的时代。"在这个时代个人与社会根本不是抽象对立的，个人在走着自己的路，但个人是以社会的普遍性力量去实现自己的特殊性目标，"人是最名副其实的政治动物……是只有在社会中才能独立的动物。"② 由于现代人的社会性是在经济活动的平面

① 《马克思恩格斯全集》第30卷，人民出版社1995年版，第106页。

② 同上书，第25页。

上得到确证的，这启发了马克思，关于个人原则与社会原则的传统论争可以转移到经济平面上予以解决：在资本主义时代，任何个人都是最高程度上被社会规定了的、处于社会联系中的“社会个人”，而个人的这种社会性首要地实现在利益关系和财富关系中，突出地表现于货币中，货币是由社会设定的、用来表现社会关系的东西，货币直接就是现实的共同体，这个意义上的共同体作为社会原则对个人来说完全是一种外在的、强制性的、物化的力量，根本没有黑格尔和滕尼斯论说中的那种崇高意义。马克思指出，在资本主义社会，每个人都把自己当作目的，把社会当作手段；但每个人为了达到自己的目的必须成为他人的手段，只有成为他人的手段才能达到自己的目的，“有没有这种社会联系，是不以人为转移的；但是，只要人不承认自己是人，因而不按人的方式来组织世界，这种社会联系就以异化的形式出现。……这些个人是怎样的，这种社会联系本身就是怎样的。”[①] 这样，马克思的问题就超越了个人原则与社会原则、自然状态与公民社会的传统二元对立，进入了更高的理论思维；与黑格尔相比，马克思实现的综合是更高的综合，这里没有纯粹的个人原则，也没有纯粹的社会原则，物化逻辑对象化在个人与社会的关系中，使二者成为同质的原则，社会原则对个人原则的超越失去了批判的意义。

真实的有意义的超越只能是两个世界之间的转化，即从物化的世界向“按人的方式来组织的世界”的升华，这个升华实现为：物化逻辑平面上个人与社会的同质性，被置换为新的世界逻辑中个人与社会的内在一致性。只有在马克思揭示的这种世界逻辑的转换中，我们才能理解马克思政治哲学的精神观点的真意义。“按人的方式来组织世界”无疑需要现代大工业创造的物质条件，但首先需要的则是一种精神创制的形式和力量，能够悬搁和扬弃物化逻辑的现实内容，这种现实性包围着我们，没有马克思精神观点的指引我们根本无法穿透这种现实性的幻象。“现实性”不是马克思政治思考的制高点，而恰恰是马克思要予以超越的东西，只有依据“更高的法”我们才能判断现实中律法的正义性，只有从“应当存在”的真正人的关系出发我们才能理解现实关系的现实性即物化特性。“真正人

---

① ［德］马克思：《1844 年经济学—哲学手稿》，刘丕坤译，人民出版社 2004 年版，第 171 页。

的关系”只能是人自己依靠精神的力量创制的自主性的自由的关系，现实中人的关系则必须服从那些现成的外在的社会规律，因而不可能有一种精神性的形式结构，只能有一种物质性的实在性内容。现代世界的合法性基础就在于它服从“劳动创造价值”、“私有财产神圣不可侵犯”、“自由平等交换”和“合理赢利”等社会规律，正是这些规律决定了现代社会关系是一种“物的关系”，它是马克思的理论思维批判和扬弃的对象，正是在这一意义上才有了马克思对资本主义社会现实的批判性理解。

马克思将这个批判展开于一个历史界面：“人的依赖关系（起初完全是自然发生的），是最初的社会形式，在这种形式下，人的生产能力只是在狭小的范围内和孤立的地点上发展着。以物的依赖性为基础的人的独立性，是第二大形式，在这种形式下，才形成普遍的社会物质变换、全面的关系、多方面的需求以及全面的能力的体系。建立在个人全面发展和他们共同的社会的生产能力成为从属于他们的社会财富这一基础上的自由个性，是第三个阶段。”[①] 马克思把现代的本质理解为“物的依赖关系”（与前现代“人的依赖关系”相对），这种物的依赖关系就是个人受不以他为转移而独立存在的社会关系的强制，即受“物的限制”，个人自在自为地处于共同体中并与一切人发生全面的联系，但这种人与人的社会关系必须以物为中介而且以物为目的，否则没有意义。这个“物”概念的所指无疑就是外在财富与财产权。把人与物的关系引入研究，就使人的社会关系获得了现实性的物质内容。当我们说，资本主义把人的关系变成物的关系，而物的关系掩盖下的其实是人与人之间的关系，无疑是指认，外在财富成为人与人关系的中介，经济上升为核心政治问题，物质利益最大化取代人性的完满性成为世界逻辑，世界被自然化了。但进一步看，这种物的关系和物化逻辑是通过货币来实现自身的，货币作为物质财富的一般符号，是存在于想象中的物质财富，即“第三物”，因而货币又使世界非自然化，使财富的自然存在变成抽象的存在，使社会关系变成纯形式化存在，这又意味着什么？财富的观念化抽象化形式化与人性的精神本质没有任何关系，只是表明物化逻辑必须取得其最极端的实现形式，如马克思指出的，货币存在的前提是社会关系的物化即自然化，货币表现为“社会

① 《马克思恩格斯全集》第30卷，人民出版社1995年版，第107—108页。

的抵押品”，人们相信货币表明人们信赖的是物，而不是作为人的人自身[①]。这就是马克思所批判的“物的依赖关系”的要义。

在什么意义上拜物教批判是马克思的伟大发现？为什么一般人看不到“物与物的关系之下掩盖的是人与人的关系”？因为他们的思想乃至感觉完全受物化逻辑统治，个人现在受抽象统治，而“抽象或观念，无非是那些统治个人的物质关系的理论表现。”[②] 物化的关系首先存在于物化的观念中，推翻这种观念统治是创造自由个性的前提。因此，只有从人的关系“所应该是”的真理出发才能看到现实人的关系的物化特性，只有站在精神观点的界面上才能确定自然之为自然，这决定了“现实本身应当力求趋向思想”[③]，哲学绝不满足于对现实性的描述和解释，而是追求某种更高的东西。那种“更高的观点”即作为“应当存在之物”建立起来的人性图景和世界逻辑，是马克思政治哲学的第一原理和出发点。既然“物的关系”是一种外在性的和强制性的关系，那么真正人的关系就应该是一种精神的即内在性的自主关系，它不受现成的外在社会规律控制，超越物化逻辑，扬弃利益最大化原则，实现“个性全面发展基础上的自由联合”。正是站在更高的观点上，使马克思能够穿透意识形态的幻象，在一般人当作完全合理的现实性背后，看到其本质是不合理的“物的关系”即外在强制性。从一般的“健全观点”看，资本主义市场经济无疑是创造了自由和平等的制度形式，这个市场关系的主体是平等的个人，关系的客观内容是等价物的交换，而交换行为本身是自愿的从而是自由的，不包含任何暴力的强制。然而从马克思“更高的观点”看，有个性的个人完全屈从于物的关系，其事情的本质是个人完全由社会所决定[④]，社会关系对个人则表现为物的外在性和必然性，“在这一过程的背后，在深处，进行的完全是不同的另一些过程，在这些过程中个人之间这种表面上的平等和自由就消失了。”[⑤] 在现实性的物化世界中，社会对个人的强制从而自由与平等的丧失，表现为个人的自我强制，即作为需要、欲望和利益总体

---

① 《马克思恩格斯全集》第 30 卷，人民出版社 1995 年版，第 110 页。

② 同上书，第 114 页。

③ 《马克思恩格斯选集》第 1 卷，人民出版社 1995 年版，第 11 页。

④ 《马克思恩格斯全集》第 30 卷，人民出版社 1995 年版，第 203 页。

⑤ 同上书，第 202 页。

的人的自然性存在对人性本身的彻底压制[①]；反过来说也是一样，占有货币和财富就“赋予个人对于社会的普遍支配权”[②]。在这样的理论平面上，马克思对个人与社会之间关系进行了更彻底的反思，达到了创造性的理论深度：“在这种关系中，他们的共同体本身对一切人来说表现为外在的、因而是偶然的东西。通过独立的个人的接触而表现的社会联系，对于他们同时既表现为物的必然性，同时又表现为外在的联系，这一点正好表现出他们的独立性，对于这种独立性来说，社会存在固然是必然性，但只是手段，因此，对个人本身来说表现为某种外在的东西，而在货币形式上甚至表现为某种可以琢磨的东西。他们是作为社会的个人，在社会里生产并为社会而生产，但同时这仅仅表现为使他们的个性对象化的手段。因为他们既不从属于某一自然发生的共同体，另一方面又不是作为自觉的共同体成员使共同体从属于自觉，所以这种共同体必然作为同样是独立的、外在的、偶然的、物的东西同他们这些独立的主体相对立而存在。这正是他们作为独立的私人同时又发生某种社会关系的条件。”[③] 无疑，在马克思的政治思考中，近代政治哲学关于个人原则与社会原则的对立已不构成根本的问题，真正根本的问题是现实性的物化逻辑与政治理性自我立法的创制性的自由规律之间的对立。

（原载《中国社会科学》2013 年第 8 期）

① 《马克思恩格斯全集》第 30 卷，人民出版社 1995 年版，第 200 页。

② 同上书，第 174 页。

③ 《马克思恩格斯全集》第 31 卷，人民出版社 1998 年版，第 354—355 页。

第四篇　美学研究

马克思与政治美学

一　文艺美学的两个教条

美学是人类对美的本质的理论思维。古代的美学观念把美看作是整个世界和事物本身的一种自在的完美性，而把艺术之美看作是对完美世界的补充和完善化，艺术的本质不是展示自身，而是用它所具有的美来装点生活世界中被选定的形式。近代以来，美学发生了一次深刻的转向，美学被置于“艺术的立足点”上，把艺术当成美的唯一范本，对美的理解专注于公认的伟大艺术作品，美学因此而成为文艺美学。

文艺美学的第一个教条是艺术的自主性，即艺术作为与生活世界相隔绝的一个特殊的独立领域而存在：“艺术被送到了一个单独的王国之中，与所有其他形式的人的努力、经历和成就的材料与目的切断了联系。”① “艺术”成为一个极崇高的字眼，美的艺术被放置在高高的供奉台上，艺术品的目的就在于展示自身之美。艺术脱离生活世界而变成自由的纯美的存在乃是一个漫长社会演变过程的结果，文艺复兴以后的艺术家开始自觉区分艺术世界与生活世界，有了以保持一定距离的安然沉思态度去体验和品评艺术作品之美的愿望。这种对艺术之美本身的热爱与渴望的觉醒起因于财富的增长和社会结构的深刻变化，艺术只是在近代资产阶级社会才有可能成为一个自主的领域，人们第一次以审美的眼光来审视艺术家的活动，与此同时，艺术作品也开始散发着精神的光辉和秘奥的意义。既然艺术是心灵的自由创造活动的领域，只有天赋异禀的人才能完成真正的艺术作品，那么艺术就应该从生活世界的一切庸常的、有限的、偶然的形式中

① 参见［美］杜威《艺术即经验》，高建平译，商务印书馆2010年版，第3—4页。

解脱出来，按照最符合心灵之创造特性和纯美意蕴的方式重新理解它的本质。人类对于美的意识曾经与其世界观是统一的，共享“作为完满性的目的”这一思想的导引和调节；现在，它有了自己的目的和逻辑。艺术作品构成了它自己的封闭世界，纯粹审美意识是这个世界的中心，从这个中心出发，一切被视为艺术的东西衡量着自身。

然而真正说来，艺术的反思性本质在于可见之美与不可见之美之间的象征关系，即通过可见的东西来再现那些不可见的、但更高更深刻的东西，使其成为可以感知和体验的对象性存在。美学的理论思维诚然指向先验之物和不可见之美，但作为文艺美学核心的艺术自主性不等于先验之美，恰恰相反，艺术只有在与经验现实世界的否定性联结中才能抓住其先验的本质，在可见之美中抓住不可见之美。可见之物必然存在于现实的社会中，这意味着，美学不应该把自己的先验性指向限定在“艺术的立足点”上。艺术是社会之物，被社会存在所决定。封闭的自主性使艺术失去与社会的否定性联结，从而丧失了先验的批判功能，沦为有限的经验之美即快感满足的鉴赏之物。真正伟大的艺术家都不用自主性来理解艺术，他们总是首先在自己的体验背景中感知到经验现实的存在，然后再设法超越这一现实，使自己摆脱内容的限制而升华到自由的形式，“在类似贝多芬和伦勃朗这样的艺术大师身上，对现实的强烈意识已掺和在一种同样强烈的现实离异感之中。”① 如果艺术对整个世界的关系没有被纳入美学的论域，而只以美的艺术作为其立足点，美学就会丧失作为其最根本维度的先验性，因为先验之美必然向艺术以外的整个世界开放。艺术之本意在于象征，即用可见之美指向不可见之美的无限广阔领域；象征的反面是经验的实体性，这就是那些被感知的精美漂亮的艺术品。艺术的自主性作为文艺美学的基本原理，把象征关系下降为实体性，把先验之美变成经验之美，即对艺术作品的审美体验，经验之美只能封闭在和落实在美的艺术的作品实体上，显示了最彻底的经验主义。近代以来出现的艺术家对自己的天才、创造力和独特经验的执着，以及整个社会对艺术品的崇拜、收藏、鉴赏和展览，彻底陷入了经验主义意识形态，遮蔽了艺术作为象征的先验

---

① 参见［德］阿多诺《美学理论》，王柯平译，四川人民出版社 1999 年版，第 7、10、16 页。

本性。

文艺美学的第二个教条是审美经验论，即把艺术之美的本质理解为鉴赏活动所产生的纯粹主观体验。审美经验论产生于18世纪英国经验论的理论态度，它关注从视觉和听觉经验中得到的美的快感，但这种美感经验不是古代美学认为人人都有的平凡的声色之乐和知觉之美，而是对于艺术的感性之美的一种特殊认知，它要求只有特殊的主体、特定的态度和经过特殊训练的心智能力才能认知和领会这种美感经验。英国美学家夏夫兹博里和哈奇生开创性地把这种近代美感经验称为“鉴赏力”，经过18世纪的一系列发展，西方美学变成审美鉴赏理论。与古典美学关于美的超验性和客观性理论相比，作为鉴赏力的审美经验把美的本质变成经验性和主观性，完全处在心理学的平面上，对美的分析诉诸知觉、想象和联想等心理学程序，拒斥一切反感官的超验形而上学。

尽管审美经验有着心理学的自然基础和鉴赏力理论的文化基础，并因其符合启蒙时代的时代精神而成为近代美学的主流理论，但审美经验并不符合艺术之美的反思性本质。由于审美经验是从知觉和想象中直接涌现出来的，其自然性的心理意义完全压制了其精神性的象征意义，美学下降到自然主义态度，为传统美学奠基的可见之美与不可见之美的二元关系失去意义。审美经验专注于经验世界的可见事物，把艺术之美还原为鉴赏者的主观心理效应，悬搁不可见之美的形上维度。对于美如何可能的问题，康德的先验美学在主观性的地基上保留了感性与理性、经验世界与自在之物的联系；古典美学则更坚定地相信，真正的美来自自在之物的光辉，自在之物是经验世界的存在论根据，自在之物自身的存在既然不是可见的形状，就只能是一种内在的实在性和完美性，这才是真正的美。然而我们如何看到自在之物的光辉？这是不能直接通过感性经验达到的，纯粹的感官之美恰恰遮蔽和使人遗忘自在之物；只有借助理性的反思对经验现实世界的批判和超越，我们才有希望达到自在之物的美。因此老子设想“圣人被褐而怀玉”，弃绝感性之乐和声色之美，圣人是以一种否定性的方式靠近自在之物的“大美”的。感官之美的本质特征是漂亮与精致，表现为“好看”和“好听”的东西。然而经验如果不是作为可见之美与不可见之美之间的通道，而是变成了自足的世界，就会违反艺术的象征本性，对艺术的美学思考就必定不是严格的反思意义上的，而是自然主义的，这会产生极为严重的实际性后果。失去了形上之维的经验主义一元论观点导致了西方艺术的创造力和鉴赏力的下降。根据克莱夫·贝尔的艺术史观点，以尽可能“准确再现”的方式摹写漂亮精致的人物和风景成为18世纪以后西方绘画的主题和方法原则，而完全忽略了艺术的世界还应该有更多的看不见的美的东西存在，结果从艺术的专业观点看，18世纪和19世纪那些精美的写实主义的艺术作品只是显示了普遍的创造力和趣味的贫乏：“除了几个零落的艺术家和个别的业余艺术工作者之外，你可以这样说，在19世纪中叶，艺术就已经不存在了。”[①] 经验主义美学导致的这一艺术下降趋势一直延续到20世纪晚期，审美经验被资本主义的商业策划所吸收，更彻底地摧毁了艺术的本质，为审美资本主义奠定了基础。

因此，只有文艺美学是不够的，只以艺术作为美的范本的美学是不根本的。因为经验现实是有限性，艺术和自然中的一切可见之美无论多么美好，只要它在经验的维度上确立自身，就永远是不完满的，所谓经验的有限性就在于它无法避免自我否定和丧失自身，最有说服力的实际性证据就是艺术的本质在今天的失落。经验主义美学过分地依赖感性经验的自然基础，因而无法进入有着另一种“美的规律”的先验之美的王国。先验的不可见之美是高踞于现实之上的无限性即“应当存在的东西”，它不可能止步于感观之美和形式之美，因为它不是经验现实中直接存在的东西，而是知识的对象和先验理解力的产物。美是存在的完美性，政治美学是美学的原初形式，艺术只是进入美的整个世界的一个路标，因为不可见之美不是纯粹理性的概念式存在，而是通过艺术的象征作用，在与感性现实世界的否定性联结中先验地构成自身，不是将自身确定为感性的对象性存在，而是对“大美无言”之境的象征和创造。

二 从文艺美学到政治美学

美是感觉认知的完美性（perfectio cognitionis sensitivae）——近代美学对美的这一定义把美限定在经验主义一元论的论域之中，取消了美学的

---

① ［英］克莱夫·贝尔：《艺术》，周金环、马钟元译，中国文联出版公司1984年版，第99、131页。

存在论基础。未来美学最重要的观念变革是从“感觉的完美性”转向“存在的完美性”，这意味着回归古典美学传统。美是存在的至上的完美性，即作为原型世界之最高存在的开显，这是从柏拉图、普罗提诺到中世纪所采取的观点。古典美学的存在论奠基发生于柏拉图对“可感知世界”与“可思考世界”的划分，存在不是经验事物堆积的一层，在经验世界之上还有一个超越性的、更高的也更真实的存在界面作为理性的对象，正是在此意义上，可见之美与不可见之美的张力成为美学的基本问题。美学不是一般地探求和渴望完美的存在，而是以严格的理论思维把完美性当成存在本身的可理解性予以反思。柏拉图二元论是照亮人类理论思维的灯塔，它的光芒一直辐射到康德和黑格尔，康德对鉴赏判断所作的形式反思，黑格尔把美定义为“理念的感性显现”，都直接承接着柏拉图的意图。

存在的完美形式显然只能由精神的力量创造出来，而非自然地直接给予的对象性存在。美学把美的本质理解为天道假手于人的创造之物，艺术是真正意义上人的创造和作品，但艺术就其物质性、实体性的可见之美来说仍然不是美的原初范本。美作为更高的完美性必须理解为精神的创造的形式领域，精神在现实之上创造出完美的应当存在的东西，它与现实性相对立，因为现实不可能完美，精神创造出的完美之物只能是观念性存在，它们现身于反思性的形式界面，而非作为直接的实存性事物。

那么，我们该如何发现美学的对象与真理，实现对存在之完美性的反思和描述呢？柏拉图的政治哲学为我们提供了一条把美学研究置于政治平台的道路。整部《理想国》的主旨是由哲学家在言辞中创造一个完美的城邦，柏拉图说：“让我们从头开始，在语词中创造一个完美的城邦。”① 这才是原初的和真正的美学问题，因为它满足了美学对创造性和观念性这两大原则的诉求：所谓完美的存在必须在反思的意义上被创造出来。柏拉图的完美城邦是美学的原初领地和出发点，他的政治哲学的方法帮助我们穿越“艺术的立足点”，实现了更为深层的美学反思，发现了仅就艺术自身所不能达到的存在之真理。一般来说，艺术和政治都是精神的自由创造的定在形式。艺术是对艺术作品的创造，试图以艺术作品的感性存在去表

① 参见《柏拉图全集》第 2 卷，王晓朝译，人民出版社 2014 年版，第 326、460 页。

现人之为人的超越性本质，近代美学发现了感性和理性的统一，但它力图通过艺术把握更高实在的努力失败了，因为文艺美学只是在审美经验的平面上构成关于艺术作品可见之美的知识，不能通达更高的存在与真理。柏拉图早就彻底拒绝了艺术凭其自身达到更高真理的可能性，并指明了政治才是精神的最高层次的技艺。与艺术不同，政治是对人之为人的先验根据即“整全性”的创造与认识，政治蕴含着人与世界、人与他人、人与自身的关系，实现为对制度之美与人性之美的创造和理解，必须运用理性的反思才能抓住这种整全性。制度之美和人性之美与人们熟悉的艺术的实体性之美有着不同的逻辑，它们基于不可直观的理念和技艺，政治的真实的存在是它的技艺而非实体，柏拉图指明了政治作为“国王的技艺”是对于整全性的知识，即所谓“依据真正知识进行的统治”和“真正科学地理解的统治技艺”,[①] 因而是和哲学处于同一等级的反思性存在。政治是大写的技艺，它提供了包括艺术在内的一切其他技艺得以可能的第一原理。当美学以政治为立足点，通过制度之美和人性之美去反思“存在的完美性”，美学就成为政治美学。

“美”在其原初意义上就是一个广义的存在论概念，前柏拉图的自然主义一元论认为，自然的存在本身是完美的，艺术是对这种能被感知的自然之美的模仿。只是到后来才有了狭义的作为心理学经验的纯粹审美概念。政治美学试图在反思水平上回到美的原初概念。柏拉图作为美学的开创者在于，他用二元论为理解存在与美的概念提供了基本的反思性维度。感性世界与理性世界的划分是对美学最重要的存在论奠基，在感性世界之上还有一层更高、更真实、更完美的理性世界存在，美学研究不是一般地探求可以感知的艺术之美，而是使用“纯粹的思想”引导自身离开经验事物的界面而上升到更高的存在界面，以严格的理论思维把更高的完美存在思考为知识。柏拉图从他的反思性立场出发，对艺术采取批判态度，认为艺术只是对可感知的“第二实在”的模仿，其价值甚至低于第二实在的普通事物。[②] 这一观点预示了艺术并非美学之必然而不可改变的立足点，而只是美学中可以被悬搁的一个要素，从而为政治美学预留了思想

① 参见《柏拉图全集》第 3 卷，王晓朝译，人民出版社 2014 年版，第 160、144 页。

② 参见《柏拉图全集》第 2 卷，王晓朝译，人民出版社 2014 年版，第 613—618 页。

空间。

艺术的原初本质在于教育和教化，当艺术作为教育而存在，艺术就变成了政治。艺术与政治的同一性是古代东西方普遍持有的根本观点。“是故先王之制礼乐也，非以极口腹耳目之欲也，将以教民平好恶，而反人道之正也。”[①]“君子以钟鼓道志，以琴瑟乐心，动以干戚，饰以羽旄，从以磬管，故其清明象天，其广大象地，其俯仰周旋有似于四时。故乐行而志清，礼修而行成；耳目聪明，血气平和，移风易俗，天下皆宁，美善相乐。”[②] 当艺术作为教育而存在，艺术不再是一种独立的凭自身有意义的实体性，而是对制度之美与人性之美的认知和创造活动，艺术品在这一政治界面上隐去自身。“故为之雕琢刻镂黼黻文章，使足以辨贵贱而已，不求其观。为之钟鼓管磬琴瑟竽笙，使足以辨吉凶合欢定和而已，不求其余。为之宫室台榭，使足以避燥湿养德辨轻重而已，不求其外。”[③] 中国先秦的“礼乐教化”观念，就其认为艺术是一种教育制度，乃是一种最彻底的政治美学，但它的理论结构过于简单和笼统，理论问题也不够清晰和完整。真正使政治美学获得完整理论意义和问题结构的是柏拉图，柏拉图创立了使政治如其本性地显现为一种存在完美性的反思性前提，即把政治理解为一种观念创造工程，并制定了描述这一观念政治的基本概念，从而发现了政治自身的逻辑，使对政治的理解从经验科学上升为一门严格的理论科学。柏拉图把“创造完美的城邦”当作政治的第一原理，真正的政治创造最好的制度和最美的人性，真正的政治家是哲人，他通过创建最好制度和最美人性来追寻存在的完美，在此意义上，政治与哲学处于同一层级的反思性界面，成为美学的原初领域。艺术是对这种完美存在的象征，艺术作为教育制度，使自身的意义与价值依赖于观念政治工程的内在反思性，而不依赖于艺术作品的实体性，只有作为政治而存在，艺术才是它自身。近代以来的文艺美学之所以达不到理论思维，在于它未能保持住艺术的教育本性和政治本质，而把目光落在艺术品的实体存在和美感经验上，从而失去了对更高完美存在的反思能力，只能从艺术品自身的创作、

---

① 《礼记·乐记·乐本篇》。

② 《荀子·乐论》。

③ 《荀子·富国》。

欣赏、表现形式和历史意蕴等方面去研究艺术，这样的美学是外在的而非反思的，本质上它只是一种艺术经验的心理学。丧失了政治美学的问题意识之后，我们一直认为艺术的本性是自主性，即作为纯粹审美对象的艺术作品，因为艺术不再作为为更高的精神目标服务的工具，而是从自身获得独立性和崇高性，无须依附与政治的反思性关系而直接存在，从艺术品本身的实体与经验获得存在与美的意义和价值。

当柏拉图把“用语词创造一个完美的城邦”当作观念政治的基本目标，他开创了政治美学。中国先秦的礼乐政治观代表了政治美学的另一条根脉，并拥有与柏拉图政治美学基本相同的原理和方法，即通过“先王制礼作乐”这种观念政治工程来创造和认识理想中的制度之美与人性之美。也许人们很少注意到，马克思把资本主义的异化现实当作批判和超越的对象，从对这一现实的批判性考察中去寻求对人性与政治的彻底理解，把“在自由的联合体中每个人的全面发展”不仅当作了改变世界的现实活动的目标，同时也是作为制度与人性的更高的存在与真理。政治美学的存在论基础和观念创造方法帮助我们重新发现了马克思学说的非凡本质和精神力量在于，马克思把现代政治哲学重新带回到了对最好制度与最美人性的创造与认知的界面，从而恢复并光大了古典政治美学的原初问题和理论传统。

三 柏拉图对政治美学的奠基

柏拉图说：“我们用语词创造一个好国家的样板。”《理想国》的这一主题提供出政治的真正概念，即政治作为对制度和人性的创造与理解乃是一种知识，真正的政治即“最好的政治”乃是一个哲学性的界面，而非现实的操作性的实际性界面。无疑，历史和现实中的任何政治实践都是按照某种特定的理论原则进行操作的，所谓最好政制的要义在于，哲学悬搁了现实政治的实存性内容，将其扬弃为对最高正义原理本身的创造即彻底理解，从而把政治原理与现实政治的外在的实体性对立转化为理论内部完满知识与不完满知识的纯粹形式的对立。“所以国王的技艺比较接近理论知识，而非接近体力劳动或一般的实际工作。”“最卓越的政治体制，唯一配得上这个名称的政制，其统治者并非是那些特意要显示其政治才干的人，而是真正科学地理解这种统治技艺的人。”① 柏拉图要建立的最好政制是一种哲学性的存在，使其具有哲学性的是观念的创造及其可理解性，在观念政治的平台上产生了真正的政治即最彻底的正义原则本身，所有现实的政制都被视为是对这种真正政制的或多或少的模仿；而真正的政制之所以是哲学性的知识，就在于它要实施的不是模仿，而是对最高正义原则的创造与彻底理解。② 因此，政治美学的最高目标并不在于证明实现最好政制的可能性，而是用语词去创造这样一种最好政制的样板和模型，“世界上任何地方都找不到这样的国家”③，它是一切现实中的国家的理想和目的，是对一切现实国家进行评估的批判性标准。

当我们把政治当作一个哲学和知识的界面，而非现实与实践的领域时，肯定会被指责为唯心主义，因此有必要重申政治美学的存在论基础的真实意义。政治的现实性和实践性符合常识的健全实在感，但它作为对于政治的经验主义幻觉，恰恰遮蔽了政治的本性。政治之所以是一个哲学性的观念存在界面，在于观念的创造及其可理解性是政制与人性最真实、最纯粹的存在形式，从而是最根本的政治现实。现实政治只有在它与观念政治即正义本身的连接中才能真正被理解，即它是一种存在的有限性。正是为了说明这一点而作出了对知识与意见的划分：知识是对真实的完满的存在即“原型”的创造与理解，意见则限定于对不完全因而不真实的存在的了解，即对可感知的具体现实事物的把捉。按此划分，政治的哲学性只与知识有关：最好政制在存在论上意味着真实的完美的存在，因而成为知识；政治的现实性和实践性则表现为现实中的政制在存在论上恰恰是一种非实在性和不完满性，处在意见的平面上。柏拉图认为，真正的政制是哲学性的，在这一意义上它是美的，因为哲学作为知识看到了“美本身的真实存在”，而意见只能认识感性事物和“声色之美”。为什么只有哲学家为王才能实现最好政制？因为他们“学会了如何认识事物的理想实在”④，从而能够超越经验和意见，拥有对存在与人的完美知识。知识与意见的划分规定了政治的哲学性与现实性的意义。这一划分表明，世界远

① 参见《柏拉图全集》第 3 卷，王晓朝译，人民出版社 2014 年版，第 89、88、144 页。

② 参见《柏拉图全集》第 3 卷，王晓朝译，人民出版社 2014 年版，第 150、155 页。

③ 《柏拉图全集》第 2 卷，王晓朝译，人民出版社 2014 年版，第 612 页。

④ 同上书，第 473 页。

远超出现实性与实践性所能达到的界限之外，现实城邦所依恋的所有特殊事物只具有较低的实在性，即使为了真正理解这些事物，也必须引入“言辞中的完美城邦”这一前提，从而据有更高的存在界面。

政治之所以能以纯粹哲学的方式被理解，在于政治的整全性。政治是关于人之为人的先验根据的知识和技艺，因而是一切具体技艺的前提，但却并不由具体技艺所构成，而是构成了一个比一切具体技艺更高的界面。柏拉图发现，政治家和艺术家具有某种相似性，即二者都没有特殊的谋生技艺，而是关注人之为人的存在本身的内在根据，但艺术家必须投合观众的趣味和兴趣，因而只能以意见的方式达到对于人性的不充分理解；只有政治依其本性被哲学所引导，从而能够在知识的界面上获得对人之为人的整全性理解。按照《伊安篇》和《政治家篇》给出的定义，技艺就是关于某一类事情的科学的知识，所有伟大的技艺都需要拥有关于事物本性的知识。柏拉图“技艺即知识”的要义在于按整全性的尺度去理解政治的本性，真正的政治是用语词创造完美人性和制度的技艺，从而是对完美人性和制度的知识，而不是流俗理解的为权力和利益而斗争的技巧，因此政治家是唯一一种和哲学家一样以获得关于整全的知识为目的的实践者。

柏拉图认为正义就是给每个人以其应得的善好的东西。这是一个应然性的纯粹形式原则，它导致进一步的问题：什么是人应得的东西？对这个问题的回答同样决定着人们对政治本性的理解。私利与公共善的对立源自人性与政治的内在结构，从苏格拉底的雅典城邦到黑格尔的近代市民社会，这一问题的结构基本没有改变。对最美政制的知识使现实的城邦与人显现为“洞穴”即有限性，人的自然深深束缚于对个人私利和特殊事物的欲求和热爱，这在雅典城邦中就已是事实。柏拉图的二元论试图提供古典公共原则的先验根据：人的自利本性和感性欲望标志着人的不完满的和不真实的存在，只有克服这种对一己私利和感性事物的依恋，才能进入更高的真实的存在界面，从而开放出最好政制的先验前提：“要是一个城邦的极大多数人对同一事物能以同样的方式说出‘是我的’或‘不是我的’，那么它就是治理得最好的国家。在这样的国家里，任何一个公民的幸福或痛苦都可以说是整个国家的幸福或痛苦。”[①] 财富是私利的定在和

① 《柏拉图全集》第 2 卷，王晓朝译，人民出版社 2014 年版，第 446 页。

特殊性的符号，因此在柏拉图设想的最好的城邦中，统治者和卫士没有私人财产，正义的实现形式是共产主义，节制作为美德主要是对财富欲望的控制。对比亚里士多德的最佳政制允许统治者拥有财富，柏拉图之所以坚持对统治者的人性提出更高绝的要求，是因为他的目标是想揭示政治的哲学性从而创造“政制之美”的概念，而非解决实际政治问题。为什么在最好的城邦中要限制财富而高扬知识？因为按照可感知的世界维度，财富必然是最高的善，是最坚实的特殊性；而按照可思想的世界维度，知识才是最高的善，知识是心智的产物，因此是最大的普遍性即“天下之公器”，知识意味着对技艺拥有完全的理解，即知道什么东西本身是好，严肃看待知识将使人超越对自身利益和特殊事物的关注，选择一种献身于公共利益的、有普遍意义的无私生活。让哲学家担任国王的理由就在于，他不谋求私利，不想从城邦里得到任何东西，只渴望得到关于整全的知识与真理。这意味着他超越了感性的可见世界，自在自为地生活在可知世界的更高界面上，只有这样的人才可以为城邦制定出真正符合正义本身的普遍性的目的。

政治美学用完美的城邦标志存在的完美性，以此揭示为达到彻底的正义原则而必须满足的形式条件，这是现实存在的城邦所不可能满足的条件，现实存在的城邦因此被揭示为“次好的政制”，即存在论上的非实在性和不完美性。这种政治美学的概念构造是经验性的政治意识难以接受的，它是对政治本性的理论思维的结果。政治美学的方法在于，只有基于最好政治的哲学性和观念性，才能真正理解次好政治的现实性和实践性。完美的政制产生于观念的创造，即对应当存在的正义理念的彻底理解，次好的政制从观念下降到现实，模仿和分有最好政制。柏拉图以一个从来不存在的最好政制作为最高标准，把现实中的各种政制排列为一个越来越远离最好政制的下降过程，依次为贵族政制、寡头政治、民主政制和僭主政治，柏拉图以这种方式呈现政治的本性，指出大多数人必须生活在现实的城邦中和意见的平面上，衰落是人不可避免的命运；但人类对政治的理解已经从此被改变，从而实现了理智上的一种伟大而新进的进步，即哲学的被发现。柏拉图所描述的下降运动不为历史所支持，亚里士多德认为不存在这种下降过程，坏政制很可能先于好政制出现，只要统治者能够关心公共善的政制就是正当的，这种好政制不止一种；柏拉图则坚持最严苛的标准，认为只有唯一的一种好政制即哲学家为王，如果以这种最高的完美性为标准，可以看到所有次好的政制都表征着存在的不完美，而一种不完美的东西迟早会因其自身缺陷而走向败坏。

近代契约论追随亚里士多德，再次降低标准，把政治的本质描述为从自然状态到公民社会的上升运动。以往把政治领域当作属人的精神的自由领域是有道理的，那里似乎远离了自然的必然性，而出现了人的有目的有意识进行的自由自觉的活动，人的实践产生了将各个部分构成为整体的那种普遍的目标和动力。这种对政治的理解把现实中有目的有意识的自由自觉活动等同于观念政治界面的纯粹知识的创造与理解，其实二者有着完全不同的逻辑：最好的政制以对绝对完美的正义原则和政治技艺的彻底理解为目标，据此可以确定所有现实政制都具有不完美性；次好的政制则把现实政治的进步与合理性当作人的自由的实现，以此为现实政治辩护。契约论所承诺的“从自然状态到属人世界”还不是真正的政治的知识，因为有目的有意识的现实活动不再以人之为人的整全性知识为目的，而是另有目标，这就是那些现实的实体性的有限的东西，如权利、财产和声誉。卢梭要求有条件地按照自由的原则行动，而不能停留在自然状态上，每个人都服从自己参与制定的法律就是自由，以此超越只关注自己私利的自然状态，在公共性框架内重新安排个人利益的获得途径。依据柏拉图的高标准，无疑卢梭的政治图景是不清晰的。尽管依法行事意味着正义取代了本能，行为获得了前所未有的道德性，但服从自己制定的法律作为政治的新思路只是对正义的模仿，还不是正义本身，因为它不是从应当的正义出发，把人性提高到精神性的最高水平，而是从人性的感性现实出发，通过一种变通把个人利益转变为公共利益，即承诺用集体的力量保护每个人的生命和财产，从而只能实现为一种次好的政制。

启蒙运动把感性与理性的统一作为哲学的基本问题，与柏拉图二元论的问题有着思想的连续性，理性原则凝结着启蒙运动的时代精神。但与柏拉图相比，可以发现启蒙哲学的理性原则是不纯粹的，在现实的地基上实现的感性与理性统一不具有彻底的可理解性。柏拉图的理性原则包含在“哲学是政治的本质与真理”这一发现中，这一真理在洞穴中可以化身为神话（“高贵的谎言”），引导着人们去关心城邦和公共善，但洞穴本身不可能被改变，而是必须被超越，让少数人上升到理性的光亮中，因为现实的政制不可能完美。启蒙运动则相信洞穴可以被改变、被照亮，方法是摒弃神话，诉诸每个人的理性对自己利益的计算，以此推动人们关注公民社会和公共善，实现感性与理性的统一。很明显，这一方案通过降低理性的标准，把哲学从政治的本质变成政治的工具，才使感性与理性的统一成为可能。在近代哲学的这一大格局中，康德为确立人之为人而区分现象界与物自体，以此凸显了感性与理性、自由与自然的本质性对立，在某种意义上是对柏拉图可见世界与可知世界划分的一次缅怀和回忆，但是康德为了克服这种二元性而提出用反思判断力把对立的两极重新连接起来，在审美领域可以做到“在特殊中发现普遍”，实现感性与理性的统一。然而问题的关键在于，感性与理性的统一只能作为次好政制的理论原则，在现实性和实践性层面上实现的感性与理性的统一是一种外在的实体性的统一，不具有哲学上和知识上的彻底可理解性，无法上升到真正的纯粹的理性原则，不能提供关于人的整全性的清晰图景。现实政治作为理性见之于感性的领域，要求按理性的正义原则行事，然而一旦落实到现实与实践，就又被置于感性的界面上，下降为权力与利益的博弈，为自然的必然性所左右，普通人的正义只是遵守法律，而非反思法律和正义本身。这就是为什么柏拉图坚持只有在作为哲学的观念政治界面上才能抓住政治本身，因为真正美的东西（存在的完美性）只能在观念的形式界面即纯粹的知识与技艺的可理解性中创造出来，并在与不完美现实的差异性中被理解。

次好的政制作为感性与理性的实体性统一，在人的现实的感性的实践活动中实现自身。一般认为，政治的本质在其现实性和实践性中得到了更为积极、更为确实的规定，但我们对此无法得到完全的确证。对马克思实践观点的解读，将政治外化为现实的人及其感性的实践活动，然而，这仍然是有问题的。政治的本质是在哲学界面上发生的对制度与人性的创造及其可理解性，在政治中，人们只能理解他们创造出来的东西，我们基于正义观念所理解的是什么，取决于正义观念被创造和想象成的是什么。从最好政制到次好政制意味着从观念下降到现实，次好政制作为现实性和实践性停留在感性世界的意见平面上。现实之为现实在于它是一个理性原则与感性自然共同起作用的实体性领域，在其感性自然意义上，现实是一个直接存在的质料性的实存领域，被“出于必然性的需要和欲望”所支配，政治在这里变成权力和利益的博弈。柏拉图之所以把现实的城邦比喻为洞穴，就在于现实性不是一个形式的精神界面，依其自身不具有彻底的可理解性，尽管现实总是被当作反思的对象，但在这里“要想确保一种制度的运作像它的理论一样无可置疑，确实非常困难。”[①] 现实的城邦作为感性与理性的统一，要求按理性的正义原则建立制度，然而一旦成为现实的制度就会受制于人性的自然，脱离正义的知识原则而变成意见的世界，因此现实性不可能成为马克思政治思考的制高点。实践性则是一个更加复杂的问题。现实的感性的实践活动是人的有目的有意识的自觉活动，但如果不能与更高存在的知识处于反思性的关系中，而是直接投入到实际性中去的物质活动，现实的感性的实践活动就还是一个抽象的概念。无疑马克思的实践观点不能在感性自然的直接性意义上被理解，也不能在感性与理性相统一的次好政制的实体意义上被理解，只能在最好政制的形式意义上去理解，即只能在纯粹知识的界面上被理解。我们必须领悟到马克思实践观点的根本问题是一个观念政治问题而非现实政治问题，实践作为政治实践或道德实践如果不参与对观念的创造和确证，仅仅是发生在现实中的有目的有意识的实际性活动，那么实践就与普通的活动和行为概念没有区别，不是知识也没有意义。在哲学的历史上，从亚里士多德到康德和马克思，实践问题始终处在理论和知识的崇高界面上，康德的实践理性把人性的先验根据上升为彻底的理论问题，与人的现实的感性的活动没有关系；马克思的实践观点则以人的解放为主题，探讨了最好政制的重建与回归的可能性条件，因而成为更彻底的理论问题。

四 马克思论政制之美

柏拉图发现了政治是一个哲学性的知识界面，“真正的政治”是依据知识进行统治的技艺。柏拉图政治哲学就其在超越性意义上追寻“最完美的政制”而言，它是一种政治美学。而近代政治哲学失去了这种维度，认为关于最好制度与最美人性的思考是理想主义，古代对于“哲学家为王”的信念不过是哲学的反思性所造成的幻觉，人不能离开现实中的政治事物去把握政治的本质，因此，近代政治哲学放弃了对最佳政制的思

① 《柏拉图全集》第 3 卷，王晓朝译，人民出版社 2014 年版，第 380 页。

考，特别是放弃了哲学作为政治的原初本质，而把哲学只是当作政治的一个工具，即哲学可以用于启蒙大众、变革观念、改变现实世界，这样就把思想的标准从哲学性下降到现实性，政治哲学被限制在现实性即次好政制的平面上。从此，“现实的人的解放”成为政治的核心问题，即如何把人从封建专制和神学蒙昧下解放出来，其最重要的成果就是近代市民社会资产阶级的崛起及其自我意识的觉醒。然而“现实的人的解放”在古典政治哲学中是一个被悬搁的问题，因为现实性不具有知识上的彻底可理解性，次好政制永远达不到彻底的正义原则，因而不可能实现真正的解放，只能实现有限的正义。近代资本主义市场经济和民主政治的有限性及其困境都印证了柏拉图的这一深刻见识。正是在此意义上，马克思提出，政治的核心问题是“普遍的人的解放”（或译“全人类的解放”）[①]，其时代标志是无产阶级的解放。马克思以这个问题重新回到了政治的哲学性本质和知识性界面，恢复了柏拉图对最好政制的思考，因为，与“现实的人的解放”相对比，“普遍的人的解放”在任何严格的意义上都不是一个经验性的现实目标，而是一个先验的哲学问题，它拒绝以现存的次好政制的有限正义为目标，而把对最高正义原则的彻底理解与认识当作目的。从经验的立场看，以无产者的彻底解放为标志的“普遍的人的解放”只能是一种“完美的不可能性”，因为“现实的人的解放”只能是现实中的某些人的解放即资产阶级的成功史，现实中不可能有普遍的解放，但最好政制的理想即对正义的彻底理解却必须落实在“普遍的人的解放如何可能”这个问题上，而且比柏拉图“用语词创造一个完美的城邦”具有了更大的普遍性，因为马克思是在用理论思维创造一个完美的世界，我们只能这样理解“无产者将失去锁链而获得整个世界”这句话的哲学意义。

马克思在他最重要的著作中把“普遍的人的解放”的政治形式设想为“自由的联合”。马克思的自由联合概念是对政治的哲学本性的理论自觉，也许这个概念还带有法国社会主义的某些痕迹，但马克思对这个概念的具体理论规定展现出了一种可划清最好政制与次好政制、政治的哲学性与现实性之界限的问题结构。很显然，“自由的联合”除了作为最好政制

① 参见［德］马克思《1844年经济学哲学手稿》，人民出版社2000年版，第62页，以及《1844年经济学—哲学手稿》，刘丕坤译，人民出版社1979年版，第55页。

的概念式存在，它不属于现实和历史中曾经存在过的任何一种制度，比如君主制、贵族制、民主制，等等。在这种最完美的制度中，政治的主体不是柏拉图的“真正的国王”，即从哲学上彻底理解政治技艺的人，而是“联合起来的个人”，从而又一次超越了关于政治主体的一切概念与实存，如哲人、国王、贵族、公民或者资产者。什么是“联合起来的个人”？马克思将其规定为以无产者为代表的普遍的人和人的全面发展基础上的自由个性，他们是把对正义原则的完美知识与理解印证在自己的存在与实践中，因而实际上是在完美意义上存在的人的概念，完全处在知识的界面上和哲学的王国中。由于悬搁了“现实的人”及其自然实体性，政制上升到哲学的纯粹形式，“自由的联合”使公共权力失去了原有的政治性质即强制性，也彻底解除了存在于次好政制中的强制作为权利与服从作为义务的辩证法。“在那里，每个人的自由发展是一切人的自由发展的条件”。个人原则是真正的社会原则，每个人构成了一切人的存在，一切人构成了每个人的存在，个人的劳动就是社会劳动，从而是对人的类本质的真正实现，个人的财产就是社会的财富，从而是对人的这种类本质的全面占有。这就是马克思在理论思维层面实现的对正义原则和政治本质的彻底理解，是个人与社会、特殊与普遍、自然主义与人道主义、有限性与无限性之间的矛盾的真正解决。

当我们认为马克思自觉地把“自由的联合”思考为最好政制的形式，以此唤醒了人们对完美存在理念的回忆，从而把“解放何以可能”问题上升到先验美学的界面时，马上面临一个问题：马克思对资本主义异化现实的批判应该如何理解？根据柏拉图所设计的政治美学问题的二元结构，无疑马克思的所有政治美学思考都被对现实的批判所关联、所牵引，但是政制之美的形式总能穿越政治现实和意识形态的内容，去构成自己的问题与逻辑，现实政治本身也要按马克思的美学标准被批判性地理解。个人联合成共同体本应是人的自由自觉的类本质和政治本质的实现形式，个人只有在共同体中才有自由，但人的联合在现实中极少出于自由的自觉，失去类本质的抽象的个人组成虚假的共同体，资本主义把一切人的关系变成物的关系，从而使人的联合变成一种与人相异化相对立的物的力量，资本主义将一切“政治的技艺”简化为经济问题的物的逻辑，把人的全部生存条件和生命内容归结为通过劳动获得私有财产，使所有个人隶属于资产者与无产者两大阶级，人的自主活动屈从于物质生活的生产，自由的联合变成虚假的共同体。马克思提出，真正的政制应该是人的自由、自觉和自愿的联合，克服人的自然性带来的片面而有限的生存方式，让每个人的个性和才能得到全面的发展，使其生命的存在臻于整全和完美，“在真正的共同体的条件下，各个人在自己的联合中并通过这种联合获得自己的自由。”① 扬弃作为人的自我异化和自然的必然性规律的私有财产，从而驾驭和克服物的力量，为此必须实行联合起来的个人对生产力总和（即全部财富）的占有，自觉地把每个人的个人劳动当作总体性的社会劳动来使用，“财产则归属于全体个人”②，以此控制每个人和社会全体成员的生存条件，使之不再成为与人相对立的异己的自然性力量，而是将其变成人的自由的自主活动本身，实现自主活动与物质生活的一致，使劳动成为生命活动的目的和本质，财富变成对人之为人的本质的真正占有。

无疑，马克思“自由的联合”建立在对资本主义现实的批判性理解之上，但马克思的问题本身却不是现实性的、经验性的，而是哲学性的、先验性的，“自由的联合”在其内涵的任何严格规定上都是一个关于政制之美的理论思维的超越性概念。如果仅从现实性的层面上去理解，要建立市民社会，人的关系必然要表现为物的关系，人必然受生存条件即私有财产的限制而成为不自主的存在，这种趋势表现为一种自然的必然性力量；马克思则基于对这种现实的彻底的否定性理解，要求消灭这种自然的必然性和物的关系，用人的自由自愿的联合取代之。可是这样的看法把“自由的联合”理解为一种理论与实践统一的现实性问题，降低了马克思问题所具有的理论高度，使“自由的联合”不能真正作为“最好的政制”进入哲学的知识界面，达不到理论上的彻底理解。因为把“自由的联合”当作理论与实践的现实性统一，“自由的联合”就丧失了真正的政治性即哲学性，而下降为现实性，而现实性意味着不能超出次好政制的限度，为了强调马克思问题的现实性就不得不诉诸感性现实，把“自由的联合”理解为一种知识与现实相混淆的政治规划。资本主义制度表现为一个巨大

---

① ［德］马克思、恩格斯：《德意志意识形态（节选本）》，人民出版社 2003 年版，第 63 页。

② 同上书，第 74 页。

的直接现实，要真正超越这一现实，第一要务不是使思想嵌入现实，而是使思想上升到纯粹的理论界面，达到对正义原则和政治本性的彻底理解。按照柏拉图制定的路线，纯粹理论的认知是最彻底的批判，因为它发现真实的存在与完美的真理，从而内在地反思出对于现实性的彻底的否定性理解，这正是马克思为自己制定的工作目标，即理论只有彻底才能抓住事物的根本从而说服人。所以当我们说“自由的联合”被马克思自觉地思考为最好的政制，它处于马克思整个理论建构的最高界面即美学界面，所有其他问题只有在这个最高界面才能获得真正的理解时，无疑是依循了柏拉图把真正的政治理解为一个哲学的界面，纯粹的知识与理解构成了政治的存在。因为“自由的联合”本质上不可能被经验直观地把握为一个现实性问题，在经验直观的意义上，马克思的“自由的联合”与各种激进自由主义改革理想没有区别，它们可以服从同一种逻辑，即理论与实践相统一地改变现实世界。然而现实是一个感性的自然的意见世界，不具有彻底的可理解性，因而不可能实现彻底的正义和政制的完美，表现为资本主义制度虽然具有自我修复、自我改进的有限正义机制，但它本质上仍然不可改变地服从自然必然性的物的逻辑。马克思政治思考的纯粹理论性质和哲学性质在于，他在一种更高的存在界面上想象和论证了另一种精神的自由的自主性逻辑，“自由的联合”只能是一种从纯粹反思的意义上去理解的“人之为人的逻辑”。马克思身后的历史演进以“自由的联合”之非实践性，即不可操作性从反面证实了马克思政治思考的理论性和知识性。

“自由的联合”作为反思的知识是马克思在理论中创建出来的完美政制，它之不同于廉价的精神渴望和虚幻的审美乌托邦，在于它是对存在本身的严格科学的认识，并从属于美学高度上的存在论问题。在“自由的联合”与资本主义次好政制的对比中，马克思把“自由的联合”理解为完美政制的原型世界，“自由的联合”只有在纯粹知识的意义上才是可能的，但从存在论的理由上，“自由的联合”却是政治制度更真实、更完美的存在形式，是正义之为正义的“先验逻辑”，它显示了政治的原初本意。在马克思的著作中，直接向我们呈现的研究对象是资本主义的巨大现实，而非自由人的联合，我们无论如何都不能在直接现实中看到自由的联合，这种联合只有在马克思的理论创造即“反思的知识”中才能呈现，而我们能直接看到的现实无非是异化劳动与私有财产、物的力量与抽象的统治、感性与理性的统一、理论与实践的统一。这种现实性虽然表现出一种具身坚实的肯定性的独立存在，但这种现实性就其使人的自由本质和政治的正义原则成为不可能而言，却必须被理解为存在论上的不真实性和非实在性。马克思以巨大的理论工程系统地揭露了资本主义现实的这种不真实性：它用物的关系掩盖了人的关系，用异化劳动取代生命的真实活动，用私有财产替代对真正本质的占有，资本主义政制表现为“虚假的共同体”，意识形态是思想对现实的虚假想象。马克思全部努力的目标是通过理论的反思对现实性及其逻辑进行悬搁，使其失去作用，不再支配人们的思想，并将其扬弃为关于最好政制的知识即“自由的联合”，在这种最好政制的知识界面上呈现人之为人的自主性逻辑。因此“自由的联合”作为反思的知识是一种更高的、更真实的存在，一种独特的纯粹形式意义上的存在，毋宁说，它是马克思对柏拉图政治美学的庄严复活，重新让我们觉悟到政治是真正的哲学问题，知识构成了政治的存在本身，理论的理解是最大的政治。资本主义的现实性之所以应该被超越，在于它的实体性存在恰恰只具有较低的不确定的实在性，远远低于制度与人性真实的美的存在形式。正是在这一意义上，对资本主义制度的否定性理解不应当停留在现实性和实践性的界面上，而是必须上升为纯粹的理论问题。理论的理解才是最彻底的批判，没有革命的理论，就没有革命的运动，现实本身只有趋向于思想才能真正实现对自身的超越，因为现实的人作为“阶级的个人”达不到它在政治上和理论上应有的先进水平，只有在马克思的理论反思中才真正保持了整个批判的先进性和彻底性。在大多数情况下，人们对马克思《关于费尔巴哈的提纲》第 11 条作直接性的非反思的理解：“哲学家们只是用不同的方式解释世界，问题在于改变世界”。从最好政制的理由上看，不应当认为“改变世界”是马克思政治思考的独特创意和本质规定，资本主义的理论与实践已经使现实世界发生了天翻地覆的改变，这种在现实性界面上进行的所有改变世界的实践活动都服从着次好政治和有限正义的同一种逻辑。马克思彻底改变的不是世界本身，而是对这个世界的理解，他用“自由的联合”为制度与人性引入了不同于次好政制的另一种逻辑，让人们看到了真正的人性之美和政制之美。这是在政治美学的纯粹知识高度上发生的一次革命，它彻底改变了我们对世界的理解，而这种彻底的理解就是最彻底的批判。马克思的观点不为当代资本主义发展的经验现实所支持，这并不妨碍我们认为马克思的任务已经完成，因为他已给予了关于人性之美和政制之美的知识，从而彻底改变了我们对世界的理解。

为什么马克思能够对资本主义次好政制作出彻底的批判性理解，将其揭示为存在的非实在性和不完满性？因为他先验地据有了原初存在的界面，即对于制度与人性的政治美学理解。从政治的原初存在的意义上看，"自由的联合"是真正的正义，即对正义的彻底理解，政治的哲学性所指向的目标正是这种彻底理解，它是一种"逻辑的在先性"。柏拉图对于正义的原初理解并没有停留在"给每个人以其应得"这种抽象性上，而是将其进一步规定为：政治作为统治的技艺应该为被统治者谋利益，而非为统治者自己谋利益，因为统治作为技艺的本性应该指向并规定它的对象的善，一种技艺的完美就在于它给技艺所实现的对象提供最完美的利益。[①] 因此真正的正义是一个先验的善良原则，它与人的自利本性相矛盾，也与人们关于正义就是维护统治者利益的既定观念相矛盾。正是在此种意义上，政制作为公共权力失去了统治的性质，变成了"自由的联合"。当我们说马克思先验地据有了政治的原初存在界面，他对现实的批判只有在这个原初界面上才能获得理解时，无疑是指马克思达到了对正义的最彻底理解。真正的正义作为最好的政制不会在现实的实体性制度上实现出来，只能在对政制之本质的反思性认识中呈现为完美的存在，"自由的联合"作为这样一个完美的存在就在于，它彻底排除了公共权力的实体性内容（统治），而把政治的最高本质理解为：个人直接就是社会性，人作为特殊的个体同样也是总体，政治应该作为人的生命表现的总体而存在。这就是马克思所理解的政治的本质。"因为人的本质是人的真正的社会联系，所以人在积极实现自己本质的过程中创造、生产人的社会联系、社会本质，而社会本质不是一种同单个人相对立的抽象的一般力量，而是每一个单个人的本质，是他自己的活动，他自己的生活，他自己的享受，他自己的财富。"[②] 政治的反思性就在于，"联合起来的个人"作为政制的最高主体不是个人的实体性存在，而是被反思地创造出来的政制的原初存在即社

① 参见《柏拉图全集》第2卷，王晓朝译，人民出版社2014年版，第301、300、298页。

② ［德］马克思：《1844年经济学哲学手稿》，人民出版社2000年版，第170—171页。

会性："这些个人是怎样的，这种社会联系本身就是怎样的。"[①] 在这里，"自由的联合"作为真正的正义，显示出了与卢梭"正义"概念之区别：卢梭的"正义"作为政治的道德性仍然是实践性的，毕竟卢梭政治哲学所据有的界面仍然是次好政制的界面，即通过承诺用社会契约保护每个人的生命、财产和自由，把个人利益变成公共利益，从而使政治获得道德性。而"自由的联合"作为"正义"却是一个最好政制即纯粹哲学的界面，它是悬搁了一切次好政制的现实性之后而达到的对正义的彻底理解，它根本取消了政治作为公共权力的强制性这一实体性内容，彻底排除了政治作为一般抽象力量与单个人相对立的可能性，把政治变成了人的直接的自在自为的社会本质，以此使政治上升到它的原初存在的完美形式。这种社会性是由马克思的反思产生的，反思的知识才是政治的纯粹本质，实践达不到彻底的正义。

在具体的政治美学研究中，如何理解"自由的联合"构成了彻底的正义？为此马克思引入了"社会性"，社会性作为政治的原初本质不是实体，而是反思；然而直接成为政治统治对象的却不是本质，而是现实，即作为感性欲求对象的利益和财富。我们不能在现实中直接看到真正的正义和政治的本质，只能看到色拉叙马霍斯所指认的"正义就是为了强者的利益"，财富是私利的最终定在，它构成了一切制度的实体性及人的有限性的根据，"一切情欲和一切活动都必然淹没在贪财欲之中"[②]。正因如此，正义作为"给每个人以其应得"，在马克思的终极思考和在柏拉图的原初思考中是一样的，都没有诉诸财富和财产概念，而恰恰是悬搁私有财产，将"每个人所应得"扬弃为人的类本质和原初存在，实现"私有财产的积极扬弃"，从而获得对人之为人的整全性的知识。在柏拉图的《国家篇》中，"给每个人以其应得"就是每个人都必须把自己天性适合做的事情当作自己的工作，不同天性的人应有不同的职业[③]；在马克思的著作中就是按人的方式来组织世界，"在最无愧于和最适合于他们的人类本性的条件下"组织物质生活的生产和精神生活的创造[④]，从而使人成为人、

① ［德］马克思：《1844年经济学哲学手稿》，人民出版社2000年版，第171页。

② 同上书，第124页。

③ 参见《柏拉图全集》第2卷，王晓朝译，人民出版社2014年版，第433—434页。

④ 参见［德］马克思《资本论》第3卷，人民出版社1975年版，第926—927页。

即成为社会性的类存在。个人直接就是社会性意味着，我们作为人是为了彼此为对方生产而存在，那种证明我的类本质的产品是为你而生产的产品；给每个人以其应得则意味着，“人以一种全面的方式，就是说，作为一个总体的人，占有自己的全面的本质。”① 马克思的探索分为两步：一方面，从财富的拥有到对本质的占有，关于正义的理解达到了彻底，从实质上升到形式，正义作为“给每个人以其应得”不是实质性的分配正义，而是形式性的反思正义，每个人对其人的本质的全面占有和个人才能的全面发挥才是真正的正义，这显然是一个纯粹形式原则即彻底的可理解性，只有从这一纯粹形式原则出发，才能理解各种现实性的实质正义之为次好政制。另一方面，实体化的个人占有又被马克思进一步反思为“联合起来的个人对财富总和的共同占有”，以此实现个人是真正的社会性，但这种“联合占有”仍然是一个反思性的形式原则，而非实践性的实存共同体，它进一步扬弃了政治的实体性，而走向了作为一种可理解性的社会性，从而达到了对正义原则的彻底理解即“政制之美”。

五 从政治美学看马克思的政治经济学批判

如前所述，马克思之所以能够对资本主义现实作最彻底的批判，是因为他先验地据有了对政制之美的原初理解；但事实上，马克思不可能直接据有这种原初理解，而是在扬弃现实性的过程中重新发现了对政制之美的原初理解。政治美学遵循马克思对“研究方法”与“叙述方法”的科学规定：在叙述的方式上，首先呈现“先验的结构”，并依据这一先验结构来分析“现实的运动”；但在研究方式上，我们必须追问：马克思是如何通过扬弃资本主义的现实性而回忆起对最好政制的原初理解的？

柏拉图直接描述了政治的哲学性，并从最好政制下降到次好政制，这只有在希腊对于政治本性的最初反思中才是可能的，那种哲学性与现实性、最好政制与次好政制的二元结构还过于简单和直接，缺乏精神之自我否定的无限力量，没有经过觉醒的自我意识的无限反思，因此柏拉图能够要求不经过感性事物而直接达到存在本身的知识与真理。而在马克思的时

① ［德］马克思：《1844 年经济学哲学手稿》，人民出版社 2000 年版，第 85 页。

代，资本主义已经具身为一个巨大的异化的现实，理性与现实的对立已经充分发展，现实性的力量如此强大，以至理性只有在与现实的对立中才能保持自身，理性穿越现实而达到真理的过程是极其艰辛的，因为人们对原初存在与真理的记忆如此微弱。所以马克思不可能像柏拉图那样直接描述政治的哲学性，也不可能从次好政制直接上升到最好政制，而是必须在对现实的否定性理解中穿越现实性，在哲学与现实的反思性关系中扬弃现实性，借助知识的力量重新创造最好政制的完美形式。马克思的政制之美区别于抽象的审美救赎就在于它的批判性和革命性，马克思只有扬弃了资本主义的现实性，才能上升到对政制之美的原初理解。资本主义现实性的逻辑，质言之，就是把一切政治问题简化为经济问题，使纯粹政治领域的知识与技艺、统治与服从、自由与强制失去一切政治的色彩和幻象，而表现为物质财富和私有财产的单纯统治。正如马克思指出的，这种物质的感性的私有财产的运动（生产和占有）是异化了的人的实现或人的现实，“宗教、家庭、国家、法、道德、科学、艺术等等，都不过是生产的特殊的方式，并且受生产的普遍规律的支配。”[①] 因此马克思穿越资本主义现实性的特殊方法只能是把政治制度问题改变为经济制度和生产问题，从而实现从抽象到具体，从知识到意见的下降运动。那种认为马克思没有像样的政治论说的指责，没有抓住问题的要点，因为“整个革命运动必然在私有财产的运动中，即在经济的运动中，为自己既找到经验的基础，也找到理论的基础”[②]。无疑，资本主义使问题变得简单化了，因为一切旧的政治问题都失去了政治的重要性和深刻性的幻象；但实际上，问题本身变得更复杂了，因为资本和货币成了公认的“最普遍的形式”，这种抽象的普遍性构成了对理性和知识的普遍性概念的最大挑战，从而使马克思穿越资本主义现实、重新上升到政制之美的原初理解变成了更加复杂、更加困难的问题。要言之，资本主义的政治制度就是它的经济制度，政治经济学是资本主义的政治哲学，因此，即使马克思在美学高度上对资本主义次好政制的反思，也要实现在他对政治经济学的批判中。

马克思对古典政治经济学的批判，第一次打破了经济事实的客观性幻

① ［德］马克思：《1844 年经济学哲学手稿》，人民出版社 2000 年版，第 82 页。

② 同上。

觉，将其指认为“用物与物的关系掩盖了人与人的关系”。马克思指出，政治经济学之所以没有把这一幻象揭示出来，直接来说是根源于经济科学的经验主义本性，坚持停留在客观事实的层面上，但正是这种经验主义本性必须被指认为经济科学的意识形态，使其停留在现实性的意见平面上，不能上升到政治作为哲学性的知识界面。人的关系采取了物的关系的虚幻形式，这一发现否定了政治经济学对“纯粹的经济学研究”的真理性信念，经济事实的直接性同质性是一种自然主义的客观性，政治经济学只是描述了它的“对象”，即那些直接的同质的经济事实，这些事实呈现为物与物的关系。马克思的政治经济学批判则是创建“对象的概念”，用概念来规定和穿越这些经济事实，揭示出这些事实背后的人与人的关系。这种“对象的概念”只能是一种理论的哲学的概念，马克思只有先验地具有了对正义原则的彻底理解，才能穿越资本主义的现实性。马克思的批判虽然也从经济事实领域着手，但这不可能是政治经济学所理解的那种直接存在的事实，马克思坚持认为资本主义作为“最发达的和最多样的历史的生产组织”，不可能在直接性上被阅读和被理解，它是不可见的和不透明的，它“用物的形式掩盖了私人劳动的社会性质以及私人劳动者的社会关系，而不是把它们揭示出来”①，只有借助理论思维的前提批判才能穿透其意识形态和物的关系的不透明性。如果我们能够说明“人的关系呈现为物的关系”这一幻象之所以被造成的机制，我们就抓住了真理。那么，理论思维将如何把物的关系还原为人的关系？

政治经济学的界面是政治的现实性和实践性，它的术语是实存对象的纯粹标记，而非反思的知识形式，表现为政治经济学总是在工资、利润和地租这些经济事实的层面上谈论经济问题，用经济事实的抽象规定代替对政治与人性的概念式理解，在这里，“资产阶级的经济科学也就达到了它的不可逾越的界限。”② 对经济问题的深入思考会提出这样的问题：对经济事实的描述是简单的吗？为什么这种描述重又陷入意识形态？经济事实既不是自然现象，也不是先天机能，不具有直接可以看到的既定存在，对经济事实的确认正是最困难的，作为一种科学研究的对象，要求以概念的

---

① ［德］马克思：《资本论》第1卷，人民出版社1975年版，第92页。

② 同上书，第16页。

构成为前提，经济科学像其他一切科学一样取决于概念的建立。如我们实际看到的，马克思对资本主义的政治反思甚至超越了科学方法论的限制，无须通过与具体事实的直接接触，而是通过概念的建立即理论上的彻底批判性理解来实现，马克思的问题聚焦在对于经济现象的政治反思所不可缺少的哲学概念的产生。现代经济学家指责马克思用来分析经济问题的概念是“非经济的”、“非功能的”、“哲学的”、“形而上学的”，他们无疑是正确的，因为如阿尔都塞所说，《资本论》是哲学著作，“经济学家所指责的马克思理论上的缺陷和弱点恰恰是马克思的力量所在。”[①] 在哲学的界面就是在政治的界面，马克思对于资本主义经济制度现实的观察和思考，和柏拉图一样从财富和私有财产出发，思考资本主义的政治本质，并将私有财产的概念进一步分析为劳动、资本和剩余价值。

工资与利润是功能性的经济事实，被马克思指认为物与物的关系，经济事实只是总体性的混沌表象，达不到“具体的总体性”本身，单就经济事实本身作功能性描述是没有意义的。马克思用劳动与资本替代工资与利润，作为分析资本主义经济制度的主要概念，而劳动与资本乃是私有财产的现代实现形式，从而把经济科学的问题还原为政治的、即哲学的问题，由此可以看到人的关系对物的关系的深层决定作用，正是这种深层作用造成了“物的关系掩盖人的关系”的必然性，这种虚幻形式的发生正是源于资本主义作为次好政制的现实性和实体性。马克思可以在政治经济学批判的界面上抓住经济制度的政治性，揭示作为劳动与财产的人的本质关系，是因为政治经济学批判已经是一个政治的和哲学的界面。要言之，工资与利润的划分基于劳动与资本的对立，劳动与资本这两种生产要素的分离被马克思发现为“活劳动”与“对象化劳动”的分离，由此物的关系被还原到人的关系即政治的界面，因为劳动与资本的对立既是劳动作为人的原初本质被丧失（物化）的结果，也是资本主义财产关系的基本内涵。关键在于对劳动与财产这两个政治经济学概念的扬弃。马克思自《1844年经济学哲学手稿》获得了对于劳动与财产的正面的哲学的概念，即把劳动和财产规定为人对自己类本质的实现和占有，以此获得了对正义原则和原初存在的彻底理解，并在这个哲学高度上对政治经济学实施批判

① ［法］阿尔都塞：《读〈资本论〉》，李其庆等译，中央编译出版社2001年版，第87页。

和超越。斯密把“一般劳动”规定为财富的唯一本质，已经觉悟到私有财产的本质是人不是物，同时也开启了对人本身的片面的物化的理解，因为所谓“一般劳动”即是劳动的物化，把财富规定为一般劳动则是对财产的物质化、实体化理解，丧失了劳动与财产作为人的原初本质的全部知识与真理，政治经济学因此处在人的不真实的虚假存在的意见界面上。随着劳动作为物化劳动被规定为活劳动与对象化劳动，财产作为资产阶级财产权被规定为“作为劳动的私有财产”和“作为资本的私有财产”，马克思把物的关系掩盖下的人的压迫性关系揭露出来，简言之：财产作为实体化的劳动是资本，财产作为资本又是支配他人劳动的权力，劳动的客观条件对劳动来说是“他人的财产”，财富的创造过程对资本来说是“他人的劳动”，财产权的政治本质在于它的压迫性质，即资本以财产权名义索取剩余价值的权利。在马克思对劳动与财产的这种批判性理解中，发生了从“经济科学”到“政治经济学的形而上学”的界面转换。

马克思的批判无疑站在了最好政制的高度上。最好的政制是哲学和知识，即用理论创造一种完美存在的理念；次好政制作为较低的不完美存在则是现实与实践，政治经济学是次好政制的理论表现。以往我们总是从直接性上理解马克思“改变世界”的革命理想，即以现实的逻辑去把握知识的逻辑，把关于更高存在的知识理解为另一种现实性，从而把“改变世界”理解为使知识与真理直接变成另一种现实、使次好政制直接升级为最好政制，这种逻辑的混淆被称为理论与实践的统一，没有看到知识是严格意义上的彻底的理解，在知识的界面上不可能实现理论与实践的统一，理论与实践的统一是现实性的逻辑。最好政制作为知识与真理，和次好政制的实体性制度是分开的、不同质的，二者处在完全不同的逻辑界面上，对于理论思维来说，资本主义与共产主义的直接对立是外在的，不具有理论的反思性，只具有意识形态的意义，因为感性的客观的存在与理性的哲学的真理不可能按照同一种逻辑实现内在的统一。认识与理解无法从现实性直接跃迁到关于更高存在的知识与理解，但却可以通过对现实的否定性理解上升到更高的知识，这就是马克思从黑格尔逻辑学所学到的方法。马克思改变了人们对世界的理解，具体来说，马克思的政治经济学批判实现了对资本主义现实性的否定性理解，揭示出被物的关系所掩盖的人的关系的压迫性和不义性，这一批判悬搁了现实性的自然实体性内容，而上升到理论思维的知识界面，达到了对正义原则的彻底理解。马克思对劳动与财产这两个政治经济学术语的改写，将其变为政治美学的反思性知识。

我们在一种正面的意义上把马克思的政治经济学批判指认为“政治经济学的形而上学”，即以先验的知识和彻底的理解对政治经济学进行的反思与重建。资本主义的现实性采取了物化的虚幻的存在方式，但政治经济学本身作为现实性的科学却并不是幻象，而是一种有客观性意义并具有理论建构力的科学，这种科学以其经验主义的描述方式，获得了确定的意义和价值。马克思在《〈资本论〉第二版跋》中指出，政治经济学在其描述了资本主义的实体现象而非本质关系的范围内是科学。资本主义本身生成了物化的虚幻的存在方式，政治经济学虽然是它的科学，但却不是人们借以意识到这种虚假性并将其克服的理论形式，而是在其经验主义的非反思性上发现了对现存事物的肯定的理解。马克思则穿越了现实性的幻象，从而能够在政治经济学对现存事物的肯定的理解中发现对现存事物的否定的理解。马克思把作为物质实体和生产要素的劳动与资本概念变成了作为资产阶级所有制关系的劳动与资本概念，基于这一改变，工资变成“劳动力的价值或价格”，利润变成剩余价值，土地和地租变成实质上的资本和利润，等等。关键是要看到，在作为生产要素的劳动和资本概念与作为财产权的劳动和资本概念之间，存在着一种内容上的差异性，正是这种内容上的差异性，使马克思能够揭穿资本主义物化关系的虚幻形式，从而获得对资本主义现实性的否定性理解。

在彻底的可理解性即知识的界面上，劳动与财产的形式意义揭示出来，这就是“占有”。马克思创造了对劳动与财产的哲学式理解，即把劳动与财产规定为对人之为人的类本质的占有，从而获得了劳动与财产的形式概念，这才是对于“给每个人以其应得”这个正义原则的原初理解。关键是还要看到，在政治经济学关于劳动与财产的自然概念与马克思对劳动与财产的哲学概念之间，存在着一种形式上的相似性（或一致性），即劳动与财产在形式意义上首先意味着“占有”，所谓对本质的占有就是对原初存在的彻底理解，而对物质财富的片面的占有则恰恰消除了这种彻底理解，从而意味着本质的丧失。“占有”是一个形式概念，政治经济学对劳动与财产的经验性理解由于达不到哲学的知识，从而让占有的形式被次好政制的现实性所充实；马克思对劳动、财产及其制度安排的严格而彻底的反思，则发现了占有的美的形式与美的规律：劳动作为人的类本质和类存在可以是生命生活的需要而非实体性的谋生劳动和雇佣劳动，财产作为人对自己类本质的占有可以是人的社会性（即爱）的确证和才能的全面发挥，而非物质财富的直接拥有，“自由的联合”作为制度的形式是联合起来的个人对财富总和的集体共同占有，而非作为强制与自由之辩证法的统治。无疑，劳动、财产与政制的实体性概念伴随着权力与利益的存在和运动，但它们之所以不能被彻底还原为权力与利益，是因为彻底的反思发现了政治的原初本质是哲学和知识，从而劳动与财产也可以按照美的规律去存在，“人也按照美的规律来构造”制度与人性，现实性和实践性的逻辑完全被扬弃。

（原载《中国社会科学》2017 年第 2 期）

政治美学与马克思的人学重构

美学是关于美的本质的理论思维。近代以来，美学被置于“艺术的立足点”上，把艺术当成美的唯一范本，美学因此成为文艺美学。未来美学的重大转向是从文艺美学转向政治美学。借助柏拉图政治哲学的方法，美学将能够穿越“艺术的立足点”，将自身置于“政治的立足点”上，从而实现更深层的美学反思，发现艺术所不能达到的存在之真理。柏拉图早就否定了艺术凭其自身达到更高真理的可能性，并指明政治才是精神的最高层次的技艺。不同于艺术，政治是对人之为人的先验根据的认识和创造，实现为对制度之美与人性之美的创造和理解；政治的制度之美和人性之美与人们熟悉的艺术的感性之美有着完全不同的逻辑，它们基于不可直观的理念和技艺，必须运用理性的反思才能抓住，因而是和哲学处于同一等级的反思性存在。美是存在的完美性，当美学以政治为立足点，通过制度之美和人性之美去反思这种“存在的完美性”，美学就成为政治美学。笔者已有专文讨论政治美学的制度之美概念①，本文讨论政治美学对人性之美的建构。

一 人性之美作为政治美学的先验问题

在什么意义上人是哲学的奥秘？我们对人性了解得最多也最少，“百姓日用而不知”。美是存在的完美性，美学对人的概念的理解，在于追问人的完美存在如何可能，而不在于对人性内涵的经验主义描述。因为人性之美作为美学问题只有当作一个纯粹先验的理论问题，悬搁经验层面的一

① 参见本自选集中的《马克思与政治美学》一文。

切人性事实，把完美人性的概念与不完美的人性事实分开，才能达到彻底的理解。当我们清晰而深刻地意识到人之为人的美好时，在“现实的人”当中是找不到这种美好的，我们能够想到的那些伟大人格都是把“现实的人”上升为“人的概念”的结果。美学所追问的完美性，只能表现为概念的完美性，即人的本质的先验图型，这种表现把经验的想象变成先验的知识，它并非悬于世界之外的虚幻想象，而是比现实更真实、更完整地呈现出“人的概念”的知识，它只能由精神的力量予以再造。

自孟子到王阳明，中国儒家对人性之美问题采取了经验主义态度。孟子说人皆可以为尧舜，因为人皆有恻隐、善恶、辞让、是非之心，可以将其扩充为仁、义、礼、智诸美德。冯友兰先生正确地指出，孟子的这一学说基本上是心理学的①，没有看到仁、义、礼、智都是理性的概念。后世的程朱陆王将孟子的观点发展为，“见孺子之入井，而必有怵惕恻隐之心焉”②，一切人从根本上都有此心，私欲并不能将其完全蒙蔽，所以我们对人性之美的发现只是为了发明本心，见其本性，使每个人将他的良知付诸实践，就能实现“满街都是圣人”的理想。问题的关键在于，这种对于人性之美的经验主义态度取消了人性之美的理论问题，把人性之美的理论问题变成了人格修养的实践问题，使理论与实践、知识与现实发生了混淆，没有觉悟到两者分别处于两个不同的界面，有着不同的逻辑。

近代西方哲学的主观性原则构成了对人性之美的第二种经验主义态度，人的本质被规定为自我意识的主观性，把人看作思想的主体，把自我意识的无限反思当作人的唯一本质，赋予个人的内在性以不可替代的意义。自我意识的反思在感性与理性、有限与无限之间保持了必要的张力，为我们提供了人性之美的微妙远景。但是主观性原则把自我意识规定为审美经验的主体，将人性之美与艺术的美感经验连接在一起，作为人生最高境界的审美境界被限制在可见之美的界面上，因而无法进入人的完美存在如何可能这一真正的美学问题。

感性与理性、理论与实践的统一，一直是美学难以解决的难题，对人的概念的理解尤其困难。柏拉图第一次对于人性的本质达到了这样一种认

① 参见冯友兰《中国哲学简史》，北京大学出版社1985年版，第347页。

② 参见王守仁《大学问》。

识，即人是感性与理性的矛盾性存在，对人的思维着的考察必须从人的感性存在开始，上升到对人的理性本质的认识。但是把感性与理性统一起来的努力始终不能成功。儒家的人格修养理论和近代文艺美学的审美经验主义都自觉地把感性与理性结合在一起，但理论上只得到对于人性的经验主义理解，而不能解决人的完美存在如何可能这一美学问题。因为现实的人作为实体性存在可以是、而且必然是感性与理性的统一体，但感性与理性的统一仍然是对人的实体化理解，达不到对于人性之美的真正知识。经验主义的人格之美无法穿透“现实的人”的洞穴世界去照亮真正的人性之美，柏拉图是最先揭露了经验主义的人文幻觉的人，人的世界注定要分开成为两个世界，在两个世界之间的理论穿越不可能实现一种真正的内在的统一，因此柏拉图二元论的要义是把感性世界与理性世界分开，从而把理论问题与实践问题分开，在两者之间保持必要的张力，以此达到理论思维的严格性和理论问题的彻底性。质言之，寻找人性的完美存在，就是去发现对人的概念的彻底理解，获得关于人性之美的严格的科学的知识。

二 柏拉图论人性之美

柏拉图是政治美学的开创者。柏拉图的二元论，即对“可感知的自然世界”和“可思考的理念世界”的划分，是对政治美学的第一次存在论奠基，揭示出在经验世界之上还有一个更高的、超越性的、更完美的存在界面作为理性的对象，那就是美学的对象；同时指明了美学不是一般地探求和渴望美的东西，而是以严格的理论思维把存在的完美性当成存在本身的可理解性，在反思的意义上将其创造出来。基于这种二元论，柏拉图政治美学最重要的理论创意就是对“最好政治”和“次好政治”的划分：所谓最好的政治是一种哲学和知识，即对政治的概念本身的彻底理解，而非现实的制度与人性，次好的政治才是现实的制度与人性。

由此可知，完美的人性不是现实的人，而是对人的概念的彻底理解。按常理，人性的美好似乎应该表现为某种现实的人格及其实践，但美学追问的人的完美存在只对应着关于存在本身的先验知识，实践的经验则对应着生命内容的不断变易，因此人性之美不能还原为现实的人及其实践，所谓完美的存在属于“形上”界面，而非普通意义上的现实问题。现实的人的实践对于理解人性当然有着重要的意义，然而这个意义对于美学的问题没有本质的相关性，因为现实的人格及其践履对人性之美的表现是有限的经验，当这种有限经验被观念化为人性之美的时候，现实的人及其实践被扬弃了，实践失去其质料性而变成纯粹的形式并以此进入理论问题。在这个意义上我们可以说，所谓人性之美是哲学性的、知识性的形上之美，是在纯粹形式意义上被反思的思维创造出来的理论对象。儒家把形上之美理解为，尽心知性的践履能够获得超越自身的意义而指向更加高远的心灵境界，但是对人性之美的直接性、实践性表现因其有限性而停留在经验的界面上，不能进入存在本身；只有转换问题，悬搁现实的人的有限实践对美的直接印证，进入存在的另一维度即知识与理解的维度，才能赋予人性之美以无限的意义，使之成为形上之美即“存在的完美”。柏拉图把这种人性之美的形上意义称为神性之美，在知识与存在相一致的美学问题中，“神是万物的尺度”取代“人是万物的尺度”成为解释原则，从而超越了现实性和实践性，进入了美学问题。所谓人性之美意味着从现实城邦这一属人世界超越出来，进入柏拉图在《斐德罗篇》中划分的九品人性中的最高品，即“智慧和美的追求者”,[①] 那种紧随神而见到真正的存在、从而能够事后对真理进行回忆的人。显然这不是现实的人及其实践，而是一种关于人的概念的知识和理解。

当我们把人性之美与超验的存在联系在一起，而不是用经验与实践去直接解释它的时候，美学回到了它曾经的正确道路上。柏拉图解决人性之迷的关键，是让我们知道人性之美不可能出现于现实的属人的世界中，而只能是一种关于人的完美存在的先验知识，因此存在的二元论结构是不可避免的。按照柏拉图的历史记述，即使在令人骄傲的雅典民主制城邦中，现实的人及其实践也远离人性之美：“每当民众聚集在议会、法庭、剧场、兵营，或在任何公共集会中，他们就利用这些场合大呼小叫，指责或赞许某些正在做的事或正在说的话，但总是言过其实、夸大其词，加上喧哗、鼓掌、起哄，岩壁和市场的回声，使他们的言论变得更加声势浩大。”[②] 现实的人依恋的是变易的事物领域，完美的人性则热爱永恒的存

---

① 《柏拉图全集》第 2 卷，王晓朝译，人民出版社 2014 年版，第 162—163 页。

② 同上书，第 484 页。

在本身。虽然我们只能以印证人性不断进步的自我实践来充实起自己的生活世界，但美学问题并不诉诸这一实践，因为实践只对应着存在的不断变易的现象，知识作为纯粹形式才具有永恒的与自身同一的存在本身。

柏拉图提交的完美人性的范本是“哲人”。于是一个重要的问题提出来：为什么要用“哲人”概念代表完美人性的具体形象？为什么“哲学生活”是人的最好的生活？在所有学科中哲学是最根本的，因为哲学是唯一关于人本身即“人之为人”的知识，哲学的奥秘在于人，造成困难的总是我们自己的存在，其真面目和真实内容并非可以直接得到，我们不能直接认识我们自己，只有哲学的理论反思才能发现人的概念。所谓最美人性在于对哲人概念的彻底理解，在柏拉图看来这种完美的人性极其少见，柏拉图不可能接受“人皆可以为尧舜”这种人性图景的可能性，实际上现实的肉身化的哲人只有苏格拉底一人，但苏格拉底是一个奇迹般的属神的存在（“神迹”），代表着美本身。[①] 因此哲人不可能是实体性存在，只能是人的概念的内在反思性。哲学作为人学在人的概念中发现了最深的矛盾与鸿沟，人的概念不可能真正成为感性与理性的内在统一，因此哲人不可能是现实人格境界之升华与印证的实践概念，而是关于人的概念之意义构成的纯粹知识。柏拉图在《国家篇》第六卷中描述的“真正的哲学家”是这样的人：热爱知识，节制不贪，心怀完美原型，凝视绝对真理，关注更高实在，对永恒不变的存在本身进行思考，对现实世界中变动不居的有限事物漠不关心。在柏拉图看来，这就是最美人性的具有普遍意义的图型和范本，它不是现实的具身的人，而是“关于理想实在的知识”[②]。

人的自然实体性存在并不进入人的概念的意义构成系统，哲人只有以被人的概念的知识界面认出的方式，才能作为最美人性的实在化、人格化。更具体地说，哲人以外的其他人都专注于某种特殊的领域和当下的事物，只有哲人渴望理解存在本身和人本身的完整的永恒的意义，而对当下的特殊的有用的东西不感兴趣。从知识和存在本身的观点看，对实质性和有用性的扬弃确证了哲人概念的纯粹形式意义，对特殊有用事

① 《柏拉图全集》第2卷，王晓朝译，人民出版社2014年版，第489、264页。

② 同上书，第474页。

物（权力与利益）的遗忘为哲学理解人本身和存在本身铺平了道路。哲人概念之所以是对人性之美的最彻底理解，就在于他悬搁了一切有用东西（权力和财富）的实质上的重要性，从而超越了人的现实存在的实质性和有限性内容，呈现出人之为人的先验图景：所谓“乐其道而忘人之势”“视弃天下犹弃敝屣”①。从现实的理由去思考，哲人的存在是一个神话或一种“完美的不可能性”，但是从知识的理由去思考，必须让哲学家为王的理由就在于，最美人性对“最好政治”是必要的，因为没有哲学就达不到对制度与人性的彻底理解。柏拉图的政治美学是一篇对哲学的颂词。

哲学是创造人性之美的方法，因为哲学是创造关于人之为人的知识的方法。过去，我们认为美好的人性是在实践的历史中培育出来的，实际上，人性中的那些美德都是由哲学创造出来的对于人应当是什么的概念式理解，现实的人及其实践无法真正逾越感性与理性之间的鸿沟，因而超不出可见世界的界限，对此只要回顾一下人性演变的实际历史就可以确证。最美的人性是彼岸的原型，现实中没有这样的人性，必须借助哲学的反思在高于现实与实践的形式界面上创造出那种人的完美存在的概念图景，思想才能上升到更高的存在。柏拉图在《斐德罗篇》《斐多篇》和《国家篇》中反复说明了一个观点：只有哲学能使灵魂上升到神圣之域，看到更高的存在与真理。这个观点是西方理性主义传统的来源和本质。按柏拉图看法，所谓四种美德都是哲学创造出来的关于人性之美的具体规定，四种美德全部来自灵魂对神圣之域的更高存在的回忆②，它们不是普通意义上关于人的道德实践的具体描述，而是对人之为人的认识和概念式理解，因为实践的经验内容只是在现实层面上生成的过眼云烟，只有扬弃为“概念式理解”才能产生人性之美。

哲学创造了人的完美存在即彻底的可理解性，通达这种可理解性的方法是教育。教育是柏拉图《国家篇》和《法律篇》两部大书的主题，施特劳斯认为，教育是哲学家关于制度与人性的讨论在“抵达神明”之前

① 《孟子·尽心上》。

② 参见《柏拉图全集》第2卷，王晓朝译，人民出版社2014年版，第161页；以及《柏拉图全集》第1卷，王晓朝译，人民出版社2014年版，第88页。

所要走的路[①]。柏拉图所谈的教育并非普通意义上的教育，而是把教育反思为通过认识存在本身来创造完美人性的特殊方法，因此柏拉图思考的教育是一个哲学问题，称之为“最高的教育”和“最伟大的学习”[②]。柏拉图论述人性之美的一个特定论题是教育与法律的二元性：教育是一种哲学的内在化方法，法律则是一个城邦的外在现实及其功能，教育是一种比法律体系更深刻的制度，因为真正的教育作为哲学的创造方法给予关于存在本身的知识和理解事物形式之真与美的技艺，受教育者上升到应有的那个高度，能够看到最好的存在即制度与人性的完美形式，哲人就是教育的产物。另一方面，法律则是与哲学的内在教育方法相冲突的东西，因为法律的本质是经验的实体性，法律的体系由现实的城邦来制定，作为一种经验的实体而具有外在的强制性，要求每个现实的人去遵守。就法律月固定的具体的东西来规定人的生活的复杂内容而言，法律不是知识和技艺，“依法行事并无真知，”因为法律的固定性和实体性排斥了“更好的东西”的存在[③]，从而悬搁了创造完美制度与人性的问题。因此柏拉图认为，最好的城邦不需要依靠法律进行统治，依法行事低于知识和技艺，只能产生次好的政治。

三　马克思对人的概念的重构

施特劳斯认为，现代性降低了人性的标准，放弃了对人性之美如何可能的追问，只关注现实的人如何生活，“它所承认的标准是‘卑贱低下而坚实牢固’（low but solid）的标准。这个标准的象征是那个野性的人，而不是那个神性的人：它理解把握人类时所使用的是一种低于人类的视野，而不是一种高于人性的视野。”[④] 这反而使人性之美成为更紧迫的理论问题，它也是马克思理论探索的最主要问题。马克思把“在自由联合体中

---

① ［美］施特劳斯：《柏拉图〈法义〉的论辩与情节》，程志敏、方旭译，华夏出版社 2011 年版，第 18 页。

② 《柏拉图全集》第 2 卷，王晓朝译，人民出版社 2014 年版，第 488—489 页；

③ 《柏拉图全集》第 3 卷，王晓朝译，人民出版社 2014 年版，第 157、146 页；

④ ［美］施特劳斯：《关于马基雅维里的思考》，申彤译，华夏出版社 2006 年版，第 475 页。

每个人的全面发展”当作了人性的更高存在与真理，从而把现代政治哲学重新带回到对最美人性的思考，以此恢复并光大了柏拉图政治美学的原初问题。但马克思对人的思考采取了与柏拉图不同的路线，即不是悬搁现实的人去直接呈现对人性之美的理解及其范本（哲人），而是在对现实人性的反思性规定（异化）中超越现实性，借助哲学的理论思维重新创造人性之美的形式概念。

理论困难的解决常常诉诸对起点的重新理解。我们注意到，马克思在他开始成熟地思考人的本质之际，曾经表现了强烈的唯物主义和经验主义倾向，认为全部人类历史的第一个前提是“现实的个人”及其物质生活条件。但这一前提与马克思关于人性之美的政治美学问题是不一致的，因为在这个现实的前提之上永远不可能建成完美的人性即“个人全面发展基础上的自由个性”，只会取消美学问题。马克思说过：“迄今为止人们总是为自己造出关于自己本身、关于自己是何物或者应当成为何物的种种虚假观念。他们按照自己关于神、关于标准人等等观念来建立自己的关系。他们头脑的产物不受他们支配。他们这些创造者屈从于自己的创造物。他们在幻象、观念、教条和想象的存在物的枷锁下日渐萎靡消沉，我们要把他们从中解放出来。我们要起来反抗这种思想的统治。”[①] 面对这种不一致性，我们只能依据马克思自己的论说与启示，来推进对历史唯物主义的理解。资本主义是人性发生异化的一个巨大现实，只有超越了这一现实，才能达到对人性之美的彻底理解。这一“超越”是在什么意义上发生的？超越意味着对于现实的否定的辩证法，在人的概念与人的现实之间的对立已经充分发展的条件下，不可能像原初思考那样越过现实而直接上升到概念，只能在对这一现实的否定和扬弃中发现人的概念和人性之美。马克思思考人的问题的出发点无疑就是这一现实，它决定了马克思转向唯物主义观点的特定理由和有限意义，即资本主义大工业的历史性存在是一本已经打开的关于人的本质力量的书。无疑现实世界不是观念的产物，现实的人受物质生活的生产方式制约，这确实是真实的情况，但这正是资本主义现实性的逻辑：把一切政治问题还原为经济问题，消除笼罩在人身上的一切政治的、伦理的、宗教的形式和幻象，把人变成仅仅被劳动

① ［德］马克思，恩格斯：《德意志意识形态（节选本）》，人民出版社2003年，第3页。

和财产的实体性内容所规定的“现实的人”。我们不能用这个明显的事实遮蔽了马克思真正富有深意的问题。马克思的政治美学是有现实前提的，但如果把现实性理解为马克思的问题本身，等于取消了问题，陷入了悖谬。“现实的人的解放”作为马克思的理论目标，意味着对现实世界的彻底否定性理解，真正的人之为人的世界无疑是创造的对象从而是观念的产物，它是由纯粹知识构成的界面，现实的人的实体性存在并不进入这一知识界面，因而不会有“创造者屈从于自己创造物”的困难。马克思的美学问题是从现实上升到概念，“从人间升到天国”，对于如何从现实的人出发建构起人性之美的概念，马克思的研究显示了极为复杂的理论思维，《1844年经济学哲学手稿》中的人学研究无法与《德意志意识形态》第一章的唯物主义观点达成完全的一致。

对现实的人及其实践需要作进一步的具体规定，在资本主义时代，现实的人所从属的“一定的社会形式”[①] 就是劳动与财产，这个时代的人因此具有最大的现实性。马克思对现实的人及其实践作理论反思的目标，是为了构造人的概念即人之为人的先验图景，现实的人的存在当然被物质生活的生产方式所负载，但真正的人的存在却是一种美的形式与知识，政治美学需要抓住人的概念与人的现实之间的张力，才能生成人性之美的问题。人的真实的存在本身使现实的人具有现象意义和质料特性，现实的人只有在政治美学的理论界面才能获得具体的深入的阐释，只有马克思对异化劳动和私有财产的批判做到了这一点。我们仍然遵循对现实性与知识性的划分：真正的完美人性不是现实性和实践性，而是哲学性和知识性，所谓“现实的人”作为实体性和有限性达不到真正的人性之美，只能表现为人性的异化。资本主义时代“现实的人”再次确证了这一政治美学原理。那么如何才能反思出“现实的人”的具体规定呢？特别是如何才能理解作为知识对立物的现实性？黑格尔和马克思都没有把现实性理解为实体性存在，而是把现实性理解为“异化”，即自然的实存物从其原初本质或概念形式中的脱落或背离，“精神使自己变成他物”，从而获得现实性，这个现实性作为异化意味着原初本质的丧失，异化“表现为每个事物本身都是不同于他本身的另一个东西”，从而“表现为一种非人的力量统治

① 《马克思恩格斯选集》第1卷，人民出版社1995年版，第58、60页。

一切”[①]。现实的人及其感性的实践活动作为存在的不完满性的真相揭开了，在这里（而非在观念领域）发生了真正的“创造者屈从于自己的创造物”的事实，柏拉图的二元论仍然是真理，现实的人作为感性存在无法生存于纯粹理性的知识高度上，只能生存于自然必然性规律起作用的国度中，被欲望和意见所包围，因为人是社会关系的总和，资本主义社会关系的总和是物质生活的创造与占有，没有一个现实的人可以与他的物质生活条件相脱离，因此无法想象一个现实的人如何能够在感性的实践活动中去创造和实现人性的完美，关于人的概念的知识在这里变成了对完美存在之不可能性的自觉意识。要言之，马克思发现，在资本主义时代，所谓现实的人及其实践的具体规定不是一般的劳动与财产，而是异化劳动与私有财产。马克思对异化劳动和私有财产的批判表明了他对“现实的人”的人性状况的彻底否定。今天的世界仍然处在马克思所描述的这幅“现实的人”的人性图景中，在本质问题上并未实现马克思所预期的升华与重建，再次证明了现实性作为异化存在的平台无法产生真正的人性之美。

历史唯物主义认为，全部人类历史的第一个前提是，现实的个人以其感性的实践活动创造了自己的物质生活条件。马克思的政治思考面临着资本主义这一巨大的现实，但马克思却能以理论的方式超越这一现实，思考人的彻底解放的条件，以知识的形式扬弃资本主义现实褫夺生命原初本质的全部机制，超越现实的人的有限性，在理论思维中保持住对人之为人的原初理解。马克思对人之为人的理解，并没有抛弃劳动与财产这两个政治经济学的对象，而是赋予其概念的自我否定力量，从现实上升到知识，从质料上升到形式，重新得到关于人之为人的先验图景，历史唯物主义因此成为理论思维的一个典范。马克思在现代性的艰难现实中重新发现了创造人性之美的方法，并重建了柏拉图理解人性之美的问题，虽然站在历史唯物主义的出发点上，但人的解放的学说作为马克思的问题，本质上是一个政治美学的原理，即只有哲学才是创造完美人性的正确方法，因为哲学是一个理性的先验的“存在本身”界面，只有反思的知识才能彻底理解人的自由本质。

完美的人不是现实的人，而是对人的概念的彻底理解。马克思所依据的对象仍然是劳动与财产。反思意义上的劳动不是现实生活的实体性内

---

① ［德］马克思：《1844 年经济学哲学手稿》，人民出版社 2000 年版，第 130 页。

容，不是物质财富的本质，而是只有理性认识才能把握到的人之为人的本质即自由，从而是人的生命内容中真正具有意义构成作用的美的形式。“我的劳动是自由的生命表现，因此是生活的乐趣。”[①] 马克思把劳动理解为人的自由本质的实现形式，这个思路分享了柏拉图政治美学的思想意境。柏拉图的完美人性的原型被规定为热爱存在本身，对更高的存在与真理进行思考，对现实事物漠不关心。马克思的完美人性的原型是劳动的人，他同样热爱真实的自由的存在本身，通过劳动来确证自己就是这个自由的存在，这种关于劳动的反思性理解是一种新的人性之美的具体原理。关键在于劳动的本意不是创造物质财富，而是创造事物存在的纯粹形式，把自然变成人的对象和作品，因为劳动必须按某种自由的思想来进行，即按照某种普遍的概念来铸造事物的形式而使其存在，劳动因而是技艺、知识和真理的本质，而非财富的本质，从而证明了自由的创造和知识是人的本质。马克思在柏拉图的思想路线上迈出的一大步是他的“对象化”思路，该思路反映了近代工业文明的时代精神，但又坚守着柏拉图关于人性之美的原初问题，这就是，“我的对象只能是我的一种本质力量的确证”[②]，通过劳动创造对象世界，人证明了自己是精神的自由的类存在物，使自然成为人的作品和现实，并在他所创造的对象化世界中直观自身，“对象成为他自身”。自然的实质性存在并不进入自由劳动的界面，能够生成“自由的本质”的只是被劳动赋予了形式因而具有可理解性的意义构成机制（人的本质力量的对象化），因此这里所说的劳动等于知识，即可理解性，而非现实性平面上人的物质与精神相统一的实践活动，现实的劳动作为谋生手段是一种被迫的非人的自然性活动，真正的自由的劳动则是对人的存在本身的反思性理解，这种真正的劳动者和柏拉图的哲人一样对现实事物漠不关心，因为他不受现实需要的支配，需要是必然性的因而是片面的，人的劳动则是全面的，他自由地面对自己的对象，懂得处处都把普遍的内在的尺度运用于对象，按照美的规律来生产。

为了把劳动概念真正从财富的本质改写为自由的本质，使之从现实上升为知识，关键是悬搁私有财产的物质性，实行“对私有财产的积极扬

① ［德］马克思：《1844 年经济学哲学手稿》，人民出版社 2000 年版，第 184 页。

② 同上书，第 87 页。

弃”。柏拉图的最美政制和最美人性坚决否定私有财产不是偶然的，因为私有财产作为需要和欲望对象彻底服从人性中的自然规律，近代市民社会进一步把私有财产确定为劳动的唯一目的和人的权利的最高原则，使这种物质性的私有财产成为人的自我异化的最大问题。因此不难理解，所有政治美学的思考，从柏拉图到马克思，都要求悬搁物质性的私有财产，在需要与欲望的自然律之上，为人性创立另一种不同的逻辑。马克思早在《1844 年经济学哲学手稿》就天才地抓住了这一政治美学的根本问题，将其宣告为：“共产主义是私有财产即人的自我异化的积极的扬弃，因而是通过人并且为了人而对人的本质的真正占有。”① 只要记住柏拉图对知识与意见、现象与存在本身的二元论划分，就不难发现“财富”以及“财产”概念的混淆，“财富”或者“财产”包含着两种全然不同的含义，即作为物质的外在财富与作为精神本质的内在财富。外在的财富概念产生于人的自然意识，在现实世界的意见平面上自在地存在着，它的完备的科学形态就是政治经济学。政治经济学关于财富本质的重要发现，其实作为现实性的逻辑只能是意见世界的观点，或者说“对需要和欲望的系统性学科规定”。另一方面，对于财富的反思性理解所导致的“内在的财富”概念，则贯穿了西方精神史的理性传统。柏拉图把“灵魂之善”即知识和正义放在最好的城邦中，财富作为“城邦之善”只是对现实的城邦而言，“世俗的金银是罪恶之源，心灵深处的金银是纯洁无瑕的至宝。”② 基督教更充分地发展了“内在的财富”这一理念，认为每个人内心深处的内在性世界是无限重要的珍宝，人即使身处囹圄仍然可以是自由的。黑格尔提出了“普遍财富”的概念，以提供普遍享受的无自我的普遍物内化为一种普遍的善，在一定程度上解决了财富的内在性问题。然而这一“内在的财富”之精神传统在近代市民社会被政治经济学关于“劳动是财富的唯一本质”这一重大发现所压制，只是在马克思的政治经济学批判中才重新复活，富有与贫困的现实逻辑被理论的反思拆解了，私有财产的拥有感被指认为“感觉的异化”，外在财富作为目的反而象征着人性的“绝对

① ［德］马克思：《1844 年经济学哲学手稿》，人民出版社 2000 年版，第 81 页。

② 《柏拉图全集》第 3 卷，王晓朝译，人民出版社 2014 年版，第 454、502 页；以及《柏拉图全集》第 2 卷，王晓朝译，人民出版社 2014 年版，第 389 页。

的贫困”，政治经济学的重大发现只是从知识界面下降到洞穴意见的理论产物，“和它完全相反，这里我们是从人间升到天国。”① 如果真正的劳动是人的自由本质的实现，那么真正的财产就是人对自己这种自由本质的全面占有，“真正人的财产”作为“从属人的存在物自身产生出来的自己的内在的财富”②，意味着“人以一种全面的方式，就是说作为一个总体的人，占有自己的全面的本质”。“富有的人同时就是需要总体的人的生命表现的人。”③ 这里发生了从现实界到知识界的转换：马克思把私有财产理解为对人的本质（而非物质财富）的占有，即一种以物权形式来表现的精神性存在方式，这个财产作为对人的存在具有意义构成作用的美的形式，乃是对人之为人的概念的可理解的纯粹知识，以彻底的形式反思扬弃了人性中这部分最坚固的实体性内容，使之成为人性之美的形式原理。

马克思提交的完美人性的范本称为“在自由联合中全面发展的自由个性”，这是一个极为抽象的概念，被具体化、政治化为“作为革命主体的无产阶级”。作为政治美学的对象，无产阶级不是直接存在于现实中的无产者大众，而是理论思维的对象，是从现实的、异化的、被压迫的现代雇佣劳动者的自我否定中抽象出来的纯粹概念，被马克思用作思考人性之美的一个概念工具。之所以要用无产阶级来命名那种全面的自由的完美人性，在于这个概念本身即包含对作为资本主义最大现实的私有财产权的彻底否定，从而扬弃人的异化状态，使人之为人的完美存在成为可以理解的。对此，马克思曾给出了明确的解释：“只有完全失去了整个自主活动的现代无产者，才能够实现自己的充分的、不再受限制的自主活动，这种自主活动就是对生产力总和的占有以及由此而来的才能总和的发挥。”④ 以前，我们从直接性存在的意义上理解马克思的这个观点，结果无法得到确证，因为现实中的无产者（或非无产者）从未真正拥有过这种意义上的自主活动。从当代激进理论对马克思学说的非反思的经验主义理解来看，现实中的无产阶级的政治状态和人性水平与革命的历史主体之间存在着明显的巨大落差，马克思的革命辩证法举步维

① ［德］马克思，恩格斯：《德意志意识形态（节选本）》，人民出版社 2003 年，第 17 页。

② ［德］马克思：《1844 年经济学—哲学手稿》，刘丕坤译，人民出版社 1979 年版，第 77 页。

③ ［德］马克思：《1844 年经济学哲学手稿》，人民出版社 2000 年版，第 85、90 页。

④ ［德］马克思，恩格斯：《德意志意识形态（节选本）》，人民出版社 2003 年，第 73 页。

艰，因为现实中的工人阶级越来越不革命，被寄予厚望的革命主体变成了最保守的政治力量。但这并不妨碍我们认为马克思的任务已经完成，因为他已经给予了关于人性之美的知识，从而彻底改变了我们对人的概念的理解。从反思的理由上看，理由与实践的统一之所以遇到困难，是因为直接存在的对象与反思性的存在处于不同的存在论界面。革命的无产阶级作为人性之美的化身，不是现实的人，而是马克思用理论思维创造出来的反思性的存在，对此从非反思的直接性立场是无法理解的，无产阶级作为反思性的存在在非反思的意义上即是不存在；正因如此，无产阶级在知识界面上具有最高的优先性，因为它是一种更高、更真实的存在，代表着马克思对人之为人的彻底理解。马克思说无产阶级是一个“普遍的阶级”，它的解放标志着“普遍的人的解放”，这一解放只有在作为最好政治的“自由的联合”中才能实现。这无疑是一个政治美学的观点，即无产阶级不是作为积极的现实的存在，而是作为一个调节性的形式原则，表达了马克思对人之为人的完美存在状态的新理解。对政治美学来说，理解和知识是它必须具有的更高的界面，完美的人性是被理性创造出来的关于存在本身的知识，但它反而是比感性的现实的人更高、更真实的存在，因为它包含了人之为人所应该是的概念与真理，现实的人就其不能完全分有人的概念反而是存在论上的非实在性和幻象。不管资本主义的直接性现实发生了什么变化，马克思已经完成了他的任务，他创造的无产阶级概念不是为了描述直接存在的事实，而是为了改变我们对人的理解，使我们重新获得关于人的完美存在的知识，即“建立在个人全面发展和他们共同的、社会的生产能力成为从属于他们的社会财富这一基础上的自由个性”[①]，并据此把资本主义现实世界理解为异化的不完美的存在洞穴。

四　结语：作为美学问题的感性与理性统一如何可能

前已指出，感性世界与理性世界的划分是对美学最重要的存在论奠基，柏拉图二元论是照亮人类理论思维的第一座灯塔。二元论表明，人的世界远远超出经验所能覆盖的范围之外，在感性世界之上还有一层更高、更真实、更完美的理性世界存在，美学不是一般地探求可以经验、

① 《马克思恩格斯全集》第30卷，人民出版社1995年版，第107—108页。

可以鉴赏的艺术与自然之美，而是以严格的理论思维把更高的完美存在思考为知识。柏拉图为美学奠基的根本点是把感性世界与理性世界分开，美不是感性世界的实存事物，而是对美的理念即存在之完美性的彻底理解，柏拉图之所以不接受感性与理性的统一，是因为感性的经验作为实体性，永远有其不可能完全进入理性的形式即可理解性界面的暗昧的剩余物，因而感性与理性的统一只能是外在的、实体性的、不彻底的，永远达不到内在的彻底的知识与理解。近代哲学把在一元论基础上实现感性与理性、自然与精神、思维与存在的统一当作自己的主要问题，遇到了不可克服的困难。思想把自身的主观选择当作事物存在的客观逻辑，但是对事物存在的理解限定在经验的范围内而成为现象界，自在的实体性的存在作为存在本身（物自体）仍是不可理解的黑暗世界。近代文艺美学把艺术视为实现感性与理性统一的希望之域，反思判断力把艺术当作连接感性与理性从而实现“在特殊中看到普遍”的范本（康德），或者认为美是理念的感性显现（黑格尔），但是这一思路因为保留了艺术品可见之美这一感性实体性的残余而达不到对最高之美（美本身）的彻底理解。

在马克思的政治美学中，“感性与理性的统一”问题的表现方式发生了变化。资本主义的现实性现身为一个巨大的物质的感性世界，它不仅彻底俘获人的感觉和经验，而且征服了本来意义上作为目的的人的理性能力，使理性世界成为感性世界的附属性的和工具性的部分，在一种堕落和下降的意义上实现了“感性与理性的统一”。马克思把资本主义大工业的对象性存在称为“一本打开了的人的本质力量的书”，即以感性存在为其主要对象的人本学，这里无疑发生了异化，即人的本质在资本主义的物化与工业化现实中以感性存在的形式表现自身，实现自身。人的本质的异化主要地和突出地表现为私有财产基础上人的感觉的异化，因此，对私有财产的积极扬弃首先被马克思理解为对人的感觉的彻底解放，使感觉成为“人的感觉”，“眼睛成为人的眼睛”，使需要和欲望失去其自然的质料性；这意味着对感觉进行重新创造：“创造同人的本质的全部丰富性相适应的人的感觉”，“创造具有丰富的、全面而深刻的感觉的人作为这个社会的恒久的现实。"[①] 马克思在《1844年经济学哲学手稿》对于人的感性存在的论述显然带有费尔巴哈自然主义人性论的痕迹，但是从政治美学的问题本身来看，这个"感觉的创造"代表了马克思对"感性与理性统一"问题的一种美学高度的独特理解。感性与理性不可能真正内在地统一，因为我们无法用理性和思想穿透感性的实质性内容，改变感性的自然性选择，使之上升为知识，而只能用理性的力量在感性世界之上创造另一种更高的存在和美的规律。然而，如果感觉是在理性的界面上被创造出来，感性中的自然必然性规律被置换成自由的自主性逻辑，从而感性在与理性的重新连接中以反思性的方式获得了知识的彻底可理解性，那么感性变成理性的一部分，在一种被升华和被还原的意义上实现了"感性与理性的统一"：感觉直接成为理论家，人通过这种全新的感觉在对象世界中肯定自己的精神性本质，"那由于劳动而变得坚实的形象向我们放射出人类崇高精神之光。"[②] 这种感觉的创造是马克思理解人性之美的一个独特思路。

（原载《哲学研究》2017年第2期）

① ［德］马克思：《1844年经济学哲学手稿》，人民出版社2004年版，第86、88页。

② 同上书，第129页。

政治美学的哲学观

一　作为美学的哲学

海德格尔说，所有哲学家都思考同一个问题："存在是怎么一回事?"这一现代哲学的重大论断如果没有升华为理论思维的结果，就还只是一个一般化的见解，很难产生出真正重要的意义。当海德格尔把存在当作毕生追问的问题，他并没有真正回归希腊存在论的二元论这一最重要的源头。如果只限于从一元论上去理解，无论存在的本意被理解为物质自然还是精神意识，抑或是扬弃了二者对立的主客同一性，都是对存在的实体性理解，无论作出了多少幽秘玄远的论说，仍然没有上升为反思性的理解。二元论是真正的存在论，是使存在上升为理论思维的前提，存在与意识、现象与物体、"可见世界"与"可知世界"是分开的，各自拥有不同的根据和逻辑，无法实现内在的统一，但却保持着"必要的张力"。二元论意味着，在普通的现实的存在之上，有一种特殊的更高意义上的存在，比普通的现实的存在更真实、更完美，它见证着存在的反思性意义的显现，作为"美的规律"它是哲学思考的专属对象，哲学也在这一意义上是一种美学。按照第俄提玛的美学启示，原初意义的美学必然是政治美学，它包含着三个基本维度：所谓"政制之美"是对正义原则的彻底理解，所谓"人性之美"是对人本身的彻底理解，所谓"哲学之美"则是对存在本身的彻底的反思性理解。或者可以说，一种达到理论思维的形而上学应该是美学。以往之所以不能在纯粹反思的意义上理解"存在是怎么一回事"，提供作为美学的对于存在问题的真正理论思维，根本在于缺乏使存在得以反思性地显现本性的二元论维度，只是把存在理解为现实事物的实存或人的此在，把意识理解为存在的印象、观念或关于其客观必然性的概念知识。柏拉图的政治美学提供了使存在的反思性理解得以可能的哲学方法，哲学之所以能成为通向存在之本意的一条道路，在于它是美的存在的创造方法，现实的现成存在就其不被创造而言不是哲学的真正对象。

在一元论占主导的时代，美学对于思考存在的重要意义未能受到足够的重视，因为美学只是被当作文艺美学。艺术之美无法最终见证更高存在的显现，因为它携带着艺术作品的物质性质料，只是直接见证着感性经验存在的意义。美的本质是存在的永恒的完美，因此不能用经验主义的方法去研究美学，而应觉悟到美学是使对存在的研究真正上升到理论思维的纯粹哲学，而不仅仅是哲学的附庸，因为美学把对存在的理解变成了理性的知识，让我们第一次看到了显现本性、回归真理的存在本身。

然而美学面对的存在确实兼具感性的实存内容与理性的反思形式之双重维度，必须在两个层面对立统一的张力关系中去寻找真理，因而需要寻找能够扬弃这种对立统一的一种“概念式理解”的界面。柏拉图揭示了存在其实是一个二元关系的等级性格局，因而对存在的理解应该是整全性的和关系性的，而非实体主义的抽象对立。感性的现实实存与理性的抽象意识都还是对存在的实体主义理解方式，超越实体主义两极对立的新理解应该以整全性为基础，真正作为美学的哲学只能是整全性构成了存在，整全性先于实体，形式先于质料，先于整全性没有有意义的存在。反思作为哲学的技艺把实体带入整全性。美的本质作为完美的存在属于二元论关系中那个在现实存在之上的更高的存在界面，它当然不是物质自然的实体性，但也不是抽象意识的实体性，而是从二元论关系的整全性中产生出来的对于存在的反思性理解。真正重要的是哲学提供了这种更高存在的逻辑展开的方法，即更高的存在作为观念性与创造性之内在统一体及其真实性与完美性。更高的存在既是观念性存在，又是被创造的产物，二者分别是哲学的知识与技艺的实现形式。更具体地说，“观念”不是现实存在物的图像和标记，而是与现实存在的差异性，它是存在的实存性、质料性内容被超越之后呈现出来的存在的纯粹形式，是现实存在的实体性自然律被否定之后产生出来的另一种自由与美的规律，从而是关于这种差异性、否定性和超越性的知识。更为切近地说，更高的存在是语言性存在，它是哲学用语词创造出来的一个完美世界。另一方面，“创造”也不是在实体意义上创造出新的现实性存在的内容，而是开启一个与现实存在完全不同的更高存在的维度，哲学的创造方法是观念的知识论限制，它是对更高存在与现实存在之差异性进行彻底理解的技艺，从而是创造扬弃了实存性质料的纯粹“形式”，以及不同于现实存在之自然律的另一种规律的技艺；在直观上哲学的创造方法则意味着，哲学所开启的“更高的存在”是直接现实意义上不存在的东西，因而只能借助哲学所赋予的精神力量创造出来，唯其如此，它在反思的意义上是更真实、更完美的东西，因为它从现实上升到知识，从实体性内容上升到纯粹形式，具有了彻底的可理解性。

“更高的存在”作为反思性存在的唯一特性是真实与完美，只有哲学能达到这种真实性与完美性。从反思的理由上看，现实的存在之为现实性必然是不完美的和不真实的，人们只看到了现实中直接存在的物质载体和历史要素，但这些东西只是外在的、次要的、有限的方面，现实生活中充满了错误、丑恶和腐败的东西，这样的所谓存在够不上真实的存在本身，只能是一些偶然的现象或假象，因为达不到“人之为人”的概念和形式，没有目的和意义，现实的存在是不能被彻底理解的。柏拉图认为，可理解性是事物存在的最高形式，知识作为观念性与创造性的内在统一体是超越了自然与现实的更高意义上的存在，只有知识能内在于存在的真理之中，因为经过了创造的推动和观念的形式，存在本身的内容在其可理解性上反而更能保持其真实和充盈。孟子说：“充实之谓美。”夏夫兹伯里说“凡美皆真”。所谓更高的存在只能是反思性的存在，而反思对存在的唯一要求是真实性与完美性，只有哲学能够通达这种真实与完美，因为这里所谓“反思的存在”之观念性原则和创造性原则只不过是哲学的知识与技艺的实现形式。并非所有的观念都能进入“反思的存在”，虚假的观念是意见，基于现实事物的观念也只是存在的图像，甚至关于客观的科学规律的概念知识也不能进入反思性的自由的存在，只有美与真的观念才能“上升到我们称之为真正哲学的存在”，这种美与真的观念性存在必须被哲学创造出来，才能成为超越了直接性现实的更高的存在。

为什么柏拉图认为哲学创造的“可知世界”比实存的感性世界更真实？因为真实性（真理）的本意是可理解性而非可感知性，思想构成了人的真正尊严，哲学作为“纯粹的思想”除去了自身的一切实体性质料的重负，“纯粹的思想”能够在变动不居的现象之上看到存在本身可以有一种不同于自然现实的更真实、更美的原理和逻辑，就其确定性而言比现实的存在更真实，柏拉图称之为“永恒的存在本身”。以此，哲学改变了人们理解存在的方式，精神理性可以在一个更高的不可见的世界中自由无碍地行走，比可见的现实世界具有更大的确定性和真实性。没有什么比真更美。哲学悬搁了现实存在的一切实质性内容和道理，将其扬弃为感性经验的现象和有限性；同时也悬搁了普通意见中物质与意识、自然与精神的实体性对立，将其转化为知识内部存在之二元关系的内在反思性，在此基础上获得了对存在之为存在的最真实、最完满也是最美的理解。庄子所说的“圣人者原天地之美而达万物之理”，如果当作一个知识论原则，只适用于作为美学的哲学。我们要确立的“美的存在”就是哲学性存在，而使其具有美的原因是观念的自由的非意指性的反思。

二　作为政治美学的哲学

如果完美的存在是对存在本身的彻底理解和知识，那么这一美的存在就是一个人性的原理，从而我们要确立的“哲学之美”就是一个政治性界面，作为美学的哲学只能是对政治的反思。柏拉图第一次揭示了哲学与政治的一体两面性，即政治的本质是哲学性和知识性，而非现实性和实践性；哲学对更高存在的创造在于它是政制之美与人性之美的创造方法，而不是抽象地思考“更高存在”的实体性概念。我们不难发现，柏拉图著作中反复出现的哲学首先和主要是一种观念政治，而非近代意义上纯粹先验的存在论和知识论。政治的哲学性是对政治的实体性的扬弃，把政治还原为观念的创造及其可理解性，从而使政治对于人的整全性的理解与哲学对存在的反思性理解整合于同一个理论界面上，使二者服从相同的关于更高存在的观念性原则和创造性原则，并将“更高的存在”落实为政制之美与人性之美。更为确切地说，“政治的哲学性”在于政治是关于人之为人的完美概念的知识，“哲学的政治性”则意味着哲学是一种创造最美政制与最美人性的特殊技艺。柏拉图的这一发现，超越了理论与实践的流俗划分，克服了自然与人文的实体性对立，开显出把对存在的思考与对人的思考统一起来的最纯粹的先验界面，把哲学带到了政治这一存在问题的核心地带，同时也将传统的政治问题升华为关于“更高存在”的美学问题，使整个人文科学和社会科学获得了严格理论思维的真理基础。哲学之所以必须是一种政治美学，根据就在于哲学与政治的这种内在一致性和一体性。哲学研究可以（而且应该）上升到自然之上，但必须植根于人性之中，政治是哲学必须据有的界面。哲学把知识性作为政治的本质，其实是以知识性悬搁现实政治中不具有意义构成作用的实质性内容，使制度与人性转化为纯粹形式概念即由可理解的纯粹认识构成的存在，以此呈现政治之美。最美的政治是彼岸的原型，现实中没有这样完美的制度与人性，只能借助于哲学的纯粹思想，在观念政治的平台上创造出最彻底的正义原理和完美人性的概念图景，哲学以这种方式创造出“更高的存在”，即马克思所致力的用理论思维创造一个完美的世界。

哲学的理论思维成熟的过程，正是哲学成为政治美学的过程。哲学之为最纯粹的政治，既是哲学之“反思的思想”的要义所在，也是政治显现本性、回归自身的唯一机遇。这一机遇很快就失去了。近代先验哲学之所以未能达到真正的理论思维，在于它未能记住哲学的政治本性，从而也就抓不住哲学自身。近代先验哲学只是就存在与意识、感性与理性、真理与方法的抽象概念去研究存在问题，从未在政治的界面上思考存在的知识，从未意识到存在的知识与人的救赎是内在相关的问题，只是依循自然科学来规划精神科学的格局，从而导致了思想的实在化倾向而忘记了思想的创造性能力，把认识限定在经验范围内，而把存在本身当作不可认知的设定之物。然而限定在经验范围内就是限定在意见世界中，感性意味着人性中的脆弱、卑下部分，不能成为人之为人的知识的根据，在经验范围内没有真正的知识。近代先验哲学的一元论立场把精神科学的格局弄窄了，认识论没有给理性的世界和“更高的存在”留下地盘，而是将其转移到伦理学，忘记了存在本身才是真正的知识与真理的对象，而存在本身就在人性和政治之中，所谓“更高的存在”作为观念性与创造性的内外统一体正是对永恒存在本身的彻底理解，结出的果实就是关于政制之美与人性之美的知识。所以，近代先验哲学对存在的思考是外在的而非本质的，毋宁说只是对哲学的经验化和抽象化，使哲学追问存在却抓不住存在自身。当然，这种自觉也只有在我们重新回忆起哲学与政治的内在一体性之后才会具有。相反，为近代意识哲学的理论格局所束缚，我们一直认为哲学的本质是概念性，即对抽象的存在概念和认识概念的思考，正如海德格尔指出的，近代意识哲学遗忘了存在是人的此在本身的一种生存论性质。海德格尔在一定程度上回忆起哲学是关于“人之为人”的知识、从而是政治哲学，但海德格尔对政治与人性的研究限定在人的日常生存领域，他的“此在之生存论分析”只是揭露了人的感性存在和意见世界的庸常、颓废与委琐，同样遗忘了政治哲学的美学维度，更彻底地失落了政制之美与人性之美的理想，丝毫没有触及从洞穴中的意见世界重新上升到“人之为人”的知识与真理的问题，只是显露出来末世论的悲观气象。

柏拉图天才地发现了哲学与政治的内在一体性，指出了哲学是最纯粹的政治，最好的政治是哲学和知识，而非现实的制度和现实的人的实践；同时，柏拉图还创立了使哲学如其本性地显现为一种政治制度的方法，即把哲学规定为一种创造政制之美和人性之美的特殊技艺，从而使哲学成为一门政治美学，哲学从一种一元论的抽象实体性存在论变成了一门基于严格理论思维的人的科学。哲学作为形式化和知识化的政治制度，使存在的意义与价值依赖于制度和人性中的感性与理性、知识与意见的二元对立关系，即存在本身的内在反思性，而不再依赖于存在与意识、自然与精神的实体主义的抽象对立，从根本上哲学不再作为思考客观性与主观性、物质客体与纯粹意识之间关系的意识哲学，而是作为“完美存在”和“美的规律”之创造方法的政治美学，将这个“完美存在”生成为关于最美政制和最美人性的反思的知识。我们已经初步制定了政治美学的基本概念和基本论域：（1）最好的政制不是现实的制度与实践，而是对正义原则的彻底理解和反思的知识，现实的政制只能是作为理论与实践之实体性统一的次好政制；（2）最美的人性不是现实的人，而是对人之为人的完满概念和先验图景的彻底理解，现实的人及其实践作为有限的存在只能处于意见界面和洞穴世界之中。这样，哲学的政治本性就使哲学对存在的思考构成为“理性的具体”、内在反思的思想，从而使“哲学之美”成为可能。

马克思学说最深刻的本质在于，它重新为现代政治树立起崇高的理想，将现代政治重新带回到对最美制度与最美人性的创造与理解的界面上。就这一本质来说，马克思学说无疑是一种政治美学。我们对马克思的实践观点和唯物主义不应当从直接性的（字面的）意义上去解读，而是要在理论思维的反思性中抓住问题的本质。马克思的实践观点、革命观点和唯物主义不是本质性的、哲学的知识问题，但它们在对资本主义现实事物的理论思维方面有意义，即这种对现实事物的思维着的考察有助于在二元论的反思关系中重新抓住政治美学的原初问题，这种意义在直接性经验事实层面反而得不到确证，当代资本主义发展的经验事实不支持马克思的实践观点和革命观点。而在反思的知识界面上，马克思以“自由的联合”和在“自由联合中全面发展的自由个性”恢复了柏拉图对最佳政制和最美人性的思考。如前所述，“自由的联合”在任何意义上都不是一种现实性的制度，而是一个观念的创造与理解问题，它拒绝以现实的次好政制和有限正义为目标，而是以对最高正义原则的彻底理解为目的。因此“自由的联合”从直接性的理由上看只是一种“完美的不可能性”，但对政制之美的反思却必须站在这个高度上才是可能的。同样，“全面发展的自由个性”作为完美的人性也不是任何“现实的人”的规定，而是马克思用理论思维创造出来的更高更美的存在观念，代表着马克思对“人之为人”的先验概念的彻底理解，马克思用标示人的“自由的本质”的全面的自主性劳动和内在性财产这两个概念来充实他对人的这种理解，以彻底的形式反思悬搁了“现实的人”的最坚固的自然性实体性内容，使劳动和财产成为美的对象和规律，从而成为人性之美的纯粹知识和形式原理。由此可知，先验的更高的存在，形上反思的超越性，存在本身和人本身的完美形式，从根本上构成了马克思理论思考的真正目标和本质规定，使马克思学说成为一门政治美学，而且只有作为政治美学，马克思的学说才能构成自身。马克思对抽象思辨的形而上学的批判，不是对形上维度和更高存在的否定，而是对抽象的近代意识哲学的批判，这种意识哲学割断了哲学与政治的内在联系，消解了二元论理论格局中对“更高的存在”的反思之维，使哲学对存在的思考陷入抽象的实体主义的概念思辨。马克思则坚持哲学对存在的思考“不应当带有任何神秘和思辨的色彩”。在思辨终止的地方，“关于意识的空话将终止，它们一定会被真正的知识所代替。”[①] 这种真正的知识就是政治的哲学性和哲学的政治性，基于二元论的政治美学的态度必然是“从人间升到天国”。只有超越直接性解读，按照理论思维的反思性原则去解读马克思，我们才能真正理解马克思所理解的“哲学之美”。

① ［德］马克思、恩格斯：《德意志意识形态（节选本）》，人民出版社 2003 年版，第 16、17—18 页。

三 哲学之美与艺术之美

哲学是最纯粹的政治，而政治与艺术具有某种先天的相似性，即政治和艺术都是精神创造的定在形式，差别在于，政治通过创造制度之美与人性之美直接获得人之为人的存在本身的内在根据，艺术则以创造艺术品的感性存在来表现人之为人的超越本质，因此我们可以通过分析艺术与哲学之间的差别，来发现什么是哲学本身之美。

如前所述，近代美学通过艺术把握更高实在的努力失败了，遇到的主要困难是艺术品的实体性存在如何通达更高的存在之真理，柏拉图早就彻底否定了这种可能性。造成这一困难的根源则在于人的二重性存在，人无法离开自然生命的基础，艺术也需要自然质料的载体，艺术因其本质地牵连着人的感性存在而使上升之路举步维艰。什么是艺术之美？近代美学的主流观点认为艺术即表现。表现是一个感性存在物对一个尚未感性存在之物的双项对立统一关系，艺术品的表现力就在于使某个感性形象通过联想作用来暗示或象征某种更崇高、更深远的对象、思想或情感，以此促成事物的审美变化，使表现力成为一种审美价值。艺术的表现之美在于，被表现的东西总是比表现物更深刻、更重要，因为表现是一个“把形象展示给领悟”的过程，艺术品通过审美经验让人“看到”某种并未直接存在但能够被领悟的东西，由此实现了感性经验向理性世界的升华，表现作为“领悟性的观看”进入了观念的创造问题。然而“艺术是表现而非再现”仍然不是彻底的美学反思，因为表现的主要对象和目标是审美情感而非存在的真理，比如克莱夫·贝尔认为“对艺术作出的任何形而上学的思考都是不重要的，真正重要的是审美情感以及它的直接对象”①。所谓“有意味的形式”只是为了表现这种审美情感。表现之美在于它不是直接的纯粹主观的情感，而是需要被客观性的经验质料所承载，因此表现实际上被理解为情感经验的完满性及其实现过程，或者说，表现是内在情感与物质与料、过去经验与当下经验的统一整体，过去的经验尤其充实着艺术作

① ［英］克莱夫·贝尔：《艺术》，周金环、马钟元译，中国文联出版公司1984年版，第190页。

品，使表现获得灵韵的源泉。杜威认为，情感对于艺术品的表现是至关重要的："恰当的措辞，正确地点中的正确位置，比例的敏感性，在确定部分的同时又构成整体的准确的语气、色彩、浓淡的决定，这些都是由情感来完成的。然而，并非每一个情感都能如此，而只有那些充满着所掌握和所搜集的材料的情感，才能做到。情感只有间接的被使用在寻找材料上，并被赋予秩序，而不是被直接消耗时，才会被充实并向前推进。"① 可见艺术之美作为表现乃是一种感性与理性的统一、形式与质料的统一，艺术作品凭其自身的感性存在而具有表现力，在对可见之美的"领悟性观看"中象征性地看到不可见之美，这种艺术之美永远需要物质质料的承载，因而携带着无法扬弃的实体性存在，不可能彻底地上升到关于存在本身的纯粹知识，只能停留在现实性的意见世界中。

与之相比，哲学是彻底的理解力和知识本身，哲学作品表现为作为文本的"纯粹的思想"，文本不是实体性的存在，而是语言性的存在（意义性存在或者概念），从而是逻各斯的直接开显，彻底悬搁现实的直接性存在，超越自然律的一切制约，完全上升到精神的界面，在反思的纯粹形式中构造起"更高的存在"即关于存在本身的纯粹知识，因此哲学之美是一种纯粹的形式之美。我们应该怎样理解这种奇特的哲学之美？《会饮篇》中的"第俄提玛教义"的核心在于：所谓"知识之美"就是美本身，即"美的话语的汪洋大海"，这里没有哲学与存在之间的对象性关系，没有能指与所指的实体性对立，知识与存在直接为一，所谓"更高的存在"作为彻底的可理解性和纯粹的知识就是"我们称之为真正哲学的实在"，没有另外一个超越性的形而上的实体性世界自在地存在着，等待着被哲学去发现。因此，当你凝神注视着美的汪洋大海，在哲学对存在的长久沉思中，"那长期辛劳的美的灵魂会突然涌现出神奇的美景"，直接得到"终极启示"即"关于美的知识"。② 关键在于"美的存在"是一个人性的原理，人只能"通过使美本身成为可见的（可理解的）而看到美本身"，这意味着美本身与对存在的彻底理解是同一的，知识是存在的直接见证，在关于美的知识之外并没有自在存在着的实体性的美本身，"更高的存在"

① ［美］杜威：《艺术即经验》，高建平译，商务印书馆 2010 年版，第 81 页。

② 参见《柏拉图全集》第 2 卷，王晓朝译，人民出版社 2014 年版，第 254 页。

之开显就是哲学的存在本身。哲学本身在创造着“更高的存在”这一界面同时也据有着这一更高存在的全部逻辑空间，哲学作为人的原理因而成为最严格的存在本身的自我认识；或者换一种说法，哲学是世界的形上主体，作为“纯粹的思想”不需要任何承载它的自然与料和物质载体，人的经验性存在则消失在哲学的问题之外。诗也是一种语言性的存在和精神迷狂的形式，诗之所以达不到那更高的存在、“真正存在的居所”，就在于诗的精神还需要被尘世生活的自然与料所承载。只有“纯粹的思想”能够直接创造更高的存在并直观自己的作品。在精神迷狂的最高形式（哲学）中，“最后揭开给我们看的景象全是完整、单纯、静谧、欢喜的；我们沐浴在最纯洁的光辉之中，而我们自身也一样纯洁，还没有被埋葬在这个被叫作身体的坟墓里。”[①]《斐德罗篇》关于美本身的这一神秘描述喻示着这里所描述的东西既是美的存在图景也是哲学本身，二者之间没有存在论上的间距，哲学本身作为对存在的彻底理解直接充实着存在论的逻辑空间。

哲学是比诗更纯粹的语言性存在，因为它的文本即是逻各斯的直接开显。我们该如何理解这种作为语言之美的哲学之美？关键在于，更高的存在作为原型世界乃是一种语言性的存在，它用语言建构自身，只能被理性所把握，因而是一种不可见之美；它在艺术的界面上只能象征性地表现自身，而在哲学的界面上则能够直接被理解，因为哲学作为最纯粹的语言性存在与原型世界的更高存在本身是直接同一的。奥古斯丁早就觉悟到更高的完美的存在是上帝用语言搭建起来的世界，这个完美的存在作为反思性的存在形式就是语言，因为能够被理解的完美性只是语言，它不能与任何形象相符，哲学是对这一真理的最直接的确证。“哲学创造了存在的纯粹形式”这一真理的要义就在于，哲学本身才是存在的纯粹形式，哲学之美就在于它是逻各斯的直接开显自身。换言之，哲学创造了完美的存在，使之成为彻底理解的知识，这意味着真正伟大的哲学本身就是存在的完美性、即完美存在的开启方式，除了在伟大的哲学作品中，我们还能到哪里去找到一种完美的存在呢？这也部分地解决了维特根斯坦的难题：“完美的更高的存在是不可说但可以显示的”——这一真理本身是被哲学创造

① 参见《柏拉图全集》第 2 卷，王晓朝译，人民出版社 2014 年版，第 164 页。

出来的存在的道理，这意味着哲学是唯一可以说出“更高存在”的正确方法。世界的意义虽然在“可见世界”之外，但却在“可知世界”之中，它只能存在于哲学中，哲学作为完美世界的形上主体就是完美的世界本身。这一点构成了哲学之美。

（原载《求是学刊》2017 年第 2 期）

论艺术的象征本质

——兼论中世纪的艺术和美学

一　重估中世纪艺术与美学的价值

美学是人类对美的本质和艺术的本质的理论思维。古代的美学观念把美看作是世界的存在本身的一种自在的完美性，而把艺术之美看作是对完美世界的补充和完善。但柏拉图之前对艺术本质的理解是一种非反思的自然主义一元论，认为自然的存在本身是完美的，艺术是对这种自然之美的模仿。柏拉图的二元论，把统一的世界整体划分为“可感知的自然世界”和“可思考的理念世界”两个层面，美作为存在本身的完美性乃是感性自然世界之上更高的超越性世界的开显，于是可见之美与不可见之美的关系成为美学的基本问题，艺术的反思性本质第一次被发现：艺术作品是对终级存在之完美性的表现，艺术之美基于一种象征关系，即通过可见的东西来再现那些不可见、但更高更深刻的东西。象征使非感觉的东西成为可感觉的，从而使可见之美与不可见之美成为一种伟大的二元性，艺术因其象征性而必然是伟大的，它在自身之中包含了这种最高度的矛盾和冲突，同时也使最高度的和谐与中介成为可能。从模仿性艺术到象征性艺术，是人类反思艺术本质的一次革命，象征性成为从柏拉图、普罗提诺一直到中世纪所采取的艺术观，也使柏拉图这位艺术的批判者成为美学当之无愧的奠基人。

然而近代以来，美学发生了深刻的转向，古代美学的自然态度和二元论态度先后退隐，近代自我意识的无限反思态度开始觉醒，人们发现在艺术的可见之美与不可见之美之间似乎有着无法弥合的裂隙，怎样才能把感官世界和理念世界统一起来成了近代美学的真正难题。近代美学的总趋向是将更高存在的不可见之美这一超越性维度予以搁置，而把实体性的写实与模仿重新确定为艺术的唯一维度和第一原理。由于艺术的深层结构必然包含感知的维度，这就使审美经验对理解艺术的本性成为决定性的东西。美是感觉认知的完美性（perfectio cognitionis sensitivae）——近代美学对美的这一定义重新把美的本质限定在自然主义和经验主义一元论的论域之中，取消了柏拉图二元论为美学设置的存在论基础。笔者认为，未来美学最重大的观念变革是从“感觉的完美性”转向“存在的完美性”，这意味着回归柏拉图和普罗提诺所开创的古典美学传统，重新发现艺术的象征性本质。

通常把中世纪看作艺术史的荒芜时期甚至“黑暗时代”，这只是近代美学带来的一种贫乏的庸常之见。的确，中世纪拒斥艺术品的感性之美，贬低除音乐之外的几乎一切实体性的艺术形式，这种态度与古代和文艺复兴之后的观念形成了鲜明的对立。早期基督教更是把艺术看成伪善、情欲、虚荣和贪婪的产物，最后发展到大规模破坏来自异教的建筑和精美艺术品，圣方济各就宣称，为了让人类知道真正的美来自上帝，上帝派他来踏平尘世上的美。重要的是要看到，在中世纪这种态度的背后，隐藏着对艺术和美学的存在论基础的极其深刻的领会，可以说，中世纪观点最完整地保持了对柏拉图二元论和存在完美性理念的原初理解，以及对艺术的象征本性的原初理解。中世纪态度的历史出发点是：古代世界的崩溃见证了人的感性存在的堕落和毁灭，自然主义基础上的模仿和写实原则把艺术的焦点对准自然与人的现实存在，从而将艺术置于错误的存在论基础上，其不良后果是取消了精神之不可见之美的维度。有鉴于此，中世纪的宗教态度把注意力从物质转向精神，从感性的外在世界退隐到心灵的内在生活。早期基督教沉迷于对更高的不可见的精神世界的冥思，完全被精神世界的优雅和光辉所吸引，可见之物及其感性魅力根本无法引起他们的关注，以至失去了重要性和真实性。对基督徒来说，基督死而复活这一事件足以战胜感性存在的一切形式，并宣告世界的本质变成了精神，以至于“基督教的二元论只是争取实现更高级的或精神性的一场艰苦斗争的外部征候”[①]。就中世纪对精神原则的推崇来说，首先可以肯定它真正建立起了

① ［英］鲍桑葵：《美学史》，张今译，商务印书馆2009年版（珍藏本），第174页。

"人之为人"的正确的先验图景，并将艺术的本质置于正确的存在论基础上，因为这种态度改变了艺术的概念，艺术不再以自然为标准，而是以精神超越现实的完美性为标准。中世纪艺术真正关心的不是艺术品本身，而是如何表现另一世界的存在与美，这一观点是当时的普遍信念，形式上表现为启示宗教，其本质则是精神原则成为整个社会的主流观点，不管人们对它的领悟多么粗糙，重要的是这里包含着对世界的二元论结构和人的精神本质的正确理解。

早期基督教美学的重要一步，是把完美性落实于上帝身上，从而将其规定为不可见之美。自伪狄奥尼修开始，美成为上帝的名字和属性，上帝代表着最高的实在性即无条件的完美性，是万物的标准和尺度，尘世事物（包括艺术品）的可见之美，只有在其作为上帝之美的反射和流溢时才是有意义的而非虚幻的。① 如此，美的概念失去了它在古代取得的自然意义，美不再是观看和体验的对象，而变成了一个先验的纯粹思辨的对象，隐身于神秘的不可见的形上之域，只有通过某种特殊的形式才能在世界中表现自身。美的神圣化和神秘化的实质是艺术从经验领域转移到先验的形而上学领域，成为存在论问题，而把艺术中固有的感性与理性之间的矛盾表述为可见之美与不可见之美的关系问题，这意味着艺术在古代感性世界崩溃之后被重新置于柏拉图二元论的框架中去理解，使其获得更清晰的反思性意义。由中世纪提出的可见之美与不可见之美的理论，是美学史上出现的最独特、最深刻的艺术理论，根据这种理论，艺术不可能是对自然的单纯模仿，而是更复杂的对于精神性的原型世界的象征。如果上帝通过可见之美显现自身，可见之美就不纯粹是物质性的，所有的被造物作为上帝的作品都是上帝之美的显现和流溢。由于艺术之美被理解为原型世界之美的摹本，早期基督教艺术作品获得了一种所有其他时代艺术所不曾有的崇高价值和象征意义："由于这一点，人的心灵完全觉醒以后，便从可见的美上升到了不可见的美之中。"②

---

① 参见［波］塔塔科维奇《中世纪美学》，褚朔维等译，中国社会科学出版社 1991 年版，第 37—38 页。

② 同上书，第 243 页。

二 象征的概念

艺术的本质是象征而非模仿。这一信念是从头等重要的柏拉图二元论推论出来的，即艺术是对超感性的更高更完美存在的认识与渴望，这种更高的存在不可能被艺术的感性形象直接模仿，但却可以通过某种幽暗神秘的符号方式被间接地象征。因此，象征是艺术的更高等级的形式，象征意味着从感性出发触摸更伟大的精神事物是可能的，但这种认识不是直接性的，而是反思性的，由此产生了对艺术本身的真正的审美理解，即艺术是美的，因为它是以可见事物与不可见事物在形上意义上的原初相似性为基础的。

艺术中的象征是原型与摹本、理念与形象的关系，它指向自身以外更美好的东西。但艺术的象征关系又不同于普通意指符号的指示功能，象征作为符号借助理性的指引和想象力的鼓动，总是把自身的意义扩展到不确定的边界，它是人的世界与神的世界之间的一道帷幕，我们永远无法在“适当的象征”与“不适当的象征”之间划定一条清晰的界线。因此象征的意指关系具有不确定性，正是象征的这种不确定性成为一切成功艺术的必要条件。对于美学的理论思维来说，艺术中的象征是感性事物通向超感性事物唯一可能的存在论道路，象征意味着符号的含义超出了自身，而存在于在它之外的某个所指中，比如用十字架象征基督，用大教堂象征天堂。象征的这种不确定性根源于理念与形象、原型与摹本之间的不对称性，象征的力量也恰恰在此，这种不对称性越强，象征就越是难以捉摸和充满意义。反之，如果不对称性消失，意义穿透了形象，实现了“理念与形象的完全符合”，象征就变成了确定性的同一性，其结果，可见之美与不可见之美的二元论结构被取消，原型世界退隐，艺术作品本身就是最高的存在。近代西方美学的整个倾向就是将象征的神秘性变成实证性，悬搁原型世界的存在，而把艺术品本身当作超感性的更高存在的代用品，加以无限的崇拜。这就是近代以来大行其道的“艺术自主性”信条。溯其源流，中世纪关于象征的争论大约相当于在原型与摹本的关系上各执一端。早期基督教曾竭尽全力去认识那更高的超感性原型世界，把艺术当作那个世界的象征或符号，但符号本身没有重要性，艺术品本身无须精美，只要它能唤起对真理的记忆就行；晚期基督教则逐渐淡化对原型世界的热忱，而开始关注艺术本身的美，视觉和听觉的重要性日渐突出，这意味着象征可能会停留在认识真理道路的半途上不再前进，屈服于艺术品的魅力而不再向往它所象征的那个真理。奥古斯丁早就提醒，败坏我们的不是象征，而是对象征的入迷。象征是真理的一道帷幕，如果迷恋于帷幕本身的美就会忘记真理，这就是后来近代西方美学所走的路线。伽达默尔这位深刻地批判了审美经验论的哲学家，在象征问题上却没有超出近代美学的视域。当伽达默尔认为艺术参与了其所表现的原型事物的存在，实现了"存在的扩充"并带来了"更多的意义"①，他无疑走在正确的道路上；但他对原型概念的理解很少想到那种原初的更高的存在，他承认在艺术所意指的东西中"还有更加本原的东西存在着"，但那个"更加本原的东西"是什么？回答是：艺术表现某物时所呈现的"感觉的丰富性"及其带给我们的感动和赞叹。② 这就完全退回到近代美学的意识形态。正如荣格所指出的，这种对于作为原型的神圣形象和看不见的精神事物的遗忘，造成了"象征的惊人贫瘠"，"我们是基督教象征体系的确实的法定继承人，但不知怎么我们却浪费了这篇遗产，让祖先们建造的房屋塌成了一片废墟……今天，任何丧失了历史的象征而又不能满足于那些替代物的人们都确定无疑地处在一种异常困难的位置上：他的面前伸展着一片空虚。"③

对美学来说，象征所联结的原型与摹本都是存在问题的概念形式，从存在论上思考象征的根据，艺术对美的事物的象征只和"完美的存在"这一目标有关，否则艺术立刻下降到对现实存在的再现或模仿。然而完美性是一个只有理性能想到而没有任何感性直观与之相适合的概念，艺术作为象征的本性在于它只以赋予该完美性概念以某种表象内容从而把它表现出来为目标，此外没有其他目的，因而艺术在主观上始终依赖于对超感官东西的意识，并以感性形象为媒介手段去表现这种意识。要言之，象征是

① 参见［德］伽达默尔《真理与方法》上卷，洪汉鼎译，上海译文出版社 1999 年版，第 200—202 页。

② 参见［德］伽达默尔《美的现实性》，张志扬等译，生活·读书·新知三联书店 1991 年版，第 58—61 页。

③ 参见［瑞士］荣格《心理学与文学》，冯川、苏克译，生活·读书·新知三联书店 1987 年版，第 64 页。

从感性存在通达超感性存在的一条道路。按照康德对象征的经典规定，要显示概念的实在性永远需要有直观，但是没有任何直观能够直接表现完美性这一特殊理念、从而在客观上演证它的实在性，只能按照主观原则由想象力对该理念配以某种特殊表象来间接演示该理念的内容，即不是按照直观的内容本身，而是按照反思的形式原则使该理念与直观达成某种类比意义上的一致。因此，象征原则首先是一个形式反思原则，艺术的象征作用只是按照反思的方式去规定可见之美与不可见之美在形式上的差异性和相似性，而不是直接断言艺术作品的经验内容与完美性理念之间的一致或不一致，因为两者之间“虽然没有任何类似之处，但在对两者及其原因性作反思的规则之间却的确有类似之处。”① 此外，象征原则还是一个无限趋完美性原则，它没有论证式的思想边界，但在其不确定意义上却是能使艺术的有限经验突破自身、通达存在之无条件总体性的唯一合理的反思式的方式，因而具有比论证更强大的思想力量。这是因为象征的想象力由于找不到对一种超感性存在的内容的确切表达，反而让人对那个存在联想到许多不可言说的东西，以此给艺术提供了把想象力“扩展到那些有亲缘关系的表象的总量之上”的诱惑，促动人们去思考比任何确定的表象内容更多的东西，从而向内心深处展示了“那些有亲缘关系的表象的一个看不到边的领域的远景”②。那种因想象力扩展到所有感性形象总和之外而产生的无边的世界被理性指认为“不可见之美”。

人们一直试图发现艺术的本质，比如艺术是形式还是表现？或者艺术是表现还是再现？笔者认为，只有象征与模仿的划分对于艺术才是本质的划分，因为这一划分关系到艺术的存在论基础。可以说象征和模仿都是表现性的，但它们却代表了对于艺术本质的根本不同的理解，如果站在柏拉图为美学准备的二元论地基上，我们必然会得出：艺术的本质是象征而非模仿。

象征是一个形式性的精神原则。艺术通过否定现实及自身的感性存在来象征性地表现原型世界的精神性的完美。“精神是艺术的以太”③，但精

① ［德］康德：《判断力批判》上卷，邓晓芒译，人民出版社2002年版，第200—201页。

② 同上书，第160页。

③ ［德］阿多诺：《美学理论》，王柯平译，四川人民出版社1999年版，第156页。

神并不直接存在于艺术作品中，而是将自己抛入作品的感性存在中，通过象征的反思作用，使作品的感性要素进入形式层面，以此实现对自身的否定。我们如何理解艺术这种奇特的自我否定呢？在原型与摹本的内容之间没有任何实质性的相似之处，艺术作为摹本直接给出的只是自身的感性形象，象征的反思态度通过否定这一感性存在来向原型靠近。艺术提供的那些感性要素已经是“非存在的存在”，现实中没有这些东西，这些要素被创造出来表现超越现实的美好。就这些要素与真实存在物的差别而言，它们已经超越了自身的感性存在，揭示出另一种存在的可能性，并在这一意义上被称为美的。这是艺术对自身感性存在的第一次否定。但这些新要素不能使象征反思满足，因为它们仍然不是原型世界的完美性理念，而只是“理念的感性显现”。康德关于象征的反思性原理告诉我们的是，通过感性形象显现的精神与作为完美性理念的精神之间，在其直接性内容方面是完全不同的，但在形式方面的类比意义上却是相似的。艺术的象征原则就是把要素转换为差异，把存在转换为符号，用类比意义上的形式相似性悬搁直接内容的差异性，以此达到对自身感性存在的第二次否定即彻底超越。象征原则作为一个形式性的精神原则就在于，形象的直接性内容与艺术的存在论目标几乎没有关系，艺术必须扬弃它们。艺术不是超验的理论知识，总要被感性形象所承载，象征则舍弃这些要素的质料性和实质性，只保留摹本与原型之间在形式类比上的差异性与相似性，从而把要素变成差异，把存在变成符号，真正进入象征原理的就是这些反思性的形式部分。

另一方面，模仿原则则是一个质料性的自然原则，它从自然事物和人的感性存在出发，让事物的外形及其意蕴展示自身。“艺术模仿自然”这一信条表现了毫无限制的非反思的自然态度，尽管从亚里士多德开始，模仿原则一直在不停顿地调整和深化自身，要求艺术中的形象应该比其自然原型更美更深刻，这种自觉性体现在米开朗琪罗的说法中：“艺术模仿的是自然中的上帝。”[①] 然而，严格的理论态度不难看到，模仿原则从来没有反思到对艺术来说性命攸关的超越性维度，没有意识到模仿的对立面是

① ［波］塔塔科维奇：《西方六大美学观念史》，刘文潭译，上海译文出版社 1991 年版，第 310 页。

象征，要素的对立面是差别，存在的对立面是符号。不管模仿的观念和技巧如何改进，只要它不是站在二元论的地基上，即不是以超越感性存在的有限性为目标，而是主张以自然和人的感性存在为对象，它就是一个质料原则。从希腊到19世纪——除了中间的基督教象征艺术是例外——“艺术模仿自然”（以及它的子命题“艺术高于自然”）绵延千年，始终是西方艺术的基本原理。模仿原理如此地契合了我们的自然主义和人本主义倾向，以至于克莱夫·贝尔的断言显得匪夷所思：18世纪和19世纪那些精美的写实主义的艺术作品只是显示了创造力的普遍贫乏：“除了几个零落的艺术家和个别的业余艺术工作者之外，你可以这样说，在19世纪中叶，艺术就已经不存在了。”① 当代的艺术在审美资本主义中走向末路，可以证明这样一个真理：不依赖某种超越性的精神而仅凭自身而存在，纯粹的真实世界是艺术的一条死胡同，天才的艺术家决不处于同事物的这种有限关系中。

“中世纪的象征主义起始于言语的层面。”② 象征的反思原理是一条“通向语言之路”。这是因为，更高的存在作为原型世界是语言性的存在，它用语言建构自身，只能被理性所把握，因而是一种不可见之美。对此奥古斯丁早有提示，他认为完美的世界是上帝用语言搭建起来的：“你一言而万物资始……你用了和你永恒同在的‘道’，永永地说着你要说的一切，而命令造成的东西便造成了，你惟有用言语创造，别无其他方式。”③ 这个论断即使从字面上理解也是一个反思性的真理，即完美性的理念是一种语言性的存在，因为象征所意指的东西不能凭自身与任何形象相符，其含义只能用语言说出，只有语言能适用于象征的形式特性和不确定性。对这一真理的证明是，艺术具有语言特性，艺术作品是搭建象征性完美世界的语言砖块，它不是向感性知觉显示图像的再现或模仿，而是向领悟能力揭示意义的表现性。表现作为艺术的语言特性完全有别于艺术作品的具体

---

① ［英］克莱夫·贝尔：《艺术》，周金环、马钟元译，中国文联出版公司1984年版，第99、131页。

② ［法］勒高夫：《中世纪文明》，徐家玲译，世纪出版集团格致出版社2011年版，第369页。

③ 参见［古罗马］奥古斯丁《忏悔录》，周士良译，商务印书馆1989年版，卷11章5、章7、章9。

的描述性语言，而是通过艺术作品的具体描述性语言隐而不显地构成自身，并以一种难以企及的方式为艺术作品的具体语言立法。从技术的层面说，媒介或材料是艺术作品的经验语言，艺术家通过媒介说话；但从存在的层面说，艺术本身的先验语言是形式，形式把媒介排列成特定的样式，从而引导人们把它“看成”是某种东西，使本质上不可见的意蕴变成可见的，此时在媒介中被表现的内容作为意蕴向着领悟说出自身。因此，艺术的本质不是模仿自然或再现题材，“艺术绝对不是人们为了获取镜像而对自然举起的镜子”[①]，艺术经过了领悟这一否定性的中介环节而将自身变成语言性的，即通过以某种特定方式描述事物来帮助别人把自己“看作是某种东西”。绘画向领悟性的眼光展示了空间美的本质，音乐向领悟性的耳朵揭示出声音的审美结构，艺术本身则在其先验的总体性上向“精神的目光”显示那更高的看不见的美。艺术在性质上是语言学的这一事实对象征的可能性负责，因为象征的不确定性就在于，艺术的语言总是说出比概念语言所能表达的“更多的东西”，从而诱使我们思考“一个看不到边的领域的远景”。这种不确定性就仿佛是更高存在的一个迹象或暗示，其效果反而比直观或概念的确定性显得更真实、更美、更有意义。正因为艺术的语言特性充满着这种不确定性，使得我们可以借助于“直观的类比”超越直观，反思到更高更美的东西。

发现了象征的反思原理，对艺术本质的探索就走在了可靠的道路上。艺术是对超验的完美的原型世界的象征。象征在希腊语中的原初含义是指标识物、信物、通行证，[②] 中世纪把象征变成了神秘的符号和神的帷幕，象征成为使艺术获得精神的环节，它不仅蕴藏着一切创造活动的秘密，而且保证了艺术之美成为通向神的不可见之美的一条道路。象征的反思原理阐明了艺术的形象与完美的原型世界之间的关系是差异性与相似性的统一，这二者之间的差异性是易于理解的，我们把精神的本质即超越性和无限性赋予原型世界或神的完美存在，艺术的感性形象和物质基础则使艺术成为自然的有限的存在，正是二者之间的这种差异性所导致的不确定性和

① ［美］奥尔德里奇：《艺术哲学》，程孟辉译，中国社会科学出版社1986年版，第67页。

② 参见［法］勒高夫《中世纪文明》，徐家玲译，世纪出版集团格致出版社2011年版，第368页。

无限丰富的意义使象征成为可能。然而要理解二者之间的相似性却是困难的：由于在完美的原型世界与艺术摹本之间没有任何实质内容上的相似性，为了记住神的伟大和美，人们设定二者之间有着形式上的相似性。这一设定是主观的任意的，支持它的一个合理的理由是艺术能够唤起我们对伟大观念的回忆。柏拉图的回忆理论不应被当成粗陋的比喻，对伟大精神事物的追求总是采用回忆的形式，因为在超验的意义上抓住一个伟大观念完全可以被理解为回忆，而无须将其引入经验性理解的歧途。艺术是对更高更美存在的渴望，这种渴望采用回忆的形式实现自身。这意味着艺术摹本与原型世界之间的相似性是我们的理性为自己先验设定的一条主观规律。艺术的象征以可见之美模仿不可见之美，这种模仿不同于艺术对自然对象的直接模仿，而是类比性的和反思性的，我们主观地设定了艺术之美与不可见之美的相似性，其先验根据就在于前者分有了后者的形式，使象征成为可能的和有所意指的。但与此同时，我们不知道艺术之美与不可见之美是否真的相同或相似，象征是不确定的，神性之美有着比艺术之美更多的内容和无边的远景。艺术直接性地将有限的可见之美展示于人，然后又在形式反思的意义上告诉我们这种可见之美与神的不可见之美是不同的，但两者之间有一种形式意义上的相似性，这种相似性就是艺术的象征本质。

三　中世纪作为象征性艺术的范本

“西方中世纪社会只有在人们揭示了它的物质、社会和政治事实是如何被象征和想象的世界所渗透时，才能被人们所理解。”① 这是勒高夫对中世纪特征的一个经典性判断。与希腊罗马时代和文艺复兴之后支配着艺术的自然主义和人本主义原则不同，中世纪是被精神原则和超验主义所主导的时代，中世纪的艺术乃至生活本身都是象征的，因此对于理解艺术的象征本质来说，中世纪是唯一的也是最好的一个范本。

象征性思维在中世纪是普遍存在的。根据年鉴派历史学家的研究，中世纪的态度普遍相信某些事物是不可见的、超自然的和非凡的，艺术乃至

① ［法］勒高夫：《中世纪文明》，徐家玲译，世纪出版集团格致出版社 2011 年版，序言。

科学都把奇迹和奇异的事物作为自己的对象，教会对圣徒的追封更是把不可思议的圣迹当作必须具备的条件。圣维克多的雨果说：“所有可见物都有其象征意义，它们是不可见物的符号，是那些处于完善的和通过所有认识也无法把握的神的本性之中的东西的形象。”[①] 每个自然事物都具有特定的象征意义，比如红色玉石象征着流血的基督，白玫瑰象征圣玛利亚的贞洁，苹果和山羊分别是邪恶和淫荡的象征，狮子则象征着力量，等等。语言和数字是更重要的象征符号，在中世纪，数字被赋予各种各样神秘的特定含义，语言与事物的相互象征关系促使几乎所有知识人士都参与到唯名论与唯实论之间的争论，因为“具体和抽象的重叠是中世纪的态度和情感框架的基础”[②]，人们动摇于两者之间，一方面渴望从具体事物背后找到更真实的抽象，另一方面又试图使这种隐秘的真实以某种可感知的样式出现。在这种态度的背景下，艺术具有最高的象征性，隐秘的世界是真实而永恒的世界，艺术是打开这个世界从而使人们获得救赎的钥匙，象征是艺术的虔诚。

黑格尔意味深长地把建筑这种非再现性艺术称为“象征型艺术”。中世纪的象征主义在宗教建筑的观念中找到了特别的用武之地，从拜占庭建筑到罗马式建筑和哥特式建筑，都把宗教象征作为最高原则，教堂成为超验主义的美学理念付诸实践的最崇高的形式，艺术的最佳状态是物质对象被表现为精神的和超验性的东西的符号。中世纪教堂建筑中最普遍、最富有意味的象征包括：用圆形拱或尖形拱象征天空，用 12 根圆柱象征 12 使徒，用 4 种生灵的雕像象征 4 位福音书作者，用牧羊人象征基督，窗户透进的光象征上帝的一切造物，所有礼拜仪式和祭仪用品都表达特定的神秘含义，教堂本身几乎令人无法想象的高度和雄伟、其内部空间令人无比震撼的开阔和壮丽，则象征着上帝的居所和上帝本人的形象，它是上帝与天国在人间的神秘摹本，仿佛非人工力量所能建造，具有无法言说的超验含义，“信徒走进教堂就宛如进入了天堂”[③]，那些立柱、拱肋、花式窗格和

---

① ［波］塔塔科维奇：《中世纪美学》，褚朔维等译，中国社会科学出版社 1991 年版，第 246 页。

② ［法］勒高夫：《中世纪文明》，徐家玲译，世纪出版集团格致出版社 2011 年版，第 373 页。

③ ［波］塔塔科维奇：《中世纪美学》，褚朔维等译，中国社会科学出版社 1991 年版，第 46 页。

彩色玻璃，虽然华光闪烁却不显俗气奢靡，而是引导人们领悟超乎物质之上的另一个王国的奥秘。从功能上看，结实厚重的罗马式隐修院建筑极大地提高并表现了放弃世俗目标的精神生活的层次和强度，它不仅保护了隐修者凝思冥想的生活，同时也规定了艺术的目标不是去模仿自然或再现世俗世界的奢华，而是指向充满激情的内心生活，揭示更高的彼岸世界的深刻意义，因而总是表现出一种超然的冷漠和深不可测的神秘气质。另一方面，纤细雄伟的哥特式教区教堂则为表现中世纪的精神性观点和超验主义原则提供了新的形式，从外观到功能都更充分地实现了中世纪艺术的象征主义原则。当墙壁不再厚重笨拙，使提升建筑的高度和吸收更多的阳光成为可能，整个建筑看上去也就不再是纯物质性的，而且具有了更高程度的精神性和表现性，哥特式教堂那高耸入云的塔楼尖拱，高扬了人们的精神热忱，最大限度地体现了一种向更高更完美的世界上升直至拥抱无限的超验主义冲动。①

中世纪轻视除音乐以外的其他一切优美艺术，只有音乐就其摆脱了具体形象、物质基础和感性魅力而被认为是真正自由的艺术。中世纪的音乐理解完全基于其深刻的二元论存在论观点，对音乐的重视严格说来是对理论的重视，音乐主要不是一种作为自由创作的艺术实践，而是作为一种理解数及其所代表的宇宙和谐秩序的严格科学，因此重视理论超过重视实践，重视理性之美超过重视感性魅力，注重精神的崇高更甚于注重优美的形式。中世纪基督教最有影响的音乐权威波依提乌斯在 6 世纪初著有《音乐的体制》一书，他赞美毕达哥拉斯在论述音乐时无视听觉，认为真正的音乐家既非作曲家也非演奏家，而是具有理论思维能力，从而能够对调式、节奏、歌曲类别、协和音等作出判断的人，“建立在理性认识之上的音乐知识比之于建立在技法与音乐效果之上的音乐知识何止高出百倍，

① 中世纪拜占庭式建筑的代表作是君士坦丁堡的圣索菲亚大教堂，罗马式建筑的代表是法国的圣克吕尼隐修院，哥特式建筑的代表作则有法国的圣丹尼斯教堂和夏特尔大教堂等。关于这些建筑的详细美学评论和技术评论，可参见［英］扎内奇《西方中世纪艺术史》，陈平译，中国美术学院出版社 2011 年版，第三章、第十章、第十二章；以及［英］贡布里希《艺术的故事》，范景中译，广西美术出版社 2014 年版，第五章、第六章、第七章。

就像思想远胜于肉体。”① 他的这句名言代表了中世纪美学对音乐本质的最高理解。在波依提乌斯开创的理论格局中，中世纪思想家区分了宇宙音乐、人间音乐和艺术音乐，所谓“宇宙音乐”即天地和谐之大音，是一种对于音乐本质的反思性概念，“人间音乐”则是人的灵魂之内在合谐的律动，这两者都不是借听觉所能感知到的那种音乐，而是那种“有大美而不言”的超验之美、精神之美，因为没有人能借助感官听到天上之音，正如没有人能用耳朵听见灵魂的内在呼唤，只有心灵经过努力才能理解这种超验的更高音乐，它们是使所有“艺术音乐”（声乐和器乐）得以可能的先验根据，后者只是前者的象征和摹本。与此种音乐观相符的中世纪基督教音乐的范本是公元6世纪末成型的“格列高利素歌圣咏”，这种音乐彻底拒斥古代音乐生活的自然原则和美感享受原则，而呈现了极其庄严素朴的面貌。圣咏音乐没有伴奏，只允许众人的齐唱，歌词完全取自赞美诗，而且从不为适应曲调加以改动；它只有一种节奏，演唱也无需优美的嗓音，因为它不为听众演唱，而是所有在场信众都参加的齐唱，器乐、和声和对位以及其他音响效果都被摒弃，只是严格遵循着确定的程式和礼仪而不允许任何偏离。没有任何音乐样式比格列高利圣咏更少具有感性之美的色彩，它使音乐处于近乎超自然的纯净与自足状态中，复杂精致的大型合唱和器乐反而因其联系着感性的欢愉之情而被早期基督教所拒斥。正是这种朴素的形式，使音乐与精神的更高存在保持着一种本质性的关联，从而能够作为范本一直沿用至今，并成为后来西方音乐的创造性本质的真正源头②。

中世纪基督教艺术的象征原则最充分地表现在绘画领域。所有中世纪宗教画都透露着人与神、原型世界与摹本世界的二元论色彩，绘画本身只是一种手段。“画像使我们朦胧瞥见神的光辉。”③ 基于这样的目的，绘画中的人的身体形象被尽可能简化为抽象的非物质化的象征性图型，除了表

---

① ［波］塔塔科维奇：《中世纪美学》，褚朔维等译，中国社会科学出版社1991年版，第107页。

② 关于格列高利圣咏的历史和艺术细节，参看［美］唐纳德·格劳特、克劳德·帕利斯卡《西方音乐史》，汪启璋等译，人民音乐出版社1996年版，第一章和第二章。

③ ［波］塔塔科维奇：《中世纪美学》，褚朔维等译，中国社会科学出版社1991年版，第56页。

现人的精神本质之外，不表现其他任何东西，绘画不是为了让人观赏，而是为了让人凝神冥思其中的象征意义。如果我们从艺术作为象征这一存在论前提出发，就会发现，古代希腊罗马艺术在模仿自然的基础上所达到的精致复杂的写实主义，从一开始就错失了艺术的本质。只有在中世纪、特别是早期基督教时代才真正抓住了艺术的本质，对自然主义的模仿写实原则实行了彻底的否定和超越，并在公元6世纪达到了西方绘画的最高精神高度和艺术水准。克莱夫·贝尔认为公元6世纪的拜占庭艺术是西方绘画艺术的峰顶，无论希腊罗马艺术还是文艺复兴以后都逊色于公元6世纪，他特别推崇这个时期君士坦丁堡的圣索菲亚教堂和拉文纳的圣维塔尔教堂保存的镶嵌画作品。[①] “事实上，最庄严的拜占庭艺术里程碑是属于6世纪的，它是基督教艺术坡道的原始的最高的山峰。”[②] 如果坚持艺术的象征本质，贝尔对艺术史的这一判断就是对的。在这里，希腊艺术那种表现自然之真实性的有限三维空间被基督教的象征性的无限二维空间所取代，自然的原型、光和空间的透视法以及其他忠实再现现实的技法问题都被扬弃了，画面上的基督、圣徒和信众与真实的自然环境相脱离，被放置在一种非自然的金黄色背景上，呈现出单调静止的二维形象，但是为了表现更高更完美的理念，人的形体被毫不犹豫地拉长和变形，以使形象本身更加理想化，由此产生出超现实的和非物质化的视觉效果。和希腊艺术的优美和高超的写实技巧相比，这样一种绘画无疑是阴郁的和刻板的，没有个性特征，但它却是一种更深刻的艺术原则和存在论观点的产物，即真正的美是不可能被看到的，只能通过某种形象符号被象征，这种符号的价值在于唤起对超验世界之美的记忆而不在于本身的精美准确与否，因此用尽量优美的造型和准确的笔法去表现现实事物是毫无意义的。与三维画面的生动真实相比，二维的效果显得僵硬而死板，然而，如果艺术的目的不在于摹写自然的形状，而是把精神的本质表现得更感人、更令人信服，就得承认

① 关于中世纪6世纪镶嵌画的详细的艺术和美学评论，参见［英］扎内奇《西方中世纪艺术史》，陈平译，中国美术学院出版社2011年版，第三章；［英］贡布里希《艺术的故事》，范景中译，广西美术出版社2014年版，第六章；以及［美］威廉·弗莱明，玛丽·马里安《艺术与观念》，宋协立译，北京大学出版社2008年版，第五章。

② ［英］克莱夫·贝尔：《艺术》，周金环、马钟元译，中国文联出版公司1984年版，第86页。

二维给了艺术家真正的自由，它使画面可以包含更多的内容和更隐秘的意义，无须利用透视法在平面上制造空间深度的错觉，也不用像希腊艺术那样着力表现美丽的形体或设计戏剧性的动作，而是使用纯粹装饰性的方法来直接接触神圣事物的内容及其启示，使接受者从中汲取精神的教诲和安慰。二维这种古老手法的恢复给基督教艺术注入了一种新要素，这个新要素的力量来自柏拉图和普罗提诺的二元论，它在后来被吸收的过程中产生了其完美性至今令我们惊叹的艺术作品。二维给予基督教艺术家一种全新的自由，使他们摆脱了模仿自然这一古典原则的束缚，在精神观点的引导下去放手实验更复杂的构图形式，他们的绘画比他们之前和之后的时代都更有力地抓住了艺术对于超验世界的象征关系，从而获得了无与伦比的艺术表现力。相反，如果这个时期的绘画包含透视法，它们就会丧失其特定的表现方式。一般认为佛罗伦萨画家乔托是中世纪基督教艺术传统的顶点，其实乔托也是这个伟大传统的终点，乔托的绘画明显预示了即将到来的文艺复兴风格，因为乔托的画把可见之美的形象弄得更写实、更精美，确切地说，乔托重新发现了通过空间和光线的透视法在平面上表现三维物象和使用线条、色彩和构图去表现更优雅经验的艺术方法，从而恢复了古典艺术的自然主义和人本主义原则，艺术的象征意义从此开始式微。站在中世纪的艺术高度上，从乔托到列奥纳多·达·芬奇是“一段长时间的、有时几乎是看不出来的下降时期”①。因为所谓“文艺复兴”的本质就是重新回到希腊罗马艺术模仿自然和写实主义的道路，此后，西方艺术从越来越讲究“画得像”和“画得好”的精致优美走向贫乏和空虚，因为它“失去了精神”，完全沦陷于艺术品自身构成的经验主义世界。

中世纪基督教艺术作为艺术之象征性的唯一范本，并非如黑格尔所说是理念还没有找到与它相符合的形象②，更不是人们常识印象中的所谓艺术的“黑暗时代”，那只是近代美学强加于人们的人本主义意识形态。相反，中世纪艺术的特殊价值在于“它将一次巨大的、有着危险的决定作用的心理经验——它被恰如其分地称为‘神的经验’——匡正成了一种

---

① ［英］克莱夫·贝尔：《艺术》，周金环、马钟元译，中国文联出版公司1984年版，第81页。

② 参见［德］黑格尔《美学》第1卷，朱光潜译，商务印书馆2009年版（珍藏本），第95—96页。

人类理解力所能容忍的形式，既不局限这经验的范围，也不损害它压倒一切的重要性。”① 中世纪就其对精神的强调和对物质的蔑视来说，使它能够据有艺术的真正本质，并在这一意义上胜过古代和文艺复兴之后，正如勒高夫所指出的，中世纪物质生活的粗暴和艰辛与它在精神上的高度专注和高度纯净是相反相成的②。因此，艺术的象征性不会出现在其他时代。许多伟大的近代艺术家和美学家并不接受艺术的象征本质，如席勒、巴尔扎克、达·芬奇、罗丹、车尔尼雪夫斯基等，都把自然和现实生活当作艺术的最高原则。在自然主义或经验主义的地基上思考艺术之本性，一般会赞同艺术的模仿性而非象征性。当把艺术的根基扎在自然和人的世俗生活的土壤中，艺术之树只能绽放自然的花朵，连精神本身也是自然的产物。艺术的象征性也许只有在遥远的中世纪的目光看来才是如此，今天的美学只有穿越自然主义和人本主义意识形态的浓雾，才能在塞尚等少数艺术家身上重新获得那样的目光。作为一个现代画家，塞尚以自然为对象，但却不顾及自然主义的写实原则，而是回到中世纪艺术家“不必尊重事物的实际面貌”的传统，他对来访者说道：“自然固然永远是这一个，但是……在自然现象的背后是什么？或者没有任何东西，或者是一切。”③ 大自然无穷，艺术家必须在其中看到某种永恒的无限的东西，大约在19世纪80年代，塞尚在他熟悉的风景画中看到了，或者毋宁说思考到了这种东西。他在有限的事物中不断开掘出理想的珍宝，这种对无限的追求使他在不知不觉中获得了像钻石一样坚实闪光的精神原则。按照自然主义标准他“画得蹩脚”，他的画是对自然的否定和重建，他改变了从单一视点看事物的文艺复兴方式，让绘画摆脱了再现原则，他的画不再希望带给观者“这就是现实”的错觉，而是引导人们从每个画面中看到一种普遍性的整体结构，就像一个中世纪人看一座至高无上的建筑那样。

艺术是对超越性完美存在的象征，象征使艺术成为精神的翅膀，使经验向着不可见之美的神秘之域升华自己。象征承诺了比自然主义和人本主义的逻辑更为深刻的东西，自然主义和人本主义只关注人的经验，

---

① ［瑞士］荣格：《心理学与文学》，冯川、苏克译，生活·读书·新知三联书店1987年版，第60页。

② ［法］勒高夫：《中世纪文明》，徐家玲译，世纪出版集团格致出版社2011年版，序言。

③ 参见《宗白华美学文学译文集》，北京大学出版社1982年版，第216—217页。

其思想平台是一元论的现象界，悬搁了艺术的超验维度；象征则关注作为自在之物的存在本身，其思想平台搭建在可见之域与不可见之域的二元论基础上。象征的反思原理把艺术从艺术品和审美经验的束缚下解放出来，使艺术成为存在本身的一部分，它看似主观的任意的不确定性却牢牢抓住了艺术之为艺术的本质，也就是精神之为精神、人之为人的趋完美性。

［原载《武汉大学学报（人文科学版）》2017 年第 5 期］

创作美学的观念

一 “接受美学”与“创作美学”

美学是关于美的本质的理论思维。近代以来，美学发生了一次深刻的转向，美学被置于“艺术的立足点”上，把艺术当成美的唯一范本，而把美定义为“感觉认知的完美性”（perfectio cognitionis sensitivae），美学因此成为文艺美学。未来美学的重大转向是从文艺美学转向政治美学，把美定义为“存在本身的完美性”，将美学置于“政治的立足点”上，即通过制度之美和人性之美去反思这种“存在的完美性”，美学因此而成为政治美学。这意味着向古代美学的回归，因为柏拉图的政治哲学为美学提供了将自身置于政治平台上的道路与方法，而柏拉图的二元论，即把统一的世界整体划分为“可感知的自然世界”和“可思考的理念世界”两个层面，则是对政治美学的第一次存在论奠基。理念世界作为比自然世界更高、更深刻的存在就在于：（1）所谓“更高的存在”必须是被精神创造出来的一个观念性界面；（2）这个“更高的存在”作为观念性的存在必须是完美的。美的本质于是第一次被发现：美是存在的完美性；艺术的本质则被规定为是对这一完美存在的象征与重演，因为在人类精神的所有创造物中，艺术是能够满足上述两个条件的对象性领域之一：第一，艺术是精神的创造之物，是对完美存在之创造过程的重演；第二，艺术是对完美存在的象征，即通过艺术品的可见之美来表现那不可见、但更高更深刻的东西。艺术的这种创造性和象征性，规定了美学划分为创作美学和接受美学的存在论根据。

总体上，近代文艺美学主要是一种接受美学，它把艺术品当作纯粹欣赏和接受的对象，把艺术之美的本质理解为鉴赏活动所产生的纯粹美感经验，把美学变成审美鉴赏理论，从而将美学从关于美的本质的理论思维变成了一种关于欣赏和接受的经验心理学，以此取消了艺术的创作维度，遮蔽了艺术的超越性本质。当然，文艺美学也有它的创作美学，它以康德“美的艺术是天才的艺术”为基础，把艺术的创作理解为艺术家个人的天才和创造力的神秘实现，并认为作为艺术家两种主要能力的创造力与鉴赏力、想象力与知性是一致的，从而艺术的创作与认识是不分开的，对艺术的认知作为鉴赏力是艺术家创作能力的一部分。这种对创作的理解是极其有限的。在政治美学的新平台上，艺术的创作问题和认识问题是分开的，它们在不同的界面上揭示艺术的社会形式和超验意义的构成方式。在艺术的认知问题中，象征的反思原理无疑已经实现了对艺术之超验本质的最深刻的认识，象征性是最好的接受美学。然而就存在的最深刻根据来自创造原则而言，停留于象征原则仍然是一种外在的认识。为什么艺术的本质是象征性？艺术是如何实际地据有这种象征作用的？可见之美通达不可见之美的内在根据何在？很显然，仅从艺术的接受和认知层面对这些问题进行说明是不够的，也是不彻底的，艺术的象征性需要在艺术的创作维度得到确证，只有进入创作问题才能做到真正彻底。要言之，艺术作为“制作美的形象的技艺”，是对精神创造更高完美存在的先验原理的一种感性重演，即将这一创造的机理以感性的定在形式呈现出来，以此更深地进入到艺术本质的存在论基础。因此，停留于艺术的认知问题的美学是不完整的，只有深入到艺术的创作问题才是完整的、彻底的美学。创作美学不再把艺术所追求的“更高的存在”仅仅当作认知的对象，而是自觉地把这种存在当作创造的目标和任务，并揭示艺术是如何通过精神的力量和劳动的技艺把美的存在创造出来的。

二 创造的概念

把存在与创造联系在一起，用一个创造者的概念表示存在的原因，是西方基督教最重大的一个哲学创意，基督教以此创意超越了希腊哲学。上帝创造天地自然，我们用感官的眼睛看到它的存在，但它不是上帝“最好的工程”；上帝“最好的工程”是精神的至真至美之域，我们

"用心灵看见它们的美好，"它是现实中没有、但应当存在的东西。[①] 仔细思索基督教创世论的这一说法，就会发现，基督教关于存在的原因即存在创造者的观念，从一开始就是一个反思性的观点，它完全没有在制造物品的意义上理解存在的创造，而主要是在概念的意义上反思了存在的原因问题，即存在与精神的关系问题。基督教不再像希腊观点那样把自然看成完美的存在，而是把自然看成一种有限性，从而自觉地把存在的原因归结为精神的创造；精神在上帝的概念中发现了自身，并把自身当作哲学的首要原则，因为精神对于物质事物具有存在论上的优先性，只有精神的创造能够被反思地规定为一切存在的原因，而物质性的存在只能充当消极的质料。这意味着，创造只有作为精神的自主的活动，才能解释存在之所以可能的最后的根据。基督教创世论的这一观点成为西方思想理解艺术本质的基本准则，也成为整个西方哲学的最重要的理论财产。上帝以一种非物质的方式创造了天地万有，这在《创世记》中被象征性叙述为上帝凭借语言从无到有地创造了整个世界，像一束精神的光照亮了晦暗的物质世界。语言之喻和光之喻确证着基督教当作存在原因的精神创造原则，并由此导致了西方存在论和西方美学最重要的标准观点，即美的存在是精神的自由创造的产物，存在的本质在于创造存在的方法。

希腊人把艺术定义为根据某种规则和方法制造出事物的能力。这一定义强调了艺术的技艺和制作方面，而不重视创造，这是因为希腊的存在论还没有明确的创造观念。中世纪反思到了存在与创造的内在关联，从而使艺术第一次获得了灵知性的创造意义，尽管中世纪的艺术实践本身都是匿名性的和实用性的，但基督教的创世论却命运般地使艺术取得了创造的本质。艺术的创造特性直到19世纪才变成一种普遍的主流观念，但这件事的存在论根据却必须追溯到中世纪早期的基督教神学观点。上帝"在太初创造了天地"，艺术最深刻的本质就在于它是这一创造过程的重演，并以此分有上帝作品之美。在艺术家模仿了上帝这一意义上，伪狄奥尼修提出，艺术家的创造实际上是一种模仿，即用有限的可见之美去模仿那深不

① 参见［古罗马］奥古斯丁《忏悔录》，周士良译，商务印书馆1989年版，卷3章6，卷13章38。

可测的超验之美。[①] 这个基督教命题的深刻教益在于：艺术并不模仿自然对象，而是模仿超自然意义上上帝对存在的创造过程，在这一模仿中艺术创造了另一个自然，即高于自然的精神存在物。艺术家创造了“第二自然”，直接模仿了上帝“最好的工程”，并以这种创造的方法实现了精神对自然的超越。我们只有在形式意义上才能正确理解艺术是对上帝创造过程的重演，即艺术之美与自然的物质存在无关，它只是模仿了上帝创世在“无中生有”这一精神意义上所表现出来的形式特性，形式概念才是上帝创世这一神学观点的反思性本意，无论可见之美对不可见之美的象征，还是艺术对社会现实的批判和超越，都是在形式领域发生的。

因此，艺术具有典型的精神创造特征。人们之所以把艺术家当作上帝唯一的模仿者，是因为他从事了“从无中生有的创造活动”（creatio ex nihilo），一般而言，艺术的制作不同于工艺就在于，它创造出自然所没有的东西，给予了以前所没有的新事物和新世界。从文艺复兴到 19 世纪，创造性逐渐演变成艺术家唯一专有的属性和特权，达·芬奇说，他所运用到的形象在自然中并不存在，拉斐尔也说他是依照自已内心的观念去形成他的绘画的，19 世纪的左拉宣称“希冀效法上帝，完成一个新世界的创造”[②]。由于艺术的创造本性，艺术无须假定它所表现的主题和内容都是现实存在的，它能够创造这些主题和内容，使本来不存在的事物存在，而且直接宣称这些不是谎言，而是更高的真实性。然而，政治美学的反思态度则要求理解使这种“无中生有”的创造性得以可能的先验根据。精神的创造使存在变成美的存在，艺术的虚构在真理性上大于自然的真实，是因为精神所创造的美的形式否定并超越了自然的实存内容，从而模仿了完美。美是存在的完美性，艺术作为创造美的方法是通向完美性存在的一条道路。这种完美性与现实性是对立的，既然现实不可能完美，精神只能凭借主观性的力量创造出完美的观念性存在，这就是创造与完美性的关系。艺术的创造是这种精神创造的特殊定在形式，它通过技艺和绝技使“非存在物的存在”成为可能。使艺术家能够像上帝那样从事“无中生有”

① 参见［波］塔塔科维奇《中世纪美学》，褚朔维等译，中国社会科学出版社 1991 年版，第 38 页。

② 参见［波］塔塔科维奇《西方六大美学观念史》，刘文潭译，上海译文出版社 1991 年版，第 283、300 页。

创造的先验道理在于，艺术在法规和技艺的基础上总是把认识扩展到一个不存在的领域，艺术是“制作形象的技艺”，但这个形象不是自然物的图像，而是“非存在物之存在”的幻象。阿多诺从政治的观点极深刻地揭示了艺术的幻象本质，指出艺术是借助自身的巫术契机和迷狂特性对抗现实世界中的商品原则的努力，艺术要求现实中不存在的东西也要存在，每件艺术品都创造了不存在的东西，它们并非完全与经验存在无关，而是在经验存在的基础上把内容置换成形式，把要素转换为密码，从而让幻象压倒了真实的存在物。艺术的真实性作为一种更高的实在性就在于，它为非存在的东西要求实在性，并使这种非存在的存在成为可感知的，具体来说，就是艺术借助于自身的技艺和绝技使不可能存在的东西成为可能。“艺术中的每一制作行为是一种无穷无尽的、旨在阐明不可制作的东西——精神——的努力。”① 艺术的创作重演了精神的创造过程，精神作为独立自主的非实体性具有虚幻的品性，但精神对于存在的实在性却有一种更高的要求，艺术利用精神对实在性的这种更高的要求而把精神当作一种存在物置于我们眼前，政治美学所达到的“艺术的超验性”即在于此。

三　阿多诺论创作及其技艺

艺术作为精神的创造必须落实为艺术品的精心制作过程，艺术凝聚着制作与接受的辩证法。近代文艺美学专注于作为审美经验的接受问题而忽视作为制作活动的创作问题，究其根源，主观性原则使自由意识的增长超过对制作技艺的意识，艺术从传统工艺独立出来，艺术创作被看成一种超越了技艺的自由的精神能力，仿佛精神仅凭自身将人工制品升华为艺术。然而，没有一个艺术家仅靠“诸认识能力的自由活动”就能进行创作，精神无人工制品便无以立身，那些满足于纯然精神而忽视人工制作的艺术品绝少精品佳作。审美鉴赏作为接受只是艺术作品产生的后果，创造和制作才是艺术的原因，是理解艺术之本质的一把钥匙。

在近现代美学的版图中，只有康德的“天才说”和阿多诺的技艺理论真正进入了创作美学的界面，但这两种创作美学却导致了完全不同的理

① ［德］阿多诺：《美学理论》，王柯平译，四川人民出版社 1999 年版，第 23C 页。

论后果。

阿多诺关于创作美学告诉我们的真理是：艺术的制作先于接受，对于理解艺术的创造本性来说，技艺具有头等的重要性，仅仅研究艺术品产生的效果抓不住艺术的本质，制作及其技艺才是艺术最内在的构成性本身。技艺决非文艺美学所指认的偏离艺术的左道旁门之术或者可以信手得来的各种过剩手段，艺术的技艺作为依据规则来完成作品的各种方法和能力的总和，乃是艺术的精神创造本质由以构成自身的真正具体的内在根据，除非弄懂作品的制作及其技艺，否则不可能理解作品本身。它是与艺术的认知方法本质不同的另一个存在论平面。精心制作的理想是艺术的美德，伟大艺术作品是技艺高度发展和精心制作的产物，正因如此，真正的艺术家都对技艺和制作问题如此着迷，把技艺看作审美要素的一部分。“在真正精心制作的艺术作品中，那只专事造型的手谨小慎微地触动着材料。”① 阿多诺认为，艺术的本质被有意设计为一种使不可能的东西变成可能的“绝技”，作为绝技的作品坚持认为自己据有了一种不可能有的本质，真正的作品都是实现了某种无法实现之物的绝技，比如巴赫的崇高位置就在于他获得了更高水平的作曲技巧，从而把无法协调的东西协调起来。由此观之，所谓创造力在制作实践中有时就是技艺起作用的后果，贝多芬曾实事求是地谈到，音乐中有些天才作品的创造性效果实际上是巧妙运用某种技巧的产物。

凡是立足于文艺美学的人都贬低技艺在艺术中的作用，认为只从制作角度无法充分理解艺术作品。最有见识的文艺美学家如克莱夫·贝尔和杜威也难以挣脱这种意识形态的偏见。比如贝尔断言支配艺术品创作的东西不是制作的技艺，而是艺术家的审美情感；② 杜威则举出许多大艺术家如塞尚和贝多芬在技艺方面都不是一流的，以此来证明技艺因素与他们创造的艺术形式没有本质联系。③ 更多的人相信艺术中的天才和创造力的实现意味着比技艺更多的东西，更主要地体现在艺术的思想主旨、抽象形式和审美情感这些“未被制造之物”上。然而我们经常看到，技艺不足产生

---

① ［德］阿多诺：《美学理论》，王柯平译，四川人民出版社 1999 年版，第 496 页。

② 参见［英］克莱夫·贝尔《艺术》，周金环、马钟元译，中国文联出版公司 1984 年版，第 41 页。

③ 参见［美］杜威《艺术即经验》，高建平译，商务印书馆 2010 年版，第 167、55 页。

了所谓“无定形的创作”，在这里，自由而丰富的思想情感与贫乏的制作技艺不成比例，这种特征带来了深奥和意味深长的幻觉，但内容的真实性和事情本身的活的核心却不能通过媒介形式表现出来，只能用自由而丰富的思想去补救表现力的贫乏，用深奥感掩盖技艺上的混乱与无能，这就是那些情感有余而天赋不足的艺术家和艺术作品所陷入的困境。很显然，无技艺、无定型的创作至多产生不可捉摸的美的幻觉，只有凭借坚实的技艺和制作程序把形式接引出来，我们才能看见真正的美。对艺术的创作来说，一切富于特征的表现和有意味的形式都是需要在制作平面上予以解决的问题，只有在充分发展的技艺和精心制作的基础上才能产生完美的形式，从而实现更高的理想。在艺术史上，往往是新的技艺使精神的更高表现形式成为可能，这种精神的更高要求反过来也推动着新技艺的产生。比如中世纪基督教建筑从罗马式风格向哥特式风格的演变，如果没有尖拱和交叉肋拱这一关键技术的发明，哥特式教堂那种指向“更高更美世界”的象征主义形式就是不可能的。技艺和制作对于形式和表现的这种优先性可以从存在论的根据上得到进一步的说明，那就是：形式只是对于鉴赏（接受）来说的合目的性，而技艺则是按照这种合目的性观念来组建艺术作品的唯一具体方式。技艺是对艺术的反思，或者说，技艺引导反思能力进入作品的存在内部。举例来说，在音乐和戏剧这种“复制性艺术”中，演奏或演出作为复制决不止于对作品的理解，而是凭借体验对作品存在的创造过程进行复制，此种复制的最高原则是展示作品中所包含的技艺。因此，剧本和曲谱不可理解为有关如何演奏（表演）的指示说明的总和，而是依靠技艺将存在聚集于自身的精神之物，演奏一首乐曲意味着按照技艺对作品应该如何构成的要求来复制其存在，而指挥家排练一首乐曲也不只是为了好好地表现这部作品，而是为了重新实现造就了这部作品的诸多技艺要素，作品的这种复制过程会揭示包含于其中的绝技，将隐藏在黑暗中的不可能事物的存在置于澄明之中。在这个意义上可以说，制作及其技艺是艺术严守于自身之中而最终又披露于外的关于它自身的真正秘密。技艺要求艺术恪守严格的法则和模式，但它所成就的东西又总是超越那些法则和模式，因此我们对技艺知之越多，就越能抓住艺术的存在本身，也就是阿多诺所谓“艺术作品的真理性内容。”

创作美学的辩证法在于，作品的制作及其技艺是精神创造活动的依据，但这些制作和技艺又必须还原为精神创造本身。制作活动作为一种肯定性的活动，并非只能达到作品的肯定的实存性，而是在其上建立了否定的超越性的精神形式。如果从经验主义的理由上考察制作及其技艺，我们所能看到的都是现实的、具体的、活生生的作品。但创作美学关注的是精神创造与制作技艺在存在论上的统一性，只有通过精心制作的人工制品才能发现艺术的精神和形式，艺术只能通过制作活动而不是直接观照或理性认知去达到自己的真理。这种艰巨的辩证法根源于艺术通过对艺术品“肉身”存在的否定来获得它的精神性存在，这种精神性存在包含和闪现在人工制品中，但又否定这些人工制品，每件艺术品作为人工制品消失在其精神的真理之中，尤其那些伟大的艺术作品，它们中的每一件都负有创造更高存在的承诺和使命。虽然每个作品都竭力表现其存在的个体性和此在性，但这一表现在精神的创作过程中转瞬即逝，当作品作为“非存在物的存在幻象”闪亮发光时，它将自己变成了与一般人工制品不同的普遍化的主客同一的精神，此时在艺术中，精神的创造原则通过技艺胜过了质料，技艺把艺术作品“从质料带向了非质料的领域”，即存在本身的完美。

然而无论如何不能否认技艺的直接对象是物似性和实质性，它是如何不单凭接受中的主观性作用而在创作的实践层面上进入形式领域的，仍然需要说明。正如黑格尔指出的，制作作为劳动的技艺创造了事物的纯粹形式，“劳动陶冶事物”，艺术首先通过形式将作为人工制品的作品与自然存在物区分开，从而在艺术与经济现实之间划出一条实质性的分界线；再进一步，艺术作品是比普通的人工制品具有“更多的意味”的人工制品，它通过将人工性推向极端而否定人工性，仿佛自身是自然天成的东西。文艺美学虽然把艺术作品设定为与现实社会物质条件无关的纯粹之物，却并未上升到真正的精神原则，而是把作品本身的物质性存在当成了崇拜的对象，在直接性层面上讨论接受问题，拒绝作品的制作及其技艺问题，从而遮蔽了艺术的精神形式。艺术以创造出一个形式化的精神存在领域为己任，艺术的形式特性就在于它作为人的创造和制作之物与直接性存在划清界限。形式作为反思的产物是创造的另一种说法，阿多诺把形式概念称为“上帝按自己形象创造了世界这一观念的世俗化的变体”[①]，形式作为对创

① ［德］阿多诺：《美学理论》，王柯平译，四川人民出版社 1999 年版，第 251 页。

造的模仿和重演，是人类之手在艺术作品留下的痕迹，也是精心制作的标志。艺术在人工制品上显示的制作过程，通过悬搁艺术作品的实体性存在，来重演精神对存在的创造过程。

四 康德的天才论美学批判

“美的艺术是天才的艺术。”康德的天才理论描述了艺术应当据以完成其作品的普遍必然规律，从而为文艺美学引入了先验的创作维度，可以说康德天才理论是文艺美学界面上的创作美学。我们并不关注康德天才理论的全部内容和具体细节，只是抓住天才理论作为创作美学的基本方向，因为不管构成天才的内心能力和实践能力的结合多么复杂，无非是艺术家的先验自我对艺术对象的意向性构成与实际性制作的统一。构成天才的各种内心能力的核心是“想象力与知性的自由的协适”[①]，构成天才的实践能力则表现为天生禀赋轻巧完成任何复杂作品的技艺，这两方面的才能在真正的艺术家身上是结合在一起的。只是因为起始于 18 世纪的非理性的天才崇拜不足以说明艺术创作的反思性本质，康德才进行理论加工，把非理性的欣赏者观点视为奇迹和神秘物的超凡能力置换为创作者的制作及其技艺的可能性问题，反思为“为艺术提供规则的才能”，从而在个体性和主观性的界面上奠定了创作美学的一般原理。剥去康德对于天才概念的思辨制作，我们对创作美学的反思聚焦于创作和技艺的政治形式，就会发现康德天才论中最重要的精髓无非是近代意识哲学推广到美学领域的两条原则，即作为主体性的个性原则和作为超验性的无目的性原则。无论艺术家的创作及其技艺多么复杂，最根本上却是个人对作品以及作品对个人的双向归属关系，即作品的制作以艺术家个人为前提，艺术家的创造则以作品为目的。这样就把艺术美的根基内置于主体的自我意识结构中，并把艺术作品本身当作最高的存在；如此，天才论美学就以艺术家个人的人格化转移了对创作及其技艺的社会形式的注意力，将创造者的概念从反思性的超验主体（精神）下降为艺术天才的经验主体，实际上造成了一次从先验主义向经验主义的倒退。

---

① 参见［德］康德《判断力批判》上卷，邓晓芒译，人民出版社 2002 年版，§49、§50。

康德的天才论美学犯了两个错误。其中的第一个错误是由特定历史条件的限制所导致的，康德接受了近代认识论哲学关于自我意识的逻辑起点，因而把个人（天才）的创造力思考为艺术创作的唯一主体，把艺术家个性的独特而强烈的表现理解为艺术作品的本质。这正是能够代表他那个时代的美学观点。文艺复兴以后的艺术家开始以个人名义创作和发表作品，从而宣告了艺术不再是“一些无名的天才人物对其时代精神的阐释”[①]，也不再属于传统和共同体，而是变成艺术家个人的事业和追求。一部作品就其创意和制作之功全部归属艺术家个人，其中凝聚着他的个性与意识、技艺与风格、高度和深度，因而显得特别艰辛和非凡，只能理解为天才的独创的产物，艺术家的名款是作品唯一合法的社会标记。但作为艺术家的个人不过是被误认为个体的市民社会，市民社会对艺术本质的吸收，使得作品的意义转移到艺术家的人格中，市民社会作为艺术的真实主体按照商业原则生产艺术作品，“他们买的是名气，而不是作品本身。”[②]更重要的是，天才论美学把艺术作品限定为艺术创作的最高目标，古典美学关于可见之美与不可见之美二元性的假设烟消云散了。天才的个人创作的唯一目标是作品，艺术家的声誉和存在感最终要以作品本身的存在为基础，对天才的崇拜无疑是近代社会的艺术品拜物教的一个产物，它把艺术的本质归结为艺术品的经验之美，割断了艺术与超验的更高存在的一切联系。自由是天才的本质，正如独创性是天才作品的标识，独创性意味着要求超越一切传统和规则，天才是为艺术建立新规则的能力，用自己名字命名的时代取代传统。然而这并不是艺术创作的唯一规律，当有限的个人能力面对无边的黑暗的存在，独创性往往落于追求奇解之险境而变成绝对的异质性，从而产生怪诞之作和病态之美。南泉禅师云：“道不属知亦不属不知。”真正的美存在于有意与无意、有心与无心之间。古代作品如此之美，其制作得于知而超于知，基于自我意识的近代个人之作极少有能超越其上者，所有有意识地以表现个性为目的的制作在无心之美面前都屈居下乘。真正的佳作无须名款作保证，因为，正确的美来自普遍性的精神原

---

① ［美］威廉·弗莱明、玛丽·马里安：《艺术与观念》，宋协立译，北京大学出版社 2008 年版，导论第 15 页。

② ［日］柳宗悦：《工艺之道》，徐艺乙译，广西师范大学出版社 2014 年版，第 192 页。

则，在精神原则所主导的世界里，一切事物都放射着美的光辉。由此观之，近代的天才艺术家是自由的，因为他的制作完全由他个人的想象力和创作意识所决定，不受规则和传统的束缚；然而，天才又是不自由的，因为执着于个性的表现使他陷入新的不自由。由于个人的能力是有限的，摆脱了传统艺术制作的规则与合作模式之后，个人创作的道路充满了缺陷、盲目性和不确定性，个人作品从制作和技艺的角度来看是无序的，一切都要由自己决定，每一个环节都必须自己去完成，为了追求主题和风格的独创性必须尝试各种新的创意和手法，自由在这里成为重负，反而陷入了不自由。这也许就是即使天才的今日作品也很难赶上古代匿名的伟大作品的原因。

康德的天才论美学的另一个错误，是把艺术创造的目的规定为“无目的性”。康德认为，天才的艺术作为“自由的艺术”不同于一切“机械的艺术”就在于：它“好像只是一种游戏，也就是一种因其本身而令人愉快的事业，能够合目的地得出结果（成功）”①。我们对天才论美学的这一复杂逻辑的简单理解就是：天才对艺术的创造是没有实用目的的，它以纯美的艺术作品本身为目的。康德“无目的说”的伟大之处在于，把艺术的注意力引向与实存世界无关的纯形式美，把创作的动机变成建构一个更美好世界的愿望，使普通艺术经验得到升华。但谈论一种无目的的艺术或者以自身为目的的艺术，这无疑陷入了幻觉。艺术以自身为目的作为一种社会思潮，其实正是艺术的社会性的表现方式，因为所有艺术在其自身中都包含着否定性因素，只有在与现实经验世界的否定性联结中才能产生艺术的自成目的性。为艺术而艺术、艺术以自身为目的陷入了最彻底的经验主义，真正说来它只是 18 和 19 世纪特有的意识形态，使我们相信艺术可以脱离世界的实用目的系统而变成一个自律的独立存在领域。古代艺术为了实用目的而创作，近代艺术则为了纯粹欣赏而创作，艺术家以表现作品本身的美为目的制作他的作品，并作为天才之作而受到尊重。这提示我们，康德的天才论美学的理论合理性不是凭其自身，而是因更大的界面即市民社会的必然的推动而造成的。将天才论美学上升到政治形式这一界面，可以看清所谓天才的个性的自由创造并不是伟大艺术创作的唯一

① 参见《康德美学文集》，曹俊峰译，北京师范大学出版社 2003 年版，第 554 页。

规律。

我们对康德天才论美学的批判发现了艺术创作及其技艺的近代形式，这就是以艺术家为主体的个人性和以艺术品本身为目的的无目的性。个人性和无目的性不仅不是唯一有效的艺术创作形式，而且把我们带入了经验主义一元论的泥沼之中，因为它们取消了艺术的象征本性，关闭了艺术正确地生存于其中的二元论的存在论维度。因此必须重新反思艺术创作及其技艺的正确形式，中国古代艺术和欧洲中世纪艺术的伟大范本使我们有理由追寻艺术创作的本原性的、完全不同于近代的其他形式，这就是艺术创作及其技艺的匿名性和实用性。

五 中世纪作为范本：匿名性和实用性

匿名性是创作及其技艺的第一种古典形式。无数卓越的中外古代作品不知出自何人之手，没有天才的个人标记，但却显示出惊人的创造力和美，其力度丝毫不低于有名款的天才作品，是因为在其后面有存在本身所昭示的精神原则。一般认为这些古代艺术作品出自工匠之手，其中不乏匿名的天才。为什么对伟大精神真理的表现可以无须知名的艺术家，但却必须借助于工匠之手？为什么那些没有受过教育、没有明确自我意识的工匠能在精神授予的所有领域内，以我们所无法企及的美的技艺进入了创造的世界？根本的原因就在于，这种创作的目的是超越艺术品的、对于存在本身的象征和重演。如前所述，象征性改变了艺术的接受问题，努力在作品的意指关系中寻找更高更完美的存在；现在，在艺术的创作问题中，可以发现这种象征性的更深的存在论基础，这就是“匿名性而非个性”这一原则，没有作者的个性，只有“作品创作之实施和用途的普遍性”。个性原则是一个积极的实体性原则，它从作品本身的存在出发，让作品展示创作者的个性特征，这种经验层面的实存性代表了美学的非反思态度。匿名性原则则是一个消极的反思性原则，它力图抓住创作及其技艺的纯粹意义或形式本身，而舍弃围绕着创作问题的艺术品和作者之类多余的假设，超越创作中不具有普遍形式意义的特殊的经验内容。比如在中世纪基督教艺术中，这种普遍性是由教会的二元论观点、拉丁文的使用以及古典艺术的影响来保证的，艺术作为群体而非个人的努力成果，是依照着某种共同的普遍原则而从事的，被认为是绝无个性特征的和等级森严的，几乎不给艺术家的自由想象与观念创新留有余地，但却产生了“其完美性甚至今天仍令我们惊诧不已的艺术作品”①。作为这些作品的创作者，工匠是消极的存在，他们缺乏独创性，没有对美进行批判的知识和能力，没有作为艺术家的自我意识，但存在论的真理却借助工匠之手表现自身。个性之道不是艺术通向更高存在之美的正确途径，抛弃了个性原则，艺术的创作反而踏上了更深刻的道路，在非个人的匿名形式中更能表现存在本身之美的深度。这是因为，创作借助工匠的非个人性构成其反思的形式，而把个人的实体性存在扬弃为没有个人性的匿名作者，真正进入创作与存在之关联的就是这种匿名的形式。匿名的制作不以特定的充满个人印迹的精美作品为目的，而是一种普遍性的救助形式。与天才的个人相比，没有知识、没有自我意识的匿名工匠是无力的、渺小的、消极的存在，他们需要救助。救助匿名者是精神原则的真正要义，艺术的创作是实施救助的最切实的道路，工匠们没有救助自己的力量，但是引导他们的精神原则使他变得强大和积极，使他们的制作及其技艺具有了普遍性的形式，从而能够生产出比天才之作更加伟大的艺术。最突出的证明就是：那些没有受过教育、微不足道的无名工匠们借助于他力的救助而完成了比任何天才都更令人震撼的作品，比如像夏特尔大教堂那样的最宏伟、最美好的作品。

这种由匿名性聚集了他力之救助而产生的普遍性具体地表现为传统。匿名的创作需要他力的救助，其具体的实践形式是众人的共同创作，工匠的技艺行走在组织与协同的道路上，几乎所有古代艺术佳作都是共同创作的产物而非由一人完成的作品，匿名的共同创作产生了古代作品那种统一的深刻的普遍性风格，并在漫长的历史中变成了传统。工匠自身的力量是微弱的，在他们背后起作用的伟大力量是传统，传统保障了作品之美。不同于天才的个人的自由的创造，传统的关键在于法则与秩序的正确性，传统正是以这样一种消极的方式达到创造性，这种创造性因为令人惊叹的技艺与普遍精神原则相结合而产生了最高的艺术范本。传统首先意味着规则与法度，是应该做什么、不应该做什么的标准，这样的法度凝聚了深厚的

① 参见［波］塔塔科维奇《中世纪美学》，褚朔维等译，中国社会科学出版社 1991 年版，第 47 页。

历史、经验和智慧，而省略了所有非本质性的、无用的东西，从而保证了工匠们能够正确地进行创作，无视法度则会招致失败的结果。这就在最深刻意义上印证了康德的观点：服从正确的规则就是自由。在匿名时代，没有天才的自由创造，只有工匠按法度制作的东西，但令人惊奇的是，这个时代的作品几乎全部都是美的，在恪守秩序与法度的世界里，似乎不允许有粗劣的品质和丑陋的作品存在。传统作为悬搁自我意识的场所存在着自由的深层结构，自由的创造在根本上是以服从正确的规则和秩序的方式来实现的，服从正确的规则是大写的自由。认为服从传统就是不自由，服从规则是对个性的否定，这只是近代的思考方式。天才意味着突破传统，以个人的力量进行自由的探索，以个人的名义为艺术订立规则，让特殊性成为典范，凌驾于普遍性之上。然而对个性和自我的执着陷入了新的不自由，对个性作品的追求最终无不落入资本主义艺术市场的陷阱，难以进入真正自由的美的王国。艺术是对精神性的更高存在的渴望，创作在其原初本意上是普遍性的和社会性的活动，匿名性以社会为主体为艺术提供规则，传统以历史性的维度传承绝世技艺，守护不朽佳作，褒扬谦逊和自我克制的美德，帮助每一个创作者实现对自我的超越，从而为创造力的增长奠定了更深厚更卓越的存在论基础。

创作及其技艺的第二种古典形式是其实用性。近代以前的所有艺术都是实用艺术，人们需要艺术是出于各种实用目的，中古基督教艺术和故宫馆藏的那些不朽作品当初都有着特定的与宗教、政治或日常生活相关的实用功能。这种实用性把我们带入了比康德“无目的的合目的性”更原初、根本的创作问题，引导我们进入对艺术之象征性本质的更深层的存在论反思。与之相比，以艺术品的无目的性为核心的近代创作美学是很不彻底的形式反思，创作向艺术品本身的推进是一个有限的实体性过程，不经过存在论平台的任何反思性悬置和追问，以艺术品为目的的创作形式实际下降为经验主义。艺术的实用性意味着美生于用，致用为美，创作是为了在实际生活世界中被使用，而非仅仅作为美器被观赏。艺术之用的要义在于使生活世界形式化，使用的概念是服务，没有庄严凝重的美器为之服务，生活便无法按其形式原则来进行，因此服务是艺术之美的秘义，最为纯正的形式之美出现在古代的普通用品上，即使用于陈设的器具作为使用物也是为了使空间获得某种形式意义，而非炫耀器物本身，因为美器是生活世界本身的形式部分，绝无自矜之意蕴含其内，反而处处显示着谦逊与沉静的服务之美。以个性之美张扬于世的作品则脱离了服务之道和致用之美，这种作品自身的纯粹之美概念在古代世界如同怪物一般不可理解。今天视为绝世之美的古代艺术作品大多是实用性的日常用品，其所具有的坚实之美均发端于作为使用的服务，不是为了作品本身之美而制作，而是作为当时信仰生活的必需品或者政治生活的等级标志物而存在。在这种历史现象中可以反思到艺术的存在论基础，艺术的实用性本质在于使生活世界形式化，脱离其质料性的实存内容，从而赋予其神性和诗意。生活世界的形式是艺术创作的真正问题，创作及其技艺用美的和辉煌的东西把生活世界装点为原型世界的摹本，这些形式是生活世界的实存性内容经过创作的形式化作用而达到的反思性平面，在这个平面上，生活世界的所有内容，从宗教活动、政治制度到节日庆典、日常生活，都有其特定的形式意义。实用性的创作及其技艺给生活世界的物质性存在灌注了生气，使其成为精神性的存在，从而留在人们的记忆和观念中。在一个被精神原则支配的世界里，所有使生活获得象征性即形式意义的事物都放射着美的光辉。

实用性之美是一种无心之美，它合理摒弃作品凭自身而有意义的幻觉，悬搁作品的物质性存在，将创作置于更高的出发点上，关注超越艺术品自身的更高目标。实用性创作是一种对可见之美的无意识机制，无目的性创作则是一种纯粹审美意识的功能，实用性显然是比无目的性更深刻的创作体制，自我意识的有限性在无心的自然之道面前必然败北，源于意识的才俊之作与无意识的古代作品相比总显得低了一等。实用性原则的贯彻乃基于对作品本身之美的无意识悬搁，古代作品之美发端于“美之忘却”的实用性原则，服务完全出于无我之心，眼睛永远盯着更高的存在和生活世界的形式意义，完全没有艺术品本身之美的概念。实用性之所以是比无目的性更深刻、更正确的创作形式，就在于它把创作与更高的存在目标联系起来，从而把技艺带入了后人难以想象的高度。那种以美的作品本身为目的的创作是个人的、一次性的，其作品要求唯一性和不可复制性，这就把艺术放置在奇迹般的个人天赋和独创性基础上，天才和神品是罕见的，名作是不可复制的，在艺术品的唯一性背后起支配作用的是物化的占有原则和“物以稀为贵”的市场供求原则。而实用性的匿名创作是由众人反复进行的，其作品可以是复数的，甚至多量创作的，因为在精神原则的平台上，以服务和教化为目标的创作不可能是唯一性的和一次性的，其所达到的国宝级艺术典范不是直接的独创性，而是精神目标的内在高度在创作的自然法度和秩序中的自行显现。在精神原则的平台上，创作者把全部精力和技艺都奉献于更高的目标，在完全没有工本费用和个人成就概念的前提下，不辞终生劳苦，选择最好良材，极尽才华与技艺，创造出辉煌、沉静、近乎永恒完美的作品。

克莱夫·贝尔认为，宗教的伟大时期通常也是艺术的伟大时期①。匿名性和实用性本质上是一个信仰时代的艺术创作形式，发生于其中的一切活动都和精神的目标连在一起，人们对待救助和服务的态度是纯真的，艺术的创作坚持正确的态度、正确的规则、正确的材料和正确的技艺，在这样的时代不会产生丑陋的作品，因为被精神原则引导的艺术是没有谬误的，一切传世的古代作品都是正确的作品，创作者不是凭自己把握住美，而是正确的创作形式将他们置于不允许犯错误的世界中。为什么个人的杰作异常努力、充满创造力但仍然谬误多多，无名作者的无心之作却能够成就完美的范本？因为时代的精神高度决定了作品的高度，只有遵守传统和法度的创作才不会产生谬误。我们对匿名性和实用性的解读试图揭示其中不可思议的秘义。在匿名性和实用性的世界里，一切作为作品的器物都必须是美的，不允许存在丑陋的作品，比如罗马和中世纪的建筑、中国六朝时代的雕刻与书法、宋代的绘画和瓷器，要想在这样的时代找到丑陋之作都是徒劳，因为精神的原则和传统保证了这些作品的正确性和深度。匿名性和实用性的时代不需要天才，对精神目标的追求将一切作品送到美的国度，所有创作者都能高水准地正确地创作，到处都是美的作品，所有用来装点生活形式的作品都是完美的，艺术也达到了它的最高标准。与之相比，自从文艺复兴之后，只有少数天才才能创作美的作品，这些天才作品充满了创新的自我意识并且异常用功，但在古代作品的无心之美面前，只不过显示了衰败的历史趋势。天才论美学反映了我们时代的艺术水准。

① ［英］克莱夫·贝尔：《艺术》，周金环、马钟元译，中国文联出版公司1984年版，第63页。

六 结 语

存在的创造本性是一种“对存在的反思性理解”。现实的实存的存在永远是不完美的有限性，完美的存在必须在精神的意义上被创造出来，这就是存在论的创造概念的本意。美是存在的完满性，艺术是这种精神创造的定在形式，它象征性地重演存在的这一创造过程，这一重演表现为艺术品的创作过程。如何将艺术品的创作与存在之创造的反思性概念这两者之间的象征性关系表现出来，是创作美学的基本问题。当艺术以更伟大的精神事物即完美的存在为目的，它就可以从个人的无目的的创作活动转变成匿名的实用的创作活动，艺术品本身的目的性被消解，它进入了全新的世界图景和更大的存在格局，不再作为观看和鉴赏的纯美对象，而是作为存在的形式意义通达存在本身，以此实现了创造活动的反思性和普遍性。

（原载《哲学动态》2017 年第 4 期）